Johann Jacob Volkmann

Neueste Reisen durch Schottland und Ireland, vorzüglich in Absicht auf die Naturgeschichte, Oekonomie, Manufakturen und Landsitze der Grossen

Johann Jacob Volkmann

Neueste Reisen durch Schottland und Ireland, vorzüglich in Absicht auf die Naturgeschichte, Oekonomie, Manufakturen und Landsitze der Grossen

ISBN/EAN: 9783741167676

Hergestellt in Europa, USA, Kanada, Australien, Japan

Cover: Foto ©Andreas Hilbeck / pixelio.de

Manufactured and distributed by brebook publishing software (www.brebook.com)

Johann Jacob Volkmann

Neueste Reisen durch Schottland und Ireland, vorzüglich in Absicht auf die Naturgeschichte, Oekonomie, Manufakturen und Landsitze der Grossen

Neueste Reisen
durch
Schottland und Ireland,
vorzüglich
in Absicht auf die Naturgeschichte, Oekonomie,
Manufakturen und Landsitze der Grof. n.

Aus den besten Nachrichten und neuern Schriften
zusammengetragen
von
D. J. J. Volkmann.

Leipzig,
bey Caspar Fritsch, 1784.

Vorbericht.

Der gütige Beyfall, mit dem meine neuesten Reisen durch England aufgenommen worden, hat mich aufgemuntert, auch die beyden übrigen zu England gehörigen Reiche nach demselben Plane auszuarbeiten, damit wißbegierige Leser etwas Vollständiges haben. Sie können also diesen Band entweder als den fünften, und als einen Anhang der vorigen ansehen; oder auch als ein besonderes für sich vollständiges Werk betrachten.

Bey Schottland hat man den vierten Theil, der bey den englischen Reisen zum Grunde gelegten Tour trough Great-Britain, in gleicher Absicht beybehalten. Die Büschingische Erdbeschreibung und Enticks gegenwärtiger Zustand des brittischen Reichs sind bey beyden Reichen gebraucht worden. Ueber dieses hat man bey Schottland das Merkwürdigste aus Pennants Reisen, aus Tophams Briefen von Edinburg, aus Johnsons Beschreibung der westlichen Inseln, und andern Schriften genommen.

Vorbericht.

In Ansehung Irelands fehlte es an einem Buche, das ausdrücklich in der Absicht geschrieben ist, um es als ein Handbuch auf Reisen zu gebrauchen. Inzwischen liefern doch die vortreflichen Reisen von Young einen Plan, den man nebst einigen Abänderungen und Zusätzen befolgen kann. Diese Reisen haben uns zugleich die neuesten und wichtigsten Nachrichten von diesem sich nunmehr vermuthlich schnell hebenden Reiche an die Hand gegeben. Außerdem haben auch Watkinson in seiner philosophischen Uebersicht von Süd-Ireland, Twiß in seinen Reisen, u. a. m. sehr brauchbare Nachrichten zu unserer Absicht geliefert. Ueberhaupt sind sowohl Schottland als Ireland noch nicht hinlänglich von Reisenden untersucht. Da ihr Flor sich aber in der letzten Hälfte dieses Jahrhunderts sehr verbessert hat, so werden sie auch immer mehr an Wohlstand und Merkwürdigkeit zunehmen, und künftige Reisende anreizen, sich genauer damit bekannt zu machen. Gegenwärtige Grundlage kann alsdenn zur Ausführung eines weitläuftigern und größern Gebäudes dienen.

Inhalt.

Inhalt.

Erste Abtheilung.
Reisen durch Schottland.

Erster Brief. Allgemeine Einleitung zur Beschreibung von Schottland. Gränzen. Landcharten. Beschreibungen. Eintheilung. Staatsveränderungen. Luft. Boden. Berge. Seen und Flüsse. Kanal. Fischereyen. Heringe. Zuchtvieh. Manufakturen. Leinwand. Handel. Garten. Getraide. Waldungen. Mineralisches Wasser. Metalle. Steinkohlen. Münzen. Maaß und Gewicht. S. 1

Zweyter Brief. Anzahl der Einwohner und ihr Character. — Religion. Kirchenverfassung. Presbyter. Kirchensession. Gelehrsamkeit. Buchhandel. Distelorden. Abschaffung der erblichen Gerichte. Gesetze. Das Gericht der Sessionen. Peinliches Gericht. Sheriffs Gericht. Commissions-Gericht. Parlamentsgericht. Repräsentanten im Unterhause. Burgflecken. — Abgaben. Kronbediente und Officianten. Kriegsverfassung. Wapen 39

Dritter Brief. Die Landschaft Berwickshire. Halidown-Hügel. Morvington. Aymouth. Coldingham. Duns. Grenlow. Coldstream. Hirsel. Die Landschaft East-Lothian oder Haddingtonshire. Dunbar. Broxmouth. Lenningham. Dester. Lethington. Haddington. Das Insel mit den Soland-Gänsen. Landsitze. Handel dieser Landschaft 43

Vierter Brief. Mid-Lothian oder Edinburghshire. Musselburgh. Fisherraw. Invereste. Pinkey. Edinburg. Neustadt. Größe. Cawdhy. Crone und St. Giles Kirche. Parlamentshaus. Börse. Thore. Märkte. Universität. Bibliothek. Armenhäuser. Medicinisches Collegium und botanischer Garten. Theater. Regierungsform. Kirchen. Kastell. Pallast. Holy-roodhouse. Schule für Taubgeborne und Stumme. Corstorphin. Pentland. Roslin. Hawthornden. Newbottle. Dalkirth. Leith. Craigie-Hall. West-Lothian oder Linlithgow. Queensferry. Hoptonhouse. Abercorn. Blackness Castle. Burrowstowneß. Lmlithgow. Kipß 58

Fünfter Brief. Dumfriesshire. Eintheilung in Annan-Ritsh- und Esthdale. Gratna. Annan. Rivell. Wissat. Dumfries.

Inhalt.

Dumfries. Drumlanrig. Wilde Ochsen. Gangubar-Landschaft. Kirkudbright oder Unter-Galloway und Wigtounshire. Port Patrick. Stranrawer. Wigtoun. Airshire. Carrick. Balyntree. Manhole. Kyle. Air. Cunningham. Irwin. Kilmarnock. Largis. Renfrewshire. Lubbock. Greenock. Gowrock. Paisley. Renfrew. Ein Theil von Lanerkshire oder Clydesdale. Glasgow. Kirkpatrick 103

Sechster Brief. Steerlingshire. Kilsyth. Bannockburne. Sterling. Eisenwerk zu Carron. Werft. Carmton. Calendar-Haus. Rutherglen. Hamilton. Lanerk. Douglas. Wasserfälle der Clyde. Crawford. Leadhills. Tweedale oder Peeblesshire. Peebles. Selkirkshire. Roxburgshire. Melros. Jedburgh. Roxburgh. Kelso. Lauderdale. Lauder 133

Siebenter Brief. Fifeshire. Inverkeithing. Dumfermling. Blackneß-Castle. Lesly. Bruntisland. Kinghorn. Kirkaldy. Dysart. Wemys. Ely. Krven. Hohe Schule zu St. Andrews. Cowper. Balgony. Melvil. Kulskand. Tay Fluß. Perthshire. Perth. Duppliu. Stames. Dumblain. Clackmannanshire. Culroß. Kinroßshire. Kinroß. Gowrie. Scoon. Dunkeld. Killincranky. Loch Tay 153

Achter Brief. Angusshire. Dunbar. Broch-tay-craig. Panmure. Aberbrothick. Forfar. Brechin. Montrose. Innerberwy. Kincardine oder Mearnsshire. Dunnoter. Stonehive. Fluß Dee. Aberdeenshire. Alt- und Neu-Aberdeen. Kintore. Inverary. Strathbogg. Slames. Bowneß oder Buchanneß. Peterhead. Fraserburgh. Bamffshire. Bamff. Portson. Cullen. Keith. Gordon-Castle. Forchabers 182

Neunter Brief. Murrayshire. Elgin. Forteß. Corobin. Tarnaway. Nairnshire. Invernesshire. Culloden. Inverneß. Bauart und Gebräuche der Hochländer. Die Forts William, George und Augustus. Neue Heerstraßen 201

Zehnter Brief. Nordhochland. Sutherlandshire. Strathnavern. Picnisches Schloß. Cromartie Bay und Flecken. Caithneß. Wick. Dungsbyhead. Furohead. Thurso. Tayne. Dingwall. Fortroß. Beaulieu. Lochaber. Athol Blair. Breadalbane. Statherne. Lenorshire. Loch Lomond. Dumbarton. Argleshire. Inverary. Kantyre. Campbelltown. Knapdair. Lorn 227

Eilfter

Inhalt.

Eilfter Brief. Die westlichen Inseln Schottlands. Bute. Arran. Die hebridischen Cairne. Plaba. Ailsa. Gigha. Jura. Lismore. Jlay. Oransay. Colansay 251

Zwölfter Brief. Fortsetzung der westlichen Inseln. Mull. Staffa mit den Basaltsäulen. Jona. Threty. Col. Cannan. Rum. Muck. Egg. Sine. Rasan. Rona. Ilsvig. Bischofsinseln. Barra. South- und North-Uist. Benbecula. Borera. Lingay. Lewis. Harries. St. Kilda 270

Dreyzehnter Brief. Die Orkadischen Inseln. Strona. South-Ronalsa. Hoy und Wayes. Burra. Mainland u. s. w. Anmerkungen über diese Inseln. Die Shetland-Inseln. Fair Isle. Mainland u. s. w. vom Heeringsfange bey diesen Inseln 302

Zweyte Abtheilung.
Reisen durch Ireland.

Vierzehnter Brief. Größe und Eintheilung von Ireland. Schriftsteller. Landcharten. Geschichte. Anzahl der Einwohner. Sprache. Clima. Boden. Kaltdüngung. Berge. Moräste. Torfmoore. Seen. Flüsse. Kandle. Meerbusen und Hafen. Fischerey. Steinkohlen. Metalle. Ackerbau. Hüttenbewohner. Flachsbau. Rind- und Schaafviehzucht 319

Funfzehnter Brief. Sitten der Irländer. Arme. Whiteboys. Auswanderungen. Zustand der Gelehrsamkeit und Schulen. Gelehrte. Freye Künste. Dubliner Gesellschaft. Musik. Religion. Leinwand- Wollen- und Seidenmanufakturen. Handlung. Wird frey erklärt. Associationen. Wege. Regierungsform. Vicekönig. Parlament. Wird unabhängig. Höchste Gerichte. Einkünfte. Schulden 345

Sechzehnter Brief. Ueberfahrt nach Ireland. Die Provinz Leinster. Lage der Stadt Dublin. Größe und Anzahl der Einwohner. Straßen und Bauart. St. Patrick und die Christkirche. Universität. Parlamentshaus. Börse. Das Schloß. Hospital der Kindbetterinnen, u. a. m. Summerhill. Gemäldesammlungen. Handlung. Regierung. Lebensart. Phönix Park. Leixlip. Cartown. Castletown. Tarah. Stillorgan. Irrländische Diamanten. Runder Thurm zu Clunballin 366

Inhalt

Siebzehnter Brief. Der nördliche Theil der Provinz Leinster. Swords. Trim. Navan. Slaine Castle. Cullen. Drogheda. Schlachtfeld an der Boyne. Dunleer. Monesterboice. Atherdee. Dundalk. Carlingford. Natürliche Beschaffenheit der Provinz Ulster. Newry. Armagh. Charlemount. Dungannon. Grafschaft Antrim und Lough-Neagh. Leinwandbleichen zu Lurgan. Hillsborough. Lisburn. Belfast. Newtown. Donaghadee. Portaferry. Strangford. Down Patrick. Killeagh 389

Achtzehnter Brief. Fortsetzung der Provinz Ulster. Antrim. Carrickfergus. Randalstown. Der Riesendamm. Coleraine. Begräbnißhügel. Limavaddy. Magilligan. Londonderry. Heermgdzscheren. St. Johnstown. Raphoe. Donnegal. Kellybegg. Lachsfang zu Ballyshannon. Grafschaft Fermanagh. Belleek. Castle Colwell. See Carne. Inniskillen. Castle-Cool. Belleisle. Swan-Lingbar. Farnham. Cavan. Granard. Longford 409

Neunzehnter Brief. Die Provinz Connaught. Strokestown. Grafschaft Roscommon. Elphin. Athlone. Fluß Shannon. Grafschaft und Stadt Galway. Tuam. Moniva. Woodlawn. Grafschaft Clare. Drumoland. Bunratty-Castle. Natürliche Beschaffenheit der Provinz Munster. Limerick. Adare. Ardfert. Tralee. Castle-Island. Killarney. Schöner See dabey. Lough-Lane. Mucruß. Herrliches Echo. Insel Innisfallen. Berg Mangerton 432

Zwanzigster Brief. Fortsetzung von Munster. Grafschaft und Stadt Cork. Blarney-Castle. Dunkettle. Rostellan. Cova. Kinsale. Cape Clear. Mallow. New Grobe. Donneraile. Mitchelstown. Höhle zu Skehenrinky. Galties Berge. Clonmell. Tipperary. Dundrum. Cashel 453

Ein und zwanzigster Brief. Beschluß von Munster und Leinster. Kyllinaul. Kilkenny. Höhle zu Dunmore. Knocktopher. Grafschaft Waterford. Carrick. Curraghmore. Stadt Waterford. Duncannon. Hügel Faithleg. Ballicanban. New Roß. Wexford. Gowry. Arklow. Wicklow. Mount Kennedy. Powerscourt. Schönes Thal Dargle. Castle Dermot. Kildare. Naas 469

Neueste

Erste Abtheilung.

Neueste Reisen
durch Schottland.

Erster Brief.

Allgemeine Einleitung zur Beschreibung von Schottland. Gränzen. Landcharten. Beschreibungen. Eintheilung. Staatsveränderungen. Luft. Boden. Berge. Seen und Flüsse. Kanal. Fischereyen. Heringe. Zuchtvieh. Manufacturen. Leinwand. Handel. Banken. Getreide. Waldungen. Mineralisches Wasser. Metalle. Steinkohlen. Münzen. Maaß und Gewicht.

Wenn gleich das Königreich Schottland, oder Nordbritannien, dem südlichen Britannien an Cultur, an Ackerbau, Viehzucht und Manufacturen nicht gleich kommt, so hebt es sich doch immer mehr und mehr, und hat seinen Zustand seit einem halben Jahrhundert ungemein verbessert. Es hat aber auch zugleich in Ansehung der Sitten und Gebräuche, zumal in dem Hochlande oder der nördlichsten Hälfte, so viel besonders, daß es die Neugierde reizet, und von aufmerksamen Reisenden besucht zu werden verdienet. Ehe wir zur Beschreibung des Landes selbst schreiten,

schreiten, wird es nöthig seyn, etwas von der allgemeinen Beschaffenheit und dem Zustande desselben zu sagen.

Gränzen. Gegen Süden gränzt Schottland an die Irländische See und England, wovon es durch den Solway-Firth und die Flüsse Esk und Kecsop auf der Ostseite, durch die Tweed auf der Westseite, und in der Mitte durch die Cheviothügel getrennt wird. Die übrigen drey Seiten werden vom Meere umflossen, nemlich die Ostseite vom Deutschen, die Nordseite vom Deucaledonischen, und die Westseite vom westlichen Meere. Umher, zumal auf der West- und Nordseite, liegen auf 300 Inseln, darunter die sogenannten Western Islands oder Hebriden und die Orkneys oder Orkadischen Inseln die vornehmsten sind.

Gröſſe. Schottland liegt zwischen dem 54 und 59 Grade nordlicher Breite, und zwischen dem ersten und sechsten Grade westlicher Länge von London. Es ist nicht groß; von der äußersten nordlichen Spitze gegen die Orkneys oder vom Dungsby Head in Caithneſs bis the Mull of Galloway gegen Irland zu zählt man nicht mehr als 215 Schottische Meilen, und von gedachtem Vorgebirge bis Berwick noch viel weniger. Die Breite ist sehr ungleich: die gröſste ist ohngefähr in der Mitte des Landes von Ard namurchan bey der Insel Mull bis nach Buchanneſs auf der Ostseite, und da rechnet man 140 Schottische Meilen; an andern Stellen, wo zumal die Seebusen ins Land gehen, ist die Breite kaum 100, und nordwärts von Murray-Firth noch weniger. Man giebt den ganzen Flächen Inhalt des Königreichs auf 1600 geographische Quadratmeilen an.

Einleitung.

Landcharten. Viele Geographen haben Großbritannien und Irland zugleich auf Landcharten herausgegeben, wovon wir mit Uebergehung der ältern nur den Deal und Jefferys nennen. Wer Schottland aber genauer kennen lernen will, muß sich eine Specialcharte anschaffen; die besten sind von James Dorret und von Elphingston 1745. Dorret hat seine in vierfacher Größe herausgegeben, auf einem Bogen, auf zwey gewöhnlichen, auf vier großen, 1750, und auf vier kleinern. Die dazu gehörige alphabetische Tabelle aller Oerter erleichtert ihren Gebrauch sehr.

Beschreibungen. Außer der von uns zum Grunde gelegten Beschreibung Schottlands im Tour trough Great Britain, trifft man dergleichen im Modern british Traveller in Folio, in Büschings Geographie, im vierten Theile von Entick's gegenwärtigem Zustand des brittischen Reichs an*). Einen großen Theil dieses Reichs beschreibt Pennant in seiner Reise durch Schottland. Leipzig. 1779. 2 Theile, und der Ungenannte in den Schottländischen Briefen, oder Nachrichten von Schottland und besonders vom Hochlande**). Hannover, 1760, aus dem Englischen von Toze übersetzt. Andere Schriften von einzelnen Oertern, Landschaften und Inseln kommen an ihrem

---

*) Mehrere Großbritannien gemeinschaftlich betreffende Schriften s. Neueste Reisen durch England B. 1. S. 21.

**) Der Englische Titel heißt: Letters containing the Description of a Capital Town in North Scotland, with an Account of the Highlands etc. London, 8. Ein schönes Werk ist auch: the Antiquities and Sceneries of the North of Scotland in a Series of Letters to Mr. Pennant by Charles Cordiner, Minister of Banf. London, 1780, 4.

Orte vor. Wer sich genauer um die Schottländische Geschichte bekümmern und solche in einem Buche beysammen haben will, kann sich des Will. Guthrie general history of Scotland from the earliest Accounts to the present time. London, 1771, in 10 Bänden bedienen. Eine Beschreibung der natürlichen Merkwürdigkeiten fehlt noch: des Sibbaldi Prodromus historiae naturalis Scotiae ist bereits 1684 in Fol. zu Edinburg herausgekommen, und zu alt und unvollständig. Pennant hat inzwischen in obgedachter Reise gute Beyträge dazu geliefert. Von den Schottländischen Pflanzen hat man ein schönes Werk an des John Lightfoot Flora Scotica in the Linnean Method. 1777. 2 Vol. Fol. *).

Eintheilung. In Ansehung seiner Lage theilt man Schottland in das Niederland, welches der meistens flache und niedrige südöstliche Theil ist, und in das Hochland, welches den nördlichen gebirgigten und rauhen Theil begreift. Wenn man vom Fluß Clyde nach Inverneß oder von Südwest nach Nordost eine Linie zieht, so theilt man Schottland ohngefähr in zween Theile, wovon der nördliche das Hochland, und der südliche das Niederland ist. Eigentlich enthält Schottland, nach der politischen Verfassung, 31 Grafschaften oder Shires (bey den Einwohnern Sheriff-

---

*) Lightfoot war Pennants Reisgefährte: und der deutsche Uebersetzer Pennants hat einen nutzbaren Auszug aus der Flora seiner Uebersetzung beygefügt. Schottland hat wegen seiner Gebirge und Gewässer sehr viele merkwürdige Pflanzen. Insonderheit ist das Buch wegen der Seegewächse schätzbar, die bey andern Schriftstellern gemeiniglich vernachläßiget werden. Pennant gab die Kosten zu Lightfoots Flora her.

Einleitung.

Sherifdoms genannt,), und 2 Stewartries*), nemlich Orkney, worunter die Orkadischen und Schetland Inseln begriffen werden, und Kirkenbbright. Sie heißen nach alphabetischer Ordnung:

1) Aberdeen oder Marr.
2) Aire.
3) Argyle oder Inverary.
4) Bamff.
5) Berwick. (Merse.)
6) Bute oder Boot.
7) Caithneß.
8) Clackmannan.
9) Cromarty.
10) Dumbarton ob. Dumbriton oder Lenox.
11) Dumfreis.
12) Edinburg oder Midlothian.
13) Elgin (Murray.)
14) Fife.
15) Forfar oder Angus.
16) Habbington ob. Constablery, oder East Lothian.
17) Inverneß.
18) Kinkardine (Mearns.)
19) Kinroß.
20) Kirkcudbright oder Mid- und East-Galloway.
21) Lanerk. (Clydesdale.)
22) Linlithgow. (Westlothian.
23) Nairn.
24) Orkney.
25) Peebles. Tweedale.
26) Perth.
27) Renfrew.
28) Roß.
29) Roxburgh.
30) Selkirk.
31) Stirling. (Strivveling.)
32) Sutherland.
33) Wigtoun oder West-Galloway.

Die Römer nannten die alten Bewohner Schottlands Caledonier, sie hießen aber eigentlich Gaels, und stammten von den Celten ab. Sie theilten sich in der Folge in zween Hauptstämme, wovon einer auf

Staatsveränderungen.

---

*) Die Stewartries unterscheiden sich von den Shires bloß dadurch, daß der vornehmste Justigverwalter in jenen Stewart, in diesen aber Sheriff heißt.

auf der Westseite sich Scoten, und der andere auf der östlichen Seite Picten nannte. Beyde wehrten sich tapfer gegen die Römer, beunruhigten sie oft durch Einfälle*), weswegen die Römer die noch vorhandene sogenannte Pictenmauer aufführten. Sie schlugen sich in der Folge beständig um der Oberherrschaft willen herum, bis Kenneth der Andere, König der Schotten, die Picten um das Jahr 838 überwand, und beyde Nationen vereinigte. Seine Nachfolger behaupteten den Thron bis 1289, da der Stamm mit Alexander III erlosch. Während der Zeit nahm der größte Theil der Schotten den christlichen Glauben an. Nach Alexanders Tode entstand zwischen den beyden Häusern Balliol und Bruce ein langwieriger Streit wegen der Thronfolge, der mit abwechselnder Oberhand über 80 Jahre dauerte, bis er endlich mit Robert VI aus dem Hause Stuart, Königs Davids II Schwestersohn, 1371 aufhörte. Die Könige dieses Hauses waren fast beständig mit den Engländern in Krieg verwickelt: unter andern hatte die Königin Maria nach vielen widrigen Schicksalen das Unglück, von der Königinn Elisabeth in England gefangen genommen, und sogar, weil sie Anspruch auf die Englische Krone machte, 1587 enthauptet zu werden. Ihr einjähriger Prinz Jacob VI ward als König erkannt, und protestantisch erzogen. Während seiner Minderjährigkeit kam die Reformation meistens zu Stande, ob er gleich das Unglück hatte, viel Vormünder zu haben, und unter lauter innerlichen Unruhen erzogen zu werden. Das Ansehen der Königinn Elisabeth hatte den meisten

---

*) Der Nahme Picten bedeutet auf Gallisch so viel als Räuber und Plünderer.

Einleitung. 7

sten Einfluß dabey; die presbyterianische Verfassung ward nach dem Muster der Genfer Kirchenordnung eingeführt, die sogenannte Englische hohe Kirche oder das Bischöfliche Regiment ganz abgeschafft.

Jacob war so glücklich die beyden Reiche England und Schottland zu vereinigen, und bestieg 1603 unter dem Nahmen Jacob I den Englischen Thron, nachdem ihn die Königinn Elisabeth kurz vor ihrem Tode dem Parlamente zum Nachfolger vorgeschlagen hatte. So viel Mühe er sich auch gab, beyde Reiche in einen Staat zu verwandeln, so konnte er seinen Zweck doch nicht erlangen, sondern jedes Reich behielt seine eigene Verfassung für sich. Erst 100 Jahre nachher zwischen 1706 und 1707 brachte die Königinn Anna die wichtige Vereinigung beyder Reiche England und Schottland unter dem Nahmen von Großbritannien glücklich zu Stande, und die allen Einwohnern dieser Reiche gleich vortheilhafte Unions-Acte ward zum ewigen Reichsgrundgesetze gemacht*). Von Jacobs I Zeiten an ist die Geschichte Schottlands mit der Englischen ganz verwebt, daher man solche dort suchen muß**).

Die Luft ist in Schottland schon etwas kälter, Luft. als in England. Im südlichen Theile ist sie wegen des flachen Landes gemäßigter. Im Hochlande verursachen

---

*) An Act for an Union of the two Kingdoms England and Scotland V. Annae. c. 8. Man findet diese berühmte Acte in Schmaußens Corpore Jur. Gent. Academ. T. I. und in Entick gegenwärtigem Zustand des brittischen Reichs, B. 4, S. 485. Siehe auch A History of the Union of Great-Britain. Edinburg, 1709. Fol.

**) Die vornehmsten Veränderungen sind in den neuesten Reisen durch England angezeigt. B. 1, S. 16 ff.

Einleitung.

ursachen die vielen Gebirge eine kältere und rauhere Luft. Die vielen Meerbusen machen sie in den Thälern feucht, wodurch bey den Einwohnern oft allerley Arten von Ausschlag entstehen. In den Gebirgen wird sie durch die heftigen Stürme gereinigt, sie ist aber auch desto schärfer.

Boden. Hieraus kann man schon einigermaßen auf den Boden und die Fruchtbarkeit schließen. Der südliche Theil giebt an manchen Stellen England an Fruchtbarkeit nichts nach, und wird durch den immer mehr in Aufnahme kommenden Ackerbau jährlich verbessert. Im Hochlande erlauben die vielen Felsen und Berge keine starke Feldwirthschaft, doch giebt es Thäler, deren schwärzlicher Boden alle Arten von Feldfrüchten hervorbringt, und überhaupt gute Viehweiden.

Berge. Die vornehmsten Reihen von Bergen sind die Gramplans, welche queer durch Schottland von Corwal in Argylshire gegen Osten nach Aberdeen laufen; die von Lammer-Moor, welche sich von der Küste in den Mers weit gegen Westen strecken; die Pentland Berge, welche durch Lothian gehen, und sich mit denen von Tweedale vereinigen, und die bereits erwähnten Cheviot-Berge, welche England und Schottland trennen, einzelner hohen Berge nicht zu gedenken. Auf einigen derselben, zumal auf den Orkadischen, kann man zur Zeit der Sommer Sonnenwende die ganze Nacht hindurch schreiben. Der längste Tag währt hier fast 19 Stunden, und die Dämmerung nur 5 Stunden, während der Zeit scheint die Sonne nur wie von einer Wolke verdunkelt.

Seen und Flüsse. Die Natur hat Schottland mit einer Menge von Landseen und Flüssen versehen, und wenn man die

vielen

Einleitung.

vielen tief ins Land einbringenden Meerbusen dazu rechnet, so wird man nicht leicht ein Land antreffen, das stärker bewässert wäre. Auf allen Bergen giebt es Quellen von klaren gesunden Wasser, die in kleinen Bächen herabrinnen, und zur Wässerung der Wiesen sehr vortheilhaft genutzt werden können. Aus diesen entstehen große und kleine Flüsse, die zu allerley Absichten dienen: von den Flüssen erweitern sich manche in Landseen, und ziehen sich hernach wieder als Flüsse in die Enge. Der Schottländer nennet einen Landsee Loch *). Von diesen stellen einige, als der Loch Tay, Lomond, Loch Neff ꝛc. mit ihren Ufern die herrlichsten malerischen Scenen dar, sind mit ansehnlichen Wäldern umgeben, und liefern Fische in großer Menge. In der Nachbarschaft des Loch Neff ist auf einem Berge, dessen senkrechte Höhe auf zwo Meilen geschätzt wird, ein 30 Klafter langer See, der wegen seiner Tiefe nie gefriert, da der 17 Meilen davon entfernte Lochanwyn oder grüner See das ganze Jahr mit Eis bedeckt ist. Die Landschaft Lochaber, ein Theil von Invernessshire, hat den Namen von den vielen Lochs oder Seen, die den alten Caledoniern oder Hochländern zur Schutzwehr dienten, um sich von den Niederländern unabhängig zu erhalten.

Die großen Meerbusen, welche die See bey den Mündungen der Flüsse formirt, heißen Firths oder Friths,

---

*) Doch nennt man manche Meerbusen, die nicht die größten sind, ebenfalls Loch. Z. E. der 60 Meilen lange Loch Fyne, welcher wegen der Heringe berühmt ist, und Loch Spinie bey Elgin, auf dem sich so viel Schwäne aufhalten, daß sie im Fliegen die Luft oft verdunkeln.

Friths, als der Firth von Solway, Clyde, Forth, Tay, Murray, Dornock, Cromary ꝛc.

Die vornehmsten Flüsse sind 1) die Forth, welche im District Menteith entspringt, und von Westen gegen Osten in den Firth of Forth läuft. Er ist der schönste und ansehnlichste von allen, macht aber so viel Krümmungen, daß solche von Stirling bis Alloway 24 Meilen betragen, obgleich beyde Oerter nur vier Meilen von einander entfernt sind. 2) Die Clyde entspringt am Berge Tinto an den Gränzen der beyden Grafschaften Peebles und Lanerk bey Annandale. Sie läuft nordwestwärts bey Lanerk, Hamilton und Glasgow vorbey in den Firth of Clyde, ist der zweyte Fluß in Ansehung der Größe, und führt vortrefliche Lachse. 3) Die Tay ist der breiteste von allen Flüssen. Sie kommt aus dem 24 Meilen langen Loch oder See Tay in Breadalbin, wird bey Perth schiffbar, und fällt in den Firth of Tay. 4) Die Dee und 5) Don fallen bey Aberdeen ins Deutsche Meer. 6) Die Spey gehört zu den längsten Flüssen Schottlands. Sie entspringt in den Bergen von Badenoch mitten in Inverneß, formirt bald darauf den Loch Spey, und fällt nordwärts in den Murray Firth. 7) Die Devon oder Dovern entspringt etliche Meilen nordwärts von der Don, läuft durch Strath-bogie, und fällt einige Meilen ostwärts von der Spey in den Murray Firth. Eben dieser Firth nimmt etliche Meilen gegen Westen, 8) die Lossy, weiter gegen Westen, 9) die Findom, und endlich noch weiter in der Landschaft Nairn 10) die Nairn auf.

Wir übergehen die andern minder beträchtlichen Flüsse, um von dem merkwürdigen Kanale, welcher vermittelst der Flüsse Forth und Clyde eine Gemeinschaft zwischen Edinburg und Glasgow, und zwischen

den

den Meeren zu beyden Seiten Schottlands verschafft. Hogrewe gedenkt seiner in dem vortreflichen Werke von den Englischen Kandlen nur noch als eines Projects, von dessen Ausführung er ungewiß war: aber Pennant beschreibt ihn*) ziemlich ausführlich. Dieser Kanal ist äuserst wichtig für den Schottländischen Handel, und wird demselben nach und nach ein neues Leben und einen ganz andern Schwung geben, so daß es der Mühe werth ist, diese Nachricht hier einzurücken.

Der Kanal ward 1768 angefangen, und ohngefähr in sechs Jahren völlig unter Herrn Smeatons Aufsicht zu Stande gebracht. Er erstreckt sich vom Flusse Carron nicht weit von seinem Einflusse in den Firth von Forth bis an den Fluß Clyde, in den er zwo Meilen von Glasgow fällt, und sein ganzer Lauf beträgt eine Länge von 27 Englischen Meilen. Er ist unten 24 und oben 54 Fuß breit und sieben Fuß tief. An verschiedenen Stellen, wo sein Lauf durch Thäler oder Bäche unterbrochen wird, hat man ihn in Form einer Wasserleitung, oder durch Erhöhung des Grundes darüber weggeführt. Kleine Bäche laufen unter gemauerten Bogen darunter weg, und wo die Heerstraße darauf stößt, hat man entweder Zugbrücken angelegt, oder sie unter breiten starken Schwibbögen darunter weggeführt. Da das Erdreich von beyden Meeren gegen die Mitte des Landes zu beträchtlich höher wird, so sahe man sich genöthiget, eine Menge Schleusen anzulegen. Der Raum zwischen zwo Schleusen hat einen Fall von acht Fuß. Die höchste Stelle an diesem Kanale ist der Morast Dolater-bog, der zwo Meilen

*) Reise durch Schottland 2 Th. S. 115. Man sehe auch Nimmo General history of Stirlingshire, wo der Kanal auf der Specialcharte abgebildet ist

Meilen lang ist. Er ist von der östlichen Oeffnung des Kanals etwa 10 Meilen entfernt, und liegt 147 Fuß höher, als die Fluth zu Carron steigt. In diesen Morast fallen verschiedene Bäche, die ihn zum bequemen Wasserbehälter machen, der den Kanal bey großer Dürre hinlänglich mit Wasser versieht. Der Kanal hat 40 Schleusen, wovon sich die Hälfte in der Grafschaft Sterling befinden. Bey der östlichen Oeffnung zwo Meilen von Falkirk, wo der Kanal in den Fluß Carron fällt, ist eine doppelte Schleuse angebracht, um ihm mit dem Flusse eine gleiche Höhe zu geben. Bey diesem Eingange, der die Seeschleuse genannt wird, sind schon eine Menge Waarenlager und Wohnhäuser angelegt, deren Anzahl mit jedem Jahre zunimmt. Auf die Seeschleuse stößt ein vortreflicher Hafen, Greenbrae genannt, der von allen Seiten durch die hohen Ufer des Flusses eingeschlossen ist, Schiffe von 600 Tonnen trägt, und überhaupt auf 1000 Fahrzeuge fassen kann. Von der Seeschleuse hebt sich der Boden allmählig, so daß in einer Strecke von zwo Meilen nur zwo Schleusen erfordert werden. Allein zu Mungalt nordwärts gegen Falkirk über ist der Abhang so steil, daß man in der Weite von etwas mehr als einer halben Meile 11 Schleusen anlegen mußte. Mitten unter diesen Schleusen geht zu Tophill die Heerstraße nach Glasgow und Sterling unter einem prächtigen Bogen durch. Von der Höhe zu Camelon ist der Fall so unbeträchtlich, daß man in einer Weite von vier Meilen keine Schleusen brauchte; doch mußte man wegen verschiedener kleinen Thäler und Bäche den Boden oft erhöhen, und hin und wieder Bogen schlagen. Von Dolaterboy behält er seine Fläche einige Meilen lang, und geht alsdann von Sterlingshire in die Grafschaft Dumbarton, in

der

Einleitung.

der er sich nach wenigen Veränderungen mit der Clyde vereinigt.

Der Kanal trägt Schiffe von 20 Fuß Breite, 60 Fuß länge, und 70 bis 80 Tonnen last. Bey günstigem Winde führen sie Seegel, sonst werden sie von Pferden gezogen, für die auf der nördlichen Seite des Kanals ein Weg gemacht ist. Der Kanal hat der Gegend an verschiedenen Stellen schon eine andere Gestalt gegeben. Man hat an seinen Ufern Wohnhäuser, Waarenlager, Ziegeleyen, und Höfe für auswärtiges Bauholz angelegt, bey denen zugleich kleine Fahrzeuge gebauet werden; überhaupt fängt man an die benachbarten Felder, die sonst ziemlich vernachläßiget wurden, mit besserer Sorgfalt zu bauen und zu befriedigen. Die Kosten zu diesem Werke wurden von einer Gesellschaft bestritten, die vom Parlament Erlaubniß erhielt, 150,000 Pf. Sterl. in 1500 Actien zu 100 Pf. und im Nothfall noch 50000 Pf. Sterl. mehr aufzunehmen. Jeder Besitzer von fünf Actien hat eine Stimme, allein keiner kann über 10 führen. Es ward ein Zoll von zwey Pence auf jede Tonne von beladenen, und von einem Pence von leeren Schiffen gelegt, den sie für jede Meile entrichten müssen. Materialien zur Ausbesserung der Heerstraßen und Dünger sind zollfrey, wenn die Schiffe durch keine Schleuse gehen. Kalk bezahlt nur einen viertel und Eisenerz den halben Zoll. Kein Schiff unter 15 Tonnen darf ohne besondere Erlaubniß eine Schleuse passiren. Wenn die Dividende sich über 10 Procent belaufen sollte, so soll der Zoll herabgesetzt werden. Die Gesellschaft war verbunden, Privatpersonen den Werth für den Theil ihrer Grundstücke, den sie durch den Kanal verloren, zu ersetzen, und außer-

dem

dem die erforderlichen Abzüge Wasser und Tränk-
plätze fürs Vieh anlegen zu lassen*).

Fischereyen. Die fischreichen Küsten, Seen und Flüsse scheinen den Schottländern gleichsam anzudeuten, daß
die Natur ihnen diesen Nahrungszweig angewiesen
habe. Wenn sie sich mit mehrerm Eifer auf solchen
legten, so könnten sie nicht nur große Schätze dadurch
von den Ausländern gewinnen, sondern Schottland
würde auch zur wichtigsten Pflanzschule von Matrosen für die brittische Flotte werden.

Der Lachsfang ist in den Flüssen Don und
Dee bey Aberdeen ungemein ergiebig, und wie wichtig er in der Clyde seyn müsse, läßt sich daraus abnehmen, daß die Stadt Renfrew in einer Jahrszeit 60 Schiffe darzu gebraucht. Vieles geht von
diesem Fange nach Frankreich und Holland.

Um die nördlichen und westlichen Inseln ist der
schönste Kabeljaufang in Europa; die Holländer
kaufen ihn den Einwohnern ab, und ziehen den größten Profit davon, weil kein Englischer Kaufmann
diesen einträglichen Handel treibt.

Heringe. Heringe giebt es an allen Küsten Schottlands
in großem Ueberfluß, vornehmlich an den westlichen
Inseln. Man hält die letztern für die fettesten, wenn
sie gleich nicht so groß, als an der östlichen und nördlichen Küste, sind. Ueberhaupt ist diese Heringfischerey die beste in der Welt. Die Menge der Heringe
ist unglaublich; nahe bey der Insel Skye in den
Buchten von Altwig setzen ihre dicken Schwärme die
Böte

---

*) Pennant gedenkt noch eines projectirten 2ten Ka-
nals, der von Borrowstowneff in gerader Linie
nach dem großen Kanal geführet werden soll, der
aber damals noch nicht angefangen war.

Böte oft in Gefahr. Bey den Orkneys und Shetland Inseln ist er nicht weniger wichtig, und es ist bekannt, daß die Holländer von dem Fange in diesen Gegenden den meisten Vortheil ziehen *). Man kann zuweilen die Tonne frische Heringe auf den Inseln für sechs Pence kaufen; wenn sie aber zurecht gemacht, eingesalzen und auswärts verschickt werden, so gilt die Tonne 25 bis 40 Schillinge. Man rechnet, daß aus dem Firth von Clyde in manchen Jahren während der Fangezeit 36000 Tonnen nach Frankreich gegangen sind, ohne was von Dunban und andern Gegenden des Reichs dahin geschafft worden; ein Beweis, wie viel höher dieser Handlungszweig noch getrieben werden könnte, zumal da die östliche Küste so vortheilhaft liegt, daß die Schottländer im Stande sind, nicht nur einen Monat früher damit auf dem Markte zu seyn, als die Engländer und Holländer, weil die letztern zumal mit dem Hin- und Herfahren, und Zuführung der Provisionen und des Salzes viel Zeit verlieren müssen, sondern sie auch aus eben diesen Gründen wohlfeiler zu geben. Die Schottländer können über dieses des Nachts sicher an der Küste liegen, ohne einige Gefahr von Stürmen und Feinden zu befürchten, weil viele von diesen fischreichen Bayen zugleich die sicherßten Ankerplätze abgeben.

Die Heringfischerey im Meerbusen von Forth dauert alle Jahre ein paar Monate. Man braucht

auf

*) Doch ist er bey weitem nicht mehr so wichtig, als im vorigen Jahrhunderte, da jährlich über 1500 Schiffe dazu gebraucht wurden. Jetzt laufen kaum noch 250 bis 300 sogenannte Buysen darauf aus. Inzwischen bleiben die holländischen Pökelheringe noch immer die besten. Der Fang dauert von Johannis bis zu Ende des Novembers.

auf 800 Böte, und 5 bis 6500 Matrosen und Jungen dazu, welche ohngefähr 40000 Tonnen fangen und einsalzen. Sind diese gleich mager, so sind sie doch derb; vormals giengen sie stark nach Schweden, und sie werden noch mit gutem Profit nach den kanarischen Inseln und verschiedenen Gegenden von Nordamerika geführt. Von gedachten 40000 Tonnen wird etwa ein Sechstheil im Lande verzehrt. Es fehlt den Schottländern nichts, als hinlängliches Salz. Man hat zwar hin und wieder mit dem besten Erfolg Siedereyen angelegt, darinn Salz aus Meerwasser gesotten wird, es ist aber nicht hinlänglich. Man könnte auch Boisalz machen, wenn man an flachen Küsten das Seewasser in große Behältnisse verlaufen, und durch die Sonnenstrahlen abdampfen ließe.

Es kommen auch Wallfische nach den Orkneys, und nach den am meisten norderwärts gelegenen südlichen Inseln. Die Einwohner essen sie, und nennen sie Meerschweine. Außer dem Kabeljau werden auch andere Stockfischarten an allen Küsten Schottlands in Menge gefunden; von andern Fischen nennen wir nur Lachse, Seöhre, Meerbutten, Rochen, Schollen, Makrelen ꝛc. Bey der Insel Newißt fängt man auch Seehunde, wovon viel Oel gewonnen wird. Die Haut dient zu Stricken. Ottern, deren Felle zu Müffen gebraucht werden, sind auf allen Inseln häufig, und Hüner, Krabben, Austern, deren manche in drey bis vier Stücken geschnitten werden müssen, um sie zu speisen, Muscheln und andere Schaalthiere sind in solcher Quantität vorhanden, daß die Einwohner sie nicht verzehren können.

Die Heerden von Rind- und Schafvieh sind zahlreich. Ersteres ist gemeiniglich schwarz, außer

Einleitung. 17

in Getreidegegenden, wo man aber selten mehr hält, als zur Feld- und Milchwirthschaft nöthig ist. Hier ist es auch größer, als das in andern Gegenden, und giebt den Englischen, zumal wo recht guter Boden ist, an Größe nichts nach. Sonst sind so wohl ihre Schaafe*), als Ochsen und Kühe, überhaupt betrachtet, kleiner, als die Englischen, aber von weit angenehmern Geschmack, als die größten in England. Man treibt ganze Heerden nach St. Faith bey Norwich in England zum Viehmarkte. Schweine werden nicht viel gezogen, ausgenommen im nordlichen Theile, wo man sonst auch eine Menge Ziegen hielte, aber jetzt einen großen Theil abgeschafft hat, weil sie die Bäume zu sehr beschädigen. Doch werden noch im Hochlande sehr viele Ziegenfelle zu feinen Handschuhen zubereitet. Butter und Käse vom Rind- und Schafvieh wird in Menge ausgeführt. Das Schweinefleisch wird meist eingepökelt, und so wohl als das eingesalzene Rindfleisch ausgeführt. Rothwildpret trifft man in dem südlichen Schottland nur in den Parks des Adels, sonst aber allenthalben häufig an.

Die Pferdezucht ist in Galloway und dem Hochlande ansehnlich. Die Pferde sind zwar nur klein, können aber viel ausstehen: sie schicken sich zum Reiten und Ziehen in diesem bergigten Lande, und arbeiten da unverdrossen, wo man mit grossen schweren Pferden nicht fortkommen würde. Es giebt jedoch auch im platten Lande Pferde, die so wohl für die Kavallerie, als für die Kutschen, brauchbar sind.

Es

---
*) Von den Schottländischen Schäfereyen und ihrer Nutzung s. einen Brief in Pennants Reise Th. 2. S. 231.

B

Es giebt nicht nur eine Menge zahmes und in andern Ländern gewöhnliches Geflügel, sondern auch, zumal auf den Inseln, manche besondere Arten von Vögeln, welche die Einwohner kaum halb verzehren und verhandeln können, obgleich der Vertrieb damit seit der Vereinigung mit England immer zugenommen hat. Diese Vögel und ihre Eyer sind nicht nur ein Handelsartikel, sondern auch ihre Federn sowohl zum inrländischen als ausländischen Gebrauche sehr vortheilhaft.

Manufacturen. Zu Anfange dieses Jahrhundertes sahe es mit den Manufacturen in Schottland noch sehr elend aus, allein seit 30 Jahren hat es ein ganz anderes Ansehen damit bekommen. Man hat nun Fabriken von verschiedener Art angelegt, welche die Hände vieler 1000 Menschen beschäftigen, im blühenden Zustande sind, und immer mehr und mehr in Aufnahme kommen.

Leinwand. Die Leinwandfabriken gehören zu den wichtigsten, und obgleich die Irländer in der feinern Gattung noch allemal den Vorzug behaupten, so übertreffen die Schotten jene doch in Verfertigung der Tafeltücher, und die gemeine Leinwand ist von eben der Güte, als jener ihre. Vor diesem schickten die Schottländer ihre feine Leinwand zur Bleiche nach Holland, und vorzüglich nach Harlem, jetzt können sie eben so gut bleichen und ersparen die schweren Transportkosten. Schottland bauet selbst vielen Flachs, es muß aber noch ausländischer eingeführet werden, um die Fabriken zu versorgen. Wie wichtig diese sind, kann man aus einer Tabelle beym Pennant urtheilen. Im Jahr 1728 wurden 2,183,978 Ellen (Yards), die am Werthe 103,312 Pf. Sterl. betrugen, gestempelt, und im J. 1771 13,672,545 Ellen, die 632,389 Pf. Sterl. werth waren. Ein erstaun-

Einleitung. 19

erstaunlicher Zuwachs in 40 Jahren! Man verfertigt nicht nur Leinwand von aller Art, sondern auch Kammertuch, Nesseltuch, Damast, Bettücher ꝛc. weißen und bunten Zwirn, Zwirnband, Spitzen ꝛc.*).

Der Hanfbau kommt auch immer mehr in Aufnahme, und es wird bereits Segeltuch auswärts versendet, zu geschweigen, daß eine große Quantität zu Netzen für die Fischereyen verarbeitet wird. Von 1764 bis 1772 wurden 113000 Centner Hanf eingeführt.

Die zahlreichen Heerden liefern eine beträchtliche Quantität Wolle, die zwar, weil die Schafe im Winter keinen Schutz haben, gröber ist, als die Englische, doch giebt es Wollfabriken von allerley Art. Zum Exempel, feines Tuch, grobes sogenanntes Hausweibertuch, (Housewife's cloth) Sarsche, Boyen, Krepp, Glasgower Plaids**), Kamelotte, Strümpfe

B 2   pfe

---

*) Spruel im Account current betwixt Scotland and England führt zum Beweise der guten Spinnerey in Schottland an, daß aus einem Pfunde Schottisches Garn, welches nur 12 Pence gekostet, sechs Strähne feines Garn gesponnen, und die Strähne in Glasgow zu 4 Schill. 3 Pence verkauft worden. Diese zu Nesseltuch verwebt gaben für 2 Pf. Sterl. 16 Schill. Waare, von einem Pfunde Flachs. Er setzt hinzu, daß die Klöppler aus einem Pfunde Flachs für 8 Pf. Sterl. Spitzen verfertigen. Ein Beweis, wie sehr die Leinwandmanufacturen in Schottland verbessert worden, und wie viele zu anderer Arbeit unvermögende Weiber dadurch ihr Brod verdienen können. Und wie viel gewinnt die Nation nicht dadurch?

**) Plaids sind gestreifte wollene Zeuge, die auch in England zu Schlafröcken, Bett- und Fenstervorhängen u. s. w. gebraucht werden. Sie wurden sonst in ganz Schottland und auch von Weibern getragen; aber jetzt tragen sie fast bloß die Hochländer

pfe*), Mützen ꝛc. Außer dem, was das Land selbst von den Wollenwaaren gebraucht, geht das meiste nach Holland, wo Rotterdam**) die vornehmste Niederlage derselben ist.

Eine Hauptfabrik für dieses Reich sind die Teppiche, die fast nirgends so gut und so wohlfeil gemacht werden. Man trifft sie fast in allen Häusern der Vornehmen und Geringen in England an, daher ist ihr Absatz außerordentlich groß. Die Teppiche von Wilton und Arminster in England sind für die meisten viel zu theuer. Da man sich bemüht, sie immer mit mehrerm Geschmacke zu verfertigen, so wird sich diese Fabrik auch mehr heben, zumal da man die Waaren, wegen des wohlfeilen Handlohns, nirgends zu so billigen Preisen liefern kann.

Handel. Pennant Th. 2. S. 235 liefert ein Verzeichniß der Schottischen Manufacturen, nebst den Orten, wo sie gemacht werden. Den besten Begriff von dem Handel Schottlands kann man sich aus dem Entick ***) machen, welches wir hier einrücken.

Nach

länder und der gemeine Pöbel. Man macht diese Plaids nirgends so gut, als hier.

*) Der gedachte Spruel führt zum Beweise der feinen Wollarbeit an, daß zu Aberdeen Weiberstrümpfe das Paar zu 10, 15, 20, ja 30 Schill. verfertigt werden. Die Strumpffabrik zu Aberdeen beschäftigt viele 1000 Hände. Die Gegend um Galloway und das Thal an der Tweed liefern die beste Wolle.

**) Wegen des starken Verkehrs mit den vereinigten Provinzen haben die Schotten eine Art von Consul, Conservator genannt, daselbst, der alle Handelsangelegenheiten besorgt. Dieß Vorrecht rührt noch aus den Zeiten der Herzoge von Burgund her, die als Herren der Niederlande Handlungs-Tractaten mit den Schottländern geschlossen haben.

***) Gegenwärtiger Zustand des Britt. Reichs, B. 4. S. 533.

Einleitung.

Nach **England** geht Leinwand von allerley Gattungen, Gasen, Kohlen, Salz, kleines Rindvieh, kleine Pferde, Schafe, Lachs, Laberdan, Stockfisch, und viele andere Producte und Manufacturen.

Nach **Irland** senden die Schotten gesalzne und geräucherte Heringe, Eichen, Eichenrinde, Tannenholz, und alle Waaren, die nach England gehen.

Nach **Norwegen** und der Ostsee Hafergrütze, Malz, Leinwand, wollene Waaren, Talg, eingesalzenes Rindfleisch, Tabak, Leder, Handschuhe, Lammfelle, Bley, Strümpfe.

Nach **Holland**: Lachs, Heringe, Kohlen, Weizen, Gerste, Hafergrütze, Butter, Häute, grobe wollene Tücher, Wolle, Schaaffelle, Bohnen, Plaids, leichte Zeuge, Garn.

Nach **Frankreich**: Heringe, Lachs, Stockfische, allerley Leinwand, grobe wollene Zeuge, Sarsche, Strümpfe, rohe Häute, Rindfleisch, Talg, Lichte, Wachs ꝛc.

Nach **Sicilien und Neapel**: Heringe, Lachs, Bley, Leder, Kalbfelle, Lichte mit baumwollenen Dochten.

Nach **Venedig und Cephalonien** gehen dieselben Waaren, wie nach Neapel, überdieses Wachs, Braunholz, feine Strümpfe, Bohne, Sarsche, Stockfisch und Laberdan.

Nach der **Barbarey**: wollene und leinene Zeuge, Bley, Waffen, Flintenschlösser.

Nach den **Kanarischen Inseln und Madera**: gesalzene und geräucherte Heringe, leinene und wollene Waaren.

Nach den **westindischen Inseln und Nordamerika**: Pökelfleisch, Heringe, Weizen, Weizenmehl, Hafergrütze, Lichte, Butter ꝛc.

Nach der Küste von Guinea: leinene und wollene Zeuge, Messer, Scheeren, kleine Spiegel, Korallen ꝛc. wie auch Malzgetränke, Branntewein, zinnerne Gefäße ꝛc.

Die Importen, welche die Schottländer für diese Waaren zum Theil statt baaren Geldes annehmen, sind

Aus England: allerley Zeuge von Baumwolle, Seide, Kameelhaaren ꝛc. Eisen, Hopfen, Stahl, Messing, allerley Ostindische Waaren ꝛc. aus Irland Hornvieh und Schaafe.

Aus Dänemark, Norwegen und Schweden: Tannenholz, Breter, Theer, Kupfer, Kanonenkugeln ꝛc.

Aus Liefland: den besten Hanf, Flachs, Theer, Leinsaamen, Tannenholz, Potasche, Thran ꝛc.

Aus Holland: Gewürz und Färberwaaren, feine holländische Leinwand, seidene Zeuge, allerley Spezereywaaren, Korinthen, Zucker, Feigen, Zwirn, Baumwolle, Schiffseile, Flachs, Hanf, Harz, Leinsaamen, Breter, Hopfen, ostindische, und eine Menge von allerley andern Waaren.

Aus Frankreich: Wein, Branntewein, seidene Zeuge, Galanteriewaaren, Pflaumen, Kastanien, Salz, Schreibepapier ꝛc.

Aus Spanien: Wein, Citronen, Pomeranzen, Rosinen, Cochenille, Salz ꝛc.

Banken. Eine große Bequemlichkeit für den Handel sind die beyden Banken. Die sogenannte alte Bank ist 1695 vermöge einer Acte des schottländischen Parlaments angelegt; die Königl. Bank aber 1727 errichtet. Beyde leihen Geld gegen Sicherheit auf liegende Gründe, und auf persönliche Verschreibungen, die in 60 Tagen zahlbar sind, gegen landübliche Zinsen, aber nicht auf Pfänder. Für Tratten auf

Einleitung.

auf die Bank in England, die bey der Vorzeigung zahlbar sind, nimmt die Königl. Bank ein Procent Zinsen. Ein wichtiger Vortheil für große Kaufleute und Fabrikanten ist es, daß sie mit beyden Banken nach Beschaffenheit ihrer Handlung und Geschäfte Kassenrechnung halten, von 100 bis 5000 Pf. Sterl. Credit bekommen, und so viel mehr, als sie wirklich Geld darinn haben, auf die Banken trassiren können. Durch diese Einrichtung dürfen die Kaufleute kein Kapital todt in der Bank liegen lassen, sondern trassiren auf eine von den Banken, und zahlen das Geld gelegentlich wieder ab. Unter 10 Pf. Sterl. kann man weder empfangen, noch bezahlen. Beyde Banken geben auf diese Weise für mehr als 300,000 Pf. Sterl. Credit. Eine Bank nimmt von der andern Bankzettel in Zahlung an.

Schottland bringt alle Arten von Getreide *Getreide.* hervor, das Hauptproduct ist jedoch der Haber. Weizen wird vornemlich in der südlichen Hälfte und in den Thälern des Hochlands gebauet, welcher dem Englischen an Güte nichts nachgiebt. Es wird auch etwas davon ausgeführt. Haber ist das gewöhnlichste Getreide, und man hält ihn in aller Absicht für besser, als den Englischen. Sie bauen davon so viel, daß sie, ohngeachtet des starken Aufwands zum Futter, zu Habergrütze, zum Brod und Getränke für den gemeinen Mann, dennoch eine Menge Haber und Grütze auswärts versenden. Die Gerste (Beer oder Big genannt) ist von der vierzeiligen Art an jeder Aehre; sie wird zum Brod, Malz und Bier gebraucht, und zumal viel Malz versendet. Roggen wird nicht viel gebauet. Erbsen und Bohnen sind in solchem Ueberfluß, daß man Ausländern davon abläßt. In einigen Gegenden bäckt der gemeine Mann Brod aus Erbsenmehl.

Es

Waldungen. Es giebt noch ansehnliche Eichenwälder in Schottland, welche Holz zum Schiffbau, zu Pipenstäben, (Faßdauben) und andern Gebrauch liefern. Die Eichenrinde für die Gerber wird in Menge nach Irland und andern Ländern geschafft. Es fehlt auch nicht an Eschen, Ulmen, und andern Arten von Nutzholze. Die Kiefernwälder sind groß und zahlreich *). Man nutzt sie zu Gebäuden und Schiffen,

---

*) Man hat eine besondere Kiefer, die den Nahmen der Schottischen (Scotch Fir, beym Miller Pinus rubra) führt, und schnell wächst. Du Roi hält sie für eine bloße Varietät der gemeinen Kiefer (Pinus sylvestris *Lin.*) Manche selbst in England glauben, es gebe zwo Arten Schottischer Fichten, nemlich die gedachte rothe oder große harzige Kiefer, die von feinem Korne und hartem festen Holze ist, und die weiße, die nicht so feste und von gröbern Korne ist, auch außerdem nie so groß wird, und weit eher anfängt zu faulen, als jene. Allein Pennant (Schottische Reise B. 2. S. 228) zeigt, daß dieser Unterschied des Holzes und der Größe des Baums bloß vom Klima, dem Stande des Baums und dem Boden abhängt. Diese schönen Kiefern werden im Hochlande in Thälern und auf Hügeln, die größtentheils gegen Norden liegen, und in hartem steinigen Boden angetroffen. Sie wachsen 50 bis 60 Fuß auf, ehe sie einen Fuß im Durchmesser erhalten, und ihr Wuchs ist wegen des schlechten Erdreichs langsam, bis die größern die kleinern unterdrücken. Haben sie einmal einen freyen Raum um sich her erlangt, so werden die Gipfel buschichter und dicker. Einige werden vier Fuß im Durchschnitt dick, und sind bis zu einer Höhe von 60 Fuß zu den schönsten Bretern geschickt. Die ansehnlichsten Kiefern wachsen in den nordlichen höchsten Gegenden der Hochlande, wo der jährliche Wachsthum bey weitem nicht so lange als in dem ebenen und offenen südlichen Lande, dauert,

sen, vornehmlich finden sich vortrefliche Maßbäume darunter. Man könnte sie auch zu Pech und Theer anwenden, anstatt so viel Geld dafür nach den Nordländern zu schicken. Im südlichen Theile waren sonst weit mehr große Wälder, und unter andern der große Caledonische berühmt. Die vornehmsten sind jetzt der Wald von Hamilton, Calendar und Torwood. In den nördlichen Provinzen, Perth, Lochaber und Badenoch, giebt es aber noch welche, die 20 bis 30 Meilen lang sind. In den wärmern Gegenden ist Obst genug vorhanden, und man könnte es bald dahin bringen, Cyder sowohl zum inländischen Gebrauch, als auch zur Ausfuhr zu machen. Im Hochlande will es, zumal in manchen Orten, mit dem Obste nicht recht fort, und die Gartenfrüchte, als Pfirschen und Weintrauben reifen nicht *).

Das vornehmste mineralische Wasser in Schottland heißt Moffat Wells eine Meile von Moffat in Armandale. Es ist von einer milchigten bläulichen

Mineralisches Wasser.

dauert, indem sie oft selbst am Mittage wegen der hohen umliegenden Gebirge die Sonne entbehren müssen.

*) Die rundblätterige Sohlweide (salix caprea) in der Grafschaft Murray giebt so schönes und festes Holz als Mahagony. Es hat dieselbe Farbe, und nimmt auch die Politur an. Sie wächst auf Felsen, ist aber selten. Von den Beeren der Vogelkirschen (prunus padus) wird ein Wein und durch Destillation ein Branntewein gemacht. Die Quitschenbeeren (Sorbus aucuparia) ißt man, und macht auch Branntewein daraus. Das Holz gebrauchen die Wagner. Die Birkenrinde wird zum Gerben und zu Stricken genutzt; und das Holz zum Theil verkohlt. Aus dem gemeinen Ahorn (Acer pseudoplatanus) machen sie einen angenehmen Wein.

chen Farbe, und thut große Wirkung bey verschiedenen Arten von Koliken, beym Gries, Podagra, Gicht, scorbutischen und andern Zufällen. Drey Meilen von Moffat ward auf den Hartfell Bergen 1748 noch ein sehr wirksames Wasser entdeckt, welches bey hartnäckigen Geschwüren, Blutspeyen, rheumatischen Schmerzen und körperlicher Schwäche von großer Wirkung ist; und bey Auszehrungen, die von der Lunge herrühren, in kurzer Zeit unglaubliche Hülfe geleistet hat. Es ist auch ein großer Vortheil, daß es sich verführen läßt.

Der Peterhead Brunnen in der Landschaft Aberdeen, und der zu Aberbrothock in Angusshire sind stark mit Stahltheilen geschwängert. Beyde sind gut für den Gries und Scorbut, Schärfe des Magens, vornehmlich aber für Nerven und Leibesschwäche. Nahe bey der Stadt Aberdeen ist auch ein Brunnen, dessen Wasser bey chronischen Krankheiten gute Dienste thut. Der St. Katharinenbrunnen in Lothian nahe bey Edinburg ist wegen eines schwärzlichen wohlschmeckenden Oels merkwürdig, welches auf der Oberfläche des Wassers schwimmt, und bey alten eingewurzelten Schmerzen und fliegender Gicht medicinische Kräfte hat. Im Jahr 1761 entdeckte man in Edinburg einen Brunnen, dessen Wasser denselben Geschmack hat, als das von Moffat, und auch bey Heilung der Geschwüre und Verstopfung der Eingeweide mit gleich glücklichem Erfolg gebraucht wird*).

Auf

---

*) Zu Moneron in der Nähe von Edinburg ist der so genannte lärmende Brunnen, welcher, wie man sagt, bey bevorstehendem Sturme gegen die Himmelsgegend, woher der Sturm kommt; ein Getöse machen soll.

Einleitung.

Auf den Inseln, und zumal auf Sky, auch auf den Orkneys, findet man Korallen, Wallrath (Sperma ceti) grauen Ambra, Markasite, Achate von allerley Farben, Krystalle, Walkererde, ganz kleine Muscheln, welche nach Afrika gehen, und daselbst statt des Geldes dienen; auf Cannay Magnetsteine.

Vor der Union fand man in Crawford-Moor Gold; die sogenannten Bonnets wurden damals daraus geprägt. Es fand sich auch in West Lothian drey Meilen südwärts von Linlithgow Silber unter Jacob VI. Heutiges Tages ist aber keine eigentliche Grube davon im Gange, außer daß in den Kupfergruben zu Airthey bey Stirling, welche dem Herzoge von Hopton gehören, ziemlich viel Silber gewonnen wird. In Clydsdale besitzt eben dieser Graf sehr ergiebige Bleygruben. Es giebt auch Bley und Zinn in Orkney. Eisen findet man zu Dunfermling in der Landschaft Fife, auf der Insel Lewis und in vielen Schottischen Bergen. Quadersteine, Schiefer, Kalksteine, und Marmor giebt es allenthalben in Menge. Im Hochlande trifft man Marmorarten an, die den Italiänischen an Härte, Schönheit und Politur nichts nachgeben.

An Steinkohlen hat Schottland einen großen Steinkoh-
Seegen, sie haben meistens die Eigenschaft, daß len.
sie nicht viel Dampf und ein schnelles Feuer geben.
In den Landschaften Fife und Lothian sind sie vornehmlich häufig. Das Land wird nicht nur damit versorgt, sondern es bleibt auch noch viel zur Ausfuhr übrig. In den acht Jahren von 1764 bis 1772 sind ausgeführt worden: 86050. Tonnen große Kohlen, 27797 Chalders kleine Kohlen, und 4681 Chalders sogenannte Pitforan Kohlen, die beym Brennen keine Flamme geben.

Die

Die Münzen in Schottland sind seit der Vereinigung dieselben, wie in England, vorher hatten sie ihre eignen Pfunde, Schillinge und Pfennige: und 20 Schillinge machten ein schottisches Pfund aus. Ein Schottischer Schilling war damals ohngefähr so viel, als jetzt ein Englischer Pence.

Maaß und Gewichte. Man richtet sich im Gewichte sowohl, als im Maaße flüßiger und trockner Dinge, nach dem Französischen Troy-Gewichte, das ohngefähr $1\frac{1}{7}$ leichter ist, als das englische. Ihr Pfund besteht aus 16 Unzen, da das Englische nur 12 hat. So wohl flüßige, als trockne Sachen, werden nach Pinten gemessen. Eine Pinte hält etwa 99 Quadratzoll. Das gewöhnlichste Maaß ist der Peck, welcher $21\frac{2}{3}$ Schottische Pinten hält, und etwa um $\frac{1}{7}$ kleiner ist, als der Englische Bushel. Beym Malz, Hafer und Gerste leidet das aber eine Ausnahme, denn da ist der Peck viel größer, und hat 31 dergleichen Pinten, oder $\frac{1}{2}$ mehr, als der Englische Bushel. Boll ist ein Maaß von vier Pinten.

Einleitung.

Zwenter Brief.

Anzahl der Einwohner und ihr Charakter. Religion. Kirchenverfassung. Gelehrsamkeit. Buchhandel. Distelorden. Abschaffung der Erbl. Gerichte. Gesetze. Das Gericht der Sessionen. Peinliches Gericht. Sheriffs Gericht. Commissions Gericht. Parlamentsglieder. Repräsentanten im Unterhause. Burgflecken. Abgaben. Kronbediente und Officianten. Kriegsverfassung. Wapen.

Die Anzahl der Einwohner wird ohngefähr auf 1,500,000 geschätzt. Andere*) geben, jedoch bloß nach Muthmaßungen, nur 1,300,000 an. Die Schotten sind durch ein rauheres Klima mehr abgehärtet, als die Engländer: sie können daher den Strapazen des Kriegs besser widerstehen, und geben vortrefliche Soldaten ab. Dazu kommt, daß sie auch tapfer sind, eine Eigenschaft, die ihnen seit den unruhigen kriegerischen Zeiten der Clans **) gleichsam

Einwohner und ihr Charakter.

---

*) J. Er. der Verfasser des Present State of Great-Britain and North America. S. 114. Vor dem jetzigen Kriege mit den Amerikanischen Colonien war die Auswanderung dahin außerordentlich stark, weil die Edelleute den Pacht auf einmal über die Gebühr steigern wollten. Manche Güter wurden dadurch ihrer meisten Einwohner beraubt.

**) Clan ist so viel als ein Stamm oder Geschlecht, das ein Oberhaupt hat, dem alle zu dem Stamme gehörige, als Unterthanen, zum strengsten Gehorsam verpflich-

sam angeboren ist. Sie sind noch durch keine Verzärtelung und Ueppigkeit weichlich gemacht, und durch keine Ausschweifungen so verdorben, als die Engländer. Jedoch mit dem vermehrten Wohlstand und Reichthum durch den Handel schleichen sich auch diese Laster nach und nach im südlichen Schottland ein. Nur der Hochländer bleibt seinen alten Sitten bisher ziemlich getreu: und ist er gleich im Umgange etwas rauh, so hat er doch die Vortheile der Genügsamkeit, Sparsamkeit und Mäßigkeit. So lange Schottland und England zwey getrennte Reiche waren, herrschte eine unaufhörliche Eifersucht zwischen beyden Nationen, und die Engländer sahen ihre Nachbarn mit verächtlichen Augen an. Dieser Nationalhaß verliert sich jetzt immer mehr und mehr. Die Schotten sind gegen die Engländer, und überhaupt gegen alle Fremde, sehr gastfrey und höflich. Sie sind gutherzig, und verzeihen gern, nur muß ihr Nationalstolz nicht gereizt werden, weil sie auf ihre Ehre äußerst empfindlich sind.

Buchanan, welcher um die Mitte des 15ten Jahrhundertes schrieb, schildert die Sitten der Hochländer noch sehr wild: er sagt z. B. daß sie auf der Jagd rohes Fleisch äßen, nachdem sie zuvor mit den Händen das Blut ausgedrückt hätten, und was dergleichen mehr ist. Nachdem man aber seit der letzten Rebellion Schulen bey ihnen errichtet, Heerstraßen durch ihr Land geführet, Forts mit Besatzungen angelegt, ihnen verboten, ihre alte Tracht zu tragen, u. s. w. verliert sich nach und nach das rohe Wesen,

sie

verpflichtet sind. Diese Oberhäupter lagen sich beständig in den Haaren; daher hörten die kleinen Kriege, das Rauben und Plündern niemals auf.

Einleitung.

sie werden gesitteter und bekommen mehr Kenntnisse. Eben so wenig paßt Cambdens Urtheil von den Hochländern, daß sie vom Jagen, Fischen und Stehlen leben, in Ansehung des letzten Punkts auf jetzige Zeiten. Die Hochländer reden noch größtentheils die alte Schottische Sprache, zumal die Bewohner der Inseln, jedoch allmählig fängt auch ihre Sprache an sich zu verlieren, und der Englischen Platz zu machen.

Die Niederländer, oder die Einwohner des südlichen Schottlands, hatten vor der Vereinigung mit England in ihren Sitten viel Aehnliches von den Franzosen, welches von den häufigen Verbindungen beyder Nationen, von den wechselsweisen Heyrathen, und von dem Studiren der Schottländer in Frankreich herrührte, seitdem aber beyde Reiche zusammen geschmolzen sind, nähert sich alles den Englischen Sitten, und die alte Schottische Sprache hat sich ganz verloren.

Die christliche Religion ward in Schottland sehr frühzeitig ausgebreitet, indem König Donald schon zu Anfange des dritten Jahrhundertes die Taufe empfieng. Seit den Zeiten der Reformation sind zwar noch eine Menge Katholiken in Schottland, aber die herrschende Religion, welche unter Wilhelm und Maria auf einen dauerhaften Fuß gesetzt, und durch die Unionsacte bestätigt ward, ist die presbyterianische. Vor der Revolution unter König Wilhelm waren noch Bischöffe, wie in England, weil sie sich aber nicht nach den neuen Einrichtungen bequemen wollten, so wurden sie abgeschafft.

Religion.

Jetzt ist das Kirchenregiment unter vier Geistliche, wozu die Pastoren oder Prediger, Lehrer, Aeltesten und Diakonen gehören, vertheilt. Unter den Pastoren und Lehrern (teachers) ist nicht viel Unter-

Kirchenverfassung.

Unterschied, und ein Lehrer muß allezeit Pastor seyn. Der Pastor ist eigentlich derjenige, welcher prediget, und die Sacramente austheilt; den Lehrer hält man aber für gelehrter und geschickter, die heil Schrift zu erklären, die reine Lehre vorzutragen, und die Irrthümer zu widerlegen. Ein Prediger darf nicht unter 50 Pf. Sterl. Einnahme haben, die meisten bekommen 60 bis 70 Pf. und überdieses freye Wohnung, einen Garten, etwas Land und die Feuerung *).

Presbyter. Der Prediger und die Gemeine wählen den Oberältesten oder **Presbyter**, welcher aus der Gemeine seyn muß. Dieser unterrichtet die Kinder in der Religion, betet mit den Kranken, hilft dem Pastor bey der Communion, und hat mit diesem die Aufsicht über das Sittliche der Gemeine. Er hat auch eine Stimme bey Prüfung der Candidaten, darf aber weder predigen, noch die Sacramente austheilen. Die Diakoni werden vom Prediger und der Gemeine berufen, aber nicht ordinirt. Sie sind die Gehülfen der Prediger und Aeltesten, in Beobachtung der Sitten der Gemeine, in Besorgung der Armen und der Erhaltung der Kirche.

Diese

---

*) Unter der Regierung des vorigen Königs ward durch eine Parlamentsacte eine Predigerwittwencasse errichtet; wozu ein jeder Geistlicher jährlich einen freywilligen Beytrag giebt, und nach Proportion desselben erhalten seine Frau und Kinder, wenn er stirbt, jährlich eine gewisse Summe zu ihrem Unterhalte. Der Prediger wird von dem Kirchenpatron der Kirchensession vorgeschlagen, diese genehmigt die Wahl, das Presbyterium bestätigt sie, und er wird alsdenn von den Predigern des Presbyteriums, wozu sein Kirchspiel gehört, ordinirt.

Einleitung.

Diese Prediger, Aeltesten und Diakonen machen die Geistlichen Gerichte aus, deren viererley Kirchensession. sind. 1) Die Parochial oder die Kirchensession besteht aus dem Prediger, den Aeltesten und Diakonen eines jeden Kirchspiels. Für sie gehören alle geringere Sachen des Kirchspiels, in so weit es als eine religiöse Gesellschaft zu betrachten ist, alles, was den Gottesdienst und die Armen betrifft.

2) Das Presbyterium bestehet aus dem Prediger und einem Aeltesten von 5, 10, 12 oder mehrern benachbarten Kirchspielen, die einen von diesen Predigern zum Präsidenten oder Moderator wählen. Man kann von der Kirchensession an das Presbyterium appelliren. Es untersucht das Betragen der Prediger und Aeltesten, die dazu gehören, besetzt erledigte Pfarren, prüft die Schulmeister und jungen Candidaten, und dankt jene ab, wenn es die Noth erfordert.

3) Die Provinzial-Synode bestehet aus allen Mitgliedern der verschiedenen Presbyterien einer Provinz. Sie versammelt sich jährlich zweymal an einem Hauptorte der Provinz. Jedesmal wird ein Präsident erwählt. Diese Synoden haben wechselsweise ein wachsames Auge auf einander, und stehen mit einander in Verbindung. Sie untersuchen das Betragen der unter ihnen stehenden Presbyterien, und nehmen Appellationen davon an. Sie können einen Prediger von einer Pfarre zu einer andern versetzen, welches oft viele Unruhe veranlaßt. Von dieser Synode kann man sich endlich

4) an die allgemeine Kirchenversammlung, als das höchste geistliche Gericht in Schottland, wenden, welche jährlich den 10 May zusammen kommt, und ohngefähr 10 Tage sitzt. Hier führt ein Adelicher vom ersten Range, als Commissar,

im Namen des Königs den Vorsitz. Die Mitglieder desselben werden alle Jahre neu erwählt, und der Präsident oder Moderator der vorigen Versammlung eröffnet sie allemal mit einer geistlichen Rede.

Man zählt ohngefähr 950 Kirchen in Schottland, die in 68 Presbyterien getheilt sind, und diese stehen unter 13 Provinzial-Synoden: In Lothian und Tweedale sind 7 Presbyterien; in Merse und Tiviotdale 6; in Duinfries 4; in Galloway 3; in Glasgow und Air 7; in Argyll und Air 5; in Perth und Stirling 5; in Fife 4; in Angus und Mernis 6; in Aberdeen 8; in Murray 6; in Roß 4; in Orkney 3.

Im J. 1709 ward eine Gesellschaft zur Beförderung christlicher Erkenntniß in Schottland errichtet, deren Endzweck auf den Unterricht der Bergschotten abzielet. Topham rühmt*), daß ihre Geistlichen für den größten Haufen ihrer Versammlung erbaulicher predigen und mehr ans Herz reden, als die Englischen. Der Sonntag wird dem äußerlichen Scheine nach viel eifriger und stiller gefeyert, als in England, ob hier aber deswegen mehr wahre Religion anzutreffen sey, als bey den Engländern, das ist eine andere Frage.

Gelehrsamkeit. Die Gelehrsamkeit ist in gutem Zustande in Schottland, wozu die vier Universitäten zu Edinburg, Glasgow, Aberdeen und St. Andrews viel beytragen. Die beyden ersten sind die vornehmsten, und haben unter der Zahl ihrer Professoren zum Theil Männer aufzuweisen, die in der gelehrten Welt sehr bekannt sind. Sie werden bey jedem Orte angezeigt werden.

Obgleich

---

*) Briefe von Edinburg S. 207.

Einleitung.

Obgleich viele Männer von ausgebreiteten Kenntnissen in Schottland sind, so erscheinen doch wenig Originalschriften der Schotten: dem ohngeachtet ist der Buchhandel wichtig. Es wurden sonst zu Glasgow viele Bücher gedruckt, es waren aber meist Ausgaben von alten Griechischen und Lateinischen klassischen Schriftstellern, oder auch von berühmten Englischen Autoren: die Druckereyen haben sich aber jetzt fast alle nach Edinburg gezogen. Viele 100 Bücher, worauf London steht, werden dort gedruckt, weil der Arbeitslohn viel wohlfeiler ist. Die in London wohnenden schottischen Buchbinder lassen das meiste hier drucken, und gewinnen, ungeachtet der Frachtkosten von Edinburg bis London, weit mehr, als wenn es an diesem kostbaren Orte geschähe. Manche haben so gar Handlungsgesellschafter in Edinburg, welche die Geschäfte besorgen.

Der Ritterorden von der Distel oder vom heil. Andreas ist ungemein alt, wenn ihn anders, wie die Schottischen Geschichtschreiber behaupten, König Achajus bereits 819 nach erfochtenem Siege über die Sachsen aus Dankbarkeit gegen den heil. Andreas, als Schutzpatron der Schotten, gestiftet hat. Er kam bey Abschaffung der Katholischen Religion ganz in Vergessenheit, weil die Ritter das Bild des Heiligen nicht tragen wollten. Jacob der VII stellte ihn wieder her, und die Königinn Anna gab ihm 1703 neue Statuten, die Georg I 1725 vermehrte und verbesserte. Es können außer dem Ordensmeister nur 12 Schottische von Adel Mitglieder desselben seyn. Sonst ward der Orden an einem blauen Bande getragen, aber die Königinn Anna veränderte es in ein grünes zum Unterschiede des Ordens vom Hosenbande. Das Ordenszeichen ist das Bild des heil. Andreas mit Strahlen. Der Wahlspruch

Distel Orden.

heißt:

heißt: nemo me impune lacessset. Die Kette ist wechselsweise aus Distelköpfen und Weinreben zusammen gesetzt.

Erbliche Gerichtsbarkeit. Es ist ein Glück für Schottland, daß die erbliche Gerichtsbarkeit abgeschaffet worden, welche beständige Unruhen im Lande veranlaßte, eine gefährliche Macht in den Händen der Mächtigen war, und so gar Empörungen gegen den Landesherrn nach sich zog. Der gemeine Mann ward gedrückt, und mußte sich durch seine Herren zum Rauben, Plündern und allen unerlaubten Handlungen hinreißen lassen. Kein Eigenthum war gesichert, und weder Ackerbau, noch Fabriken, konnten bey einer so eigenmächtigen Ausübung der Gewalt empor kommen. Der König und die Parlamente wußten diesem Uebel nicht anders abzuhelfen, als daß beschlossen ward, diese Gerichtsbarkeit gänzlich aufzuheben, und jedem seine Gerichtsbarkeit und die Nutzung derselben, so wie sie von dem Gerichte der Session taxirt werden würde, abzukaufen. Die Besitzer derselben machten nun ihre Anschläge, welche sich zusammen beynahe auf 600,000 Pf. Sterl. beliefen. Allein gedachtes Gericht setzte diese unmäßige Forderung den 8 März 1748 auf 164,232 Pf. Sterl. herunter.

Gesetze. Die Schotten haben ihre eignen Gesetze, die aus einem Gemische von den alten Lehnsrechten, von Parlamentsacten, dem Herkommen und dem römischen Rechte bestehen. Die vornehmsten Gerichtshöfe sind: the Collego of Justice oder the Court of Session. 2) the Justice Court. 3) the Court of Exchequer. 4) the Sheriffs Court. 5) the Commissary Court. 6) the admirality Court.

Das Justiz-Collegium oder die Sessionen. Das höchste Gericht, daran alle andere appelliren müssen, ist das Gericht der Sessionen oder das Justiz-Collegium, von dem man sich aber doch

doch noch an das Brittische Parlament wenden kann. Es besteht aus einem Präsidenten, 14 Beysitzern oder Senatoren, welche die ordentlichen Lords der Sessionen heißen, und zween außerordentlichen Lords, welche sieben Schreiber und sechs untere Officianten unter sich haben. Es sitzt zweymal im Jahr. Die Urtheile dieses Gerichts werden im ganzen Lande wegen ihrer Unpartheylichkeit sehr in Ehren gehalten. Es spricht nicht nach der buchstäblichen Strenge des Gesetzes, sondern nach Recht und Billigkeit, hat aber bloß mit Civilsachen zu thun. Die Criminalsachen gehören für

Das peinliche Justizgericht (the Justice peinliches Court), welches jedoch auch Civilsachen entscheidet. Gericht. Vornehmlich aber gehören alle Verbrechen hierher, und auch die Pairs von Schottland müssen sich vor diesem Gerichte stellen. Der Kläger ist allemal der königliche Advocat, der größte Verbrecher bekommt seinen Advocaten zur Vertheidigung. Es besteht aus dem Lordoberrichter, welcher 2000 Pf. Sterl. Besoldung hat, dem Lord Justiz-Sekretär, fünf ordentlichen Lords des Justiciariats, einem Schreiber und Unterschreiber.

Das Gericht der Finanzkammer (Court of Exchequer) ward unter der Königinn Anna auf einen regelmäßigen Fuß gesetzt, und hat eben die Gewalt und Rechte in Ansehung der Einkünfte Schottlands, als das Englische Finanzkammergericht über die Einkünfte. Es besteht aus dem Lord Ober-Baron, und vier andern Baronen, zween Erinnerern (Remembrancers) und andern Unterbedienten.

Im Sheriffs Court spricht der Sheriff oder Sheriffsge- Unter-Sheriff sowohl in Civil- als in Criminalsa- richt. chen.

chen. Die Sheriffs waren sonst erblich. Das brittische Parlament hat sich aber mit ihnen gegen eine Summe Geldes verglichen, und dieses Recht abgeschafft, weil viel Bedrückungen und Ungerechtigkeiten dadurch veranlaßt wurden. Jetzt ernennt die Krone die Sheriffs.

Commissionsgericht. Das Commissionsgericht (the Commissary Court) ist eine Art von Consistorialgericht: es besteht aus vier Lords der Session und sitzt in Edinburg. Es entscheidet in Ehesachen, Testamenten, Zehenden der Geistlichkeit; es hat die Macht neue Kirchen zu errichten, Kirchspiele zu vereinigen, und zu zertheilen x.

Für das Admiralitätsgericht gehört alles, was Schiffbrüche und das Seewesen überhaupt betrifft: es hat auch das Recht wider alle Schuldner und Verbrecher, die sich mit der Flucht retten wollen, zu verfahren, und sich ihrer zu bemächtigen.

Außer diesen Tribunalen giebt es auch Friedensrichter in Schottland, welche eben die Gewalt haben, wie die in England.

Parlamentsglieder. Die oberste Gewalt über Schottland ist in den Händen des Königs und des Parlaments*). Im Oberhause sitzen 16 Schottische Lords, und im Unterhause 45 Mitglieder, nemlich 30 Knights von den Landschaften, und 15 Burgesses von den Burgflecken. Zur Wahl der Pairs wird eine Proclamation unter dem Siegel von Britannien ausgefertigt, und allen Pairs befohlen, an einem bestimmten Tage zusammen

---

*) Man sehe, was im ersten Theil meiner neuesten Reisen durch England S. 43 ff. vom Parlament gesagt worden. Die Schottischen Mitglieder haben sich eben der Rechte, als die Englischen, zu erfreuen.

Einleitung.

zusammen zu kommen, und aus ihrem Mittel 16 Mitglieder zu wählen, die im Oberhause sitzen, und ihre Stimmen geben können. Die Wahl wird durch die Mehrheit der Stimmen der gegenwärtigen Pairs, und den Bevollmächtigten der Abwesenden, die dazu gehörig qualificirt seyn müssen, entschieden. Kein Minderjähriger kann seine Stimme geben. Geht einer von den sechzehn gewählten Pairs mit Tode ab, oder wird zum Sitzen ein Parlament untüchtig, läßt der König sofort zur Wahl eines andern schreiten. Uebrigens haben diese 16 Pairs alle Vorrechte, welche die Pairs von England besitzen, und besonders das Recht bey dem Verhören der Pairs Sitz und Stimme zu haben.

Die Wahl der Repräsentanten wird durch Freylehnsbesitzer verrichtet, die aber alle durch die Gesetze dazu bestimmten Eigenschaften haben müssen. Sie dürfen zum Exempel nicht katholisch, und nicht minderjährig seyn, und müssen ein Freylehn besitzen, das nach Abzug aller Unkosten wenigstens einen reinen Ertrag von 40 Schill. abwirft. Diejenigen, welche zu Rittern (Knight.) der Grafschaften erwählt werden können, müssen eben die Eigenschaften haben, als die in England. Einige sind unfähig wegen ihres Standes, als die vom hohen Adel, andere wegen der Religion, noch andere wegen der Minderjährigkeit, oder wegen ihrer geringen Vermögensumstände, oder wegen ihrer obhabenden Aemter, u. s. w. Wenn eine Wahl vorgenommen werden soll, so ergehet deswegen ein Königl. Rescript an die Landvögte und Gerichtshalter der Grafschaften. Die Wahlen sollten billig ganz freywillig seyn, und durch nichts verhindert oder befördert werden, allein es giebt hier eben solche Kabalen, Bestechungen und andere Kunstgriffe, als in England. Von den 30 Grafschaften senden 27

einen

einen Deputirten, und die sechs übrigen auch drey, nemlich zwey und zwey einen wechselsweise, Bute und Caithneß einen, Clackmannan und Kinroß einen, und Nairn und Cromartie einen.

Burgflecken. Die Königlichen Burgflecken, welche 15 Repräsentanten (Burgesses) senden, werden in 15 Bezirke oder Klassen eingetheilt. Die Stadt Edinburg hat allein das Recht einen Deputirten für sich zu wählen. Zu den andern 14 Bezirken gehören vier bis fünf Burgflecken. Die Versammlung zur Wahl geht in jedem Bezirk unter den dazu gehörigen Burgflecken herum, und ein jeder präsidiret dabey nach der Reihe. Die Wählenden und Gewählten müssen übrigens eben die Eigenschaften haben, als bey Repräsentanten der Grafschaften.

Grafschaften. Diese Königlichen Burgflecken machen eine besondere Gesellschaft aus, die von einem allgemeinen Gerichte regiert wird, welches jährlich in Edinburg unter dem Nahmen der Versammlung der Burgflecken zusammenkommt, man kann aber davon an das Gericht der Sessionen appelliren. Ueber dieses giebt es noch zwo Arten von Burgflecken, die aber keine Repräsentanten zum Brittischen Parlament senden, nemlich Burgflecken der Regalität, denen die Könige vor diesem gewisse Regalien geschenkt haben, und Burgflecken der Baronie, darin der Lord der Baronie oder des Lehnguts eine obrigkeitliche Person ernennt, und die Korporation die übrigen wählt. Jeder ist eine Korporation für sich.

Abgaben. Die Abgaben sind in Schottland auf eben dem Fuß eingerichtet, wie in England; jedoch ist in der Landtaxe ein großer Unterschied. Denn wenn diese in England zwo Millionen beträgt, so giebt Schottland vermöge der Unionsacte nur 48000 Pf. Sterl.

steigt

Einleitung.

steigt sie dort, so steigt sie auch hier in eben der Proportion. Die übrigen Einkünfte von Schottland sind folgende:

Die Accise vom Ale und Bier zwey Pence vom Gallon beträgt	50000 Pf. St.
Die Zolleinkünfte werden angeschlagen auf	50000
Die Kronzinsen	5000
Für Vergleiche ꝛc. in der Finanzkammer	3000
Vom Postamt	2000
Dazu kommt noch oblge Landtaxe	48000
Summe aller Einkünfte	158000

Von den ehemaligen Kronbedienten sind seit der Vereinigung nur noch einige wenige geblieben, nemlich der Großsiegelbewahrer, der Lord geheime Siegelbewahrer, der Lord Registrator, und der Lord Advocat. Außer diesen hohen Ehrenstellen giebt es noch viele niedrigere Officianten der Krone. Die Vornehmsten sind folgende. *Kronbediente und Officianten.*

Obgleich die Münze in Schottland seit der Union aufgehört hat, so werden doch ein Münzmeister, Münzwardein und etliche andere Officianten besoldet. Das General-Postamt hat verschiedene Bedienten, die von dem Großbritannischen General-Postmeister besetzt werden. Das Stempelwesen hat seine eigenen Bedienten. Das Acciseamt steht unter fünf Commissarien, die meistens gut besoldet sind, nebst vielen andern Bedienten, und das Zollwesen unter 7 Commissarien. Das Salzamt hat einen General-Controlleur, unter dem die übrigen Officianten stehen.

Wenn in den vorigen Zeiten Krieg in Schottland geführt wurde, so waren die großen und kleinen *Kriegsverfassung.*

Baronen,

Baronen, wie auch die Burgflecken verbunden, auf Befehl des Königs mit ihren Leuten von 16 bis 60 Jahren in den Waffen zu erscheinen, und auf ihre Kosten 6 Wochen im Felde zu bleiben, jedoch mit dem Unterschiede, daß die verschiedenen Districte von Schottland ihre Leute bey einem defensiven Kriege wechselsweise sandten, bey einem offensiven hingegen schickte jede Grafschaft und ein jeder Burgflecken eine gewisse Anzahl, und diese wurden auf eine solche Art unterhalten, als es der König und das Parlament für gut fand. Unter König Karl II ward eine Landmiliz von 20000 Mann zu Fuß und 2000 zu Pferde errichtet. Heutiges Tages ist keine gewisse Anzahl von Truppen in Schottland, sondern soviel als der König für gut findet, jedoch sind einige unabhängige Kompagnien davon ausgenommen. Einige schwache Besatzungen verdienen kaum genannt zu werden, z. Er. in Edinburg 100 Gemeine, im Kastell Sterling 60 Mann, in jedem der Kastelle Dumbarton und Blackneß 15, einiger wenigen andern nicht zu gedenken.

Wapen. Das Schottische Wapen ist ein Löwe, welchen König Fergus nach dem Siege über die Picten gewählt, und ihm deswegen eine corona vallaris aufgesetzt haben soll, woraus in folgenden Zeiten eine königliche Krone gemacht worden. Die doppelte geblümte Einfassung soll Kayser Karl der Große, als er mit dem Könige Achajus ein Bündniß errichtete, zum Zeichen, daß die französischen Lilien den schottischen Löwen beschützen sollten, hinzugesetzt haben.

Dritter Brief.

Die Landschaft Berwick. Halidown Hügel. Mordington. Aymouth. Coldingham. Duns. Greenlow. Coldstream. Hirsel. Die Landschaft East-Lothian oder Haddingtonshire. Dunbar. Broxmouth. Tenningham. Yester. Lethington. Haddington Baß-Insel mit den Soland-Gänsen. Landsitze. Handel dieser Landschaft.

Die Landschaft Berwick*) liegt auf der Ostseite am deutschen Meere, und wird gegen Süden durch die Tweed von England geschieden. Gegen Mittag und Abend gränzt sie an die Landschaften Teviotdale und Selkirk, und gegen Norden an Lothian. Sie wird aber von derselben durch die Reihe Hügel Lammermoor getrennt, die 16 Meilen lang ist, und unzähligen Heerden von Rind- und Schaafvieh zur Weide dient. Sie heißt auch Mers oder March, welches so viel ist, als Marschland. Die Merse ist aber eigentlich eine Unterabtheilung derselben, und die andre heißt Lauderdale. Die ganze Grafschaft ist 30 Meilen lang und 16 breit. Sie hat überhaupt einen fruchtbaren Boden, der das schönste Getraide und vielen Wiesenwachs hervorbringt. Den Nahmen führt sie von der Stadt Berwick, die ehemals zu Schottland gehörte, aber seit Eduards IV Zeit abgerissen, und zur Grafschaft Northumberland geschlagen ist. Die Landschaft giebt einem Zweige der Familie Douglas

*) Armstrong hat sie auf einer Charte von 4 Bogen 1770 gestochen.

Dritter Brief.

glas den Titel Grafen von March. Der Hauptfluß ist die Tweed, welche aus eben den Gebirgen kommt, darinn auch die Clyde und Anand entspringen, und nach einem Laufe von 50 Meilen in das deutsche Meer fällt.

Halydown-Hügel. Wenn man von Berwick*) aus auf der großen Straße nach Schottland reiset, betritt man dieses Reich, so bald man die Stadt verläßt, und hat die See und die Tweed auf der rechten Hand. Weil der Weg aber hoch und frey liegt, so ist er bey stürmischem Wetter sehr unangenehm. Nicht weit von dieser Stadt bleibt westwärts der Hügel Halydown liegen, wo Eduard III die Sachsen unter dem Regenten Douglas schlug, als sie Berwick entsetzen wollten.

Mordington. Der erste Ort in Schottland ist Mordington, ein elendes Dorf, von dem gleichwohl ein Zweig des Hauses Douglas den Titel Lord führet. Bey dem Dorfe Aytown, welches eine steinerne Brücke über das Flüßchen Aye hat, gewinnt das Land ein besseres und mehr cultivirtes Ansehen; diese Verbesserungen sind aber erst seit den Zeiten der Union entstanden. Obgleich die Heerstraße nach Edinburg hier durchgeht, so ist es doch kein sonderlicher nahrhafter Ort.

Aymouth. Ostwärts liegt der Flecken Aymouth, der einen kleinen, aber für die Fischerfahrzeuge bequemen Hafen hat. Zu den Zeiten der Königinn Elisabeth behaupteten die Franzosen ihn eine Zeitlang, und befestigten ihn, weil er ihnen am bequemsten zum Landen ihrer Hülfstruppen lag; sie mußten ihn aber wieder

*) Die Nachrichten von dieser Stadt kommen im vierten Theile der neuesten Reisen durch England Brief 61 vor.

der verlaſſen. Von hier kommt man über eine elende ſchlecht angebaute Gegend, die acht Meilen lang iſt, und das Coldinghammer Moor heißt.

Es hat den Nahmen von dem daran liegenden Orte Coldingham, welcher ehemals eine angeſehene Abtey hatte. Man erzählt, die Aebtiſſinn Ebba, eine Tochter König Ethelfreds von Northumberland, welche es ſtiftete, habe ſich nebſt ihren Nonnen die Naſe und Oberlippe abgeſchnitten, um den Gewaltthätigkeiten der heydniſchen Einwohner von Mercia zu entgehen. Das Vorgebirge, wo ſie zuerſt in einem Sturme wunderbarer Weiſe ans Land geworfen ward, heißt noch St. Ebbes head, woraus die Schiffer St. Tabbes-head gemacht haben. Sonſt ſtand auf dieſem Vorgebirge ein feſtes Kaſtell.

Nordweſtwärts liegt die Stadt und das Kaſtell Duns, wo der berühmte Scholaſtiker John Duns 1274 geboren ward, und wo man noch Nachkommen von ihm findet. Man nennet ihn insgemein Duns Scotus, und wegen ſeiner unnützen ſcholaſtiſchen Spitzfündigkeiten den Doctor Subtilis. Seine Nachfolger hießen die Scotiſten, und waren große Feinde der Thomiſten, oder der Anhänger des Thomas Aquinas. Die Einwohner treiben ein gutes Gewerbe mit den hier verfertigten Plaids, Sarſchen, Teppichen rc. Duns hat überdieſes den beſten wöchentlichen Rindviehmarkt in ganz Schottland. Die Schottiſche Armee lagerte ſich bey dieſem Orte unter dem General Lesly, um für den König Karl I zu fechten. Das ſonſt hier gehaltene Sheriffsgericht iſt ſeit einiger Zeit nach dem

Marktflecken Greenlow, welches der vornehmſte königliche Burgflecken in dieſer Landſchaft iſt, verlegt worden. Er liegt vier Meilen von Duns, gehört

hört dem Grafen von Marchmont, der einen artigen Landsitz Marchmont-house in der Nachbarschaft hat. Das Haus ist schön, und mit einer guten Bibliothek und Gemälden-Gallerie von Italienischen Meistern versehen. Die Gärten sind mit vielem Geschmack angelegt, und haben herrliche Aussichten über die Tweed und umliegende Gegend. Dieser Ort ist in Aufnahme gekommen, seitdem 1763 eine neue Straße hierdurch über die Tweed vermittelst der Brücke bey Coldstream nach Newcastle angelegt worden.

Coldstream.   Coldstream ist ein Marktflecken, der vormals eine angesehene Abtey hatte. Gedachte Brücke besteht aus fünf großen Bogen, nebst einem kleinen auf jedem Ende, und einem Fußwege für die Fußgänger. Sie ist die beste in Schottland, und heißt auch die Unionbridge. Bey diesem Orte besitzt der Baronet Pringle zu Lees einen Landsitz, den er nicht nur mit vielem Geschmack angelegt, sondern auch viele angebrachte landwirthschaftliche Verbesserungen zum Muster für die ganze Nachbarschaft gemacht hat. Die Vorderseite hat vier Korinthische Pfeiler, und in den Flügeln sind die Küchen und Bedienten-Wohnungen angebracht. Gegen die Nordwinde ist es durch die angelegten Pflanzungen gesichert, auf der Südseite hat man den schönen Prospect der Brücke und der Tweed. Am westlichen Ende des Wiesengrundes, welcher hin und wieder kleine Gebüsche hat, steht ein offener achteckiger Jonischer Tempel, von dem man ebenfalls eine reizende Aussicht über die Tweed und umliegende Gegend vor sich siehet.

Hirsel.   Bey Coldstream ist jetzt der Familien-Sitz der Grafen von Hume zu Hirsel; welcher sonst auf dem abgetragenen Schlosse Hume war *).

Cocles

*) In vorigen Zeiten war der Gebrauch, daß die Adelichen von ihren Gütern Zunahmen erhielten, woraus

Berwick. 47

Cocles ist ein nichtsbedeutender Marktflecken, **Cocles.** und **Erſilton** der Geburtsort des bey den gemeinen Schotten bewunderten Dichters Learmont, den ſie Thomas den Reimer nennen.

Wenn man das obgedachte Coldinghammer Moor paſſirt iſt, zeigt ſich der Firth of Forth, und man hat einen weit ausgedehnten Prospect über dieſen groſſen Meerbuſen, über die ſchöne Landſchaft **Eaſt-Lothian**, die Inſel Baſſ, und in der Ferne erblickt man die Landſchaften Fife, Monroſe, und die Inſel May. Der Weg geht durch Old Combus, einen ſchlechten Ort, und man kommt hierauf nach **Eaſt-Lothian**. Dieſer Strich iſt ſehr angenehm, auf einer Seite hat man die See, auf der andern in der Entfernung eine Reihe Hügel, und in der Mitte iſt herrlich Getraide-Land. An der Küſte liegt **Cockburns-Path**, welches eine anſehnliche Häringsfiſcherey hat*). Man vergleicht **Eaſt-Lothian** mit Northamptonſhire in England. An vielen Orten düngt man mit Meergras (alga), der Waizen ſoll aber nicht ſo ſchwer darin werden, als auf Aeckern, die mit Miſt gedüngt werden.

Eaſt-

woraus viele Verwirrung entſtund, ſo daß manche nach etlichen Generationen nicht wuſten, von welchem Geſchlechte ſie urſprünglich abſtammten, und viele, die aus einem Hauſe entſproſſen waren, z. Ex. die Dunbars und Humes, wurden für verſchiedene Geſchlechter gehalten. Wenn bey einer Familie der Zunahme mit dem Nahmen des väterlichen Stammgutes einerley iſt, ſo hält man ihren Adel für ſehr alt.

*) Die Derter Kelſo und Lauderdale kommen unten zu Ende des ſechſten Briefes vor.

East-Lothian oder Haddingtonshire.

Das ganze Lothian, welches heutiges Tages in drey Landschaften, in das östliche, mittlere und westliche, abgetheilt wird, wovon jede eine besondre Grafschaft mit einem eigenen Nahmen ausmacht, ist einer der fruchtbarsten Striche in Schottland *). Was nun insbesondre East-Lothian oder Haddingtonshire betrifft, so hat es eine vortrefliche Lage zum Seehandel und zur Fischerey, indem die nordliche Hälfte vom Firth of Forth umflossen wird, und die andre an Berwickshire und Mid-Lothian oder Edinburgshire gränzt. Die Heringsfischerey geht zu Anfange des Augusts an, und wird in Dunbar und andern Fischerstädten getrieben. Es giebt hier verschiedene weiße Salzsiedereyen, schöne Waldungen, einen Ueberfluß an Steinkohlen und Kalksteinen. Alle Arten von Getreide und Gras gedeihen in dem herrlichen Boden aufs beste.

Dunbar. Der erste merkwürdige Ort, der uns aufstößt, wenn wir aus Berwickshire längst der Küste hinreisen, ist der Königliche Burgflecken Dunbar oder Dumbar an der Mündung des Firths, welcher gut gebauet ist, und eine ansehnliche breite Hauptgasse hat. Die Häuser sind von Stein und mit Schiefer gedeckt. Gegen dem Hafen über liegen die Ruinen des alten festen Schlosses, worüber die See bey der Fluth wegspühlt. Die Einwohner rissen es 1656 nieder, damit es den Royalisten nicht zur Zuflucht dienen sollte, denn es war zuvor bald in Englischen bald in Schottischen Händen gewesen. Unter dem Felsen, worauf es

---

*) Armstrong hat 1773 eine Charte von dem ganzen Lothian auf 6 Bogen gestochen.

es steht, ist eine fürchterliche Höhle von schwarzen und rothen Steinen, welche ein schreckliches Gefängniß gewesen zu seyn scheint, in welches die unglücklichen Gefangenen, nach damaliger Art, durch ein oben befindliches Loch gelassen worden. Auf der andern Seite sind zween natürliche Bogen, wodurch die Fluth gieng; durch einen derselben hat man eine sehr pittoreske Aussicht auf die Insel Baß, und durch den andern auf die Insel May.

Dumbar ist ein wichtiger Seehafen, und eine gute Zuflucht für die Schiffer bey Stürmen. Die Klippen beym Eingange machen solchen aber gefährlich. Die Einwohner haben ihn zwar sehr verbessert, und zu dem Ende Erlaubniß erhalten, vom Bier eine kleine Auflage zu erheben, dem Uebel ist aber doch noch lange nicht ganz abgeholfen. Zwischen dem Hafen und dem Schlosse ist eine merkwürdige Lage von Steinen, welche einige Aehnlichkeit mit dem Giants Causeway in Ireland hat. Sie besteht aus großen Säulen von rothem Sandstein, die theils dreyeckig, theils vier, fünf oder sechseckig sind, ein bis zween Fuß im Durchmesser haben, bey der Ebbe 30 Fuß hoch sind, und sich ein wenig südwärts neigen. Sie hängen zusammen, doch nicht so regelmäßig, als die von Giants Causeway. Die Oberfläche von manchen, die abgerissen worden, sieht wie runde Enden aus, die aus einem Steinpflaster herausstehen; vermuthlich haben andere hohle Stücken darauf gepaßt, und ehedem darauf gelegen. Der Raum zwischen den Säulen ist mit einer rothen und weißen markasitartigen Materie angefüllt, wovon Adern durch die Säulen gehen. Diese Reihe von Säulen steht nach Norden hin, die Spitze geht nach Osten, und ihre Länge macht ohngefähr 200 Ellen aus: die Breite ist nicht beträchtlich. Der übrige

übrige Theil des Felsen besteht aus Klumpen von unbestimmter Gestalt, und ist durch eine ähnliche Materie wie die Säulen getheilt.

In der Kirche ist das schöne Monument des Grafen von Dumbar, eines vortrefflichen Ministers vom Könige Jakob VI, zu bemerken. Die Heringfischerey zu Dumbar war sonst sehr wichtig, ist aber seit einigen Jahren in Abnahme gerathen. Man pökelt hier die Heringe auf eben die Art, wie zu Yarmouth in Norfolk, ein, aber nicht so gut; sie halten sich auch nicht so lange auf weiten Seereisen. Inzwischen mögen hieran die hiesigen Heringe wohl etwas schuld seyn, weil sie größer und fetter, als jene, sind, welches in heißen Ländern ein geschwinderes Verderben veranlaßt. Man hat auch angefangen, Schiffe mit glücklichem Erfolg auf den Wallfischfang auszusenden. Sollte der Hafen einst völlig zu Stande kommen, größer und sicherer werden, so kann Dumbar sich zu einem wichtigen Handelsplatze erheben. Auf der Südwestseite der Stadt befindet sich der Dunhill, wobey 1650 die große Schlacht vorfiel, darin Cromwell über die Schottländer unter dem General Lesly siegte, 6000 Schotten erlegte und 10000 gefangen nahm.

Broxmouth. Zwischen Dumbar und der Heerstraße ist Broxmouth, der angenehme Landsitz des Herzogs von Roxburgh, zu bemerken. Das Gebäude hat zween Flügel, und in der Mitte einen ansehnlichen Hof. Es steht in einem weitläuftigen Park, der gegen die See zu außerordentlich angepflanzt ist.

Tenningham. Etwas weiter liegt Tenningham, ein alter Sitz der Grafen von Haddington, der aber seit einigen Jahren ungemein verbessert worden. Man hat viele

viele 1000 Bäume zwischen demselben und der See in einen sandigen Boden gepflanzt, welche so vortrefflich treiben, daß der jetzige Graf in einiger Zeit jährlich eine große Anzahl wird schlagen können, wodurch sein Gut eine wichtige Verbesserung der Einnahme von einem Boden, der vorhin fast gar nichts werth war, erhält.

Der Park des Marquis von Tweedale zu Pe- *Pesta.* ster oder Zester verdient eine kleine Nebenreise. Das Haus ist zwar ansehnlich, liegt aber niedrig. Ein Marquis dieses Nahmens und sein Sohn legten hier auf 6000 Acker Holz von Schottischen Kiefern an, und sorgten eifrig dafür, daß, sobald ein Baum ausgieng, auch einer wieder nachgepflanzt ward. Der Park hat acht Meilen im Umfange. Gedachter Marquis ließ es aber nicht dabey bewenden, sondern legte auch Holzungen auf einem andern Gute Pinkey bey Musselburg an, und seine Nachfolger thaten ein gleiches auf einem dritten in der Landschaft Fife bey Aberdour, das jetzt dem Grafen von Moray gehört. Diese Holzpflanzungen sind vielen andern Schottischen Edelleuten ein mächtiger Antrieb geworden, diesem Beyspiele zu folgen, und ihre Güter dadurch auf eine wichtige Art zu verbessern. Man sieht daher in Südschottland wenig ansehnliche Güter, wo nicht Kiefernwälder angelegt sind, welche vielleicht in einiger Zeit so viel Bauholz liefern werden, daß Schottland nicht mehr nöthig hat, Stämme und Breter aus Norwegen zu holen, sondern wohl gar an England eine beträchtliche Quantität ablassen kann.

Der schöne Pallast ist eine Meile vom Parkthore entfernt, und der gepflasterte Weg führt durch ein Dickigt dahin. Die Vorderseite hält 120 Fuß in die Breite. An jeder Ecke steht ein Flügel. Beym Eintritt kommt man in eine 36 Fuß hohe Halle, und aus dieser in einen eben so hohen Saal, der gegen den Garten liegt. Zu den Seiten befinden sich die Paradezimmer. Der Garten hinter dem Hause ist groß und läuft gegen den Park allmälig an. In der Mitte ist ein Bassin mit einem ansehnlichen Wassersprunge und vier guten Statuen an den Ecken. Auf der Westseite bemerkt man ein Lusthaus auf einer durch Kunst aufgeführten Anhöhe. Am Ende des Gartens dem großen Saale gegen über führt eine eiserne Thüre in den Park. Ein kleiner schneller Fluß läuft bey dem Hause vorbey, und macht durch sein Geräusche im Park die Scenen sehr ländlich und angenehm. Die Ställe, Kutschschuppen, das Hünerhaus, und andere Gebäude liegen in einiger Entfernung vom Wohnhause im Park, welches bey allen vornehmen Landhäusern in Schottland üblich ist. Jedes hat seine Mains, wie man hier sagt, besonders, und darunter verstehen sie alle Ställe und zur Landwirthschaft gehörigen Gebäude.

Lethington. Zwo Meilen von Pester kommt man nach Lethington, dem alten Sitze der Maitlands Grafen von Lauderdale. Das Gebäude ist alt, und der Park mit einer steinernen Mauer eingefaßt. Er hat verschiedene schöne durchgehauene Gänge, und rund um das Haus sind viele Pflanzungen angelegt. Der ganze Strich von Dunbar bis Edinburg ist einer der schönsten in Schottland, und wird selbst von wenigen in England übertroffen. Rechter Hand hat man in einiger Entfernung die See; linker Hand aber weiter weg streckt sich eine Reihe von Hügeln fort, welche bewohnt sind, und große Schaafheerden ernähren; über solche gehen hin und wieder die

Heer-

Heerstraßen von Edinburg und andern Gegenden nach England. Es fehlt hier nichts, als mehr eingezäunte Felder, welche die Pachter in den Stand setzen würden, einen größern Viehstand zu halten, folglich mehr Butter und Käse zu machen, mehr Rindfleisch auf den Markt zu liefern, und ihre Felder stärker zu düngen.

Auf dem Wege von Dunbar nach Edinburg passirt man die Tyne, welche man, um sie nicht mit den beyden Flüssen dieses Nahmens in Northumberland zu verwechseln, die Schottische Tyne nennen sollte. Sie entspringt in den Hügeln bey Yester, wässert ein angenehmes Thal und fließt bey Haddington vorbey, wo eine gute Brücke darüber geht. Haddington ist ein alter Burgflecken, der vormals in besserm Ansehen und befestigt war. Die Engländer versahen ihn mit Basteyen, wovon noch Ueberbleibsel zu sehen sind, hielten eine Belagerung mit einer schwachen Besatzung gegen eine zahlreiche Armee von Schottländern und Franzosen darin aus, und rissen solche hernach wieder nieder. Von der ehemaligen großen Kirche wird nur der vordere Theil gebraucht, das Chor und die Seitenflügel gehen ein, so daß die Denkmale der Herzoge von Lauderdale und andere allem Wetter ausgesetzt sind. Bey der Kirche ist 1768 eine artige Kapelle für die sich zur Englischen oder hohen Kirche Bekennenden errichtet. Haddington giebt einer Linie der Familie Hamilton den Gräflichen Titel, und ist übrigens zum Theil artig gebauet. Es wird hier nicht nur einiger Kornhandel getrieben, sondern es ist auch der erste Ort auf dem bisher durchreiseten Striche von Schottland, den die Manufacturen von feinem Tuch, Schallons und Boyen beleben. Nach der Union fielen sie, weil die Englischen Waaren wohlfeiler geliefert werden konnten; jetzt sind sie aber wieder sehr empor gekommen.

Tantallon Castle. Wir wenden uns von der Tyne nach dem nordlichen Ufer dieser Grafschaft, und bemerken zuerst an der Küste die Ruinen von dem alten Schlosse Tantallon, welches unter König Jacob V der Sitz einer Rebellion war.

Baß Insel. Eine Meile von der Küste bey diesen Ruinen liegt die Baß Insel, eine Klippe von ungeheurer Höhe und einer Meile im Umfange. Das ehemalige Schloß auf derselben war sonst ein Staatsgefängniß. Die Landung kann nur an einer Ecke geschehen, und ist selbst bey stillem Wetter, wegen der steilen Felsen gefährlich. Die Insel ist in Ansehung der vielen zu einer gewissen Jahrszeit hierher kommenden Wasservögel merkwürdig. Darunter sind die Bassaner oder Solandgänse*) die vornehmsten. Man trifft sie fast nirgends in Schottland, als im Firth von Clyde, und auf den Orkabischen Inseln, an. Sie sind die Vorboten der Ankunft der Heringe, weil sie solchen nachgehen, und sich davon nähren. Nach der Brützeit ziehen sie wieder Nordwärts, man weis aber nicht wohin. Sie haben einen thranigten Fischgeschmack, und sind eine sehr fette und grobe Speise, ob man die Jungen hier gleich für einen Leckerbissen hält. Sie sind fast noch größer, als eine Gans, weiß mit einem gelben Striche über den Kopf, Hals und Rücken, und haben schwarze Füße. Wenn sie ankommen, so gehen allezeit sechs voraus,

*) In Schottland heißt dieser Vogel Gannet oder Soland-gose, auch wegen seines stolzen Wesens the Gentleman, Pelecanus Bassanus *Lin.*

East-Lothian.

voraus, um gleichsam das Quartier zu bestellen. Die Einwohner stören sie nicht, bis sie ihre Nester gebaut haben, hernach lassen sie sich auch nicht durch das ärgste Getöse vertreiben. Sie machen ein gräßliches Geschrey, daß man sein eignes Wort nicht hören kann. Sie legen nur ein Ey auf jedesmaliges Brüten, welches sie so geschickt an dem einen Ende auf die Spitze eines Felsens in der Mitte des Nestes zu befestigen wissen, daß man es schwerlich wieder daran festmachen kann, wenn es einmal abgerissen ist. Indem sie es bebrüten, halten sie es mit einem Fuße fest, und lassen es selten wieder los, als bis es ausgebrütet ist. Das Reiß, wovon sie die Nester bauen, gebrauchen die benachbarten Einwohner zur Feuerung: überhaupt machen sie von diesen jungen Gänsen, die grau sind, und ihren Federn einen guten Profit. Man läßt sich, um sie zu fangen, an Stricken von dem Felsen hinab *).

Oben auf dem Felsen ist eine Quelle von frischem Wasser, grüner Rasen, und ein Aufenthalt von Kaninchen. Die Insel war ehemals im Besitz der Familie Lauder, die auch darauf wohnte, bis König Karl II sie an sich kaufte.

Vom Schlosse Tantalon streckt sich die Küste Landsitze. gerade gegen Westen, und indem man längst dem Firth hinreiset, so folgt ein volkreicher Ort auf den andern bis Leith bey Edinburg. Die ganze Gegend ist auf das angenehmste mit Landsitzen untermengt. Außer des Herzogs von Roxburg seinem
bey

---

*) Ein anderer hier sehr gewöhnlicher Vogel heißt von seinem Geschrey Kittiwake, und ist eine Art von Mewe (Gull), vielleicht der anderwärts so genannte Hering-Gull (Larus fuscus Lin.)

bey Dunbar und Tinningham, deren bereits Erwähnung geschehen, gedenken wir noch Bellhaven, welches dem Lord dieses Nahmens gehört; ferner des Landsitzes der Familie Dalrymple, die mehrere in dieser Gegend hat, und zu North Berwick*), Hales Dirleton, welches eine reizende Lage hat ꝛc. Die beyden lebhaften Oerter Clerkington und Ormistown gehören der Familie Cockburn, welche das umliegende Land so verbessert und angepflanzt hat, daß man nicht leicht eine angenehmere Gegend sehen kann. Wir können auch die beyden dem Untergange nahen Landsitze Seton und Winton nicht ganz mit Stillschweigen übergehen. Sie gehörten dem verstorbenen Grafen von Winton, der in der Rebellion von 1715 so viele kühne Dinge unternahm. Seine hier beysammen liegenden Gründe trugen jährlich auf 5000 Pf. Sterl. ein, und fielen der Krone anheim, die sie der Kompagnie der Yorkbuildings in London verkaufte. Die Thore und Mauern wurden auf Befehl der Regierung niedergerissen, weil sich die Hochländer darinn vertheidigt hatten.

Handel. Die Ursache, warum die auf diesem Striche befindlichen Oerter so nahe an einander liegen, so gut bewohnt und wohlhabend sind, muß man dem Handel mit einigen Artikeln zuschreiben, welcher mehr Leben und Gewerbe veranlaßt, als man hier sonst bemer-

---

*) Ein Burgflecken mit einem guten Markte und bequemen Hafen. Die meisten Einwohner sind Fischer. Der Ort liegt an einem Hügel, der die Gestalt eines Zuckerhuts hat, und zum Theil mit Bäumen bepflanzt ist. Man hat eine herrliche Aussicht von demselben über den Firth nach der Landschaft Fife.

bemerken würde. Ein Hauptartikel ist die Fischerey, zumal der Heringsfang, welcher im Firth of Forth, wie bereits im ersten Briefe gesagt worden, sehr wichtig ist, so daß eine große Quantität eingesalzen und verführt wird. Der zwoete Artikel sind die Steinkohlen, die man in den benachbarten Hügeln in Menge antrifft. Die Nähe der See macht die Ausfuhr leicht, daß man sie zu einem billigen Preise nach Edinburg und den benachbarten Orten liefern kann. Ferner wird längst der Küste an vielen Orten, z. Ex. zu Seton, Cockenny, Preston-Pans ꝛc. gutes Salz gesotten, und ein ansehnlicher Handel damit nach Norwegen, der Ostsee, Holland und Bremen getrieben, welches eine ziemliche Anzahl Schiffe im Jahr beschäftigt. Endlich werden auf dieser Küste eine große Quantität Austern gefangen, die man nicht nur nach Edinburg, sondern auch in großen offenen Fahrzeugen nach Newcastle an der Tyne bringt, und von dorther insgemein gläserne Bouteillen wieder zurück nimmt.

Viele von diesen Flecken haben einen kleinen Mole, Hafen, oder steinernen Damm, der mit vielen Kosten aufgeführt ist, so daß die Schiffe ihre Ladung von Salz und andern Waaren sicher einnehmen können, wohin außer den obgenannten drey Oertern, auch Aberlady und North-Berwick gehören. Der wichtigste Ort unter allen diesen ist Preston-Pans, welcher auch den Nahmen von den Salzpfannen hat, und überdieses 1745 dadurch in der Geschichte bekannt ward, daß eine Handvoll von den zusammengelaufenen Rebellen unter dem Prätendenten, die Englischen Truppen, welche in der Eile zusammengezogen waren, schlug, aus einander jagte, und grausam behandelte.

Vierter

Vierter Brief.

Die Landschaft Mid-Lothian oder Edinburghshire. Musselburgh. Fisherraw. Inveresk.
Pinkey. Edinburg. Neustadt. Größe. Cawdys. Trone und St. Giles-Kirche. Parlamentshaus. Börse. Thore. Märkte. Universität. Bibliothek. Armenhäuser. Medicinisches Collegium und Botanischer Garten.
Theater. Regierungsform. Kirchen. Kastell.
Pallast Holy-rood house. Schule für Taube
und Stumme. Corstorphin. Pentland. Roslin. Hawthorn-den. Newbottle. Dalkeith.
Leith. Craigie-hall. West-Lothian oder Linlithgow. Queens-ferry. Hopton-house.
Abercorn. Blackness Castle. Burrowstow-
ness. Linlithgow. Kips.

Die schöne Landschaft Mid-Lothian oder Edinburgshire, die beste in ganz Schottland,
gränzt gegen Norden an das Meer oder den Firth
of Forth, gegen Osten an Haddington oder
East-Lothian, und Berwick, gegen Süden an
Selkirk-Peebles- und Lauerkshire, und gegen
Westen an West-Lothian oder Linlithgow-
shire. Sie gehört, als ein Theil von Lothian *),
unter die fruchtbarsten von Schottland, und bringt
Getreide, Gras und alle Lebensbedürfnisse im Ueberfluß hervor. Sie ist gut bewohnt, und außer der
Land-

*) Man s. den vorigen Brief.

Mid-Lothian.

Landwirthschaft blühen hier auch Fabriken von Plaids und Schallons. Insonderheit ist die Gegend um die Hauptstadt Edinburg schön angebauet. Ueberdieses giebt es auch ergiebige Steinkohlengruben und Kalksteinbrüche. Man schätzt die Länge der Landschaft auf 12 Meilen, und die Breite, wo sie am größten ist, auf 10, an andern nur auf sechs Meilen *). Man trifft eine Menge der schönsten Landsitze von Schottland darin an.

Der erste merkwürdige Ort, der uns beym Eintritte in diese Landschaft, wenn man aus Haddington kommt, aufstößt, ist Musselburgh, ein artiger kleiner Marktflecken an der Esk mit einer steinernen Brücke über den Fluß, zu der eine angenehme Allee für die Fußgänger führt. In der Hauptstraße stehen zwo Reihen Bäume mit Lampen, die im Winter angezündet werden. Man macht hier einige feine Tücher, und eine Art schmaler Zeuge von verschiedenen Farben, wovon die Elle 2½ Pence kostet. Die meisten Einwohner sind Fischer oder Gärtner, die einen Fleck Landes anbauen, und grüne Waare nach Edinburg schaffen, welches noch fünf Meilen von hier liegt. Man sieht daher oft an einem Markttage 2 bis 300 Weiber aus dieser Gegend mit Gartengewächsen, Salz und Fischen nach der Hauptstadt wandern.

Ein wenig westwärts liegt Fisherraw, welches den Nahmen von einer langen Reihe meistens von Fischern

Musselburgh.

Fisherraw.

*) Von Mid-Lothian hat Laurie 1773 eine vollständige Charte auf vier Bogen, und Armstrong eine auf zween Bogen, die zu den sechs Bogen von ganz Lothian gehören, (s. den vorigen Brief) heraus gegeben.

Fischern bewohnter Häuser führt. Sie haben aber abgenommen, weil der vormals so einträgliche Muschelfang nicht mehr getrieben wird. Jetzt legen sie sich bloß auf den Fang der Kabeljaue, und einiger Schaalthiere. Etwas weiter südwärts liegen die beyden kleinen Dörfer Newbigging und Godspeed-all, aber so nahe an Musselburgh und Fisherraw, daß ein Fremder alles leicht für einen einzigen Ort ansehen kann. Gleichwohl haben sie keine Kirche, sondern gehören zum Kirchspiel Inveresk, welches ein in der Nähe befindliches Dorf ist.

Inveresk.   Inveresk hat den Nahmen vom Einflusse der Esk, welche oft so vollufrig ist, daß sie austritt; man hat sie wegen ihres schnellen Laufs nicht schiffbar gemacht. Dieses Dorf genießt eine so gesunde Luft, daß man es das Schottische Montpellier zu nennen pflegt. Es ist stark bewohnt, und hat gute Sommerhäuser und Gärten, welche die Bürger von Edinburg im Sommer zu miethen pflegen.

Pinkey.   Aber die Zierde dieses Kirchspiels ist Pinkey, der Landsitz des Marquis von Tweedale, den er auch zu bewohnen pflegte, ehe Pester, dessen im vorigen Briefe gedacht worden, zu Stande kam. Jenes Haus ist zwar viel prächtiger, es hat aber bey weitem die angenehme Lage nicht, als Pinkey, welches dicht vor Musselburgh nahe an der See liegt. In dem Hofe vor dem Hause befindet sich ein großer Brunnen mit Jonischen Säulen, die eine Krone tragen. In der Halle beym Eintritte des Hauses bemerkt man Prospecte Italiänischer Städte. Die Zimmer sind groß und mit marmornen Kaminen verziert. Die große Gallerie ist an der Decke voll von lateinischen Inschriften, die sich auf die

Gemälde

Gemälde beziehen. Die vornehmsten sind Familienstücke; z. Er. Lord Seton, Graf von Dunfermling, der ehemalige Besitzer von Pinkey, nebst seinen vier Söhnen und Töchtern, von Hans Holbein. Henderson; ferner König Karl I in Lebensgröße mit seinem Kanzler, dem Grafen von Dunfermling, von van Dyck. Das eine Ende der Gallerie nimmt der erste Marquis von Tweedale mit seinen acht Söhnen und sieben Töchtern, insgesammt in Lebensgröße, ein. Von den übrigen Gemälden sind die besten nach Pester geschafft worden. Hinter dem Hause ist ein großes Parterre mit schönen immergrünenden Bäumen geziert; zu beyden Seiten liegen geräumige Gärten: der Park geht ringsumher.

Im Jahr 1547 fiel hier eine große Schlacht vor: als der Protector, der Herzog Eduard Seymour von Somerset, die Schotten zur Heyrath ihrer jungen Königinn Maria, die noch ein Kind war, mit seinem Neffen, dem unmündigen König Eduard VI, zwingen wollte. Die Engländer erhielten zwar einen vollkommnen Sieg, und erschlugen 10000 Schotten, aber Maria entkam, und ward nach Frankreich geschafft, wo sie in der Folge an den Dauphin und nachmaligen König Franz II verheyrathet ward. Die Englischen Geschichtschreiber nennen dieses das Treffen bey Musselburgh, aber nicht so richtig, als die Schotten, weil es sich bey Pinkey anfieng und endigte. Nicht weit von hier zu Crawberry-hill, an eben dem Orte, wo die Engländer damals ihr Lager hatten, schlug zwanzig Jahre hernach, nemlich 1567, die unglückliche Königinn Maria ihr Lager auf, um sich dem Schottischen Adel, der sich wegen ihrer Heyrath mit dem gottlosen Bothwell empört hatte, zu widersetzen: allein ihre
Truppen

Truppen wollten nicht fechten, sie mußte sich jenen ergeben: und der Graf Bothwell, rettete sich mit der Flucht.

Nahe bey Pinkey ist eine große vom Wasser getriebne Maschine merkwürdig, welche das Wasser aus den Steinkohlengruben fördert, deren es eine Menge in dieser Gegend giebt.

Edinburg. Wenn man sich von Pinkey der Hauptstadt Edinburg nähert, und sie von der Ostseite übersieht, so erblickt man sie aus dem am wenigsten vortheilhaften Gesichtspunkte, weil sie der Länge nach von Osten gegen Westen liegt, und die Breite dagegen ein schlechtes Verhältniß hat; wendet man sich hingegen etwas rechts gegen Leith, so ist der Prospect noch besser, von der Südseite ist er aber am schönsten, weil die Stadt auf dieser Seite mit neuen Gassen vergrößert ist*).

An der Ostecke steht der Königliche Pallast Holyrood-house. Von diesem geht man links durch eine kleine Vorstadt zu dem Eingange Waterport, und von diesem läuft die Gasse eine Meile in gerader

*) Edinburg liegt unter dem 55 Grad 58 Min. nördlicher Breite, und unter dem dritten Grad westlicher Länge von London. Es ist von der Hauptstadt Englands 388 Meilen entfernt. Tophams Briefe von Edinburg zu Leipzig 1777 übersetzt sind in den Jahren 1774 und 1775 geschrieben, und sehr unterhaltend. Sie geben nicht sowohl eine genaue Beschreibung der Stadt, als Bemerkungen über die Zeitvertreibe, Gesetze, Sitten und Gebräuche der Schotten überhaupt. Das Meiste betrifft aber doch die Stadt selbst, und der Verfasser scheint ziemlich unpartheyisch, wenigstens nicht so voll von Vorurtheilen gegen die Schotten zu seyn, als die meisten Engländer.

gerader Linie durch die ganze Stadt bis zum Kastell an der westlichen Ecke fort; sie ist vielleicht die längste, breiteste und volkreichste in Europa. Vom Thore des Pallasts, welches niedrig liegt, steigt sie beständig, und wenn sie gleich nirgends steil ist, so befindet man sich doch am Ende derselben auf einer beträchtlichen Anhöhe. Denn das hier stehende Kastell hat auf allen drey Seiten, den Zugang vermittelst der Gasse ausgenommen, einen sehr jähen und fürchterlichen Abhang. Indem sich diese Gasse hebt, läuft sie auch zugleich an einem Hügel hin, dessen ganze Oberfläche sie einnimmt; daher sind die Häuser hinten viel höher, als vorne, und die Queergassen, Wynds genannt, aus derselben gehen so steil abwärts, daß man eine gute Lunge haben muß, um sie hinan zu steigen. Viele derselben laufen nach dem See auf der Nordseite, und nach der Cowgate-Straße auf der Südseite, und von der Cowgate-Straße laufen wieder viele andere den Berg hinauf südwärts nach der Universität zu, und nach den vornehmsten Vorstädten auf dieser Seite, welche die Stadt mehr als eine halbe Meile breit machen. Ehemals hörte man nichts als Klagen über den Schmutz auf den Gassen: und die Einwohner schütteten allen Unrath zum Fenster hinaus, jetzt giebt die Polizey Acht darauf, und die Gassen sind reinlich.

Sonst war auf der Nordseite in der Gegend des Kastells ein Sumpf oder See North-Lough, durch welchen ein kleiner Bach lief, er ist aber ausgetrocknet. Inzwischen hat man doch 1769 eine schöne Brücke von fünf Bogen aufgeführt, damit man auf der anzulegenden Straße nach Leith diese große Vertiefung nicht passiren darf. Der Architekt Milne, ein Bruder von dem, der die Black-

friars-

Vierter Brief.

friars-Brücke in London gebauet, hatte die Strebepfeiler des einen Bogens nicht stark genug gemacht, dieser schoß daher ein, als die Brücke kaum war eröffnet worden, und verschiedene Menschen wurden darunter begraben.

Neustadt. Jenseit der Brücke hat man 1767 angefangen, die sogenannte Neustadt nach einem regelmäßigen Plane anzulegen, welche aus drey Hauptstraßen mit andern, welche sie durchkreuzen, besteht. Die mittelste oder Georgenstraße ist 100 Fuß breit, und hat an jedem Ende einen ansehnlichen viereckigten Platz mit einer Bildsäule zu Pferde in der Mitte. Die Häuser in der Neustadt sind artig und im Englischen Geschmack gebauet, so daß eine jede Familie ihr eignes Haus bewohnt, welches sich in der Altstadt ganz anders verhält. Auf der Südseite der Altstadt war vormals noch ein andrer See, der ausgefüllt und in eine Gasse verwandelt ist.

Edinburg war viele 100 Jahre lang die Residenz der Schottischen Könige, und ist noch die Hauptstadt des Königreichs, die, wenn sie gleich kein Parlament mehr hat, doch noch der Sitz der vornehmsten Collegien und Tribunale des ganzen Landes ist. Ihr hohes Alterthum macht, daß sich weder der Erbauer, noch das Jahr ihres Ursprungs angeben läßt. So viel ist wohl ausgemacht, daß man keine so unbequeme Lage dazu gewählt haben würde, wenn sie die Einwohner nicht für die Ueberfälle der damaligen wilden Völker, z. Er. der Britten, Sachsen und Dänen, gesichert hätten. Sie durften nur den östlichen Eingang befestigen und vertheidigen, von den übrigen drey Seiten waren sie geschützt; auf der Westseite lag das unüberwindliche Kastell oder Schloß und auf den beyden andern Seiten die

zwo

zwo Landseen. Wäre dieß nicht die Ursache gewesen, warum hätte man nicht sonst lieber einen bequemern Platz zur Stadt ausgesucht, in einem angenehmen fruchtbaren Thale an der Küste mit einem durchfließenden Flusse, wie der Platz zwischen Edinburg und der See ist, wo Leith steht. Hier hätte sie eine herrliche in vieler Absicht nutzbare Lage, einen guten Hafen für ihren Handel, und eine bequeme Rhede zu Lastschiffen gehabt. Der angenehme Fluß hätte, ohne viele Kosten und Kunst, um die Stadt gezogen, und diese mit Gräben und Befestigungswerken, nach damaliger Art, zu einem unüberwindlichen Orte gemacht werden können, wie die Franzosen thaten, als sie Leith befestigten. Auf der Südseite gegen **Libertown** und **Godtrees** ist eine Ebene, worauf ein zweytes London stehen, und dabey befindet sich ein Bach, der vermittelst Röhren die Stadt hinlänglich mit Wasser versorgen könnte. Den dortigen Grund und Boden hat der Magistrat von Edinburg meistens an sich gebracht, und nie erlaubt ihn zu bebauen, weil sonst die Hauptstadt zum größten Schaden der Hausbesitzer bald öde stehen würde. **Edinburg** hob sich erst zu Jacobs I Zeiten, der hier 1436 ein Parlament hielt. Diese Versammlungen wurden fortgesetzt, wodurch die Stadt zunahm, **Perth** hingegen fiel. Bisher hielt der Hof den Firth of Forth wegen der Engländer nicht sicher, weil sie verschiedenemal bis Edinburg vordrungen, und es abbrannten.

Man giebt der Stadt vier Meilen im Umfange. Größe. Nicht leicht wird eine Stadt nach Proportion ihrer Größe so volkreich und stark bewohnt seyn, welches von den hohen und enge an einander stehenden Häusern herrühret. Die meisten Häuser sind von einem

E rauhen

rauhen braunen Stein, der wegen seiner Härte nicht
gut behauen werden kann, doch sind die Fenster-Einfassungen und die Steine an den Ecken wohl bearbeitet. Gemeiniglich sind sie, zumal neue Gebäude,
mit blauem Schiefer gedeckt. Die in der obgedachten Haupt- oder hohen Gasse sind ungemein hoch;
manche haben, insonderheit auf der Hinterseite, 10
bis 12 Stockwerke, welches von der Abhängigkeit
des Hügels herrührt. Die Gebäude sind durch sehr
dicke Scheidewände getrennt, und machen große Häuser aus, die hier Lands heißen, und eine gemeinschaftliche Treppe haben. Jedes Stockwerk eines
Lands heißt ein Haus, und wird von einer Familie
bewohnt. Im ersten Stock und in den Kellern sind
gemeiniglich allerley Kramladen, und im zweyten,
dritten und vierten wohnen vornehmere, und noch höher gemeine Leute. Ein jeder Krämer oder Kaufmann und Handwerker malt ein Zeichen seines Gewerbes an der Vorderseite mit harten Farben, daher die Häuser bey den vielen Stockwerken sehr buntscheckig aussehen, und zuweilen Perücken, Butter
und Käse, Frauenzimmerputz unter einander vorstellen.

Lands. Wegen der vielen Nebengassen (wynds) und der
Menge Familien, die in einem Hause wohnen, indem oft zwo und drey beysammen stecken, fällt es
einem Fremden schwer sich in Edinburg zu finden.
Dieser Unbequemlichkeit helfen eine gewisse Art von
Markthelfern oder Lastträgern (Cawdys) ab, welche
sich auf öffentlichen Plätzen, bey den Kaffeehäusern
und Wirthshäusern aufhalten, und sich zu allen Bestellungen gebrauchen lassen. Sie kennen alle Einwohner, die nur irgend etwas vorstellen, und sind
selten unehrlich. Wenn sie gleich Tag und Nacht
auf den Straßen liegen, und zerlumpt einher gehen,

so

so kann man ihnen doch Sachen von Werth anvertrauen. Man sagt, daß in Edinburg weniger Dieberey und Unfug ausgeübt wird, als an andern Orten, weil die Cawdys alle Menschen kennen, und gleich alles ausspioniren: ein Fremder bleibt daher nicht zween Tage unbekannt*). Sie stehen unter einer Art von Obrigkeit, oder einem Kapitän, der Nachläßigkeiten oder anderes übles Betragen insgemein mit einer Geldstrafe an Bier und Branntewein, zuweilen aber auch körperlich bestraft. Die meisten sind gescheute Kerls, die ihre Aufträge hurtig und geschickt ausrichten.

Das andre Geschlecht ist in Edinburg meistens blond und artig, viele sind schön. Sie sind arbeitsamer, als die Männer, und suchen eine Ehre darin, das, was sie tragen, selbst zu verfertigen. Die Vornehmen tragen feine weiße Zwirnstrümpfe, die sie gemeiniglich selbst stricken, welches man von den Engländerinnen nicht so allgemein sagen kann, ob sie gleich auch Mode sind. Man sieht eine Schottländerinn selten unthätig; anstatt so viele Zeit müßig am Theetische zu verderben, wie in England, stricken sie dabey, oder machen eine andere Handarbeit. Jedoch fängt sich die Sucht ihrer südlichen Schwestern an Vergnügen und Zerstreuungen immer mehr und mehr an auszubreiten.

Nach diesen vorläufigen Anmerkungen von Edinburg überhaupt, wollen wir nunmehr das Innere der

*) Die Cawdys müssen einen Brief oder sonst eine Bothschaft für einen Pfenning nach den entlegensten Theilen der Stadt tragen. Beym Kreuz, beym Parlamenthause und der Börse trifft man sie allemal an.

der Stadt genauer betrachten. Weſtwärts von dem Pallaſtthore befindet ſich die Straße Canongate, wo die Domherren (Canonici) von der Abtey vormals wohnten. Es iſt eine Art Vorſtadt, die für ſich iſt, wie Southwark bey London. Iſt ſie gleich nicht ſo bewohnt, als die Stadt ſelbſt, ſo ſtehen doch ſchöne Häuſer hier, darin die Vornehmen wohnten, als noch eine Hofhaltung in Edinburg war. Zu den vornehmſten darunter gehören die Palläſte des Herzogs von Queensberry, und des Marquis von Lothian: der erſte iſt ein breites fürſtliches Gebäude von Quaderſteinen, mit einem guten Garten.

Canongate und die hohe Straße waren ſonſt durch das Nether-bow Thor getrennt, um die Stadt und Vorſtadt von einander zu unterſcheiden, aber ſeit 1766 iſt ſolches abgetragen, und beyde Gaſſen laufen in einem fort, nur mit dem Unterſchiede, daß die hohe Straße breiter iſt. Sonſt war der Weg durch dieſes Thor ſo enge, daß die Wagen wegen der ſtarken Paſſage beſtändig ſtockten.

Bey dieſem Thore ſind zwo Gaſſen, St. Mary Wynd und Leith Wynd. Die erſte bringt einen auf die große Heerſtraße über Kelſo nach England, und am Ende iſt das Thor Cowgate, welches in eine niedrig liegende Straße führt. Der Nahme kommt davon her, daß das Rindvieh oft dadurch nach dem Markte getrieben wird. Die andere Gaſſe Leith Wynd geht nach der Vorſtadt Calton*). Von dieſer iſt ein ſchöner Kiesweg 20 Fuß

---

*) Caltonhill iſt ein ziemlich hoher Berg in der Nachbarſchaft, der eine vortreffliche Ausſicht gewähret. Herr Short hat eine Sternwarte auf Unterzeichnung darauf angelegt, und wohnt hier. Es ſind verſchie-

Fuß breit bis Leith angelegt, der auf öffentliche Kosten gut unterhalten wird, und darauf kein Pferd kommen darf.

Auf der Südseite der hohen Straße liegt das artige Haus des Marquis von Tweedale, mit einem kleinen Lindenstück hinter demselben. In dieser Gegend stehen viele gute Häuser, welche sich aber nicht ausnehmen, weil sie in enge Gassen zusammen gepfropft sind. Etwas weiter hin auf eben dieser Seite steht die Trone Kirche *), eine der besten in Edinburg, mit einem ionischen Portal. Gegen der Kirche über ist die Oeffnung oder Straße zu der bereits erwähnten Brücke, wodurch die Alt- und Neustadt mit einander verbunden werden: und nahe dabey mitten in der Straße steht ein Wachthaus, darin alle Nächte zwo Kompagnien Stadtsoldaten, die wie Grenadiers gekleidet gehen, die Wache halten, um auf die öffentliche Ruhe Acht zu geben. Trone Kirche.

Auf dem halben Wege zwischen Nether-bow und dem Kastell ist die große Kirche St. Giles, welche vor der Reformation eine Collegiatkirche war. Der Thurm ist niedrig, aber von guter Architektur: die Spitze gleicht einer Krone. Die Kirche ist durch Scheidewände in vier Kirchen getheilt, die zu eben so viel Kirchspielen gehören, und in einer jeden wird alle Sonntage Gottesdienst gehalten. Das ehemalige S. Giles.

verschiedene gute Instrumente vorhanden, deren man sich auf einen Abend für einen Schilling bedienen kann.

*) Hier stand vormals the Trone, wo allerley Provisionen, als Butter, Käse und dergleichen, gewogen wurden, wie noch in vielen Schottischen Städten üblich ist. Vermuthlich kommt dieß Wort von dem Troy-Gewicht her.

70　　　**Vierter Brief.**

lige Chor heißt jetzt die Neukirche. Sie ist die artigste von allen, und hat rings umher Emporkirchen. Die General-Versammlung der Geistlichkeit wird hier in einer Seitenkapelle gehalten, bey welcher Gelegenheit der Königliche Commissar auf dem in der Kirche befindlichen Königlichen Throne sitzt. Auf der Westseite sitzen während des Gottesdienstes die Lords der Session, und auf der Ostseite der Stadtmagistrat; beyde gehen alle Sonntage in Procession und feyerlichen Kleidern nach der Kirche. Die Synode und das Presbyterium haben in einem Zimmer bey dieser Kirche ebenfalls ihre Versammlungen. Das zweyte Stück der vormaligen großen Kirche macht das große Kreuz aus, und heißt jetzt die alte Kirche; über dieser steht der Thurm, und darin hängen allerley alte Fahnen, die der Sage nach aus dem gelobten Lande kommen, wahrscheinlicher Weise aber den Engländern vormals abgenommen sind. Der ehemalige westliche Theil der Kirche ist durch eine Wand in zween kleinere getheilt, in die Talbooth-Kirche und in Haddo's-Höhle. Dieser Nahme soll von einem Laird Haddo herrühren, der hier in einem Gewölbe gefangen gesessen, bis er enthauptet worden.

Parliament-Close. Auf der Südseite der Kirche, wo ehemals der Kirchhof war, ist ein viereckigter mit guten Gebäuden versehener Platz, the Parliament-Close genannt. Auf der West- und Südseite desselben bemerkt man allerley öffentliche Gebäude, als das Parlamentshaus, die verschiedenen Gerichtshöfe, das Zahlamt, das Archiv, der Versammlungsort der Königlichen Burgflecken, die Bibliothek der Advocaten, das Postamt ꝛc. Die Nordseite nimmt die Kirche ein, und auf der Ostseite stehen gute Privathäuser,

häuser, die vorne heraus sieben Stockwerke hoch sind, aber hinten wegen des jähen Abhangs des Hügels wohl 10 bis 12 haben, und meistens von Buchhändlern und Goldschmieden bewohnt werden. Mitten auf diesem Platze zeigt sich König Karl II zu Pferde in römischer Kleidung mit einem Lorbeerkranze, eine gut gearbeitete Statüe von grauem Sandsteine.

Das Parlamentshaus ist ein stattliches grosses Gebäude, über dessen Eingange Gnade und Wahrheit das Schottische Wapen halten, mit der Inschrift: Stant his felicia regna. Darunter steht Vnio Vnionum, welches auf die Vereinigung beyder Reiche und darauf zielt, daß jener ihr Rath zur Erhaltung dieser nöthig ist. In diesen Gebäuden werden, wie zu Westminsterhall, womit es viel ähnliches hat, die höchsten Gerichtsversammlungen gehalten. Auf der Südseite oder dem obern Ende hält einer der ordentlichen Richter zur Sessionszeit alle Wochen Gericht, und untersucht die Sachen der ersten Instanz. Am westlichen Ende ist der Gerichtshof des Sherifs, oder Gerichtsvogts und Commissars. Im südöstlichen Theile geht eine Thüre von dem Außenhause, wo der Lord Ordinarius seine Sitzung hat, in das innere Haus, wo die andern 14 Richter, oder die Lords der Session, die das höchste bürgerliche Gericht in Schottland ausmachen, ihre Sitzungen halten; darüber sind die Zimmer der Lords der Finanzkammer (Exchequer.) Nahe beym nördlichen Ende ist das Stadt-Rathhaus oder Guildhall, und über demselben das Justitz- oder peinliche Gericht. Unter dem Parlamentshause ist der Rechtsgelehrten ihre Sammlung von Büchern und Handschriften. In dem äußern Parlamentshause ist dem Lord Präsidenten des Ge-

Parlamentshaus.

richts der Session, Duncan Forbes, der sich wegen seiner Kenntnisse, Gerechtigkeitsliebe, und Rechtschaffenheit durchgängig einen großen Ruhm erworben hatte, 1752 eine marmorne Statüe errichtet worden. Er ist sitzend in seiner richterlichen Kleidung abgebildet, die eine Hand ist ausgestreckt, und in der andern hält er ein Papier.

Die Kutschen können bloß vermittelst der engen Gasse Luckenbooths aus der hohen Straße auf den Parlament-Close kommen. In den Luckenbooths wohnen viele Handschuhmacher, Krämer, Barretkrämer ec. Diese Reihe Häuser giebt aber der hohen Straße eine große Mißzierde, und macht sie enge, nachher erweitert sie sich wieder. In dieser Gegend stand sonst das Marktkreuz, wo alle Proclamationen von den Herolden unter Trompeten-Schall geschahen. Das Kreuz ist nicht mehr vorhanden, man sieht aber den Platz noch, weil er auf eine besondere Art gepflastert ist. Hier kommen die Edinburger täglich vor der Börse von 11 bis 1 Uhr zusammen, um sich theils über Geschäfte, theils über Neuigkeiten zu bereden.

Die Königliche Börse ist ein neues ansehnliches viereckiges Gebäude, zum Behuf der Kaufleute, mit einer doppelten Reihe von Kramläden: diese sind aber noch so sehr für den alten jetztgedachten Platz eingenommen, daß sie sich die ganze Börsenzeit lieber auf der offnen Gasse aufhalten, und die schöne Börse leer stehen lassen. Von der großen Treppe hinter der Börse hat man eine vortreffliche Aussicht über die Neustadt, Leith, den Meerbusen Forth, die auf der Rhede liegenden Schiffe, und bey hellem Wetter nach den Küsten von Fife.

Nicht

Nicht weit von dem westlichen Ende der großen Tolbooth. Kirche stehet der Tolbooth, oder das öffentliche Gefängniß, für Verbrecher sowohl, als für Schuldleute. Ehemals wohnte der Abt von St. Giles darin, so wie die benachbarten Häuser für die Domherren waren. Es ist ein altes festes steinernes Gebäude, worin auch ehedem Parlaments- und Gerichtssitzungen gehalten worden.

Der Theil der hohen Straße, der sich wieder erweitert, wenn man die Lucken-booths passirt ist, heißt der Lawn-market, weil hier der Leinwandhandel getrieben*) und allerley in den Buden verkauft wird. Von diesem Theile der Straße gelangt man nach einem engern, Castle-hill genannt. Am Ende desselben liegt ein steinernes Gebäude, die Wage, wohin allerley kleinere Departements verlegt sind, und unten werden die schweren Güter gewogen.

Hier theilt sich die Straße, die eine führt nach dem Kastell, die andre lenkt sich südwestwärts nach dem Grasmarkt hinab, wo der wöchentliche Markt für Rindvieh, Schaafe und Pferde gehalten wird. Diese Gasse heißt West-bow, und wird von Kaufleuten oder Großhändlern bewohnt, die mit Eisen, Pech, Theer, Hanf, Flachs, und dergleichen schweren Waaren handeln. Auf dem Castle-hill ist ein besonderes Gebäude zum Wasserbehältniß, wodurch die Stadt reichlich damit versorgt wird.

*) Im Jahr 1746 ward zu Edinburg eine brittische Leinwandcompagnie errichtet. Von dem erstaunlichen Fortgange der Schottischen Leinwandfabriken ist bereits im ersten Briefe geredet.

Thore. Edinburg hat sechs Thore. Das siebente, nemlich das Nether-bow Thor, ist 1768 niedergerissen. Sie heißen 1) Cowgate Thor am Ostende der Stadt, welches der Straße dieses Nahmens zum Eingange dient. 2) Das Potterrow Thor, nach einer Vorstadt also genannt, führt nach Kelso, Dalkeith ꝛc. 3) Das Society Thor, führt den Nahmen von einem viereckigen Platze, wo die Brauergesellschaft sonst einen großen viereckigen Hof hatte. 4) Das West Thor am westlichen Ende der Stadt, führt durch eine ansehnliche Vorstadt nach Glasgow, Stirling und über Queens-ferry nach den Hochländern. 5) Das Neue Thor am östlichen Ende des Sees geht nach Leith, und 6) das Collegiatkirchen Thor, führt eben dahin.

Märkte. Die Märkte sind mit allen Lebensmitteln reichlich versehen. Jeder hat seinen bestimmten Gebrauch, und ist mit einer Mauer eingefaßt, als der Mehlmarkt, Fleischmarkt, Hünermarkt, Fischmarkt, Kornmarkt und Ledermarkt. Ueberdieses wird wöchentlich auf dem bereits genannten Lawn-market in der hohen Straße ein Markt mit Leinewand und wollenen Waaren gehalten. In eben dieser Gasse ist auch täglich frühe ein Markt von Gärtnerwaare und Obst. Des Viehmarkts ist schon gedacht.

Auf der Südseite der Stadt gegen das östliche Ende steht ein ansehnliches Gebäude, welches die Apotheker und Wundärzte auf ihre Kosten aufgeführt haben. Die Bildnisse der vornehmsten Wundärzte seit der Stiftung desselben hängen in der Halle. Außer dem anatomischen Theater sieht man in einem Zimmer allerley Skelette, eine Mumie und verschiedene andere Merkwürdigkeiten.

Nicht weit vom Potterrow Thor steht das Universitäts-Collegium oder die Universität. Es ist ein schlechtes Gebäude mit drey Höfen, welches 1582 von der Stadt aufgeführet ward, und daher hat auch der Stadtrath das Patronat darüber, und verwaltet die Einkünfte. Die Ausgaben betragen jährlich 2000 Pf. Sterl. 51 armen Studenten sind gewisse Summen ausgesetzt. Sie tragen keine langen Röcke. Die Anzahl der eigentlichen Professoren beläuft sich auf 21, die 18 Wissenschaften lehren. Der Professor des Natur- und Völkerrechts hat den größten Sold, nemlich 150 Pf. Sterl., andere haben viel weniger, und der geringste nur 33 Pf. Sterl. Da ihnen aber die Collegia gut bezahlt werden, und die Studenten zahlreich sind, so stehen sie sich gut*). Sie haben einen Kanzler und Vicekanzler

*) Im Jahr 1780 waren die Professoren, darunter einige sehr gelehrte, und auch außer Schottland in Ruf stehende Männer sind, folgende: D. Rob. Hamilton in der Theologie. R. Cumming in der Geschichte. D. James Robertson im Hebräischen. J. Bruce in der Logik. R. Hunter und Andr. Dalziel im Griechischen. John Hill in der Philologie. Matth. und Dugald Stewart in der Mathematik. Adam Ferguson in der Moral. John Robinson in der Naturlehre. John Pringle in der Geschichte. Wm. Wallace in den Schottischen Rechten. Rob. Dick im bürgerlichen Rechte. Jam. Balfour im Natur- und Völkerrechte. Hugh Blair in der Rhetorik. John Hope D. in der Botanik. Franz Home in der Materia medica. Wm. Cullen D. in der Praktischen Medicin. J. Gregory D. in der Medicin. Jos. Black D. in der Chymie. A. Monro D. in der Anatomie. Tho. Young D. in der Hebammenkunst. Rob. Ramsay in der Naturhistorie. Die Doctoren Cullen, Black und Monro stehen im Medicinischen Fache und in der Chymie

kanzler über sich, welche Würde von dem Lord Provost und dem Stadtrath bekleidet wird.

Die Collegia fangen mit dem ersten November an, und dauern sechs Monate. In diesem Monate werden alle Studenten, deren etwa 6 bis 700 sind, an einem gewissen Tage immatrikulirt, und dieß wird, so lange einer da bleibt, jährlich wiederholt. Ein jeder muß eine feyerliche Angelobung einer guten Aufführung und der Beobachtung der Gesetze (die gleichwohl keiner kennt,) unterschreiben, und wenigstens eine halbe Krone zur Bibliothek geben, wofür er einen Erlaubnißzettel zur Nutzung der Bücher auf ein Jahr erhält: doch muß er allemal den Werth des geliehenen Buchs zum Unterpfande einsetzen. Es fehlt aber ein guter Real-Catalogus, welches den Gebrauch sehr erschwert. Um die Aufführung der Studenten bekümmert sich die Universität gar nicht. Sie begehen meistens viel Ausschweifungen, weil sie in der Stadt wohnen, wo sie wollen, und nicht in den Collegiengebäuden eingeschränkt sind, wie zu Oxford und Cambridge. Die Ireländer sind die wildesten: die Schotten führen sich hingegen viel besser auf. Ein jeder hat die Freyheit, sich die Vorlesungen nach seinem Willen und Absichten zu wählen, auf den Englischen Universitäten ist einer hingegen gezwungen, sich an die einmal eingeführte Ordnung zu binden, und sich mit Wissenschaften aufzuhalten, die nicht zu seinem Zwecke dienen.

Pennant

Chymie in großem Rufe, und D. Blair hat sich in seinem Versuche über Ossians Gedichte als einen Mann gezeigt, der Scharfsinn mit einem angenehmen schönen Stil zu verbinden weiß.

Pennant*) schreibt, daß die Doctorwürde in allen drey Facultäten sonst nach Gutdünken der Professoren verliehen würde, ohne daß es nöthig war, hier oder auf einer andern Universität studirt zu haben, bis sich verschiedene Studenten 1763 und 1764, die sich beleidigt hielten, daß man ihnen unverdiente Leute an die Seite setzte, vereinigten, hier nicht zu promoviren. Darauf machten sich die Professores anheischig, keinem diese Würde zu ertheilen, der seine Wissenschaft, zum Exempel, die Medicin, nicht zwey Jahre in Edinburg studirt und alle medicinische Collegia gehört hätte. Dieß wird genau beobachtet, und jeder, der promoviren will, muß alle eigentlich medicinische Collegia hören. Im Winter wird gelesen, und im Sommer besuchen die Mediciner die Hospitäler, und treiben die Botanik. Die Anzahl der Studenten in der Medicin wird auf 300 geschätzt, darunter viele Ausländer sind, weil die Akademie in diesem Fache vorzüglich berühmt ist. Dieser Ruhm hat sich um 1720 angefangen, und bisher unverändert erhalten. Einige Schüler des berühmten Boerhaave fiengen damals an, Vorlesungen mit großem Beyfall zu halten.

So wie das Collegium an sich ein unregelmäßiges Gebäude ist, so sind auch die Zimmer schlecht. Ein jeder Professor hat das seinige zu seinen besondern Vorlesungen: sie wohnen aber eben so wenig darin, als die Studenten, außer der Oberste (Principal), dessen Haus an der Stelle steht, wo ehemals das Haus des Provost der Kirche von Field lag, welches 1567 aus List in die Luft gesprengt ward, um die Ermordung Heinrichs, des Gemahls der Königinn Maria, zu verbergen; die Absicht aber mißlung.

*) Schottische Reise B. 2, S. 125.

mißlung. Bey dem Collegio sind gute Gärten für
die Studenten und Professoren. Vor den Bänken
her Studenten stehen Pulte zum Schreiben. Der
Professor stehet oder sitzet in der Mitte. Die meisten
Professoren tragen lange Röcke, wie in England,
und eine Vorlesung währt insgemein ½ Stunden.

Bibliothek. Die Bibliothek wird. auf 30000 Bände geschätzt.
Den Grund dazu hat ein gewisser Clemens
Little gelegt. Nach der Zeit ist sie durch verschiedene
Vermächtnisse von hiesigen Gelehrten und Standespersonen,
die in Edinburg studirt haben, vermehrt
worden. Die Bücher stehen in Schränken, mit
Gitterthüren von eisernem Drath. Die ansehnlichsten
Vermächtnisse findet man in besondern Zimmern,
mit dem Nahmen des Wohlthäters über der
Thüre. Das Medicinische Fach ist das stärkste,
aber nur in Ansehung der Englischen, lateinischen
und Französischen Werke; Italienische findet man
wenig, und Deutsche gar nicht. Ueber den Büchern
hängen die Bildnisse verschiedener Fürsten und Reformatoren
innerhalb und außerhalb Großbritannien.
Man zeigt auch die Hirnschaale des berühmten Geschichtschreibers,
Buchanans, welche so dünne ist,
daß man durchsehen kann. Herr Adamson, ehemaliger
Vorsteher der Akademie, ließ solche aus seinem
Grabe nehmen, und hier nebst einigen Versen
zu seinem Lobe aufbewahren. Ferner wird hier das
Original der Protestation mit 105 Siegeln der vornehmsten
des Böhmischen und Mährischen Adels.
wider die Kirchenversammlung zu Costnitz wegen der
Verbrennung des Johann Huß und Hieronymus
von Prag im J. 1417 aufgehoben, welches ein
Schottischer Edelmann auf seinen Reisen an sich gekauft,
und hierher geschenkt hat. Unter der Bibliothek

thek ist die Königliche Buchdruckerey, darin hauptsächlich Bibeln gedruckt werden.

Am andern Ende der Bibliothek führt eine Treppe zu den Hörsälen des obern Stocks. Man bemerkt hier allerley Charten, Weltkugeln und Merkwürdigkeiten, unter andern ein krummes Horn von etlichen Zollen, welches einer 50jährigen Frau 1671 aus dem Kopfe geschnitten worden, die noch 12 Jahre hernach gelebt hat. In einem besondern Zimmer stehen die Bücher, welche seit der Zeit hinzugekommen, daß in der untern Bibliothek kein Raum mehr ist.

Am Südende des Gebäudes war sonst das Naturalienkabinet oder Museum des Andreas Balfour, wozu Robert Sibbald, welcher im vorigen Jahrhunderte den im ersten Briefe angeführten Prodromum historiae naturalis Scotiae herausgab, seine schöne Sammlung mit dem Bedinge schenkte, daß das Verzeichniß davon unter dem Titel Auctuarium musei Balfouriani e museo Sibbaldiano gedruckt werden sollte, welches auch geschahe. Pennant versichert, daß von diesen beyden ansehnlichen Kabinetten kaum noch ein Rest vorhanden ist*).

Nahe bey dem Universitätsgebäude ist das Hospital, welches die hiesigen Handwerker für die Töchter

---

*) Sein deutscher Uebersetzer setzt S.124 hinzu, daß zwar noch eine Anzahl ausgestopfter Vögel, Mineralien und Muscheln vorhanden sey, daß aber alles unter einander liege. Der Professor der Naturhistorie habe nie ein Collegium zu Stande bringen können, und solle seine Sammlung in guter Ordnung in Kisten eingepackt haben.

ter ihrer zurückgekommenen Mitbrüder im J. 1707 aufgeführt haben. Es sind über 50 Mädchen darin: und ostwärts liegt die lateinische Schule (high-school), welche vor wenig Jahren vorzüglich durch Beytrag der Freymäurer neu gebauet worden.

In Grays-close bey dem Cowgate Thor liegt die Münze mit den dazu gehörigen Gebäuden. Es wird zwar kein Geld mehr darin geprägt: man besoldet aber doch noch einen Münzmeister, Wardein, Stempelschneider und einige andere Officianten, die hier als an einem mit vielen Freyheiten versehenen Orte wohnen.

Die beyden Kirchen Grey-fryars (der grauen Brüder, oder der Franciscaner) befinden sich unter einem Dache nicht weit von der Universität. An einer derselben steht der berühmte D. Robertson. Jacob der erste stiftete hier vormals ein reiches Kloster zum Unterricht der Schotten in der Weltweisheit und Gottesgelahrtheit. Der dazu gehörige Kirchhof enthält ein paar Acker Grund, und dient der ganzen Stadt zum gemeinschaftlichen Begräbnißplatze, darauf man allerley merkwürdige Monumente besehen kann. Um diese Kirche herum trifft man so viele Hospitäler und Armenhäuser von aller Art an, daß man nicht leicht eine Stadt finden wird, die nach Proportion ihrer Größe und der Anzahl der Einwohner deren mehr aufzuweisen hat. Wir führen nur die vornehmsten an.

Armenhäuser. Gleich hinter der Kirche ist das große Werkhaus, welches überhaupt für alle Arme der Stadt angelegt ist. Es unterhält 6 bis 700 Personen von allerley Alter, wovon jede zu ihrem Unterhalte etwas durch ihre Arbeit beyträgt. Ueberdieses erhalten noch

noch 200 Hausarme wöchentlich sechs Pence, oder einen Schilling daraus. Es gehören noch drey Nebengebäude dazu. Eines für Kranke, das andere für Wahnsinnige, und das dritte für eine Art von Weberschule. Bey dem Werkhause ist ein Spatziergang, the Meadow genannt, welcher ganz angenehm ist, und den man den St. James Park von Edinburg nennen könnte.

Seit 1733 ist ein Waysenhaus errichtet, darin auf 80 Kinder erhalten werden, die ihre Kleidungsstücke zum Theil selbst verfertigen, zum Theil auf andere Weise etwas zur Unterstützung des Hauses beytragen.

Das vornehmste unter allen Armenhäusern in Edinburg ist Herriots Hospital, ein ansehnliches Gebäude, nach einem Plan von Inigo Jones, welches mit einer Kapelle, Gärten, und angenehmen Spatziergängen versehen ist, aber mit viel mehr Ersparniß hätte gebauet werden sollen. Herriot war Goldschmidt und Banquier des Königs Jacobs VI (oder des ersten in England) und seiner Gemahlinn Anna, gewann durch sein Gewerbe viel Geld, wovon er 24000 Pf. Sterl. auf diese fromme Stiftung wendete. In der Mitte des viereckigen Hofes steht seine Statüe. Der Magistrat von Edinburg ist Vorsteher derselben. Es werden darin über 100 Söhne armer Bürger erhalten, bekleidet, in allen nützlichen Wissenschaften unterrichtet, und sodann entweder in die Lehre einer Profession gegeben, oder auf die Universität geschickt und unterhalten.

Hinter diesem Hause liegt Watsons Hospital, ein schönes Gebäude für 60 Knaben, die Söhne oder Enkel von verarmten Kaufleuten aus Edinburg seyn müssen. Sie werden hier erzogen, und nachher in die Lehre gethan. Wenn sie ihre Lehrjahre

aus

gut aushalten, und drey Jahre hernach unverheyrathet bleiben, so bekommen sie 50 Pf. Sterl. um ein eignes Gewerbe damit anzufangen. Ein ähnliches Hospital haben die hiesigen Kaufleute auch für 60 Mädchen ihrer heruntergekommenen Mitbrüder gestiftet. Sie erscheinen Sonntags in einem sehr reinen, aber einfachen Aufzuge.

Auf der Nordseite der Stadt am Wege nach Leith bemerkt man eine schöne Collegiatkirche, welche von der Königinn Maria, Jacobs II von Schottland Gemahlinn, erbauet worden. Sie heißt die College-Kirk. In der Nachbarschaft liegt das Thomas Hospital, darin alte Bürger und ihre Wittwen anständig unterhalten werden, welche auch ihren eignen Kaplan haben. Gegen über ist das Bridewell oder Zuchthaus, auch Pauls-Work genannt, darin liederliches Gesindel verwahret, und zu schwerer Arbeit angehalten wird.

Nach dem Beyspiele von London, Winchester, und andern Städten in England ist nun auch ein Königliches Krankenhaus (Infirmary) errichtet worden, darin auf 200 Kranke nebst den Wärtern Platz haben. Man nimmt Kranke von allen Gattungen und Ständen, auch gefährlich Verwundete, auf. Es ist ein ansehnliches vier Stockwerk hohes Gebäude mit zween Flügeln und großen Höfen zur mehrern Bequemlichkeit der Kranken. Der Giebel ruhet auf sechs Säulen, und über dem Eingange steht die Statúe Königs Georgs II. Das Zimmer, darin die chirurgischen Operationen vorgenommen werden, ist sehr gut dazu eingerichtet. An den Wänden erheben sich Bänke hinter einander, damit desto mehrere bequem zusehen können. Das Licht fällt von oben durch ein großes Dachfenster,

oder

oder durch eine Oeffnung, gerade auf die darunter vorzunehmenden Operationen. Von der Kuppel oben auf dem Gebäude hat man eine vortrefliche Aussicht über die Stadt und umliegende Gegend. Der patriotische Eifer, mit dem alle Stände etwas zur Ausführung dieser gemeinnützigen Anstalt beytragen wollten, war merkwürdig. Die Eigenthümer der Steinbrüche schenkten die Steine und den Kalk; die Kaufleute das Bauholz; die benachbarten Pachter thaten die Fuhren umsonst; die Maurer vermauerten eine gewisse Quantität Steine umsonst, und die Handlanger arbeiteten monatlich einen Tag ohne Löhnung. Die vornehmern Frauenzimmer stellten eine Versammlung an, um zu diesem Gebäude unter sich zu sammeln; und da diese zahlreich war, so brachten sie einen ansehnlichen Beytrag zusammen. Der König schenkte auch 100 Pf. Sterl. dazu.

Die Aerzte in Edinburg machen vermittelst eines von Karl II darüber 1682 erhaltenen Freybriefes eine besondre Korporation aus. Sie bestehen aus einer in großer Achtung stehenden Gesellschaft, die so wohl Engländer, als auch auswärtige berühmte Aerzte zu Ehrenmitgliedern aufnimmt*). Ihr Collegium, wo sie sich versammeln, ist in Fountain-close bey Nether-bow. Auf dem Wege nach Leith haben sie seit 1764 einen vortreflichen botanischen Garten mit etlichen 1000 Pflanzen, der für die hiesigen Studenten von großem Nutzen ist. Dr. Hope hat solchen

Medicinisches Collegium und botanischer Garten.

*) Sie geben unter dem Titel Commentarien einer Gesellschaft Aerzte, eine Sammlung heraus, wovon der fünfte Band 1782 übersetzt zu Altenburg gedruckt ist.

Vierter Brief.

solchen in Ordnung gebracht, und der jetzige König 1500 Pf. Sterl. dazu geschenkt.

Theater. Es ist noch nicht gar lange, daß die Edinburger durch eine Parlamentsacte die Erlaubniß bekommen, auf Subscription ein Theater zu bauen, welches einer gewissen Gesellschaft gehöret. Anfangs waren die Schauspiele nicht beliebt, die Prediger eiferten unaufhörlich dawider, und brachten es dahin, daß die Schauspieler aus einander gehen mußten. Mit dem Wachsthum des Wohlstandes aber hat sich auch die Ueppigkeit und der Hang zum Vergnügen vermehret, so daß das Comödienhaus jetzt stark besucht wird: das Theater liegt am Ende der neuen Brücke in der Neustadt, und hat von außen keine Zierathen. Eine Zeitlang war der bekannte Englische Schauspieler Foote Director derselben, weil seine Stücke hier aber wegen der localen und bloß in London verständlichen Satyre keinen Beyfall fanden, so überließ er seine Stelle einem gewissen Digges, der wegen seiner Ausschweifungen den Kriegsstand verlassen, und die Bühne betreten hatte. Digges ist sowohl im komischen, als tragischen, vortrefflich. Topham redet weitläuftig von seinem gedoppelten Verdienst, und stellt eine genaue Vergleichung zwischen ihm und dem verstorbenen berühmten Garrick an, und setzt ihn in manchen Stücken mit jenem gleich, in andern ziehet er ihn sogar dem Garrick vor*).

Das Theater ist länglicht, und nach Art der ausländischen eingerichtet. Der Eingang kostet drey Schillinge, und wenn das Parterre und die Logen voll sind, können auf 130 Pf. Sterl. eingenommen werden.

---

*) Briefe von Edinburg, Brief 13. 14. 15.

werden. Ins Parterre gehen Mannspersonen, die für die Logen nicht geputzt genug sind. Wenn es sehr voll ist, sitzen auch Frauenzimmer darin, und dann ist es durch eine Scheidung abgetheilt. Das Ganze verräth einen ungekünstelten, aber doch guten Geschmack. Die Scenen sind gut gemalt, ohne schimmernd zu seyn. Die Erleuchtung ist mit Wachslichtern. Die obern Gallerien, welche man in London die Götter nennt, geben zuweilen ihren Unwillen durch mäßiges Murmeln zu erkennen, ohne jedoch mit Pomeranzenschaalen nach den Schauspielern zu werfen. Sie lassen einen jeden ruhig auf der Bühne, mißfällt ihnen einer, so wird er im buchstäblichen Verstande nicht mehr gehört.

Aus diesen kleinen dem Anscheine nach nichts bedeutenden Umständen, setzt Topham hinzu, kann man mehr von den wirklichen Sitten eines Volks lernen, als aus den größern und öffentlichen Vorfällen, wo die Leidenschaften erhitzt sind, und die Menschen verstellt handeln. Ein leichtfertiger Bursche in England, der es für einen Theil seiner Vorrechte hält, zu thun, was ihm gut deucht, in so fern es die Gesetze oder Magna charta nicht verbieten, jagt alle Schauspieler von der Bühne, so bald ihm einer von ihnen mißfällt, unterbricht die Vorstellung, und beleidigt die ganze Versammlung. Hingegen Franzosen und Schotten, die, jene durch ein willkührliches Regiment, diese durch die Ueberbleibsel desselben sanftmüthiger und sittsamer gesinnt sind, behalten ihren Verdruß bey sich, bedenken, daß die armen Schauspieler ihnen keinen Widerstand leisten können, und bezeigen ihr Mißfallen bloß dadurch, daß sie ihnen ihren Beyfall versagen.

Vierter Brief.

Comely-Garden. Comely-garden ist ein bey schönen Sommerabenden zum Vergnügen angelegter Ort, wie Vauxhall in London. Im Garten ist ein Orchester zur Vocal- und Instrumental-Musik errichtet, und nach Endigung des Concerts wird in zweyen Zimmern getanzt. Der Garten hat eine angenehme Lage nahe bey der Abtey gerade unter Arthurs Sitz und den umliegenden Hügeln, welche ein natürliches Amphitheater formiren.

Regierungsform. Die Regierungsform der Stadt ist in den Händen des Lord Provost, welcher eben das, was der Lord Mayor in London, ist, der vier Schöppen (bailies), die sowohl Aldermänner, als Sheriffs sind, und des gemeinen Raths, der insgemein aus 25, und in außerordentlichen Fällen aus 38 Personen besteht. Sie werden sämmtlich alle Jahre gewählt, der Lord Provost und der Schatzmeister müssen Kaufleute seyn, und niemand darf über zwey Jahre eine Stelle im Rathe bekleiden, er müßte denn wegen eines höhern Postens das Recht haben, darin zu sitzen. Die Stadt unterhält eine Kompagnie stehende Soldaten zur Stadtwache, und 16 Kompagnien Miliz (trained bands.)

Archiv. In der Neustadt der großen Brücke gegen über ist nach des berühmten Londner Baumeisters, Hrn. Adams, Plan das Archiv (Register office) aufgeführt. Es hat eine ansehnliche Kuppel, die aber zu hoch zu seyn scheint, und vier kleine Thürme auf den Ecken. Die Fronte ist jonisch, aber der Eingang viel zu klein, ein fast allgemeiner Fehler aller großen Gebäude hiesiger Gegend. Außer der Verwahrung der öffentlichen Schriften ist dieses Haus noch

noch zu verschiedenen andern Geschäften bestimmt. Ferner verdient das Haus des Herrn Dundas, jetzigen Repräsentanten der Stadt Edinburg, mit seiner schönen korinthischen Vorderseite, und das Versammlungshaus der Aerzte von einem Freunde der Architektur bemerkt zu werden. Letzteres ist mit einem artigen korinthischen Portal versehen, und durch Unterzeichnung der Aerzte in Großbritannien aufgebauet *).

Man zählt in Edinburg 12 Kirchen und drey Kirchen-Kapellen, daran 20 Prediger stehen. Ueberdieses giebt es 20 Versammlungshäuser von der bischöflichen Kirche. Denn obgleich die presbyterianische Kirche die herrschende in Schottland ist, so befinden sich doch seit den Zeiten der Revolution in Großbritannien eine Menge Einwohner, zumal im Hochlande, die sich zur bischöflichen Kirche bekennen. Ueberdieses giebt es noch drey Versammlungshäuser von Dissentienten, und eine Kapelle von Methodisten. Die Kirchen sind insgesammt voll, weil die Schotten viel eifriger auf den Gottesdienst halten, und Sonntags nicht umher wandern, wie die Engländer. Sie sind in der Kirche auch viel aufmerksamer, und machen nicht so viel Complimente und Verbeugungen gegen ihre Bekannten, sondern versparen dieses bis nach geendigtem Gottesdienste.

*) Auf einem Hügel in der Nachbarschaft des Calthonhill, wo das bereits erwähnte Observatorium steht, ist auf einem daselbst befindlichen Kirchhofe ein runder Thurm mit etlichen Nischen aufgeführt, wozu der gelehrte David Hume 100 Pf. Sterl. im Testamente vermacht. Es ist sein Grabmal, und er befahl, war es Stolz oder Bescheidenheit, nichts darauf zu setzen, als die Worte: Hic iacet David Hume.

Vierter Brief.

Kastell. Wir müssen nun noch von dem Kastell und dem Königl. Schlosse reden. Ersteres ist durch Kunst und Lage fest, doch nicht unüberwindlich, indem es verschiedene mal von den Engländern erobert, und ihnen wieder entrissen worden. Zuletzt stand es 1745 eine kleine Belagerung von den Rebellen unter Anführung des Prätendenten aus, sie wurden aber bald abgewiesen. Die Könige der Picten verwahrten ihre Töchter der Sicherheit wegen in diesem Kastell, daher es Maiden Castle hieß. Es liegt am Westende der Stadt auf einem hohen Felsen, der gegen Süden, Westen und Norden ganz unzugänglich ist; der Zugang gegen die Stadt, wo der Felsen ebenfalls hoch ist, wird durch eine runde Batterie, wie ein halber Mond, vertheidigt, und unten ist noch ein Außenwerk mit einer Zugbrücke. Oben sind hin und wieder Batterien von schweren Kanonen. In dem Kastell ist ein königlicher Pallast von gehauenen Steinen, darin noch das Zimmer gezeigt wird, darin Maria Stuart Jacob VI, nachmaligen König von England, gebar. Hier werden auch die Schottischen Regalien und wichtigsten Staatsdocumente aufgehoben. Ferner ist hier ein Zeughaus, und allerley Vorrath von Ammunition. Die Besatzung hat ihre eigne Kapelle. Der Commendant ist allezeit vom Stande, und General der Schottischen Truppen. Er hat so wohl, als die übrigen Officiers, bequeme Zimmer. Oben auf diesem Felsen sind zween sehr tiefe Brunnen. Man hat von dem Kastell eine herrliche Aussicht über die Stadt und den Firth of Forth. Wenn sich Kriegsschiffe auf der Rheede von Leith legen, so begrüßen sie es mit einigen Schüssen.

Holy-rood-house. Der Königliche Pallast, der so lange Zeit zur Residenz der Könige von Schottland gedient hat, ist

ein

ein stattliches Gebäude, welches man das Schottische Escurial nennen könnte, weil es vormals nicht nur ein Königlicher Pallast, sondern auch eine von König David I gestiftete Abtey war. Der Eingang ist mit Säulen von gehauenem Steine geziert, und geht unter einer Kuppel in Form einer Krone durch. Die Vorderseite hat zween Flügel, jeder mit zween Thürmen. Den Flügel auf der Nordseite hat Jakob V, und den auf der Südseite nebst den übrigen Carl II durch William Bruce, einen der besten Schottischen Architekten, bauen lassen. Der innere Hof ist sehr ansehnlich von Quadersteinen mit bedeckten Gängen umher, unten mit Toscanischen, in der Mitte mit Jonischen, und oben mit Korinthischen Säulen. Aus diesem kommt man in die nach der Reihe hin liegenden Zimmer. Das vornehmste ist die 147 Fuß lange Gallerie, darin alle Bildnisse der Schottischen Könige von Fergus I bis auf Jakob VII von guten Meistern abgemalt sind. Die vornehmsten, und zumal alle aus dem Hause Stuart, sind in Lebensgröße, die andern aber nur bis auf den halben Leib. Zur Zeit der Rebellion von 1745 diente diese Gallerie einem Regimente Soldaten statt der Barraken, da denn manche Bildnisse schändlicher Weise verdorben wurden.

Rechter Hand liegen die Zimmer des Königs, wie zu St. James in London, sie sind aber weit höher und ansehnlicher. Die vom Herzog von Hamilton, welcher Erbkastellan ist, befinden sich im Thurme auf der Nordseite. Das ehemalige Geheimerathszimmer ist sehr ansehnlich, und wird jetzt zur Wahl der Parlamentsglieder, die als Schottländische Pairs im brittischen Parlament sitzen, gebraucht. Die Kamineinfassungen sind von Marmor.

mor. Zwo Treppen hoch wohnen viele adeliche Familien, welche Staatsbedienungen bekleiden.

Die herrliche Schloßkapelle war sonst ein Muster schöner gothischer Architektur. Weil das Dach wandelbar ward, so legte man ein neues, aber für die Wände und Pfeiler viel zu schweres darauf, welches 1768 die Wände aus einander preßte, und die ganze Kirche stürzte ein. König Jakob VII hatte einen prächtigen Thron nebst fünf Ständen, für die 12 Ritter des von ihm erneuerten Distelordens, darin errichtet: allein lange vor dem Einsturz hatte der Pöbel bey Gelegenheit der Revolution 1688 alles ruinirt, und alle Winkel der Kapelle ausgeplündert.

Park. Der an den Pallast stoßende Park hat vier Meilen im Umfange, er besteht aber, einige Gänge auf der Westseite ausgenommen, bloß aus kahlen Hügeln, darauf einiges Rind- und Schaafvieh weidet. Der zunächst an Edinburg liegende Hügel heißt Salisbury Craigs, und macht eine gewaltige Masse von Felsen aus, wovon verschiedene nach und nach in das Thal hinabgefallen sind. Es giebt gute Quellen in diesem Thale, welche die Abtey ehemals mit Wasser versahen: seit 1754 sind wieder neue Röhren gelegt, wodurch das Schloß anstatt aus dem Wasserbehältnisse von Edinburg Wasser erhält.

Der höchste Hügel im Park heißt, niemand weis warum, Arthurssitz; denn daß der brittische König Arthur von demselben die umliegende Gegend zu übersehen gewohnt gewesen, gehört unter die Fabeln. Der Gang hinauf ist sehr steil, und an zwo Seiten kann man gar nicht hinauf steigen. An einer Ecke bemerkt man noch Ueberbleibsel einer alten Kapelle des heil. Antons. Eine dabey befindliche Quelle heißt die Antonsquelle, und war sonst wegen

gen ihres heilsamen Wassers berühmt, jetzt wird sie aber gar nicht mehr geachtet. Das schönste in dieser ganzen Gegend ist das neue Haus, welches der Graf von Abercorn aufführen lassen; der Architekt Chambers hat den Plan dazu angegeben, und es ist vielleicht das beste Wohnhaus in ganz Schottland.

Ehe wir Edinburg verlassen, müssen wir noch der Schule der Tauben und Stummen gedenken, deren D. Johnson zu Ende seiner Reise nach den westlichen Inseln Schottlands erwähnt. Der Lehrer Braidwood, welcher bey dem gedachten Hügel Salisbury-craigs wohnt, hat ohngefähr 12 Schüler, die er im Sprechen, lesen, Schreiben und Rechnen unterrichtet, und zum Bewundern weit bringet. Sie sprechen, schreiben, und verstehen nicht nur, was geschrieben ist, sondern wenn der Redende ihnen das Gesicht zukehrt, und die Organen der Sprache langsam und deutlich gebraucht, so wissen sie so gut, was gesprochen ist, daß man sagen möchte, sie hören mit dem Auge. „Wer über diese „Materie nachdenkt, setzt Johnson hinzu, wird „leicht vermuthen, daß Braidwoods Schüler „richtig buchstabiren. Die Orthographie ist immer „nur bey denen fehlerhaft, die zuförderst sprechen „und dann schreiben lernen, wegen der unvollkomm„nen Begriffe vom Verhältnisse zwischen Buchsta„ben und mündlicher Aussprache; aber bey diesen „Studirenden ist jeder Charakter von gleich großer „Wichtigkeit, denn Buchstaben sind für sie nicht Bil„der von Nahmen, sondern von Sachen; wenn sie „also schreiben, so bilden sie nicht einen Ton, son„dern zeichnen eine Form. Ich besuchte die Schule, „als man den Lehrer erwartete. Eine von den jun„gen Frauenzimmern hatte ihre Schiefertafel vor
sich

Schule für Taube.

"sich liegen, der gab ich auf, drey Ziffern mit zwo
"Ziffern zu multipliciren, welches sie mit vieler Ge-
"schwindigkeit und Richtigkeit verrichtete*)."

Corstorphin. Zwo Meilen westwärts von Edinburg liegt das große Dorf Corstorphin mit einer alten gothischen Kirche, in deren Nachbarschaft ein Bürger von Edinburg ein schönes Landhaus mit einem weitläuftigen Garten besitzt. Südwärts von diesem Dorfe strecken sich die Pentlandhügel fort, von denen man einen prächtigen Prospect über die Hauptstadt

---

*) Wir haben nunmehr eine ähnliche Schule auf Churfürstl. Veranstaltung zu Leipzig, deren Lehrer, Herr Heinecke, schon bewundernswürdige Proben seiner Geschicklichkeit gegeben, und verschiedene Schüler so weit gebracht hat, daß man sie zum Genusse des heil. Abendmals gelassen. Eben dieses hat vor einigen Jahren der Superintendent Laßius zu Burgdorf im Zellischen an einem Fräulein von Meding geleistet, und davon eine lesenswürdige Schrift drucken lassen. Die Methode des Herrn Heinecke ist vielleicht in der Hauptsache einerley mit Braidwoods seiner, wenigstens paßt das, was Pennant (Schottische Reise B. 2, S. 133) davon sagt, genau auf jene: "Braidwood lehrt sie die Buchsta-
"ben und ihre Bedeutung kennen, und fängt dar-
"auf bey den einfachsten Wörtern an. Sie lernen
"die Sprache, indem sie die Bewegung seiner Lip-
"pen nachahmen. Ihre Antworten sind langsam
"und etwas hart. Sie verstehen andre, indem sie
"genau auf die Bewegung ihrer Lippen Acht geben.
"Einige bringen es hierin sehr weit. Sie lernen
"fertig lesen und schreiben. Sie können den Sinn
"von dem, was sie lesen, in andre Worte einklei-
"den, und verfehlen ihn nicht leicht. Einige lehrt
"dieser unermüdete Mann neben dem Englischen
"auch noch das Französische, und im Rechnen ha-
"ben es viele sehr weit gebracht."

Mid-Lothian.   93

stadt hat. Sie haben den Nahmen von dem an ihrem Fuße liegenden Dorfe Pentland, wo einige *Pentlans* Steine zum Andenken des Treffens zwischen den königlichen Truppen und einem Corps Presbyterianer im Jahre 1666 aufgerichtet sind. Die vielen angenehmen Plätze dieser Gegend sind zu Landhäusern der Edinburger genutzt, darunter das vornehmste Mavis Bank ist. Nicht weit davon trifft man noch zwey Dörfer Liberton und Gilmourton an, die wegen ihrer hohen Lage ebenfalls reizende Aussichten darbieten. Vor ohngefähr 70 Jahren ließ sich in dem letztern ein Schmied einfallen, seine Schmiede und ganze Wohnung mit etlichen Kammern in lebendigen Felsen unter seinem Garten auszuhauen, und bewohnte sie viele Jahre; jetzt stehet sie aber leer.

Zwo Meilen von Liberton und vier von Edinburg befindet sich das Dorf Roslin, wo man eine der schönsten gothischen Kapellen in Ansehung der Architektur bewundert. Sie ist ganz von Quadersteinen mit einem gewölbten Dache, das auf Pfeilern ruhet. Die Statüen in den Nischen der Mauern von außen sind durch die Länge der Zeit ganz verunstaltet. Insonderheit ist der Prinzenpfeiler, von dem Stifter St. Clair, Prinz von Orkney, also genannt, merkwürdig, weil er eine Spiralform, und eine Menge Bildhauerarbeit hat. In den Gewölben liegen viele aus königlichem Geblüte, und Schottische vom Adel begraben; als man 1752 einige Särge öffnete, fand man die Körper ganz ausgetrocknet, aber unversehrt. Das alte Kastell bey der Kapelle ist der Sitz der Familie Sinclair. Im Jahre 1302 fielen hier drey Schlachten an einem Tage zwischen den Schotten und drey Korps von Engländern vor, welche alle drey geschlagen wurden. Dieser

Tag

Tag kostete 40000 Menschen das Leben. Roslin hat eine sehr romantische und malerische Lage, und ein gutes Wirthshaus, wohin viele Spaziertritte und Fahrten von den Edinburgern angestellt werden. Topham hat einen ganzen Brief mit Beschreibung der Schönheiten dieses Orts angefüllt.

Hawthornden. Das Dorf Hawthornden ist eine Meile von Roslin entfernt. Der zierliche Schottische Geschichtschreiber und Dichter William Drummond wohnte im vorigen Jahrhunderte hier. Die angenehme Lage, die reizenden Hayne und Spaziergänge flößten ihm dichterische Einfälle und philosophische Betrachtungen ein. Im Garten sind Höhlen im Felsen, wovon der Nahme des Orts herkommt, gehauen, und mit Cypressen bewachsen, deren eine ihn veranlaßte, einen berühmten Tractat, die Cypressen-Laube, zu schreiben, welcher ein Muster reiner platonischer Philosophie ist. Man geht vermittelst einer Treppe von 27 Stufen dazu hinab. Sie bestehen aus einer 90 Fuß langen Kammer, in der ein Brunnen und auf jeder Seite eine lange Gallerie ist. Einige glauben, daß diese Höhlen zu der Zeit, als die Römer in Britannien waren, gemacht worden, aber es ist wahrscheinlicher, daß die Einwohner sie als eine Zuflucht gegen die Anfälle der Belgier, oder auch als Magazine für ihre Lebensmittel gebraucht haben. Dergleichen Höhlen sind auch zwischen hier und Newbottle und im Park von Newbottle selbst.

Newbottle. Newbottle ist ein Landsitz des Marquis von Lothian aus dem Hause Ker. Einer seiner Vorfahren Mark Ker war hier Abt, ward aber protestantisch, und erhielt die Abtey für sich und seine Erben als ein Eigenthum. Das Gebäude ist alt, hat aber eine vortrefliche Lage und angenehme waldigte Spatier-

Mid-Lothian. 95

Spatziergänge. Die Zimmer sind schön möblirt, und enthalten eine der besten Gemälden-Sammlung in Schottland, die meistens aus Bildnissen von Personen aus den Königl. Häusern in Schottland und England, aus vornehmen Britten, und Personen, die am Hofe Ludwigs XIV lebten, bestehen. Einige kleine Studien werden van Dyck, und einem Venetianischen Dogen dem Tizian zugeschrieben.

Ein paar Meilen davon liegt Dalkeith, ein kleines Städtchen am Zusammenflusse der Nord- und Süd-Esk, darinn eine gute lateinische Schule, und eine Fabrik von Bettdecken ist. Es hat auch einen ansehnlichen Kornhandel. Der dabey liegende Landsitz des Herzogs von Buccleugh Dalkeith-house, ist nach Hopeton-house der schönste in Schottland. Das Haus stehet auf einer Anhöhe in einem weitläuftigen Park, und hat einen schönen Prospect über den Fluß. Es ist groß, aber von außen von schlechter Architektur. Inwendig ist es hingegen mit vielem Geschmack möblirt. In den Zimmern hängen sehr viele Bildnisse berühmter Personen in der Großbritannischen Geschichte, darunter einige van Hobeln und Van-Dyck sind.

Dalkeith

Leith ist der Seehafen von Edinburg, eine große volkreiche Stadt, die durch den Bach Leith in den Süder und Norder Theil getheilt wird, und zur Verbindung von beyden eine steinerne Brücke hat. Ziemliche Lastschiffe kommen bey der Fluth bis an die Brücke. Auf dem Kay können weit mehr Waaren ein- und ausgeladen werden, als nach dem Umfang des hiesigen Handels geschieht, ob solcher gleich beträchtlich ist. Alle Kaufleute von Edinburg haben in Leith Waaren-Lager für ihre schweren Waaren, um sie von hier aus entweder zu Wasser oder zu Lande weiter zu schicken. An der Mündung des

Leith

des Hafens ist ein langer Molo oder Damm angelegt, der sich weit in die See hineinstreckt, und die Versandung verhindert, welches sonst bey starken Nordostwinden geschehen würde. Auf der andern Seite ist vor einiger Zeit ebenfalls ein Molo aufgeführt, und beyde werden in gutem Stande erhalten. Durch diese Anstalten bleibt der Hafen der flachen Küste ohngeachtet gut.

Auf der andern Seite der Brücke ließ Cromwell ein Kastell zur Bezähmung des Hafens aufführen, welches jetzt in Ruinen liegt. Ehemals war Leith ein fester Ort, und die Franzosen hielten sich einige Jahre darin, bis die Königinn Elisabeth den Protestanten Truppen zu Hülfe sandte, die sie daraus vertrieben. Die Stadt steht unter dem Rathe zu Edinburg, welcher einen Amtmann zur Regierung derselben ernennt. Man trifft hier eine Glashütte zur Verfertigung grüner Flaschen, eine Zuckerfabrik und eine Schneidemühle an. Die Forth ist hier 7 Meilen breit, wird aber immer enger, so daß sie nur 3 Meilen zu Queensferry behält, hernach erweitert sie sich wieder. Der eine Molo dient zum Spatziergange. Unten an demselben werden während der Ebbe Pferderennen gehalten, wobey die Pferde zuweilen bis an den Bauch im Wasser laufen. Das Südliche Ufer der Forth ist überhaupt flach und sandigt, die Nordliche Seite hat hingegen einen felsichten und gefährlichen Boden.

Craigie-hall. Wir verlassen nunmehr Mid-Lothian, und setzen den Weg den Fluß Forth aufwärts fort. Hinter Leith hat man einen schönen Prospect von der Stadt und dem Kastell von Edinburg; die ganze Stadt scheint wegen ihrer hohen Häuser ein Kastell zu seyn. Zu Cromond hat man verschiedene römische Alterthümer gefunden. Nicht weit von der

Cromond-

Cramond-Brücke hat der Ritter Hope, ein Bruder des Grafen von Hopton, einen der schönsten Landsitze um Edinburg, Craigie-hall genannt. Am Flusse sind die schönsten Spatziergänge und Plantationen angelegt. Eine Brücke von einem Bogen geht über den Fluß, welcher oberhalb derselben eine der angenehmsten Kaskaden formirt, indem er über und durch eine Menge von Felsen fortrauscht. Die Brücke hat die passende Innschrift: utile dulci. Wenn man die Brücke passirt ist, kommt man zu einem Tempel auf einen sanft ansteigenden Hügel, von dem man die schönste Aussicht über die umliegende Gegend genießt. Ueberhaupt ist der ganze Weg von Edinburg bis Cramond voll von Landhäusern des Adels und anderer bemittelter Personen *).

West-Lothian oder Linlithgow.

Die Landschaft Linlithgow oder West-Lothian ist die kleinste von den drey Lothians, giebt aber dem mittelsten an Fruchtbarkeit nichts nach. Sie liegt mit ihrer größten Breite längst dem Meerbusen Forth, und gränzt gegen Osten an Edinburg-shire,

*) Merkwürdig ist Pennants Beobachtung, daß es auf der westlichen Küste von Schottland weit mehr regnet, als auf der östlichen. Die Stadt Leith liegt in grader Linie etwa 60 Meilen von Greenock. Vor einigen Jahren, da die Seilerbahnen an beyden Orten unbedeckt waren, beobachtete man, daß die Arbeiter zu Greenock 80, und zu Glasgow 40 Tage mehr, als zu Leith, durch den Regen von ihrer Arbeit abgehalten wurden. So schnell und so groß ist die Veränderung der Witterung von der westlichen gegen die östliche Küste zu. Schottische Reisen B. 2. S. 132.

shire, gegen Westen an Stirling und gegen Süden an Lanerkshire. Ihre länge beträgt 14, und die Breite 9 Meilen.

Queens-ferry. Der erste Ort, der auf dem Wege von Leith her zu bemerken ist, heißt Queens-ferry, eine kleine Fischerstadt, bey der eine starke Ueberfahrt nach der Landschaft Fife ist, weil der Meerbusen hier nur drey Meilen in der Breite hat, und sich west- und ostwärts bald wieder erweitert. Die Benennung soll von der Königinn Margaretha, Gemahlinn Königs Malcolm Canmore, herkommen, welche sich hier oft übersetzen ließ, um nach Dunfermling in Fife, wo sie ein Kloster stiftete, zu kommen. Mitten im Meerbusen gegen Queens-ferry über liegt eine kleine Insel mit einem verfallnen Kastell. Die Küste liefert hier vortreffliches Getreide, gegen über in Fifeshire sieht man hingegen nichts, als eine große Reihe von Bergen. Die beständige Communication mit Fife macht den Ort lebhaft, weil solche einen Zusammenfluß vieler Menschen veranlaßt.

Hopetonhouse. Die vornehmste Merkwürdigkeit in dieser Gegend ist Hopeton-house, der Landsitz des Grafen von Hopeton. Das Haus steht auf einer reizenden Ebne am Ufer des Flusses. Es war anfangs ein freystehendes viereckiges Gebäude, vor einiger Zeit sind noch Seitengebäude hinzugekommen, welche mit dem mittlern durch Colonnaden zusammen hängen, und dem ganzen ein prächtiges Ansehen geben. Die Vorderseite hat korinthische Säulen. Man hat aus demselben die schönsten Land- und Seeprospecte, und einen Strich von 40 Meilen von Stirling bis nach der Baß-Insel vor sich. Auf der andern Seite sieht man Fifeshire, und mehr als 20 kleine Städte,

und

West-Lothian.

und alte verfallene Schlösser: und die Scene wird durch die beständig im Forth auf und nieder segelnden Schiffe belebt. Die innern Verzierungen und Möbeln verrathen viel Geschmack. Außer einer Menge von Familienbildnissen giebt es auch verschiedene andere gute Gemälde.

Nahe bey Hopeton-house liegt das durch sein Kloster vormals berühmte Städtchen Abercorn, welches heutiges Tages nicht viel besser als ein Dorf ist, das aber eine angenehme Lage hat. Hier fieng sich der vom Anton aufgeführte Wall an, und gieng bis Kirk-Patrik am Firth von Clyde. Von Hopeton-house an erweitert sich die Forth, und wird eine tiefe sichere Rhede mit gutem Ankergrunde, wo 1000 der größten Lastschiffe, wenn die Handlung so wichtig wäre, vor Anker liegen könnten. *Abercorn.*

Auf einer schmalen Landzunge an der Küste steht das Kastell Blackneß, welches ehemals sehr fest war, und zum Staatsgefängniß diente. Heutiges Tages liegen ein paar Kompagnien Invaliden darin; Blackneß ist ein kleiner Ort, dessen Einwohner einigen Handel nach Holland treiben: wäre dieser wichtiger, so könnte er durch das Kastell beschützt werden. *Blackneß.*

Burrowstowneß oder Borrowstowneß liegt etwas höher an der Forth hinauf. Es ist eine volkreiche Stadt, welche der Länge nach am Ufer hinliegt, und nach Leith den stärksten Handel in Schottland treibt. Die hiesigen Kaufleute handeln nach der Ostsee, mit Steinkohlen nach Holland und England, und in den neuern Zeiten haben sie den Wallfischfang stark zu treiben angefangen. *Burrowstowneß.*

G 2 Die

Vierter Brief.

Linlithgow. Die Hauptstadt Linlithgow bedient sich des Hafens von Borrowstowneß, weil es nur zwo Meilen davon entfernt liegt. Sie hat gegen 3000 Einwohner, und ist ein ungemein nahrhafter Ort. Es wohnen hier viele Weißgerber, die das Leder für auswärtige Manufacturen bereiten, andere nähren sich mit Flachs hecheln und Wolle kämmen, wozu die Wolle von den Schottischen Gränzen kommt: vornehmlich aber ist die Leinwandmanufactur blühend. Ueber dieses wird auch eine Menge Leinwand von andern Orten hieher geschafft, um hier gebleicht zu werden, weil das Wasser des hiesigen Sees die Leinwand in kurzer Zeit weiß bleicht. Der See liegt auf der Nordseite der Stadt, und man steigt zu demselben vermittelst Terrassen von dem Königlichen Pallast hinab, welche den angenehmsten Spatziergang machen.

Das merkwürdigste in Linlithgow ist eben dieser Pallast der ehemaligen Könige von Schottland. Er ward von Eduard I gebauet, und von Jakob V und VI sehr verschönert. Er steht auf einer Anhöhe, welche gegen gedachten See einen Abhang hat. An jeder Ecke des Hofes sind zween Thürme, und in der Mitte ist ein ansehnlicher Springbrunnen mit Statüen gezieret. Ein edler Park gehört dazu. Es ist schade, daß dieß alte Denkmal der Schottischen Monarchie, welches zu seiner Zeit ein prächtiges Gebäude gewesen, jetzt in einem kläglichen Zustande da steht. Noch in der letzten Rebellion ist es von den Soldaten muthwilliger Weise verwüstet worden, und ein Theil davon brannte ab. Die St. Michaelskirche macht einen Flügel dieses Schlosses auf der rechten Seite des vordern Hafens. Hier erneuerte Jakob V den Distelorden, und ließ einen Thron nebst den Ständen für die Ritter darin errichten.

Man

West-Lothian.

Man zeigt noch in einer Gasse die Gallerie des Hauses, von der Hamilton von Bothwellhaugh 1570 den Regenten, Grafen von Murray, erschoß, weil er Hamiltons Güter an einen seiner Günstlinge verschenkt hatte, welcher im Winter mit Gewalt Besitz davon nahm, und seine Gemahlinn nackend aufs Feld jagte, wodurch diese in eine Raserey verfiel. Der Graf war ein natürlicher Sohn Jakobs V, und trachtete nach der Krone. Die Familie Levistoun führt den Titel Grafen von Linlithgow.

Zwo Meilen Südwest von diesem Orte liegt Forsichen, welches vormals den Maltheser Rittern gehörte, aber jetzt der Familie Sandiland den Titel Lord giebt. Südwärts von hier bey einem Orte Rips ist ein vermuthlich römisches Denkmal, oder eine Kapelle, welche aus großen unbehauenen Steinen besteht, die so auf einander liegen, daß sie einander tragen. Die meisten halten es für einen Tempel des Terminus, welcher mit der sonderbaren Benennung von Arthurs Ofen belegt wird. Nahe beym Altar stehen verschiedene ungeheure Steine in einem Kreise aufrecht: und auf zween benachbarten Hügeln sind die Ueberreste von alten Feldlagern mit großen Haufen von Steinen und alten Grabmälern, welche die Alterthumsforscher den Römern zuschreiben.

Fünfter Brief.

Die Landschaft Dumfriesshire. Eintheilung in Annan- Niths- und Eskdale. Gratna. Annan. Riwell. Moffat. Dumfries. Wilde Ochsen zu Drumlanrig. Sangubar. Kirkudbright oder Unter-Galloway, und Wigtounshire. Port Patrick. Stranrawer. Wigtoun. Airshire. Carrick. Balyntree. Mayhole. Kyle. Air. Cunningham. Irwin. Kilmarnock. Largis. Renfrewshire. Puddock. Greenock. Gowrock. Paisley. Renfrew. Ein Theil von Lanerkshire oder Clydesdale. Glasgow. Kirkpatrick.

Nachdem wir den östlichen Theil von Südschottland bereiset haben, wollen wir nun auch eine andere Tour durch den westlichen Theil vornehmen, ehe wir uns weiter gegen Norden in das Hochland wenden. Die erste Reise fieng sich bey Berwick an der äußersten Nordspitze Englands an, jetzt wollen wir von Cumberland aus nach Schottland gehen, da wir den Weg von Carlisle über die Esk, oder, wie man insgemein sagt, über den Solway-Firth, nehmen, und zuerst in Dumfriesshire treten.

Dumfriesshire.

Dumfriesshire. Diese Landschaft wird nach den drey Thälern, welche sich längst den drey Hauptflüssen, Esk, Annan und Nith, fortstrecken, in eben so viel Unterabtheilungen, nemlich Eskdale, Annandale und Niths-

Dumfriesshire.

Nithsdale getheilt, wozu einige noch eine vierte, die sehr klein ist, und Ludsdale heißt, hinzusetzen. Sie gränzt gegen Süden an den Solway Firth, an Kirkudbright, ein Stück von Galloway, gegen Norden an Air und Lanerkshire, und gegen Osten an Selkirk und Roxburgshire. Ihre Länge beträgt 36, und die Breite 24 Meilen. Das Clima dieser Landschaft ist milde, und hat viele fruchtbare Felder und Wiesen. In Annandale giebt es gute Waldungen.

Wenn man die Esk passirt ist, kommt man über Gratna nach Annan. Pennant nennt Gratna den gewöhnlichen Zufluchtsort der Verliebten, wenn ihre Anverwandte ihnen wegen ihrer ehelichen Verbindung Hindernisse in den Weg legen. Fischer und Handwerker vertreten hier ungestraft die Stelle der Geistlichen, da die Kirche von Schottland sie durch nichts, als den Bann, den sie nicht sehr achten, strafen kann. *Gratna.*

Der Weg bis Annan ist hin und wieder wegen der großen Gemeindeplätze ziemlich öde, doch wird auch gutes Getreide erbauet. Annan ist ein kleines Städtchen am Flusse gleiches Nahmens. Der Ort war vor Eduard VI, der es von Grund aus abbrannte, viel wichtiger, doch treibt er noch einigen Handel mit Wein, und führt etwa 20 bis 30000 Scheffel Getreide im Jahre aus. Schiffe von 150 Tonnen können bis auf eine halbe Meile an die Stadt, und welche von 60 Tonnen bis an die Brücke kommen. *Annan.*

In der Kirche zu Riwell, fünf Meilen von Annan, ist ein in drey Stücken zerbrochener Obelisk zu finden, welcher 1644 auf Befehl der Generalversammlung zu Vermeidung des Aberglaubens niedergerissen *Riwell.*

gerissen ward. Es sind runische Charaktere, und christliche Figuren darauf; jene rühren vermuthlich von den Dänen, diese von den christlichen Sachsen her. Die hiesige Art Salz zu gewinnen ist sonderbar. Bey dem warmen und trocknen Wetter des Junius überzieht die Sonne die Oberfläche des Sandes am Ufer mit Salz. Diesen Sand sammlet man etwa einen Zoll hoch, trägt ihn so weit aufs Land, daß ihn die Fluth nicht erreicht, und schüttet ihn auf Haufen. Man gräbt darauf ein tiefes Loch, schlägt die Wände mit Thon aus, welcher das Wasser nicht durchläßt, legt eine Lage Torf darauf, und füllt es mit dem gesammelten Sande an. Alsdenn gießt man Wasser darauf, welches durch den Sand durchseigt, und das Salz in eine kleinere Grube, die am Ende der großen angebracht ist, mit sich fortnimmt. Dieß wird in bleyernen Pfannen gekocht, und giebt ein grobes braunes Salz, das gut zum Einsalzen von Fleisch und Fischen zu gebrauchen ist.

Moffat. Der Königliche Burgflecken Lochmaben, dessen altes Kastell niedergerissen worden, ist fast ganz von sehr fischreichen Seen umgeben. Er liegt nicht weit von dem Flusse Annan, und noch höher hinauf Moffat, ein Städtchen, das wegen seiner mineralischen Wasser bekannt ist. Es ist schwefelartig; die stärkste von den beyden Quellen wird zum Baden gebraucht. Das Wasser muß laulicht seyn, man darf aber nicht über eine Viertelstunde darin sitzen: wir haben schon im ersten Briefe davon geredet.

Dumfries. Wenn man die Küste von Annan bis zum Flusse Nid oder Nith verfolgt, so kommt man nach der Hauptstadt dieser Landschaft und des ganzen südwestlichen Schottlands, Dumfries, welche aufwärts von der Mündung des Flusses liegt. Die Fluth
bricht

bricht so schnell in den Seearm, der die Nith aufnimmt, ein, daß man ihr mit einem schnellen Pferde schwerlich entfliehen würde. Die Stadt hat breite, wohlgebaute und reinliche Gassen, die von angesehenen Kaufleuten bewohnt werden, welche einen starken ausländischen Handel nach England, und den Englischen Pflanzörtern treiben, und viele eigene Schiffe haben. Der vormalige Tabakshandel hat sich ganz verloren. Ihre Lage ist ungemein bequem dazu: liegt sie gleich zwo Meilen von der See, so können doch Lastschiffe mit der Fluth bis an den Kay kommen: und vier Meilen unterwärts finden die schwersten Kauffartheyschiffe einen sichern und bequemen Ankerplatz. Eine feste breite steinerne Brücke von neun Bogen geht über den Fluß. Ihr gegen über ist ein sehr anmuthiger Wasserfall durch Kunst angelegt. Das Ufer abwärts ist auf beyden Seiten mit Waldung und Landhäusern besetzt. Der Ackerbau fängt hier an immer fleißiger getrieben zu werden: man düngt viel mit Muschelmergel aus den benachbarten Morästen, wodurch der Landmann in den Stand gesetzt wird, Weizen und Gerste statt des ehemaligen elenden Hafers zu bauen.

Die Anzahl der Einwohner beläuft sich auf 5000. Sie ziehen ansehnliche Vortheile von den wöchentlichen Rindviehmärkten. Es werden große Heerden aus den Landschaften von Galloway hierdurch nach England, und so gar bis auf die Märkte von Suffolk und Norfolk getrieben. Die Kaufleute haben ihre eigne Börse. Das Stadthaus und die eine von den Kirchen ist ganz artig. Man findet hier, so wie in den meisten Orten von Schottland, Kapellen der sogenannten Seceder, welche strenge Presbyterianer sind. Das Kastell der Stadt ist sehr alt, aber ziemlich fest.

G 5   Well

Fünfter Brief.

Weil Dumfries ehemals oft von den Engländern überfallen und ruinirt ward, so wurde, um dieses zu verhindern, ein Graben und Wall vom Flusse Nith bis an das Lockermoor gezogen, und mit Wachen besetzt, um bey der ersten Gefahr gleich lärmen zu machen. Auf allen Anhöhen waren auch Feuerbecken in Bereitschaft, um auf dieses Zeichen die Einwohner gleich in Waffen zu bringen. Vor einigen Jahren ist ein Weg durch dieses Moor gezogen, das sonst nicht zu passiren war, und zehn Meilen lang und drey breit ist. Vermuthlich war hier sonst Wald, der vom Meere überschwemmt ward, weil man noch Bäume in einer ziemlichen Tiefe findet.

Carlawerod. Unterhalb Dumfries an der Küste liegt das alte feste Kastell Carlawerock, welches viele Belagerungen ausgestanden hat. Der Schloßhof ist, so wie das ganze Gebäude, dreyeckig, und die eine Seite vornehmlich gut gebauet. Es gehörte der Familie Maxwell, wovon der letzte Lord Carlawerock in der letzten Rebellion 1715 aus dem Lande flüchtete. Es giebt in dieser Gegend Spuren verschiedener römischer und brittischer Läger. Von dem Hügel Gorbelly hat man eine herrliche Aussicht über Dumfries, die Nith und das fruchtbare Thal gegen Norden. Weil die Nith die beyden Landschaften Galloway und Dumfriesshire trennt, so bemerkt man mitten auf der gedachten Brücke über den Fluß ein Thor, welches die Gränze andeutet. Es giebt viele ansehnliche Waldungen in dieser Landschaft, darunter der so genannte heilige Wald (Holy-Wood) der vornehmste ist. Wir gedenken dessen nur deswegen, weil ehemals eine Abtey darin lag, wovon ein berühmter Astrolog den Beynahmen Johannes de sacro bosco erhielt.

Ehe

Ehe wir diese Landschaft verlassen, müssen wir Drumlan-den Landsitz des Herzogs von Queensberry zu Drum-rig. lanrig beschreiben, der eine besondere Reise verdient, und noch 12 Meilen aufwärts an der Nith liegt. Der Weg dahin geht durch ein anmuthiges Thal, durch welches sich der Fluß mit großen Krümmungen schlängelt; man passirt viele Landsitze und Hügel, die theils mit Getreide, theils mit Rindvieh und schwarzköpfigen Schaafen bedeckt sind. Das Haus liegt an der Seite eines großen mit Holz umgebenen Hügels, und kann mit einem schönen Gemälde, das in einer dunkeln unangenehmen Höhle hängt, verglichen werden, weil es mit heßlichen wilden Bergen umgeben ist. Der herrliche Pallast, mit den angenehmsten Gärten, und allem, was Pracht verräth, umgeben, steht in einer bergigten Gegend, wo man nichts als traurige unangenehme Gegenstände vermuthen sollte.

Wenn man sich dem Pallaste von der Seite, die gegen die Edinburger Straße liegt, nähert, passirt man eine hohe Brücke von zween Bogen über die in der Tiefe fließende Nith, und kommt darauf durch einen wohl angelegten Park, der zu dem mit einer Kuppel versehenen Haupteingange führt. Das Gebäude ist viereckig, und hat an jeder Ecke einen viereckigen Thurm mit drey Spitzen; inwendig ist in jedem Winkel des Hofes ein Rundeel mit einer Treppe. Es steht auf einer Anhöhe, deren Abhang mit Terrassen versehen ist. Im Garten sind Lusthäuser, Speisesäle, Spaliere, Hecken sehr symmetrisch und nach dem alten Geschmack angelegt. Die Zimmer sind kostbar und mit Geschmack möblirt. Die Gallerie hängt von einem Ende bis zum andern voll von Familienporträts. Ein wahrer Uebelstand ist

ist es, daß man allenthalben Herzen in Stein gehauen sieht, welche auf das Wapen der Familie Douglas, als den Nahmen der Herzoge von Queensberry *) zielen.

Wilde Ochsen. Für einen Liebhaber der Naturgeschichte ist es merkwürdig, daß dieß der einzige Ort in Schottland, so wie Chillingham-Castle in Northumberland**) ist, wo man wildes Rindvieh von der ursprünglichen Zucht des Landes antrifft. Sie sind ungemein scheu, und laufen, so bald sie einen Menschen erblicken: bloß der Hunger im Winter macht sie etwas kirre, daß sie sich des Futters wegen den Gebäuden nähern. Sie sind von mittlerer Größe, haben lange Beine, und die Kühe schöne Hörner. Die Spitze des Mauls ist schwarz. Boethius giebt den Stieren Mähnen, die sie aber nicht mehr haben. Man kann sie nicht fangen, sondern muß sie schießen. Der Schütze muß sich mit der Flucht retten, wenn er sie nicht auf der Stelle tödtet.

Sangubar. Drumlanrig ist bloß durch den jetzt beschriebenen Landsitz bekannt, der Ort selbst ist ein nichts bedeutendes Städtchen von hohem Alterthume, das aber eben so wenig die Aufmerksamkeit eines Reisenden verdient, als das noch einige Meilen höher an der Nith hinauf liegende Sangubar.

Die

---

*) Der jetzige Herzog denkt sehr edel für sein Vaterland, er hat nicht nur die Wege viele Meilen weit, und gegen Norden sogar bis 20 Meilen auf seine Kosten verbessern lassen, sondern sucht auch durch ausgesetzte Belohnungen die Manufactur von wollenen Zeugen und Strümpfen aufzumuntern, wodurch er viele Bewohner seiner Güter erhält, an statt daß sie andrer Orten nur gar zu häufig auswandern.

**) S. Neuste Reisen durch England B. 4. S. 221.

Die Stewartry Kirkudbright oder Unter-Galloway.

Von Dumfries besuchen wir nunmehr die große Landschaft Galloway, welche in zween Theile getheilt wird, in Unter- oder West-Galloway, eigentlich Kirkudbrightshire, und in Ober- oder Ost-Galloway, eigentlich Wigrounshire. Einige theilen Kirkudbright durch den der Länge nach von Norden herunterkommenden Fluß Dee in zween gleiche Theile, und nennen bloß das gegen Dumfries liegende Stück Ost-Galloway, das gegen Wigtown liegende hingegen Mittel-Galloway.

Ganz Galloway hat eine herrliche Lage zum Handel und Fischfang, indem es seiner ganzen Breite nach, die 70 Meilen beträgt, gegen Süden an der See liegt, und auch auf der Westseite davon umflossen wird. Die Breite ist ungleich, 16 bis 24 Meilen. Die Luft ist hier schon schärfer, als in Dumfriesshire. Die vielen kleinen Landseen sind ungemein fischreich, und die Flüsse wimmeln von Lachsen. Die Einwohner von Galloway bleiben bey der Unthätigkeit ihrer Vorfahren in Ansehung des Ackerbaues: die meisten begnügen sich mit der Rind- und Schaafviehzucht. Die hiesige Wolle steht im besten Ruf. Die Adelichen nennen sich selbst die größten Schaafmeister in Schottland. Ueberdieses haben sie insgesammt große Heerden von Rind- und Pferdevieh. Es fällt in dieser Landschaft eine Art kleiner Pferde, die dick, geschwind, rasch, und in England unter dem Nahmen Galloways bekannt sind. Uebrigens bringt sie alle Arten von Lebensbedürfnissen hervor: unter andern macht man von dem Hafer, ob er gleich klein und hart ist, vortrefflichen Grütze. An Holz fehlt es auch

auch nicht. Ueberhaupt ist der Boden bergigt, und nur längst den vielen Flüssen flach. Das Stück jenseit der Losse heißt Rins oder der Schnabel von Galloway, und die äußerste südliche Spitze, oder das Vorgebirge, Mull of Galloway, beym Ptolomæus Novatum; zuweilen wird aber auch die ganze Halbinsel so genennt. Ohngeachtet diese Provinz fünf Seehafen, Kirkudbright, Gavellan, Riefsock, Loch Ryan und Port=patrick, wovon die beyden ersten die vornehmsten sind, und die schönste Lage zur Handlung hat, so ist sie doch nach Proportion dieser Vortheile nicht stark bewohnt. Galloway hat den Nahmen von den alten Einwohnern, die ursprünglich von den Galliern abstammten.

Kirkud-bright. Der vornehmste Ort in ganz Galloway ist Kirkudbright. Auf dem Wege dahin von Dumfries trifft man viel Heydeland oder Lehden an, die Heerden Rindvieh für die Englischen Märkte nähren. Wo man ein kleines Gehölze gewahr wird, da kann man sicher denken, die Wohnung eines Schottischen von Adel (Laird) zu finden, die meistens aus einem alten festen Kastell mit einem Thurme besteht, und sehr massiv gebauet ist, um für Ueberfälle, die vor den Zeiten der Elisabeth so häufig waren, gesichert zu seyn.

Kirkudbright hat die schönste Lage zu allen Arten von Gewerbe, gleichwohl ist der Hafen von Schiffen leer, und die Einwohner sehen die See vor sich, ohne sie mit Netzen zu beziehen. Man muß dieses theils ihrer Armuth, theils ihrer Neigung zuschreiben, weil sie ungemein fromm, mäßig und ernsthaft sind, und keinen Begriff davon haben, sich Reichthum durch den Handel zu erwerben. Sie sind im buchstäblichen Verstande mit dem zufrieden, was

Wigtounſhire.

was ſie haben. Die Dee, welche hier in die See fällt, und den Hafen formirt, kommt aus den Gebirgen bey Carrick, durchläuft die ganze Landſchaft, und iſt nach allen Krümmungen faſt 200 Meilen lang, da ſie kaum eine gerade Linie von 70 Meilen ausmachen würde. Höher hinauf an dieſem Fluſſe und dem See Ken liegt das Land-Städtchen New-Galloway, der einzige einigermaßen beträchtliche Ort nach Kirkudbright in der ganzen Landſchaft.

Wigtounſhire.

Wir ſetzen von Kirkudbright den Weg nach Wigtounſhire oder Ober-Galloway gerade gegen Weſten an der Küſte fort; Zwey Drittheile von dieſer Landſchaft ſind von der See umgeben; das ſüdliche Stück der See wird noch zum Solway-Firth, und das nordliche zum Firth von Clyde gerechnet, ob die Küſte gleich 50 Meilen vom Fluſſe Clyde entfernt iſt. Das Land ſtreckt ſich hier mit der Halbinſel ſo weit in die See, daß man von der äußerſten Küſte Ireland eben ſo deutlich ſieht, als die von Frankreich, wenn man ſich in Dower befindet. Die gewöhnliche Ueberfahrt nach Belfaſt und andern Iränländiſchen Oertern geſchieht von Port-Patrick aus, welches einen guten Hafen und eine ſichere Rheede hat; beyde werden aber wenig genutzt, weil die ganze Schiffſahrt in dem Packetboot und einigen Fiſcherfahrzeugen beſteht. Auf einem Hügel bey dieſem Städtchen ſieht man ſehr deutlich die Küſte von Ireland gegen Südweſten, Cumberland und die Inſel Man gegen Südoſt, die Inſeln Jela und Cantire gegen Nordweſt.

Wigtoun, der vornehmſte Ort, welcher der Landſchaft den Nahmen giebt, iſt bey der bequem-

ſten

sten Lage zum Handel ein armseeliger Ort, der von seinem Hafen nicht den geringsten Nutzen zieht. Eben dieses gilt auch von Whitehorn oder Whitern, welches sechs Meilen südwärts an der Küste liegt. Es ist ein Königlicher Burgflecken, der vormals Candida Casa hieß.

Stranrawer. Auf der Landenge der Halbinsel Mull of Galloway liegt der Flecken Stranrawer am nordlichen Meerbusen Loch-Rian; der südliche heißt hingegen die Bay von Glenluce. Dieser Königliche Burgflecken hat eine ungemein bequeme Lage in Ansehung des Meeres und der umliegenden Landschaft. Die Einwohner treiben daher nicht nur einigen inuländischen Landhandel, sondern stehen auch in Verbindung mit Amerika. Stranrawer hat daher auch ein Zollhaus, wozu Portpatrick und verschiedene Buchten gehören. Die Halbinsel ist von Fairland Point bis an die südliche Spitze 30 Meilen lang, und enthält etwa 90 Quadratmeilen. In der alten Landessprache hieß sie the Rinn of Galloway. Wenn sie gleich nirgends einen ausserordentlich guten Boden, sondern durchgehends viele Hügel hat, so leidet sie doch keinen Mangel an Getreide, und bringt einen Ueberfluß an Gras hervor, wovon große Heerden Rind- und Schaafvieh leben. Würden in dieser Gegend Manufacturen, wozu Platz genug vorhanden ist, eingeführt, und rohe Materialien dazu genommen, so würde sich bald zeigen, was für eine vortreffliche Gelegenheit hier zum auswärtigen und zum Küstenhandel, wie auch zur Fischerey ist. Die Halbinsel ist ohngefähr so groß, als Jersey und Guernsey, und könnte ihnen bald in der Cultur und Volksmenge gleich kommen: es wird nichts weiter dazu erfordert, als anhaltende

haltende Industrie; ist die einmal den Einwohnern eigen gemacht, so werden Nacheiferung und Erfahrung bald das übrige vollenden.

Jedoch wenn gleich die Einwohner von Galloway überhaupt, und zumal die an der Küste, wegen ihrer Vernachläßigung des Handels und der Schiffahrt sehr zu tadeln sind, so kann man sie doch nicht gänzlich des Müßiggangs beschuldigen. Ihre vornehmste Beschäftigung ist die Viehzucht. Es werden jährlich über 50000 Stück Rindvieh nach England getrieben. Ihrer kleinen Pferde haben wir schon gedacht. Die Engländer kaufen sie gerne, weil sie dauerhaft, unermüdet und trefliche Paßgänger sind. Viele Einwohner nähren sich auch von dem Fischfange, so wohl in der See, als in den Flüssen, und in den vielen kleinen Landseen, die man allenthalben unter den Hügeln antrifft. Im Monat September fangen sie eine unglaubliche Menge Aale darin. Ueberhaupt ist Unter-Galloway oder Wigtoun viel bergigter, als Ober-Galloway.

Airshire.

Die ansehnliche Landschaft Airshire streckt sich in einer Länge von 60 Meilen gerade von Süden gegen Norden am Meerbusen von Clyde hinauf, und stößt unten an Wigtoun und Kirkudbright, oben aber an Renfrew und westwärts an Lanerk und Dumfriesshire. Sie hat drey Unterabtheilungen oder Landvogteyen (bailleries), Carrick, Kyle und Cunningham, welche durch die beyden vornehmsten Flüsse Dun und Irwin von der Natur gleichsam von einander getrennt werden.

Fünfter Brief.

Carrick. Carrick ist fruchtbarer, besser angebauet, und nicht so bergigt, als der bisher durchreisete Strich von Galloway, hat aber keinen solchen Ueberfluß an Rindvieh, besonders an Schaafen und Pferden. Es fehlt diesem Stück von Airshire zwar an einem wichtigen Hafen, gleichwohl scheint es, als ob die Einwohner anfangen, sich mehr zu regen und allerley Gewerbe zu treiben: längst der Küste sind sie zumal große Fischer, und werden von den Kaufleuten in Glasgow und andern Orten zum Heringsfange gebraucht.

Baliutree. Wenn man nicht lange die Gränze von Wigtoun hinter sich gelassen hat, so passirt man die Stinsar, an deren Mündung das kleine Städtchen Balintree liegt, und reiset über Girvan, ebenfalls **Mayhole.** einem kleinen Städtchen, nach Mayhole, dem vornehmsten Orte in Carrick. Er bedeutet nicht viel, und steht zwar an der Küste, hat aber armseelige Einwohner, und keinen Hafen. Inzwischen ist der Markt gut, weil in der umliegenden Gegend viel Adel wohnt, und das Land überhaupt wohl bewohnt ist. Die Häuser haben aber ein schlechtes Ansehen.

Ayle. Um von Carrick in die Landvogtey Ayle zu kommen, passirt man die Dun vermittelst einer Brücke von einem einzigen 90 Fuß weit gespannten Bogen. Es giebt viele ansehnliche Brücken in diesem Lande, aber diese ist nach der zu Glasgow und Stirling eine der vornehmsten. So bald man darüber ist, befindet man sich in Ayle, und bemerkt, daß das Land, der Vorstellung, die man sich davon machen sollte, zuwider, so wie man weiter gegen Norden kommt, fruchtbarer, ebner und besser ist, und gut angebauet wird. Ayle hat daher auch mehr Einwohner, als Carrick. Am Ufer des Flusses

ſes liegen viele adeliche Landſitze, welche meiſtens, um der Sicherheit willen für Ueberfälle, wie Kaſtelle gebaut ſind. Da dieſes aber gegenwärtig wegfällt, ſo fangen die Beſitzer einer nach dem andern an, Pflanzungen anzulegen, und die Felder einzuzäunen. Kyle hat nur zween enge Zugänge auf der Oſtſeite, das übrige iſt Heyde und Moor. Durch den ſchmalſten bey Packenholm kann nur ein Mann auf einmal gehen; dieſer Zugang führt noch den Nahmen Coilfield von dem brittiſchen Könige Coilus, der von dem Schottiſchen Könige Fergus I erſchlagen ward. Der von dieſer Schlacht ebenfalls benannte Fluß Coil fällt vier Meilen von der Stadt Air in die Air. Bey dem in der Nähe liegenden See Fergus hatte König Fergus damals ſein Lager.

Die Stadt Air, die vornehmſte in ganz Airſhire, liegt an der Mündung der Air; nicht weit davon geht die Heerſtraße vermittelſt einer Brücke von vier Bogen über die Air. Dieſer Ort wird in die neue Stadt und in die alte Stadt, die auf der Südſeite liegt, getheilt. Letztere hieß ehemals Erigena, und iſt ſehr alt. Ihre Gerichtsbarkeit erſtreckt ſich auf 64 Meilen von der Mündung der Clyde bis an die Gränzen von Galloway. Sie ſteht in einer ſandigen Ebene, aber zwo Meilen ſüd- und nordwärts ſind ſchöne grüne Wieſen. Zwiſchen den Mündungen der Dun und Air bemerkt man eine ſchöne Kirche; die Stadt hat einen guten Hafen, und eine bequeme Lage zur Handlung. Vormals war ſie größer, als jetzt, wie man noch deutlich abnehmen kann, ſie ſinkt aber täglich tiefer herab, welches dem Verfall der Handlung zugeſchrieben werden muß. Was für Urſachen dieſen veranlaßt haben, wollen oder können die Einwohner nicht ſagen.

Fünfter Brief.

Cromwell legte eine Citadelle bey Air an, die aber nach dessen Tode wieder eingerissen wurde. Man sieht noch etwas Mauerwerk und einige Häuser davon. Als Eduard I mit dem Schottischen Regenten Wallace einen Waffenstillstand geschlossen hatte, ließ er den benachbarten Adel, unter dem Vorwande einer zu haltenden Gerichtssitzung, einladen, welche in gewissen Scheunen, deren Ruinen man noch zeigt, gehalten werden sollte. Als sie erschienen, wurden sie beym Kopfe genommen und aufgehangen. Dieß erfuhr Wallace, der sich sogleich aufmachte, und die Engländer in derselben Nacht überfiel, als sie in der Scheune schmauseten, und durch die Ermordung der Vornehmsten sicher zu seyn glaubten, er schloß die Scheune zu, besetzte sie, und ließ sie in Brand stecken, so daß alle Engländer elendiglich umkamen.

Die Air, welche in den Bergen der gedachten Heyde an den Gränzen entspringt, theilt Ayle in zween Theile, wovon jeder eine Stewartrie ausmacht. Der nordliche Theil an der Irwin heißt Kyle Stewart, und der südliche an der Dun Kings Coil. Die Ufer dieses Flusses sind fruchtbar und angenehm.

Cunningham. Bey Fortsetzung der Reise kommt man nach Cunningham, und betritt solches, sobald man über die Irwin passirt ist. Der Nahme soll so viel heißen, als Königs Wohnung, weil das Land so angenehm ist: man kann es auch in der That ein schönes fruchtbares Land nennen, weil es viele herrliche Viehweiden und Kornländer hat.

Irwin. Irwin, die Hauptstadt dieses Striches, liegt an der Mündung eines gleichnahmigen Flusses. Der hiesige Hafen war vormals in weit bessern Umständen,

Airshire.

ständen, allein durch Nachläßigkeit und andere Zufälle verschlemmte er sich nach und nach, und die Handlung schien ihrem gänzlichen Untergange nahe. Im Jahr 1736 erlaubte das Parlament eine kleine Auflage auf das hier vertrunkene Bier, und auf jede Tonne der auszuführenden Steinkohlen, um dieses Geld zur Reinigung des Hafens anzuwenden. Die Fahrt wird dadurch immer besser, und die Handlung wächst. Der vornehmste Handel besteht in Schottischen Steinkohlen, wovon sich eine Menge der ergiebigsten Gruben in den benachbarten Bergen befindet. Die Ausfuhr nach Ireland ist sehr beträchtlich. Die Stadt hat zwo artige Straßen und einen guten Kay. Die umliegende Gegend stellt ein angenehmes fruchtbares Ansehen, viele Landsitze, und, wo man nur hinsieht, schöne Einzäunungen und Wiesen dar, so daß man sich in eine Englische Provinz versetzt zu seyn glaubt.

Nicht weit von Irwin liegt der volkreiche Flecken Kilmarnock. Kilmarnock, woselbst und in der umliegenden Gegend Garschen fabricirt werden, die von hier nach Holland und Deutschland gehen. Man verfertigt auch Teppiche, grobe Fußdecken und grobe Mützen für arme Leute. Die Familie Boyds führt den gräflichen Titel davon; ihr hiesiges Schloß mit einer schönen Bibliothek und vielen Manuscripten brannte 1739 ab. Auf der andern Seite von Irwin ist Eglington, ein altes Schloß, welches der Familie Montgomery den Titel der Grafen giebt.

Largia, ein Städtchen nicht weit von der Mündung der Clyde gegen die Gränzen von Renfrew, ist dadurch in der Geschichte bekannt, daß König Alexander III von Schottland die Norweger hier aus dem Felde schlug. Nicht weit davon hat der Graf von Glencairn einen Landsitz zu Kilmaurs, dessen Gärten mit vielem Geschmack angelegt sind. An der nordöstlichen Gränze dieser Landschaft liegt das Kastell Loudon, ein angenehmer Landsitz von dem Grafen dieses Nahmens. Die gegen Largis über liegende Insel Lady Jsland ist unbewohnt, aber ein Aufenthalt von unzähligen Kaninchen und Wasservögeln. Wir verlassen nunmehr Airshire, unstreitig eine der angenehmsten Landschaften Schottlands, und gehen weiter nordwärts nach

Renfrewshire.

Diese Landschaft, welche auch eine Baronie*) genannt wird, giebt dem Prinzen von Wales den Titel eines Barons von Renfrew, gränzt gegen Süden an Airshire, gegen Osten an Lanerk, gegen Westen an die Clyde, und gegen Norden wird sie durch eben diesen Fluß von Dumbartonshire getrennt. Die Länge beträgt ohngefähr 26 und die Breite 13 Meilen. Wenn der Boden gleich nicht so ergiebig, als in Airshire, ist, so bringt er doch alle Nothwendigkeiten hervor. Das Land ist angenehm und hat eine gesunde Luft. Man erbauet nicht nur alle Arten von Getreide, sondern hat auch Kohlen und Feuerholz im Ueberflusse. Das Ufer längst der Clyde ist vornehmlich fruchtbar und angenehm, und daher mit artigen Dörfern und Landsitzen besetzt. Es giebt vornehmlich zween Flüsse, die Block und Block-Cart, die sich, ehe sie in die Clyde fallen, mit einander vereinigen. Der große Handel von Glasgow

---

*) Sie machte ehemals das Familieneigenthum des Hauses Stuart aus, ehe solches den Schottischen Thron bestieg.

Glasgow und auf der Clyde giebt dieser kleinen
Landschaft Nahrung und Gewerbe.

Der alte Kanal der Clyde, in welchen die Fluth Puddock.
steigt, formirt einen bequemen Hafen zu Puddock,
so daß Schiffe von ziemlicher Größe bey Spring-
fluthen bis an die Brücke kommen können. Die
Einwohner legen sich sehr auf den Handel nach Jreland, und da sie den Vortheil einer öffentlichen Fehre
oder Ueberfahrt genießen, so ziehen sie einen guten
Vortheil davon, daß sie gleichsam der Mittelpunkt
der Correspondenz zwischen den auf beyden Seiten
des Meerbusens liegenden Landschaften sind. Die
Reise von Irwin längst dem Meerbusen hin ist angenehm, man übersieht die ganze Lage der Küsten,
und die Mündung der Clyde, welche gerade an der
westlichen Ecke von Renfrew ist. In dieser Gegend
sind einige Dörfer und Städtchen, welche von der
Fischerey gute Nahrung treiben.

Der erste merkwürdige Ort dieser Landschaft ist Greenock.
Greenock, eine alte Stadt, die sich in den letzten
Jahren sehr gehoben hat, weil hier eine gute Rheede
für Schiffe ist, die von und nach Glasgow gehen.
Sie vertritt die Stelle der Dünen von London, weil
die Schiffe hier gemeiniglich guten Wind zum Auslaufen erwarten. Die Stadt ist gut gebauet, und
hat viele bemittelte Kaufleute. Das Kastell kann
die ganze Rheede beschießen. Der Hafen wird
durch drey steinerne Bollwerke, die in die See gehen,
gesichert. Greenock ist in Ansehung der Heringsfischerey der vornehmste Ort auf der ganzen Westseite von Schottland. Die Glasgower Kaufleute
bedienen sich der Schiffe von Greenock häufig zum
fangen, einsalzen und versenden der Heringe. Weil
es hier sehr erfahrne und der hiesigen gefährlichen

H 4 Meere

Fünfter Brief.

Meere kundige Seeleute giebt, so bedienen sich die Glasgower derselben, um mit ihren eignen Schiffen zu fahren. Die dortigen Kaufleute lassen so gar viele Waaren hier ausladen, und schicken sie auch von hier gleich wieder fort. Man trifft daher eine Reihe Waarenlager längst den Schiffswerften an. Das Zollhaus ist ein massives Gebäude.

Gowrock. Am westlichen Ende der Bay liegt das Städtchen Gowrock mit einem Kastell, einer guten Rheede und einem Hafen, der vor nicht gar langer Zeit in Stand gesetzt worden.

Paisly. Die alte unregelmäßige Stadt Paisly, welche zu Anfang dieses Jahrhundertes sehr unbeträchtlich war, und kaum 4000 Einwohner hatte, zählt jetzt 12000, und ist ein durch seine Fabriken blühender Ort geworden. Er liegt sechs Meilen von Glasgow zu beyden Seiten der Cart, über welche drey Brücken gehen. Sie fällt drey Meilen unterwärts in die Clyde, und ist auf Kosten der Stadt vor 12 Jahren gereinigt worden, weil sie zum Absatz und wohlfeilen Abführung der hier fabricirten Waaren von großer Wichtigkeit ist. Mit der Fluth können Schiffe von 40 Tonnen an den Kay legen. Eine andere Bequemlichkeit ist der neue Kanal, dessen im ersten Briefe gedacht worden, und der vier Meilen nordwärts in die Clyde einmündet.

Vor 50 Jahren führte die Frau Millar von Bergeran die Verfertigung des Nähzwirns hier ein, und brachte eine Zwirnmühle und andere Gerätschaft dazu aus Holland mit. Aus ihrer Familie breitete sich die Manufactur bald in Paisly, und von hier auch über andere Oerter aus, so daß es jetzt einer der wichtigsten Handlungszweige in Schottland geworden ist. In den meisten Häusern von Paisly

Paisly wird Zwirn gemacht, und man rechnet, daß die Stadt und umliegende Gegend alle Jahre für 40 bis 50000 Pf. Sterl. weißen Zwirn liefert. Die feine Leinwandmanufactur ist zu großer Vollkommenheit gebracht; weil man aus dem Schottischen Garne nur wohlfeilere Arten verfertigen kann, so kommt eine solche Menge Garn aus Frankreich und Deutschland, daß man den hiesigen Handel mit feiner Leinwand im Jahr auf 70000 Pf. Sterl. rechnet. Seidengaſe von allen Arten wird so viel fabricirt, daß Pennant sie auf 60000 Pf. Sterl. anschlägt. Vor einigen Jahren ist auch eine Bandfabrik von geblümtem schlechten Bande angelegt. Alle diese Fabriken beschäftigen eine große Anzahl Menschen, vorzüglich Knaben und Mädchen, die schön zeitig dazu gebraucht werden. Außer diesem giebt es hier eine Menge Seifensieder und Lichtzieher, welche ansehnliche Quantitäten Lichter nach Westindien liefern, zwo Gerbereyen, und in der Nachbarschaft einen Kupferhammer.

Im Jahr 1735 war hier nur noch eine Kirche, seit der Zeit sind noch zwo gebauet, und auch zwey Bethäuser der Seceders angelegt; ein Beweis des Wachsthums der Stadt. Das Rathhaus hat einen hohen Thurm, und das Armenhaus ist ein schönes luftiges Gebäude. Eine Merkwürdigkeit der Stadt ist die Begräbnißkapelle der Grafen von Abercorn. Sie ist ganz gothisch, und inwendig leer, hat aber ein vortrefliches Echo. Wenn die Thüre zugemacht wird, gleicht das Getöse einem nahen starken Donnerschlage. Ein einziger Strich, z. E. auf einer Violine, schallt anfangs stark wieder, verliert sich zuletzt gleichsam allmählig in einer weiten Entfernung, und wirbelt in der Luft umher. Wenn eine gute Stimme singt, oder ein Instrument gut gespielt wird, so thut es eine überaus angenehme Wirkung. Zu Newyards bey Paisly ist ein Brunnen auf einer Anhöhe, der zugleich mit der See Ebbe und Fluth hat, ohne daß man weis, wie die unterirdische Verbindung möglich sey.

Renfrew.   Nordwärts von Paisley liegt Renfrew an dem Flüßchen Cathcart, das hier in die Clyde fällt; die Stadt giebt der Landschaft den Nahmen, ist aber von geringer Erheblichkeit, und eigentlich nur ein Königlicher Burgflecken. Die Einwohner nähren sich von Tuch- und andern Wollenfabriken. Die ganze Gegend von Paisly über Renfrew bis Glasgow ist eine der besten in Schottland, so wohl in Absicht der Lage, als der gesunden Luft und Fruchtbarkeit, und der Vortheile, welche die Nachbarschaft von Glasgow und der See veranlaßt. Viele Edelleute haben hier Landsitze mit Gärten, die mit Geschmack angelegt sind. Die Felder sind meistentheils mit grünen Hecken eingezäunt, anstatt daß sie gegen Edinburg, wo sie doch so hoch verpachtet werden, mit steinernen Wänden eingefaßt sind, welche der Landschaft ein garstiges nacktes Ansehen geben.

Ehe wir weiter gegen Norden gehen, und uns dem Hochlande nähern, wollen wir erst noch den übrigen Theil des südlichen Schottlands bereisen. Die beyden Meerbusen von Forth und Clyde theilen Schottland gleichsam von Natur, indem sie nicht über 20 Meilen von einander sind, und diese Theilung ist jetzt nach gezogenem Kanal vollendet. Die vornehmste noch übrige Landschaft ist

Lanerk-

Lanerkſhire oder Clydesdale.

Dieſe Landſchaft heißt entweder nach der Hauptſtadt Lanerk, oder nach der Clyde, welche der Länge nach mitten durchfließt, Clydesdale, und wird in zween Theile, Ober- und Unterward, getheilt. Von Süden gegen Norden beträgt ihre Länge 36, und die Breite 20 Meilen. Gegen Weſten gränzt ſie an Air- und Renfrewſhire, gegen Oſten an Peebles und Lothian, gegen Süden an Dumfries, und gegen Norden an Sterlingſhire. Der Upper Ward hat viele Hügel und unfruchtbare Heyde: der Nether Ward und die Gegend um Glasgow iſt aber weit fruchtbarer. Ueberhaupt hat jedoch die ganze Landſchaft einen guten Boden, der alle Arten von Getreide und viel Gras hervorbringt, und einen Ueberfluß an Wildpret, Fiſchen und allen Nothwendigkeiten des menſchlichen Lebens liefert. Die Schaafzucht iſt wichtig, die Wolle wird hier aber nicht verarbeitet.

Die Clyde entſpringt im Upper-Ward auf dem Berge Errick, von dem auch die Annan und Tweed kommen, aber einen ganz verſchiedenen Lauf nehmen. Die Clyde fällt ins Deucaledoniſche, die Tweed ins Deutſche Meer, und die Annan in den Solway Firth. Die Berge ſind reich an Mineralien, vornehmlich an Bley, welches in groſſen Quantitäten von Glasgow und andern Orten ausgeführt wird. Dieſe Gruben gehören dem Herzoge von Queens-berry und dem Grafen von Hopton, ſind eine Quelle von Reichthümern für ſie, und ernähren zugleich einige 1000 Menſchen. Am Ufer des kleinen Fluſſes Wanlock, inſonderheit in Crawford Moor, hat man Goldkörner gefunden, die von den Hügeln herab gewaſchen worden. Vor der Union

124   Fünfter Brief.

Union prägte man Goldstücke, Bonnets genannt, daraus. Ueberdieses findet man viel Steinkohlen, Torf, Kalksteine, Quadern, welches zum Brennen und Bauen unentbehrliche Materialien sind: an manchen Gegenden ist die Feuerung gleichwohl selten. Die Leinwandmanufacturen sind in dieser Provinz sehr selten.

Glasgow. Glasgow *), eine große, volkreiche, schöne Stadt, nach Edinburg die vornehmste in Schottland, aber in Ansehung der Handlung und des Reichthums ihr gleich, wo nicht vorzuziehen. Die Lage ist angenehm auf einer abhängigen Ebene am östlichen Ufer der Clyde. Die Stadt ist meistens viereckig, und die vier Hauptgassen durchkreuzen sich nach rechten Winkeln. Die Häuser sind von Stein, in einem simplen Geschmack, aber dauerhaft gebauet. Sie haben meistens einerley Höhe und Breite, und nehmen sich daher in gedachten vier Straßen, welche auch zugleich eine schöne Breite haben, ungemein gut aus. Das untere Stockwerk ruhet meistens auf starken dorischen Pfeilern, zwischen welchen Bogen und in denselben Kramläden sind, und darunter gehen bedeckte Gänge weg. Mit einem Worte, Glasgow gehört zu den reinlichsten und schönsten Städten in Großbritannien; ein Theil derselben liegt aber so flach, daß er bey einigermaßen ungewöhnlichen Fluthen unter Wasser gesetzt wird. Es können nur kleine Schiffe bis an die Stadt kommen. Die Kaufleute haben daher ihren eignen Hafen zu Newport-Glasgow, einem volkreichen Orte, nicht weit von der

---

*) The history of Glasgow from the earliest account to the present time, with an account of the Commerce and Manufactures by Jos. Gibson merchant of Glasgow. Glasgow. 1778. 8.

der Mündung der Clyde, wo die schwersten Schiffe liegen und an dem Kay ein- und ausladen können. Dort ist auch das Zollhaus: die Schiffe werden daselbst und zu Grenock ausgebessert und ausgeheedet, weil daselbst nicht nur gut, sondern auch weit wohlfeiler gearbeitet wird. Man kann den letzten Ort ebenfalls gewissermaßen als einen Hafen von Glasgow ansehen, ob er gleich 22 Meilen davon entfernt ist.

Die alte Brücke über die Clyde besteht aus acht Bogen, und ward bereits vor 400 Jahren von einem hiesigen Bischof Raa gebauet. Die neue, welche vor einiger Zeit hinzugekommen, besteht nur aus sieben Bogen, hat aber verschiedene Fehler, die sie nicht bekommen hätte, wenn man nicht von dem ersten Plane abgegangen wäre. Wo die vier Hauptstraßen zusammen stoßen, formiren sie einen geräumigen Marktplatz, und man hat einen schönen Prospect nach allen vier Seiten. Wenn man vom Norder Thor nach diesem Platze hinabfährt, so steht das Stadtgefängniß (Tolbooth) und das Rathhaus an der Ecke der Gasse rechter Hand. Es ist ein ganz neues ansehnliches Gebäude von gehauenen Steinen, mit einem hohen Thurme und einem Glockenspiele. In der Nähe befindet sich die Börse, und vor derselben König Wilhelms Statue zu Pferde. Die Marktplätze zieren die Stadt. Auf dem Fisch- und Fleischmarkte steigen Wasserröhren in die Pfeiler hinauf, wodurch diese Plätze beständig reinlich gehalten werden können. Vor Aufführung der Marktgebäude verkaufte man alles auf offner Gasse, und die Obrigkeit mußte das Volk fast zwingen, sich diese Bequemlichkeit gefallen zu lassen.

Fünfter Brief.

Glasgow ist ein sehr alter Ort, der sich vornehmlich erst in unserm Jahrhunderte durch Handel und Fabriken dergestalt gehoben, daß man jetzt auf 40000 Einwohner darin zählt. Bereits im 6ten Jahrhunderte lebte der heil. Kentigern hier: und König David I errichtete auf dem Platze, wo er gewohnt, die Kathedralkirche des heil. Mungo. Sie ist ein großes ansehnliches Gebäude, steht auf dem höhern Theile der Stadt, und ist in drey Theile zu den gottesdienstlichen Verrichtungen abgetheilt. Nahe bey der Kirche steht das Kastell, welches den Erzbischöfen ehemals zur Wohnung diente; es ist mit einer hohen steinernen Mauer umgeben, geht aber ganz ein. Außer dieser Kirche giebt es hier noch fünf presbyterianische, eine Englische, Hochländische und viele andere Kapellen von Seceders. Die schönste Kirche ist die Andreas- oder Neue Kirche, wird aber durch den schmalen Thurm verstellt. Inwendig hat sie gute Stuccaturarbeit, und wider die Gewohnheit der Schottischen Kirchen ein reinliches Ansehen. Die Landkirchen haben oft eine traurige Gestalt, zum Theil sind sie halb offen, zum Theil mit Rasen oder Heide bedeckt, welches daher rührt, weil die Eigenthümer der Landgüter, nachdem sie sich die Kirchengüter bey der Reformation angemaßet, für die Erhaltung derselben sorgen müssen.

Universität. Das Collegium oder die Universität zieht unstreitig die vorzüglichste Aufmerksamkeit eines Reisenden auf sich. König Jakob II stiftete sie 1450, und Erzbischof Turnbull vermachte ihr ansehnliche Grundstücke und Kapitalien. Das Gebäude ist groß, und hat eine ansehnliche Vorderseite. Jede Wissenschaft hat besondere Lehrer, und alle Jahre werden die Studenten, deren Anzahl sich etwa auf 400

400 erstreckt, einmal öffentlich im Beyseyn aller Professoren eraminirt. Sie wohnen in der Stadt, wo sie wollen: die Professoren hingegen in einer Reihe Häuser bey dem Universitätsgebäude: sie nehmen auch Studenten unter ihre genauere Aufsicht in die Kost. Hinter ihren Wohnhäusern ist ein angenehmer gemeinschaftlicher Garten. Die Bibliothek ist artig, und mit guten Büchern und Handschriften versehen. Man bewahrt auch allerley römische Alterthümer auf, die in der Nachbarschaft vom Walle des Antonins gefunden worden. Die Professoren tragen, wenn sie lesen, lange schwarze Röcke mit offnen Ermeln, und die Studenten rothe Röcke, ohne welche sie nicht erscheinen dürfen. Die Adelichen haben meistens ihre Hofmeister zur Aufsicht, weil sie nicht so eingeschränkt, wie auf den Englischen Universitäten, leben.

Die Herzoge von Montrose sind beständige Kanzler der hohen Schule. Die Regierung stehet übrigens bey dem Principal, und den Professoren, welche insgesammt guten Gehalt haben. Im J. 1781 waren die Professoren folgende: William Wright, der Theologie; John Young, D. der Griechischen Sprache; J. Millar, des Bürgerlichen und Schottischen Rechts; Thomas Reid, D. der Moral; Ja. Williamson, der Mathematik; Ja. Clow, der Logik; Jn. Anderson, der Naturlehre; Will. Richardson, der Philologie; Alex. Stevenson, der Medicin; T. Hamilton, der Anatomie und Botanik; Patrick Cuming, der Orientalischen Sprachen; Alex. Wilson, der Astronomie; Hugh Macleod, der Geschichte.

Dr. Wilson hat eine gute Sternwarte angelegt, und vor einigen Jahren ist auch eine Academie

Fünfter Brief.

der Malerey und Bildhauerkunst errichtet worden. Die letztere hat ihren Ursprung den Buchdruckern und Buchhändlern Robert, und Andreas Foulis zu danken, welche auch eine zahlreiche Sammlung von Gemälden zur Bildung des Geschmacks der Schüler zusammen gebracht haben*). Die Buchdruckereyen sind in Glasgow sehr ansehnlich, und machen einen Zweig der Nahrung aus; insonderheit sind kleine artige Ausgaben von Classischen Schriftstellern der Lateiner und Engländer hier zu einem billigen Preise gedruckt worden.

Die Anstalten für Arme sind schön: das Stadthospital ernährt 400 Arme; das Hospital der Kaufleute ist 1601 bereits gestiftet worden, und Hutchinsons Hospital hat nicht minder einen ansehnlichen Fond.

Die Handlung von Glasgow ist ungemein wichtig. Die besten Nachrichten davon entlehnen wir aus dem Pennant. Nahe bey der Brücke ist eine große Nagelfabrike, eine Fabrike von Steingut, eine große Porterbrauerey, die einen Theil von Ireland damit versorgt. Außerdem giebt es hier Manufacturen von grober und feiner Leinwand, Kammertuch, Barchent, leinen Band, und gestreifter Leinwand; Zuckersiedereyen und Glashütten, große Seilerbahnen und beträchtliche Manufacturen von Schuhen, Stiefeln, Sätteln, und überhaupt von Pferdegeschirr. Es werden hier große Gerbereyen

---

*) Topham giebt in seinen Briefen von Edinburg S. 193 die Thorheit dergleichen Sammlung anzulegen, als eine Ursache des Verfalls der Glasgowischen Druckerey dieser beyden Brüder an, und sagt, daß sich der Buchhandel wieder nach Edinburg gezogen.

reyen durch eine Geſellſchaft betrieben, die 60000 Pf. Sterl. zum Fond hat, und größtentheils ihren Abſatz nach den Kolonien findet, weil die dortige Gerberlohe ſich nicht gut zum Gerben ſchickt. Das Sattelmagazin und andere dieſe Art von Arbeit betreffende Gebäude erregen Bewunderung. Sie ſind alle für Amerika beſtimmt, da kein Hafen eine ſo bequeme Lage zum Abſatz dahin hat. Die wichtigſte Einfuhr beſtand vor dem Ausbruche der Amerikaniſchen Unruhen in Tabak. Im J. 1770 wurden 38970 Orhoft Tabak von Virginien, Maryland und Carolina eingebracht, davon giengen 37938 nach verſchiedenen Häfen in Europa, unter andern 15000 nach Frankreich und 10000 nach Holland, und das übrige ward im Lande verkauft. 1771 kamen ſo gar 49016 Orhoft nach Glasgow. Dieſer wichtige Handel iſt nun in den Händen der Franzoſen und Holländer, ob er ſich wieder durch den Frieden nach Glasgow ziehen wird, muß die Zeit lehren.

Von 1668 fängt ſich die Epoche des Handels dieſer Stadt an, und die Veranlaſſung dazu verdient bemerkt zu werden. Ein gewiſſer Walter Gibſon iſt derjenige, den die jetzigen Kaufleute als den Stifter ihres Wohlſtandes anſehen müſſen, und der deswegen eine Ehrenſäule verdiente. Er ſandte in gedachtem Jahre in einem holländiſchen Schiffe 300 Laſten Heringe, die er einpökeln laſſen, nach St. Martin in Frankreich, und erhielt für jede Laſt fünf Schillinge, nebſt einem Fäßchen Branntwein. Zur Rückfracht brachte das Schiff Salz und Branntwein mit, die Gibſon mit großem Profit abſetzte. Er erweiterte allmählig ſeinen Handel, kaufte jenes holländiſche Schiff und noch zwey andere, die er nach verſchiedenen Gegenden von Europa und nach

Virginien

Virginien schickte. Er führte zuerst Eisen nach Glasgow ein, das die Einwohner vorher von Burrowstowneß und Stirling gegen gefärbte Zeuge eintauschten. Selbst der Wein, den man in Glasgow trank, ward damals von Edinburg gebracht.

Die Handlung und Schiffahrt der hiesigen Kaufleute ist durch die Verbesserung und Vertiefung des Flusses Clyde ungemein erleichtert, und auch zum Theil gesichert worden. Der Kanal desselben, sagt Pennant, war noch vor einiger Zeit sehr seicht, und für sein Wasser viel zu breit. Die Schiffahrt ward durch 12 große Sandbänke unterbrochen, die durch das Abspülen der Ufer, wozu der hier herrschende Südwestwind, der oft das halbe Jahr mit Heftigkeit wehet, viel beyträgt, noch vermehrt wird. Die hohen Fluthen steigen nahe bey der Stadt nicht über drey Fuß, die niedrigen nicht über einen Fuß, so daß bey trocknen Jahrszeiten die Lichter oft in etlichen Wochen nicht an die Stadt kommen können. Um diesem Uebel abzuhelfen, ward mit einem geschickten Ingenieur Golbourne von Chester ein Contract geschlossen, wodurch dieser versprach, den Kanal bey der Anlände, auch bey der Ebbe sieben Fuß tief zu machen. Die versprochene Tiefe hat er auch wirklich bis auf eine Weite von vier Meilen von der Stadt zu Stande gebracht. Als eine zeitige Erleichterung hat er die zwischen liegenden Sandbänke ausgetieft, und vorzüglich eine seichte Stelle, die Hurst, die nahe bey der Anlände lag, und eine Viertelmeile lang war, bis auf vier Fuß Tiefe gebracht, da sie sonst nur 18 Zoll Wasser hatte. Vorher konnten bloß Lichter von 30 Tonnen bis an die Anlände kommen, an die jetzt Fahrzeuge von 70 Tonnen mit leichter Mühe legen können.

Die

Die Maschinen, deren man sich zur Austiefung bedient, heißen Ploughs oder Pflüge. Sie bestehen in einem großen hohlen Kasten, dessen Rücken von gegossenem Eisen und die Enden von Holz sind. Eine Seite desselben ist offen. Er wird durch Winden queer über den Fluß gezogen, die auf einem langen hölzernen Gerüste nahe am Ufer gegen einander über stehen. Man zieht ihn leer herüber, und mit der eisernen Seite unterwärts gekehrt wieder zurück, die auf dem Boden hinläuft, und jedesmal eine halbe Tonne Kieselsand herauf bringt. Auf diese Art werden täglich 1200 Tonnen heraus geschafft. Da wo der Fluß zu breit ist, sucht man seine Ufer durch Dämme zu verengen.

Die hiesigen Kaufleute senden auch jährlich Schiffe nach Grönland zum Wallfischfange. Sie handeln auch nach der Ostsee. Die Handlung von Glasgow nimmt noch beständig zu, wozu die Lage nicht wenig beyträgt. Sobald die Schiffe Irland passirt sind, haben sie die freye See vor sich, und haben nicht nöthig, den Kanal zwischen England und Frankreich zu passiren, welcher in gewissen Jahreszeiten mit manchen Gefahren verknüpft ist, und wo man mit abwechselnden Winden zu kämpfen hat; zu geschweigen, daß in Kriegszeiten die Kauffahrer dort weit mehr von feindlichen Kapern beunruhigt werden, als hier.

Kirk-patrick, der Geburtsort des heil. Patricks, des berühmten Schutzpatrons von Ireland, liegt unterhalb Glasgow an der Clyde, und hat eine wichtige Fabrik von allerley Ackerbau-Geräthschaft. Man sucht hier das Ende der so genannten Grahams oder Römer-Mauer, die unter dem Kayser Antonin

Antonin dem Frommen, von seinem Legaten Lollius aufgeführt ward, und in einer Länge von mehr als 36 Meilen von hier bis Abercorn am Firth von Forth fortlief; man sieht aber nicht die geringste Spur mehr davon. Hingegen sieht man 1½ Meilen ostwärts auf einer Anhöhe beym Dorfe Duntocher Reste eines Forts und Wachtthurms mit einem tiefen Graben. Dergleichen Forts vertheidigten die Mauer, und waren hin und wieder 13 an der Zahl bey derselben aufgeführt. Der Wall war 40 Fuß dick, und der Graben 13 Fuß tief. Die Schottischen Geschichtschreiber nennen ihn deswegen Grahams Mauer, weil einer, Nahmens Graham, nach dem Rückzuge der Römer aus Britannien zuerst eine Oeffnung darin gemacht haben soll. Von den Spuren dieser Mauer reden wir im künftigen Briefe noch einmal.

Von hier reisen wir in die Landschaft Stirlingshire, und nehmen das übrige von Lanerkshire auf der Rückreise mit.

Sechster Brief.

Die Landschaft Sterling oder Stirlingshire. Kilsyth. Bannockburne. Sterling. Eisenwerke zu Carron-Werft. Camelon. Calndar Haus. Rutherglen. Hamilton. Lauerk. Douglas. Wasserfälle der Clyde. Crawford. Leadhills. Tweedale oder Peeblesshire. Selkirkshire. Roxburgshire. Melroff. Jedburgh. Roxburgh. Lauderdale. Lauder.

Stirlingshire *) gränzet gegen Süden und Osten an Linlithgow, Lauerk und Dumbarton, und gegen Norden an Perth und Clackmannan, gegen Osten strömt der Fluß Forth, welcher sich gegen die Mündung immer mehr erweitert. Außer diesem Flusse ist die Carron der vornehmste, und durchfließt den größten Theil der Landschaft. Der kostbare Kanal zur Verbindung der beyden Firths von Clyde und Forth, dessen wir im ersten Briefe gedacht haben, ist zwey Drittheile seiner ganzen länge nach durch diese Landschaft gezogen. Die länge von Stirlingshire beträgt 30, und die größte Breite 14 Meilen, an andern Orten ist sie nur acht bis neune breit. In ältesten Zeiten war hier vermuthlich lauter Wald, weil man in den

---

*) A General history of Stirlingshire, with the natural history by William Nimmo, Minister of Bothkennar. Edinburg, 1777, 8. Dem Werke ist eine schöne Specialcharte der Landschaft beygefügt, worauf man den neuen Kanal deutlich sieht.

Sümpfen beständig Holz und die größten Bäume findet: hin und wieder stehen noch ansehnliche Ueberbleibsel von Gehölze, darunter Callender und Torwood die vornehmsten sind. Die Landschaft ist reich an Eisen, wovon man wichtige Werke zu Carron antrifft, die bald vorkommen werden, an Steinkohlen, die man zum Theil ausführt, an Kalksteinen und Quadern. Die Viehzucht ist beträchtlich. Die Schaafe geben gute Wolle, insonderheit aber sind die Pferde hier größer und besser zum Ziehen, als in manchen andern Landschaften. Man giebt Stirlingshire 30000 Seelen. Die Bevölkerung hat seit 20 Jahren unstreitig ansehnlich zugenommen. Es sind Dörfer entstanden, wo man sonst keine Spur eines Hauses sahe, dieses hat man zum Theil der Ausbreitung der Eisenmanufactur und dem Kanale zu danken, wodurch die Verführung der Producte erleichtert, und einigen Tausend Menschen Brod verschafft wird. Vornehmlich ist dadurch auch der Ackerbau aufgemuntert worden, man hat viele Acker eingezäunt, und Gemeindeplätze vertheilt. Stirlingshire ist gleichsam der Stapel von allem Rindvieh der Hochländer, welches auf drey großen Jahrmärkten, Trysts genannt, hierher getrieben, und nach Englands fruchtbarern Gegenden zum Mästen verkauft wird. Man sieht auf einem solchen Markte oft 50000 Stück beysammen, die innerhalb zween bis drey Tagen alle ihre Käufer finden. Die Einwohner liefern auch viel Leinwand, Sarschen und Schallons von der einheimischen Wolle. Sie haben gute Bleichen, Papiermühlen, und verfertigen eine Menge Töpferwaaren, die zum Theil auswärts gehen.

Der

Stirlingshire.

Der erste merkwürdige Ort, wenn man von Kilsyth. Glasgow nach Stirlingshire kommt, ist Kilsyth, ein ziemlich wohlgebauter, aber nicht großer Burgflecken. Von Kilsyth läuft der Weg über Moor und Berge bis an den Fluß Carron, über den eine Brücke von einem Bogen geht, die viel ähnliches mit der obgedachten in Galloway hat, und aus Quadern aufgeführt ist. Sie ist so hoch, daß man leicht schwindlicht werden kann. Ungeheure Steine, die von Menschenhänden behauen zu seyn scheinen, liegen im Flusse. Einige halten solche für das Werk der Natur, und glauben, sie sind bey großem Wasser mit Gewalt von den Bergen gerissen und bis hieher geführt worden. Andere sehen sie für Ueberbleibsel Römischer Denkmale an. Um dieser Steine willen hat man der Brücke nur einen, aber weit gespannten Bogen gegeben, damit sie einen freyen Durchgang finden.

Wenn man von hier abwärts reiset, hat man Bannoc-rechter Hand die Aussicht nach dem Firth of bourne. Forth, und links das Schloß Stirling. Man passirt bey Bannocbourne vorbey. Hier ist das berühmte Schlachtfeld, wo Eduard II, König in England, dergestalt von den Schotten geschlagen ward, daß er beynahe seine ganze Armee verlor. Der Schottische König, Jakob III, ward hier auch von seinen rebellischen Unterthanen geschlagen, und als er auf der Flucht das Bein brach, von einem Priester, bey dem er in einer nahen Mühle beichten wollte, ermordet.

Stirling oder Sterling ist ein alter Ort, und Stirling. der Hauptschlüssel zum Hochlande. Es hat eben die Lage, wie Edinburg, auf dem Rücken eines steilen Felsen, der auf beyden Seiten abhängig ist. Die

J 4 Haupt-

Hauptstraße steigt allmählig von Osten gegen das Schloß am westlichen Ende der Stadt. Die Häuser sind meistens gut, und im Geschmack derer zu Edinburg. Die Kirche, ein geräumiges Gebäude von guter Baukunst, und mit einem hohen Thurme versehen, liegt meist am Ende des höchsten Theils der Stadt. Bey der Kirche stehen zwey prächtige Häuser des Herzogs von Argyle, und des Grafen von Mar, und ein artiges Hospital für zurückgekommene Kaufleute, welches ansehnliche Einkünfte hat. Die Statüe des Stifters Cowen steht in Lebensgröße über dem Eingange. Der zum Gebäude gehörige Garten hat einen angenehmen Kugelplatz.

Das Kastell hat nicht so beschwerliche Zugänge, als das zu Edinburg, ist aber eben so fest, weil die Werke mit mehr Kanonen besetzt werden können. Eine Batterie bestreicht die Brücke, welche von äusserster Wichtigkeit ist. Um beswillen liegt hier auch beständig eine Besatzung, und die Kanonen werden im Stande erhalten. 1746 ward das Schloß von den Rebellen vergebens angegriffen. Ueberhaupt sind die Mauern und Aussenwerke noch in so gutem Zustande, als wenn sie erst vor nicht langer Zeit erbauet wären. Der Königliche Pallast, der von Jakob V herrührt, und die darin befindlichen Königlichen Zimmer nähern sich dem Untergange mehr und mehr. Er hat das Schicksal der Palläste zu Linlithgow, Falkland und aller andern Wohnsitze der ehemaligen Könige, den zu Edinburg ausgenommen. In dem Park, der an das Kastell stößt, und mit einer Mauer eingefaßt ist, war vormals ein weitläuftiger Garten. Das Kastell bietet von seiner Höhe eine der schönsten Aussichten in Schottland dar. Gegen Osten übersieht man eine große Fläche

frucht-

fruchtbarer Aecker und Waldungen. Die Forth schlängelt sich mit vielen Abwechselungen durch selbige, und formirt eine Menge Halbinseln; man hat Clackmannan, Falkirk, und den Meerbusen vor sich. Gegen Norden sieht man die Ochill Berge und das Moor, welches das Schlachtfeld des Treffens bey Dumblain war. Die Ebene von Menteith gegen Westen ist eben so reizend, als die östliche, und wird durch die Berge des Hochlands, darunter die Spitze von Ben-lomond besonders hervorragt, begränzet. Nicht weit von Stirling fieng ehemals der Caledonische Wald (Sylva Caledonia) an, und gieng durch Menteith und Strathern auf der einen Seite bis Athol, und auf der andern bis Lochaber.

Die Brücke zu Stirling hat ein eisernes Thor, und nur vier Bogen, die aber weit gespannt sind*), unterhalb derselben erweitert sich der Fluß viel mehr. Zu Alloway ist er eine Meile breit, und tief genug Schiffe von jeder Schwere zu tragen. Stirling hat eine wichtige Manufactur von Schallons, Sarschen, und den in Schottland so häufig getragenen Plaids, welche in dem Orte selbst und in der Nachbarschaft einige 100 Weberstühle beschäftigen, und auch hier gefärbt werden. Viele Arme erhalten ihren Unterhalt dadurch. Außerdem giebt es etwa 30 Weberstühle von Teppichen.

---

*) Jetzt ist die Brücke von Steinen, ehemals war sie nur von Holz. Wallace ließ die hölzernen Pfeiler von der alten Brücke absägen, und als die von ihm geschlagenen Engländer ihren Rückzug darüber nehmen wollten, stürzte sie mit einer Menge von ihnen ein.

Sechster Brief.

Stirling war ein Gränzort des Römischen Reichs, wie aus der Aufschrift eines Steins erhellet, der unterhalb des Kastells gegen die Brücke befindlich ist. Man ersieht daraus, daß der eine Flügel ihrer Armee seinen Standort hier gehabt habe. Der Fluß Carron ist wegen verschiedener Römischer Denkmale bekannt, vornehmlich wegen zweer Hügel, die der gemeine Mann Dunnypace, d. i. Friedenshügel, nennt. Der eine ist rund und 50 Fuß hoch, der andre besteht aus Kieselsand, vermuthlich sind Begräbnisse darunter. Zwo Meilen weiter abwärts steht ein rundes steinernes Gebäude, welches einige für einen Tempel des Terminus halten; Buchanan glaubt aber, daß es vielmehr zum Andenken einer großen That aufgeführt worden. Stirling hat etwa 4000 Einwohner. Die alte Englische Münze Sterling soll den Nahmen davon haben, weil Osbert, ein Sächsischer Fürst, hier nach Ueberwindung der Schotten eine Münze anlegte.

Carron-Werft. Carron-Werft ist eine der größten Merkwürdigkeiten in Schottland. Der Ort wird immer ansehnlicher, zumal seitdem die Gemeinschaft mit Glasgow durch den mehr erwähnten Kanal eröffnet worden, welcher einige Meilen von hier an der Südseite der Mündung des Flusses Carron in die Forth anfängt. Der Ort hat seinen Ursprung den 1760 hier angelegten Eisenwerken zu danken, deren Anlage über 100000 Pf. Sterl. gekostet hat, aber diese Kosten der Compagnie, welche sie aufgewendet, reichlich ersetzt, und ihnen große Reichthümer erwirbt. Die Gebäude, und die dazu gehörigen Dämme, Kanäle, Wasserbehälter erstrecken sich etliche Meilen längst dem Ufer der Carron. Diese Werke zu betreiben, die Steinkohlengräber, die
Holz-

Stirlingſhire.

Holzköhler, die Bergleute in den Eiſengruben mit dazu gerechnet, werden gegen 2000 Menſchen erfordert, zu geſchweigen, daß viele Schiffe, die zuſammen etliche 1000 Tonnen Laſt führen, mit Herbeyſchaffung und Abführung der rohen Materialien und verarbeiteten Waaren beſtändig beſchäftigt ſind.

Ein paar ungeheure hohe Oefen ſchmelzen den Eiſenſtein, und nachher wird das Eiſen in kleinern Oefen vollends gut gemacht und zum Guß bereitet. Wenn es gehörig in Fluß gebracht worden, gießt man es mit großen Löffeln, die lange Stiele haben, in die Formen. Die Fabrik liefert eine unglaubliche Menge Töpfe, Zuckerkeſſel, Cylinder zu Feuermaſchinen bey den Kohlengruben, Platteiſen, ſowohl für das Land ſelbſt, als zur Ausfuhr, über dieſes viele Kanonen auf Schiffe und zu Lande zu gebrauchen, Mörſer und andere Kriegsinſtrumente, theils zum Gebrauch der Engliſchen Regierung, theils für andere Mächte. Sonſt goß man die Kanonen, jetzt werden ſie aber vermittelſt beſonderer Maſchinen gebohrt, welches ſie dauerhafter macht. Das Gebläſe der Oefen iſt von cylindriſcher Geſtalt, weil es wirkſamer ſeyn ſoll, als die gewöhnlichen. Sie werden insgeſammt vom Waſſer getrieben. Damit es bleſen ſowohl, als den andern Maſchinen, die unaufhörlich gehen, nie an Waſſer gebreche, ſo ſind viele Teiche und Behältniſſe angelegt, und im Fall dieſe bey trocknen Jahrszeiten auch nicht hinreichend ſeyn ſollten, ſo iſt eine Feuermaſchine angebracht, welche das Waſſer wieder in den großen Teich zurücktreibt. Anfangs mußte man zur Betreibung der vielerley Arbeiten Leute aus England kommen laſſen, und ſolche mit großen Koſten unterhalten, jetzt haben die Schotten alles gelernt, und arbeiten um einen weit billigern Lohn.

Die ganze Gegend hat durch diese vortreflichen Anstalten ein anderes Ansehen, und ein neues Leben gewonnen. Vor 50 Jahren stand kein Haus hier, jetzt sind außer den Manufacturgebäuden einige Dörfer angelegt, wo die Arbeiter wohnen. Die Felder sind eingezäunt, und werden fleißig angebauet; viele sonst unfruchtbare Plätze nutzt man jetzt durch eine vortheilhafte Cultur.

Camelon.   Seitwärts von den Eisenwerken liegt Camelon, wo man zu Buchanans Zeiten noch die Straßen und Mauern einer römischen Stadt sahe. Man will hier Anker und Bette von Austerschaalen gefunden haben, zum Beweise, daß die See vormals bis hierher gegangen.

Falkirk.   Falkirk, eine ziemlich große Stadt, eine Meile von Carronwerft, die aber schlecht gebauet ist. Sonst wurden von hier viele Güter, die auf der Carron ausgeladen waren, auf der Achse nach Glasgow geschafft, aber seit der Anlage des Kanals, welcher bey der Stadt vorbey geht, hat dieser Verdienst abgenommen. Die Einwohner nähren sich zum Theil von den Viehmärkten, worauf jährlich 24000 Stück aus dem Hochlande verkauft werden.

Callendar-Haus.   Eine Meile von Falkirk liegt Callendar-Haus, welches dem unglücklichen Grafen von Kilmarnock gehörte, welcher einen Trupp Rebellen im J. 1745 kommandirte. Das alte Gräfliche Wohnhaus geht seit der Zeit ganz ein. Hinterwärts liegt ein schöner Fichtenwald, und vorwärts hat man eine prächtige Aussicht über den Meerbusen von Forth, an dessen beyden Ufern eine Menge Landsitze liegen, die von weißen Steinen gebauet sind, und mit ihren beym Sonnenschein schwarz glänzenden Schieferdächern einen

Stirlingſhire.

einen artigen Contraſt machen. In dieſer Nachbarſchaft ſieht man die Ueberbleibſel der Grahams oder Römermauer, deren zu Ende des vorigen Briefes gedacht worden, ſehr deutlich. Bey Falkirk iſt der Wald Torwood anzutreffen, welcher meiſtens aus Birken und Fichten beſteht.

Wenn man in dieſen Gegenden, die ſich dem Hochlande nähern, und überhaupt in dem ſüdlichen Theile Schottlands reiſet, ſo trifft man viele geſperrte Landſchaften wegen der Hügel und Berge an. An den Küſten giebt es viele Hügel, von welchen man die See und die zerſtreut liegenden Flecken überſieht, welche auf der einen Seite einen angenehmen Proſpect darſtellen, und auf der andern Seite haben die rauhen Berge etwas romantiſches: allein ſo groß und ſchön die Flecken und Städte ſich auch in der Entfernung zeigen, ſo verlieren ſie doch ihre Schönheit, je mehr man ſich ihnen nähert. Das armſelige Anſehen verräth die Umſtände der Einwohner. Die zerſtreuten Gebäude, welche in der Entfernung den Umfang des Orts vergrößerten, ſind, wenn man näher kommt, nichts, als die Ueberbleibſel elender von den Eigenthümern verlaßner Hütten. Man hat die Gewohnheit, wenn das Haus den Einfall drohe, es nicht auszubeſſern, ſondern ſtehen zu laſſen, nur die Balken und das Holzwerk herauszunehmen, und ein neues auf einen andern Platz zu bauen. Die Fiſcherſtädte ſind vorzüglich unangenehm. Die Klippfiſche und Schollen hangen an den Häuſern herum, und erfüllen, indem ſie trocknen, die Luft mit einem unerträglichen Geſtanke: inzwiſchen müſſen dieſe Ausdünſtungen der Geſundheit der Bewohner nicht nachtheilig ſeyn: ſie haben mehr Kinder, als die in den im Lande liegenden Städten, und ob

dieſe

diese gleich halb nackend laufen, so sehen sie doch blühend aus, sind gesund und stark.

Rutherglen. Wir verlassen nunmehr die Landschaft Stirling, und kehren wieder nach Glasgow zurück, um den noch übrigen Theil von Lanerkshire zu durchreisen. Wenn man von Glasgow längst dem Flusse Clyde hinauf fährt, kommt man nach etlichen Meilen auf die kleine Stadt Rutherglen oder Ruglen, welche einer Nebenlinie der Familie Hamilton den gräflichen Titel giebt.

Hamilton. Hamilton, eine kleine angenehm liegende und wohlgebauete Stadt an der Clyde 12 Meilen aufwärts von Glasgow. Die Herzoge von Hamilton, welche die ersten Pairs von Schottland, und mit der Königlichen Familie der Stuarts verwandt sind, führen von dieser Stadt den herzoglichen Titel. In der Kirche ist ihr Familienbegräbniß, und ihr Pallast steht am Ende der Stadt. Es ist ein weitläuftiges, aber schlecht in die Augen fallendes Gebäude mit zween tiefen Flügeln. Die Gallerie ist groß, und sowohl als einige der andern Zimmer mit schönen Gemälden versehen. Wir führen nur einige davon an, z. Ex. Daniel in der Löwengrube, von Rubens; eine Hochzeit, von Paul Veronese; ein merkwürdiges historisches Stück, welches die Friedenshandlung zwischen England und Spanien unter Jakob I abbildet, von Juan de Pantoxa; ein Kopf der Catharina Parr, von Holbein, auf Holz; eine Menge merkwürdiger Bildnisse von Regenten, grossen Männern, z. B. der Graf von Denbigh, von van Dyck, und viele aus der Familie Hamilton, von guten Meistern. Der Park hat sieben Meilen im Umfange, und einen Ueberfluß an Rothwildpret. Die kleine Avon läuft durch denselben und fällt unterhalb der Stadt in die Clyde.

Lanerkshire.

Lanerk, die Hauptstadt von Clydesdale oder *Lanerk.* Lanerkshire, dient verschiedenen adelichen Familien zum Aufenthalt, hat aber übrigens nichts merkwürdiges. Die steinerne Brücke über die Clyde ist kostbar zu erhalten, weil der Fluß reißend ist, und sie sehr oft beschädigt: man hat daher nicht nur einen Brückenzoll, sondern auch eine Auflage auf das Getränke zur Bestreitung der Kosten angelegt.

Etwas unterhalb der Stadt fällt der Fluß Dou- *Douglas.* glas in die Clyde, von dem das längst demselben sich fortstreckende Land den Nahmen von Douglasthal führt. Vormals hatte die alte Familie Douglas, die über 150 Jahre ungemein mächtig war, und sich durch Unruhe, Härte und Grausamkeiten hervorthat, hier ihren Sitz, und das Stammhaus war Douglas-Castle, welches 1758 abbrannte. Es war hinreichend, sagt Pennant, einen Bösewicht vor der Verfolgung der Gerichte zu sichern, wenn er sich nur auf die Vollmacht eines Douglas berufen konnte. Man zeigt noch alte Eschen in der Nähe des Schlosses, daran die Besitzer manche Unglückliche nach eigner Willkühr aufhängen ließen. Die Douglas und Percies zankten und schlugen sich beständig mit einander herum. Man hat eine besondere Geschichte dieser berühmten Familie, die sich in sieben Linien theilte, wovon noch die Herzoge von Queensberry, die Grafen von Morton rc. abstammen. Douglasdale hat zwar kein Holz, aber einen herrlichen tiefen Boden, der ungemein fruchtbar ist.

Nicht weit von Lanerk sind die berühmten *Wasserfall.* Wasserfälle des Flusses Clyde der Bemerkung eines Reisenden würdig. Die entferntesten sind an einem Orte Cory-lin. Von einer benachbarten

Anhöhe

Anhöhe hat man eine volle Aussicht auf den Wasserfall über die Gipfel von Bäumen und Büschen. Er stürzt sich eine beträchtliche Weite von Felsen zu Felsen. Die Seiten werden von noch größern eingeschlossen, deren Gipfel mit Bäumen bekrönt sind. Auf der obersten Spitze von einem derselben steht ein verfallener Thurm, und vor sich sieht man ein Gehölz, über dem sich ein grüner Hügel erhebt. Man gelangt vermittelst eines Fußsteigs an den Anfang des Falls, indem sich ein hoher Fels hineinschiebt, von dessen Gipfel man einen schaudervollen Anblick auf den reißenden Strom hat. Hier soll sich der tapfere Wallace in den Klüften aufgehalten haben, als er den Entwurf zur Befreyung seines Vaterlandes machte.

Wenn man die Höhe wieder hinankommt, so läuft der Weg längst dem Gipfel der Felsen fort, die zu beyden Seiten wie Mauern aufstehen, und nur an einigen Stellen über den Fluß herabhängen. Der Fluß ist in der Tiefe zwischen ihm eingeschränkt, und gleitet über den steinigten Boden, der sich immer senkt, weg. Die Gipfel der Felsen sind mit Holz bewachsen; die Seiten sind bloß, die Schichten niedrig und regelmäßig, und machen ein bewundernswürdiges natürliches Mauerwerk. Nach einem Gange von ʒ Meile längst diesem Abgrunde erblickt man auf einmal den großen und kühnen Wasserfall Boniton, der schäumend, weit in einem Bogen hervorschießt, und von dem ein ausgebreiteter Nebel aufsteigt. Ueber diesem ist noch ein anderer großer Wasserfall, und zween kleinere. Unterhalb diesen erweitert sich der Fluß, und fließt ruhiger. Man sieht ihn eine lange Strecke zwischen beholzten Ufern und fruchtbaren Feldern fortfließen.

Einige

Einige Meilen oberhalb Lanerk, aber an eben Crawford. dem Flusse liegt der kleine unbeträchtliche Flecken, Crawford-Lindsey, wovon der Graf von Crawford den gräflichen Titel führt. Auf einem benachbarten Moor bemerkt man Spuren eines römischen Lagers. In den Moor Gegenden dieses Kirchspiels hat man in den vorigen Zeiten in dem Kieselsande, Gold unter dem Torfe gefunden, aus dem es vom Regen weggespült, und von Leuten, die es auffuchten, gesammlet ward. Das merkwürdigste in diesem Kirchspiele sind die reichen Bleygruben zu Leadhills.

Das Dorf Leadhills hat zwar ein schlechtes Ansehen, aber 1500 Einwohner, die bloß von den Bleygruben ihren Unterhalt haben. Diese Gegend ist ganz unfruchtbar, und hat ein trauriges Ansehen. Nirgends erblickt man Bäume oder grüne Wiesen. Die Gruben werden von mehr als 500 Bergleuten bearbeitet, und liefern seit 200 Jahren eine unglaubliche Menge Bley. Der Raum, wo das Erz gewonnen wird, hält etwa eine Quadratmeile, und besteht aus einer Fläche zwischen Bergen. Die Bleyadern laufen gegen Norden und Süden in veränderlicher Tiefe, zween bis vier Fuß dick. Man hat reichhaltige nur zwo Klaftern unter der Dammerde, andre aber auf 90 Klafter tief gefunden. Man rechnet im Durchschnitt, daß 112 Pfund Erz 70 Pfund Bley geben. Es ist wenig silberhaltig. Man findet folgende Arten: das gewöhnliche schupplgte Bley, insgemein Töpferbley (pollers lead) genannt, das kleine oder fahlförnigte Erz, und das seltene blätterigte und fasrichte weiße Erz*), welches in den

Samm-

---

*) Cronstedt §. 186. weißer Bleyspath.

Sammlungen der Liebhaber sehr geschätzt wird. Das letzte giebt 58 bis 68 Pfund Bley aus dem Centner Erz: allein die Bearbeitung desselben ist der Gesundheit der Arbeiter weit schädlicher, als des gewöhnlichen. Das Erz wird bey einem Feuer von Heyde, das durch große Blasebälge unterhalten wird, geschmolzen, und durch Kalk in Fluß gebracht. Man schafft hernach das Bley auf Karren nach Leith, und von da wird es zollfrey ausgeführt*).

Von hier gehen wir nunmehr in die Landschaft

Tweedale oder Peeblesshire.

Den ersten Nahmen führt sie von der durchfließenden Tweed, und den andern von dem Hauptorte Peebles. Ihre Länge beträgt 28, und die Breite 18 Meilen. Sie wird von den Landschaften Lanerk, Edinburg und Selkirk eingeschlossen. Die Luft dieser Landschaft ist sehr gemäßigt. Die Thäler sind fruchtbar. Das meiste besteht aber aus Hügeln, die große Heerden Schaafe ernähren, und hierin steckt der größte Reichthum der Landbesitzer, weil sie eine feine Wolle geben. Eine große Quantität geht davon nach England zum größten Schaden der Armen, welche dadurch den Vortheil der Verarbeitung verlieren. Sonst gieng die Wolle nach Frankreich, aber seit der Vereinigung von England und Schottland ist die Ausfuhr scharf verboten. Die Einwohner

---

*) Die Bergleute und Schmelzer leiben hier, wie in allen Bleygruben, sehr an der Hüttenkaße oder Bleykolik (millreek), doch giebt es auch alte Leute. 1770 starb ein Mann, Taylor, im 133 Jahr, der bis ins 112 Jahr in den Gruben gearbeitet hatte. S. Pennants Reisen Th. 1. S. 226.

ner haben hin und wieder Steinkohlen, brennen aber vornehmlich Torf. Die Tweed und die in selbige fallenden Flüsse wimmeln von Lachsen, Aalen und andern Fischen; insonderheit ist der See West-water ungemein fischreich. Der See Lochgenen auf dem Geneuhügel ist deswegen merkwürdig, weil er sich 250 Fuß herabstürzt, und in die Land-schaft Annandale fällt. Die alte adeliche Familie der Hays führt von dieser Landschaft den Titel Marquis von Tweedale.

Der einzige merkwürdige Ort der ganzen Land-schaft ist beynahe Peebles, eine kleine Stadt, die nicht sonderlich bewohnt ist. Sie liegt an der Tweed, über welche eine Brücke von fünf Bogen geht; die andre über die Peebles besteht nur aus zween Bogen. In dem Dorfe Drumzalzier südwestwärts von Peebles soll der alte berühmte Zauberer Merlin auf dem Kirchhofe begraben liegen. Man schleppt sich mit einer alten Prophezeyung von ihm, daß er gesagt haben soll, England und Schottland würden vereiniget werden, wenn die Tweed und Pau-sel bey seinem Grabe zusammen kämen, und dieß soll wirklich 1603 bey einer Ueberschwemmung ge-schehen seyn, in welchem Jahre Jakob VI von Schottland zur Krone England gelangte. *Peebles.*

Nicht weit von dem Städtchen Lyne westwärts von Peebles sind alte Verschanzungen Randals Trench genannt, die man den Römern zuschreibt. Es geht auch eine Straße von dort nach Lyne. Nicht weit von Peebles liegt auch der ansehnliche Pallast Traquair. Es bauete ihn ein Graf dieses Nahmens, welcher unter Karl I einige Jahre Kanzler und erster Minister von Schottland war. Er ward von seinen Feinden gestürzt, und kam so herunter,

herunter, daß er das Brod vor andern Thüren suchen, seinen Pallast, der eine reizende Lage hat, mit dem Rücken ansehen, und nur froh seyn mußte, daß er das Leben behielt.

Wir verfolgen von hier den Lauf der Tweed, welche queer durch den nördlichen Theil der Landschaft Selkirk fließt.

Selkirkshire.

Diese Landschaft war vormals ein Wald, und hieß von der durchfließenden Elrick, Elrickforst. Sie ist von Westen gegen Osten 22 Meilen lang, und hat in der größten Breite 10 Meilen. Ihre Gränzen sind gegen Osten Berwickshire, gegen Süden Teviotdale, gegen Westen Annandale, und gegen Norden Tweedale. Es sind noch viele waldigte Gegenden hin und wieder anzutreffen, und da es überdieses allenthalben viele Berge giebt, so schickt sich die ganze Landschaft besser zu Viehweiden, als zum Kornbau. Die Schaafzucht ist insonderheit wichtig. Man verkauft sie bey zwanzigen, und 20 Stück gelten acht bis zwölf Pf. Sterl. Ein Schöps wiegt 50 bis 70 Pfund, das Pfund zu 22 Unzen gerechnet. Der Boden ist auf den Bergen zum Theil so schlecht, daß man auf jedes Stück einen Acker Feldes rechnet. Eine Schäferey von 1500 Aeckern giebt 110 Pf. Sterl. Pacht. Sonst schmierte man die Schaafe mit Theer ein, seitdem man aber Oel und Butter dazu nimmt, hat sich die Wolle dergestalt verbessert, daß der Stein zu 24 Pfund, welcher sonst 5½ Schilling galt, jetzt zu 10 Schilling verkauft wird. Man zieht auch viel Rindvieh, wovon die Butter aber schlecht ist, und meist zu den Schaafen verbraucht wird.

Selkirk

Selkirkshire.

Selkirk ist der einzige Ort in dieser Grafschaft, welcher eine Anzeige verdient. Die Einwohner machen viel Schuhe und Stiefeln, welche meist außer Landes gehen, weil die Arbeit und das Leder sehr grob sind. Nordwärts liegt Galashields, wo eines von den kleinen Gebäuden steht, dergleichen die Schottischen Könige verschiedene in Elrickforst hatten, wo sie fleißig jagten. Eine Meile westwärts von Galashields sieht man deutliche Merkmale von dem grossen Graben, Catrail genannt. Er ist 25 Fuß breit, und hat an beyden Seiten einen hohen Aufwurf. Seine Länge beträgt fast 22 Meilen, und er reicht beynahe bis an die Gränzen von Northumberland. Hin und wieder liegen starke runde Schanzen, welche die römischen an Festigkeit übertreffen. Man kann weder bestimmen, wann, noch von wem er gemacht ist.

Selkirk.

Nicht weit von Selkirk liegt das Dorf Philiphaugh sehr angenehm am kleinen Flusse Gala, und in der Nachbarschaft sind viele Landsitze des Schottischen Adels. Gegen Südosten sind Reste eines römischen Lagers, und die Ruinen eines prächtigen Schlosses beweisen die Nichtigkeit menschlicher Unternehmungen. Der mächtige Graf von Morton, Regent von Schottland während der Minderjährigkeit Königs Jakob VI, nachmals des ersten in England, fieng an es mit königlichen Kosten aufzuführen: verlor aber bald darauf seinen Kopf, und weil man glaubte, daß er die vom Volke erpreßten Summen hier vergraben, ward es niedergerissen. Der Graf borgte auf dem Schavott 20 Schillinge, um sie dem Scharfrichter zu geben: und man fand nirgends Geld.

Philiphaugh.

K 3

Roxburgshire.

Diese ansehnliche Grafschaft, welche zu den vornehmsten in Südschottland gehört, wird in zween Theile, Teviotdale und Liddisdale, getheilt. Sie gränzt gegen Osten und Süden an die Englische Grafschaft Northumberland, gegen Norden an Berwick und Selkirk, und gegen Westen an Dumfriesshire. Der Boden ist fruchtbar an Getreide und Wiesewachs, und ernährt viel Rind- und Schaafvieh.

Der erste Ort, den wir auf der Reise von der Stadt Selkirk her in dieser Landschaft bemerken, ist Melross, ein unbeträchtliches Städtchen, das vor einigen Jahren eine neue Brücke über die Tweed bekommen hat. Man sieht hier die prächtigen Ruinen der ehemals berühmten Cistercienser Abtey Melross. Ein Theil der Kirche wird zum Gottesdienst gebraucht, der übrige hat kein Dach. Das Chor ist 140 Fuß lang, daraus man auf die Größe des Gebäudes schließen kann. Die Südseite und das Fenster gegen Osten sind vorzüglich schön. Die Fenster haben eine große Höhe, das Gitterwerk und die Fenstersäulen sind dünn, aber gleichwohl stark. Das Laubwerk an den Kapitälen der Säulen ist sehr fleißig gearbeitet. Die Thurmspitzen, die auf dem Dache hervorragen, und alle auswendige Zierathen sind ein Beweis von des Baumeisters Geschicklichkeit. Die Engländer haben zu verschiedenen malen einen Theil davon zerstört. Viele der vornehmsten des Schottischen Adels sind ehemals in dieser Kirche begraben worden. Melroß hat eine anmuthige Lage. Es ragt über das Gehölze, welches die Tweed durchfließt, hervor.

Einige

Roxburgshire.

Einige Meilen Südostwärts liegt der königliche Jedburgh. Burgflecken Jedburgh, der aber weiter nichts merkwürdiges hat, gleichwohl trifft man gute Wollmanufacturen darin an.

Das Städtchen und alte Schloß Roxburgh, Roxburgh. wovon die Landschaft den Nahmen führt, sind nicht mehr vorhanden. Letzteres ward in den Kriegen zwischen England und Schottland bald von der einen, bald von der andern Partey erobert. Die Ruinen liegen auf einer Anhöhe beym Zusammenflusse der Tiviot und Tweed. Der Schloßplatz steht voller alten Bäume. Die Stadt ward von Jakob II zerstört.

Der Herzog von Roxburgh besitzt in dieser Gegend große Güter und Waldungen. Sein Haus heißt Fleurs, und ist seit etlichen Jahren sehr verschönert worden. Das Land umher hatte sonst ein wildes Ansehen, jetzt ist alles angebauet. Das Wohnhaus ist mit vielen Pflanzungen umgeben, in welchen schöne Durchsichten angebracht sind.

Wir wenden uns nunmehr wieder durch Ber- Kelso. wickshire nordwärts nach Edinburg, um von dort aus nach den Hochlanden zu gehen. Zuerst stoßen wir auf Kelso, welches Entick zu Roxburgshire, Büsching aber mit andern richtiger zu Berwickshire rechnet. Es ist ein an der Tweed angenehm liegender Marktflecken, welcher wegen der starken Durchfuhre sehr nahrhaft ist. Es geht nemlich die große Heerstraße von Newcastle nach Edinburg hier durch, welche stärker bereiset wird, als die andre über Berwick, weil sie um verschiedene Meilen kürzer ist. Eine Brücke von sechs Bogen führt nicht weit vom Einflusse der Tiviot über die Tweed. Der Ort hat ohngefähr 2700 Einwohner, und ist im flandrischen Geschmack gebauet. Der hiesige Kornmarkt ist sehr beträchtlich, wie auch die Weißgerberey, in der hauptsächlich für Edinburg gearbeitet wird. Man sieht hier Ruinen einer alten Cistercienser Abtey, die von sehr großem Umfange gewesen seyn muß.

Die Nachbarschaft von England macht, daß der Ackerbau in dieser Gegend fleißiger, als in andern Strichen, getrieben wird. Die sanften Anhöhen geben dem Lande ein reizendes Ansehen, und sind mit dem schönsten Weizen bedeckt, welcher theils den Meerbusen von Forth hinauf, theils nach England geschickt wird. Die Schaafzucht ist ebenfalls in den besten Umständen. Der Stein Wolle zu 24 Pfund wird für 12 bis 14, und die beste mit 18 Schillingen bezahlt. Sie geht nach Linlithgow, Yorkshire und Aberdeenshire, wo Strümpfe davon gestrickt werden.

Lauderdale. Von hier läuft der Weg durch Lauderdale, wovon die Familie Maitland den gräflichen Titel führt. Der Fluß Lauder fließt durch dieses enge Thal gerade nordwärts: man fährt zwischen Hügeln und fruchtbaren Kornfeldern durch. Die kleine Stadt **Lauder.** Lauder hat eine angenehme Lage. Dabey liegt Thirlestane oder Lauderfort, das Schloß der Grafen von Lauderdale, ein sonderbares altes Gebäude mit vier großen Thürmen. Hier nahm sich der Schottische Adel unter Jakob III eine große Gewalt heraus; er bemächtigte sich seiner unwürdigen Lieblinge, und ließ sie in Gegenwart des Königs und seiner Armee auf der Lauderbrücke aufknüpfen. Von hier geht die Straße über den Rücken hoher Hügel hin, von denen man das mittlere Lothian gut übersiehet.

Fifeshire.

Siebenter Brief.

Der nordliche Theil von Schottland. Fifeshire. Inverkeithing. Dumfermling. Kalkofen. Blackneff-Castle. Leßly. Bruntisland. Kirkaldy. Elp. Leven. St. Andrews. Cowper. Melvil. Falkland. Tay-Fluß. Perthshire. Perth. Dupplin. Glames. Dumblain. Clackmannan und Kinrosshire. Euroff. Kinroff. Gowrie. Sevon. Dunkeld. Killincranky. Loch Tay.

Wir treten nunmehr die Reise durch den nördlichen Theil von Schottland an, welcher nordwärts von dem Firth of Forth liegt, und bey den Römern im eigentlichen Verstande Caledonia hieß. Die erste Landschaft, welche wir betreten, ist Fifeshire*), welche an drey Seiten mit Wasser umgeben ist; gegen Osten gränzt sie an das Deutsche Meer, gegen Norden an den Firth of Tay, gegen Süden an den Firth of Forth, und gegen Westen an die Landschaft Perth. König Kenneth II schenkte diesen Strich Landes ums Jahr 848 einem tapfern Vertheidiger seines Vaterlandes gegen die Picten,

Nahmens

*) Rob. Sibbaldus, welcher den Prodromus der natürlichen Geschichte Schottlands herausgegeben, hat auch 1710 in Fol. zu Edinburg drucken lassen: the history of the Sherifdoms of Fife and Kinroff. Man hat eine schöne Charte von diesen beyden Landschaften, die Amalie 1775 auf sechs Bogen bekannt gemacht: the Counties of Fife and Kinroff with the Rivers Forth and Tay.

Nahmens Fifus, und von ihm behielt es den Nahmen. Es ist eine von den volkreichsten Landschaften in Schottland, wenigstens wohnt in keiner so viel Adel: man zählt 13 Königliche Flecken darin, welche größtentheils an den Küsten herum liegen. Die größte Länge erstreckt sich auf 30, und die Breite auf 20 Meilen. Gegen Westen ist der Boden am gebirgigsten, hingegen an den Küsten und an den vielen fischreichen Flüssen ungemein fruchtbar, so wohl an Getreide, als Grasbau. Die vielen Buchten und Häfen befördern und erleichtern den Fischfang und den Handel. Insonderheit wird auf der Südseite aus dem Seewasser viel Salz gesotten, und hier giebt es viel Kohlengruben*). Im innern von Fife ist viel Viehzucht. Die Producte bestehen aus Getreide, Fischen, Steinkohlen, Salz, Häuten, Schaaffellen und Wolle. Zu bewundern ist, daß nicht mehr Bergbau getrieben wird, da Kohlen und Eisensteine genug vorhanden sind. Ueberhaupt, sagt Pennant, ist Fife eine so gesegnete und volkreiche Gegend, daß vielleicht kein Strich in Südbritannien, die Gegend um London ausgenommen, so gut bewohnt ist. Sie hat einen Ueberfluß an Getreide, Vieh, Kohlen- und Eisengruben, Stein- und Kalkbrüchen,

---

*) Die Steinkohlen in den hiesigen Gegenden kommen den Englischen von Newcastle und umliegenden Gegenden an Güte nicht gleich. Jene sind viel fetter, und dadurch hängt sich der Abgang oder Kohlenstaub beym Einladen eher zusammen, und brennt auch, wenn er ins Feuer kommt, an. Bey den Schottischen ist er hingegen wie Sand, und löscht das Feuer aus, wenn er darauf geworfen wird. Er geht daher verloren. Man trifft aber auch an vielen Orten Kohlen von der guten Newcastler Art an.

Fifeshire.

brüchen und viele Manufacturen. Der glücklichste Umstand hierbey ist, daß ihre Reichthümer so gut vertheilt sind, daß keiner durch sein Uebergewicht seinen Nachbarn beschwerlich fallen kann, welches in andern Gegenden nur zu oft der Fall ist. Außer der Forth und Tay sind die vornehmsten Flüsse die Leven und Eden, welche von Fischen wimmeln. Die besten Häfen sind Inverkeithing, Bruntisland und Ely. An den Küsten giebt es viele Austern und andre Schaalthiere.

Wenn man sich bey Queensferry*) nach dem Dorfe Northferry über den Firth setzen lassen, so kommt man bald nach Inverkeithing, einem alten Burgflecken mit Mauern umgeben. Der Hafen wird vernachläßigt, weil der Handel sehr abgenommen hat. Inzwischen ist der Ort gut bewohnt. Auf der andern Seite der schmalen Erdzunge, welche den hiesigen Hafen formirt, ist die Bucht der heil. Margaretha. *Inverkeithing.*

Vier Meilen landwärts liegt die volkreiche Stadt Dumfermling, welche 6 bis 7000 Einwohner hat. Ueber die Hälfte derselben hat sich seit 20 Jahren durch den Anwachs der Manufacturen hergezogen. Man verfertigt jährlich für 40000 Pf. Sterl. leinen Damast, geblümte Leinwand, gewürfelte Zeuge, *Dumfermling.*

---

*) Warum dieser Ort, der sieben Meilen von Edinburg liegt, so heißt, ist bereits im vierten Briefe gegen das Ende gesagt. Bey Northferry sind die großen Granitbrüche, daraus die Hauptstadt mit Pflastersteinen versorgt wird, und die eine beträchtliche Anzahl Schiffe zu ihrer Fortbringung erfordern. Der Granit liegt in senkrechten Schichten, und über ihm ist eine röthliche Erde, die mit bröcklichten Glimmerkörnern angefüllt ist.

Zeuge, womit in und um die Stadt auf 1000 Weberstühle beschäftigt werden. Die Kohlengruben gehen bis an den Eingang der Stadt, und könnten einen neuen Nahrungszweig veranlassen, wenn die in großer Menge bey der Stadt befindlichen Eisensteine genutzt würden. Die reizenden Hügel um Dumfermling sind gut angebauet. Der vorbeyfließende Bach ist in einem mit Steinen ausgesetzten Kanale durch die Stadt geleitet, und formirt in einem holzigten Thale einen 100 Fuß hohen Wasserfall, welcher ihn in den Stand setzt, Mühlen zu treiben. Von der ehemals hier befindlichen reichen Abtey sieht man noch die weitläuftigen Ruinen. Von ihrer Kirche steht noch ein Stück, und dient zum jetzigen Gottesdienst; sie geht aber auch nebst den Gräbern verschiedener Schottischer Könige, unter andern des Stifters Malcolm III, ganz ein. Man sieht hier noch einen alten verfallnen Königlichen Pallast, darin König Karl I und seine Schwester Elisabeth Königinn von Böhmen geboren wurden.

Nicht weit von Inverkeithing liegt vielleicht die größte Kalkbrennerey in Europa, welche dem Grafen von Elgin gehört. In der Nachbarschaft befinden sich unerschöpfliche Betten von Kalksteinen und Kohlenadern. Die Oefen liegen in einer Reihe. Ihre Oeffnungen sind unter einem bedeckten Gange, der vorne durch Bogen und Pfeiler in einen prächtigen Säulengang verwandelt wird. Der Kalk wird theils roh, theils gebrannt ausgeführt, weswegen ein Kay zur Einschiffung errichtet worden. Es arbeiten beständig 120 Personen, für die ein kleiner Flecken angelegt ist. Er wird theils zum Düngen, theils zum Bauen verbraucht. Wie sehr der Ackerbau und das Bauen in diesen Gegenden zunimmt,

kann

Fifeshire.

kann man aus folgender Tabelle sehen, die Pennant mittheilet.

Ausfuhr.

1771.	1772.
57515 Boſſs ungelöſchter Kalk	65331.
2852 Chalders Kalk	2271.
37814 Fuder Kalkſteine	52000.
Einnahme 3864 Pf. Sterl.	4630.

Den Kalköfen gegen über liegt auf einem ins Waſſer vorlaufenden Felſen das vormals zur Verbindung zwiſchen Edinburg und Sterling wichtige Schloß Blackneſſ-Caſtle, ein großes mit runden und viereckigen Thürmen befeſtigtes Gebäude. Die kleine Stadt Blackneſſ war ſonſt der Hafen von Linlithgow; ſie gerieth aber in Verfall, ſo wie ſich Burrowstowneſſ hob. *Blackneſſ Caſtle.*

Weil die vornehmſten Oerter in Fife an der Küſte liegen, ſo ſetzen wir die Reiſe längſt derſelben von Inverkeithing fort. Man ſieht auf dem Wege eine Menge Landſitze des hohen und niedern Adels, darunter wir nur den vom Grafen Morton zu Aberdour, und den vom Grafen Murray zu Donebriſſel anführen. Die edle Vorderſeite des erſtern ſteht gegen den Firth, und die Ländereyen reichen bis an die Küſte. Von hier bis an den Hafen von Inverkeithing iſt die Rhede ſicher für die Schiffe, aber weiter hinauf bis an die Margarethen Bay iſt die Küſte ſteil und felſigt, und bey Südwinden gefährlich, gleichwohl legen ſich die Schiffe zuweilen dahin, weil der Südwind ſehr ſelten wehet. Aberdour iſt ein Städtchen von geringer Wichtigkeit.

Leely iſt ein geringes Städtchen mit einem guten Markte, aber der Pallaſt des Grafen von *Leely.*

Rothes

158   Siebenter Brief.

Rothes macht ihn merkwürdig. Der Baumeister ist Bruce, von dem auch Holyrood in Edinburg, und das weiter unten vorkommende Kinroß angegeben ist. Der nachmalige König Jakob II in England hielte sich hier meistens auf, so lange er noch Herzog von York war, und sich für seinen Bruder nach Schottland retiriren mußte. Seine damals bewohnten Zimmer heißen noch nach ihm. Das Haus ist inwendig groß und prächtig. Die eine Seite des Gebäudes nimmt eine lange Gallerie ein, welche voll von lebensgroßen Bildnissen der Grafen von Rothes in ihren respectiven Amtskleidungen hängt: und da sie von 1320 bis 1725 die wichtigsten Posten bekleidet haben, so ist dieß für einen Kenner und Liebhaber der Geschichte von Schottland ein unterhaltender Anblick. Der Park auf der Südseite ist sehr schön. Er hat sechs Meilen im Umfange, und ist mit einer Mauer eingefaßt. Hin und wieder sind kleine Kiefernhölzer, mit Durchsichten nach dem Wohnhause. Die Gärten sind auf der Ostseite und in gutem Geschmack angelegt. Sie gehen bis in den Winkel, wo die beyden Flüsse sich vereinigen, und haben folglich an zwo Seiten einen Fluß.

Bruntisland. Wir wenden uns nun weiter südwärts gegen die Küste, wo wir Bruntisland antreffen, welches gerade gegen Leith über liegt. Der hiesige Hafen ist der beste auf der ganzen Küste, und kann auf einmal 100 Schiffe fassen. Er wird durch eine felsichte Insel und Steindämme gesichert; während der Ebbe ist er trocken, und bey der Fluth hat er 28 Klafter Wasser. Der Ort ist von Natur fest, gleichwohl überrumpelten ihn 1715 die Rebellen. Weil die Häuser um den Hafen herum liegen, so können die Schiffe mit der breiten Seite an die Häuser

fer legen, welches eine große Bequemlichkeit ist. Man hat von hier eine schöne Aussicht nach Leith und dem Kastell von Edinburg. Die Stadt hat eine gute Kirche und ein artiges Rathhaus. Die Leinwandmanufactur ist hier, so wie auf der ganzen Küste, beträchtlich. Man macht auch viele grüne Zeuge, welche seit einigen Jahren in England zum Malen und Drucken stark gesucht werden, seitdem der Indianische Ziz oder Kattun dort verboten ist. In der Mitte des Firth liegt die kleine Insel Inchgarvie, von der man die herrlichste Aussicht nach den angebaueten Küsten auf beyden Seiten hat. Man übersieht von Sterling an bis nach der Insel May, welches 60 Meilen ausmacht, und hat Leith, Edinburg und den von Schiffen wimmelnden Firth vor sich.

Nahe an Bruntisland liegt Kingborn, welches wegen der Zwirnmanufactur berühmt ist. Die Weiber verfertigen ihn, denn die Männer sind auf der ganzen Küste bis an Queensferry meistens Seeleute. Es giebt in dem Meerbusen eine Menge Meerschweine, die man schießt, und an der Küste aus dem Fette Thran siedet, wie mit den Wallfischen und andern großen Fischen geschiehet, die sich hier zuweilen sehen lassen: jedoch giebt es in diesem Firth weiter herwärts eine weit regelmäßigere Fischerey, wovon an seinem Orte. Einen nicht geringen Vortheil ziehen die Einwohner dieses Orts auch von der Fähre oder dem Boot, welches täglich zwischen Leith und hier hin und wieder fährt. Die Ueberfahrt beträgt sieben Meilen.

Kirkaldy liegt etwas weiter ostwärts, und ist eine größere, volkreichere, und besser gebauete Stadt, als Kingborn, und alle, die längst dieser Küste liegen. Sie besteht vornehmlich aus einer langen Gasse

Gaſſe von einer Meile längſt der Küſte, und hat etwa 1600 Einwohner. Es giebt hier einige anſehnliche Kaufleute, die wichtige Handlung treiben. Man ſiehet auch viel Getreide von hier nach England und Holland gehen. Andre ſenden Leinwand nach England, und laſſen allerley Artikel, die das Land bedarf, wieder zurückkommen. Einige von den hieſigen Kohlengruben am Weſtende der Stadt liegen ſo nahe an der See, daß man glauben ſollte, ſie ließen ſich wegen der Fluth nicht bearbeiten. An der Oſtſeite iſt ein bequemes Werft zum Bauen und Ausbeſſern der Schiffe, und etwas weiter hin trifft man Salzpfannen an.

Dyſart. Dyſart iſt ein Königlicher Burgflecken, in ſchlechten Umſtänden, aber doch ziemlich volkreich. Perthhead, ein Ort, der von Nagelſchmieden und Webern gewürfelter Zeuge (Checks) bewohnt wird. Vor 70 Jahren ſtand hier kaum ein Haus, und jetzt wohnen 400 Familien hier, welche die Fabrik hergezogen.

Weſter-Wemys. Das Dorf Weſter-Wemys gehört dem Grafen von Wemys, deſſen Haus etwas oſtwärts auf einem Felſen ſteht. Man hat aus demſelben einen vortreflichen Proſpect über die See. Die Waffen des großen Macduff, der den Tyrannen Macbeth bezwang, und von dem dieſe Familie abſtammt, werden hier noch gezeigt. Bey dem Hauſe iſt ein bloßer Obſtgarten. Von hier kommt man nach Buckhaven, welches ganz von Fiſchern bewohnt wird; die täglich friſche Fiſche fangen, und nach Leith und Edinburg zu Markte bringen. Sie wohnen in einer Reihe elender Hütten. Die Küſte iſt hier ganz mit Garneelen (Cancer Crangon) bedeckt, daß ſie ausſiehe, als wenn ein dünner Schnee darauf liegt; wenn man längſt der Küſte reitet, ſpringen
ſie

sie wie Grashüpfer auf den Feldern. Im Kochen werden sie roth, und man speiset sie mit Essig und Pfeffer. Es wächst auf diesen Küsten auch viel schottischer Liebstöckel, (Ligusticum Scoticum *Linn.*) welcher auf den westlichen Inseln theils roh, als Salat, theils gekocht, als Zugemüse, gegessen wird. Im vorigen Jahrhunderte trieb man die Fischerey in diesen Dörfern weit stärker.

Ein wenig vorwärts liegt das Städtchen **Ely**, welches einen guten, von steinernen Dämmen gemachten Hafen hat. Nicht weit von hier ist die Mündung des Flusses **Leven**, dessen Lachs für den besten der ganzen östlichen Küste Schottlands gehalten wird. Die Mündung macht einen Hafen, darin Schiffe von 100 Tonnen mit der Fluth einlaufen können, und dabey liegt das Städtchen **Leven**. Der Graf von **Wemys** läßt seine Steinkohlen, die zwo Meilen am Flusse hinauf gegraben werden, nach **Ely** schaffen, so wie auch das Salz, welches er verfertigen läßt. Der Graf hat schon große Kosten aufgewendet, gleichwohl macht die Fluth viel Beschwerlichkeiten bey Bearbeitung der Gruben. Man sieht in diesen Gegenden viele kreisförmige Löcher, **Coatheugs** genannt; sie sind mit einem hohen Rande von Erde umgeben, und mit Wasser angefüllt. Zu den Zeiten, da die Bergwerkswissenschaft noch in ihrer Kindheit war, dienten sie zu Luftlöchern. Die Schichten der Kohlen sind hier sehr dick, manche halten über neun Ellen (Yards). Verschiedene Betten brennen seit mehr, als 200 Jahren. Man sahe ehemals bey Tage den Rauch, und des Nachts Flammen, hervorbrechen. Hieraus schließt man, daß der Brand sehr abgenommen, daß er sich aber noch nicht ganz gelegt, folgert man daraus, daß der

Ely und Leven.

Schnee,

Schnee, wenn er auf die in der Dammerde befindlichen Ritzen fällt, den Augenblick schmelzt. Die Arbeiter sind sehr arm, und haben von der blauen Kohlenfarbe ein fürchterliches Ansehen.

Pittenween ꝛc. Von hier bis Jifeneß, der äußersten Spitze der Grafschaft Fife und der Mündung des Firths liegen noch die kleinen Oerter Pittenween, Anstruther, oder Anster, und Criel, oder Crail, die insgesammt königliche Burgflecken sind. Pittenween hat einen bequemen Hafen. Man fängt hier eine große Quantität Heeringe, Kabeljaue und andre Fische. Dieser Küste gegenüber liegt die Insel May, welche mit einem Leuchtthurme versehen ist, und bloß von dem Aufseher desselben bewohnt wird. Von Jifeneß fängt die Küste auf einmal an, sich westwärts gegen den Firth of Tay zurückzuziehen. Der erste erhebliche Ort längst diesem Striche ist

St. Andrews. St. Andrews, welcher am Ende einer Ebene hinten in der Bay dieses Namens liegt, die von Jifeneß bis zum Vorgebirge Redhead in Angushire geht, und 26 Meilen weit ist. Diese alte Stadt war vormals sehr blühend, die Hauptstadt von ganz Schottland, der Sitz einer Universität, und vor der Revolution auch eines Erzbischoffs. Jetzt sieht man allenthalben traurige Beweise ihres Verfalls. Die vielen Thürme und Spitzen geben ihr von weitem das Ansehen der Größe und Pracht, und reitzen die Neugierde des Reisenden. Wenn man zum Westthore hineinfährt, zeigt sich eine lange gerade, breite und mit guten Häusern besetzte Straße, aber sie ist so menschenleer, und mit Grase bewachsen, als wenn die Pest eine große Verwüstung angerichtet hätte. Nähert man sich den Thürmen, die sich von ferne so majestätisch zeigten, so sieht man nichts, als traurige ge Ueberreste der frommen Werke der Vorwelt, die durch den blinden Eifer eines Geistlichen zerstört worden. Der Dom, ein herrliches Gebäude seiner Zeit, daran 160 Jahre gebauet worden, ward durch Johann Knox *) 1599 in einem Tage verwüstet.

Ehemals bestand die Stadt aus vier parallellaufenden Straßen, wovon die eine und die vornehmste gar nicht mehr vorhanden ist. In ihrem glücklichen Zustande hatte sie zwo Meilen im Umfange, jetzt zählt man kaum 1000 Häuser, und von diesen sind 200 verfallen, und nicht mehr bewohnbar. Man rechnet ohngefähr 2000 Einwohner, wovon ein Theil nichts zu thun hat, weil hier weder Handel noch Manufacturen blühen, obgleich ein Hafen für kleine Schiffe vorhanden ist. Zu Cromwells Zeiten hatten sie 60 bis 70 Schiffe, jetzt ist nur ein großes vorhanden. Nahe bey der Stadt sind Brüche von Quadern, daraus die Häuser gebaut sind. Sie hat ihren Ursprung dem heiligen Regulus zu danken, der um das Jahr 370 die Reliquien des heiligen Andreas hieher brachte.

Jetzt ist nur die Pfarrkirche der heiligen Dreyeinigkeit vorhanden, und die Kapelle des Collegium von St. Leonhard. Die Kirche ist ein altes ansehnliches Gebäude von guten Quadern. Man be-

---

*) Knox war der Urheber der Puritaner in Großbritannien. Einige legen ihm viele Grausamkeiten und Verwüstungen zur Last, die er durch seinen tollen Eifer veranlaßte. Im brittischen Plutarch (Band II. S. 299.) wird er hingegen nicht von einer so gehässigen Seite vorgestellt. Der einmal in Harnisch gebrachte Pöbel gieng vielleicht zu weit, und ließ sich nicht mehr im Zaume halten.

merkt ein artiges Monument des ermordeten Erzbischoffs Sharpe darin, welches gut unterhalten wird, weil sein Sohn der Stadt eine ansehnliche Summe vermacht hat, um es im Stande zu erhalten. Auf der Nordseite der Stadt war das alte Kastell, von dem nur noch einige Mauern stehen.

Ostwärts vom Kastelle sind die Ruinen der prächtigen Kathedralkirche, welche 1163 gegründet ward, und zu den schönsten gothischen Gebäuden gehörte. Sie war 370 Fuß lang, und das Kreuz von Süden gegen Norden 180 Fuß. Es ist nur noch ein Theil davon übrig. Nahe dabey steht die Kapelle des heiligen Regulus, ein sonderbares Gebäude. Der Thurm ist ein gleichseitiges Viereck, 20 Fuß breit, und 103 Fuß hoch. Das Hauptgebäude steht, aber die zwo Nebenkapellen sind zerstört. Die Bogen der Fenster und Thüren sind rund, ein Beweis vom Alter des Gebäudes. Es ist vermuthlich eines der ältesten Denkmaale des christlichen Glaubens in Großbritannien, und sollte billig in baulichem Wesen erhalten werden, welches mit geringen Kosten noch auf Jahrhunderte geschehen könnte, weil es ungemein fest gebaut ist.

Die hiesige Universität ward 1441 vom Bischoff Wardlaw gestiftet. Der Rector wird jährlich gewählt, und muß einer von den Principalen der drey Collegien seyn. Das Collegium St. Salvator ward 1448 gegründet. Es ist ein ansehnliches Gebäude von gehauenen Steinen, mit einem Thurme, und einer guten Bibliothek. Die Hörsäle sind bequem, und viel größer, als es bey der geringen Anzahl von 150 Studenten auf der ganzen Universität nöthig ist. In dem großen Hörsale hielt König Karl I. einst ein Parlament. Die Wohnungen der

Profes-

Profeſſoren ſind bequem, aber die Gebäude gerathen ſehr in Verfall, weil die Einkünſte nicht zur Unterhaltung zureichen. Das Leonhards-Collegium ward 1512 geſtiftet, und erhielt durch Vermächtniſſe eine eigne Bibliothek. Unter König Georg II. ward jenes Collegium zu dieſem geſchlagen. Das neue oder Marien-Collegium iſt ſeit 1553 errichtet. Es iſt noch nicht lange, daß die Univerſität einen Lehrſtuhl der Medicin erhielt, und daß der Herzog von Chandos eine Profeſſur der Medicin ſtiftete. Der Kanzler der Univerſität iſt allezeit einer vom hohen Adel, der es lebenslang bleibt, und nebſt dem Vicekanzler die akademiſchen Würden ertheilt. Der berühmte Aſtronom, James Gregory, welcher hier Lehrer der Mathematik war, legte auf ſeine Koſten im Garten des Collegiums eine Sternwarte mit guten Inſtrumenten an.

Im Jahre 1782 waren die Lehrer dieſer hohen Schule folgende: D. John Flint der Medicin; Georg Foreſt der Phyſik; John Cook der Moral; Vilant der Mathematik; Georg Hill der griechiſchen Sprache; John Hunter der Philologie; Will. Barron der Logik; Hugh Cleghorn der Geſchichte; Andr. Shaw der Theologie; Will. Brown der Kirchengeſchichte; Georg Haddow der hebräiſchen Sprache. Die Luft iſt hier geſund, und der Ort wohlfeil; zwey Hauptdinge für eine Akademie. Die Univerſität liegt auf einer Halbinſel, von allem Umgange mit der Welt und ihren Zerſtreuungen entfernt. Die Studenten können im Collegium oder bey Profeſſoren, und auch in Privathäuſern in die Koſt gehen. Im Collegium bezahlt einer für die Sitzung, welche ſieben Monate währet, acht Pfundſt. Der Tiſch iſt gut, und es ſpeiſet immer

mer einer von den Lehrern mit ihnen. In Privathäusern oder bey Professoren ist der Preis zehn bis 25 Pfundstl. Sie tragen rothe Röcke ohne Aermel.

Der Hafen hat von der See so viel gelitten, daß man ihn schwerlich jemals wieder in Stand setzen wird. Der steinerne Damm ruht auf einem Felsen, und ist 400 Fuß lang; der Felsen erstreckt sich aber noch 500 Fuß weiter, und ist am Ende mit einem Leuchtthurme versehen. Allein wenn die See hoch geht, schlägt sie über den Felsen, zwischen dem Leuchtthurme und dem Ende des Steindamms, wodurch der Hafen geführt wird. Man wollte diesem Uebel 1728 abhelfen, und den Damm über die ganze Oeffnung ziehen, aber die Kosten waren zu groß. Es würde dieses desto wichtiger seyn, da es den Schiffen in der ganzen Bay von Fifeneß bis Redheab bey östlichen und nordöstlichen Stürmen an einem sichern Zufluchtsorte fehlt. Der Sand müßte zu dem Ende auch aus dem Hafen geschafft werden, damit er größere Schiffe fassen könnte. Ueberhaupt wäre es nicht schwer, diese alte berühmte Stadt wieder in Aufnahme zu bringen, wenn man Manufacturen von wollenen Zeugen anlegte, da in der Nachbarschaft ansehnliche Schäfereyen sind, und da man Getraide, Kohlen und Salz im Ueberflusse hat, folglich der Fabrikant wohlfeil leben könnte.

Cowper. Wir verlassen jetzt die Küste, und gehen queer durch das Innere der Landschaft Fife, um nach Perth zu kommen. Cowper oder Cowpar, die Hauptstadt derselben, hat eine angenehme Lage, in einem Thale an dem Flusse Eden, und die umher gepflanzten hohen Bäume geben ihr ein lustiges Ansehen in der Entfernung. Einige Meilen weiter westwärts

westwärts hat der Graf von Leven zween schöne Landsitze, Melvil und Balgony.

Balgony ward von Alexander Lesly gebauet, der anfangs unter dem Könige von Schweden Gustav Adolph diente, und sich hernach in England durch seine Dienste gegen König Karl I. in England hervorthat. Die Leven fließt dicht am Hause vorbey, und macht die Lage sehr angenehm: der Park ist groß, aber nicht wohl angelegt, wenigstens treiben die Bäume nicht sehr. Zu Melvil ist ein schönes regelmäßiges Wohnhaus. Auf der Ebene zwischen hier und Falkland reiset man theils durch Kornfelder, theils durch Heyde, und ungeheure Pflanzungen schottischer Kiefern.

Ohngefähr in der Mitte zwischen den beyden jetztgedachten Landsitzen liegt Falkland, ein kleiner reinlicher Ort, der ehemals durch den königlichen Pallast bekannt war. Jakob VI. hielt sich um des schönen Parks willen oft hier auf. Die Ostseite brannte zu Karls II. Zeiten zufälliger Weise ab; und den Park ließ Cromwell verwüsten, indem die herrlichen Eichen zum Bau der Citadelle und Baraken zu Perth genommen wurden. Der Boden ward umgepflügt, so daß man nur noch hin und wieder einen einzelnen Baum sieht. Die beyden noch übrigen Seiten zeigen im innern Schloßplatze eine gute Architektur. Der Eingang ist zwischen zween ansehnlichen Thürmen. Rechter Hand ist die Kapelle, deren vergoldete Decke fast ganz vernichtet ist. Die Vorderseite war mit Statuen, Büsten und Säulen gezieret, deren Kapital den Jonischen einigermaßen gleicht. Unter einigen dieser Säulen steht I. R. M. G. 1537, das ist: Iacobus Rex Maria de Guise. Die schottischen Könige wandten viel auf ihre Palläste, und hatten deren eine große Anzahl, wovon ein Theil bereits vorgekommen ist, und die übrigen noch vorkommen werden. Die Könige von England hatten destoweniger, und sie waren auch nicht so ansehnlich und weitläuftig, wie man aus den noch vorhandenen schließen kann.

Capitul. Wir gehen nunmehr nach Perth, und von da nehmen wir den südwärts liegenden Strich bis Sterling mit, ziehen von da mitten durch Schottland eine Linie gerade nordwärts nach Inverneß, um den von dieser Linie ostwärts liegenden Theil des Hochlandes zu bereisen. Von dem Landsitze Melvil erreicht man bald die Ufer der Tay, welche bey ihrer Mündung einen eben so breiten Meerbusen formirt, als die Forth, und sich weiter oberwärts auch eben so verenget, als diese, bis sie nur eine Breite von zwo Meilen behält, wo die Ueberfahrt nach Dundee ist, so wie die zu Queensferry in der Forth, alsdann erweitert sie sich wieder, bis auf vier und sechs Meilen, und behält eine ziemliche Breite bis Perth, so wie die Forth bis Sterling.

Perthshire.

Diese Landschaft gehört zu den größten in Schottland, indem sie in der Länge 60 Meilen, und in der Breite 38 hat. Sie gränzt gegen Norden und Nordwest an Badenoch und Lochaber, gegen Osten an Angur und Fife, gegen Süden an Clackmannan, Sterling und die Forth, und gegen Westen und Südwest an Argyle. Wegen ihres weiten Umfangs wird sie in sechs Grafschaften oder Unterabtheilungen abgetheilt: Breadalbane, Menteith, Strathern, Gowry, Stourmont und

und Athol. Ein Theil von Perthſhire wird ſchon zu den North-Highlands gerechnet, und iſt ſehr bergigt, hat aber ſchöne Schäfereyen, die eine welche und weiße Wolle geben. Inſonderheit iſt Breadalbane rauh und bergigt, und wird für den höchſten Theil Schottlands gehalten. In den plattern Gegenden, und längſt den Flüſſen und Seen, trifft man gutes Getraide und Wieſenland an, inſonderheit iſt Gowry an beyden ſehr fruchtbar. Die Manufactur von Leinwand, Garn und Zwirn hat ſchon einen hohen Grad erreicht, und nimmt immer zu.

Perth iſt die zwote Stadt in Schottland, groß, ſchön und volkreich, indem man ihr 11000 Einwohner giebt, darunter 2000 zur engliſchen Kirche gehören, oder Diſſenters ſind. Die alte Stadt dieſes Namens ſtand in einer kleinen Entfernung; ſie ward aber, weil ſie von einer Ueberſchwemmung des Tay ſehr gelitten hatte, hieher verſetzt. Sie hieß eine Zeitlang Johnſton, oder St. Johnſtown, nach einer alten Kirche dieſes Evangeliſten, welche noch vorhanden iſt. Sie war bis 1437 die königliche Reſidenz, und der Sitz des Parlaments, welches nebſt dem anſehnlichen Handel viel zu ihrer Aufnahme beytrug. Dieſer iſt noch wichtig, und wird durch die Tay, über welche eine feſte ſteinerne Brücke geht, ungemein befördert, indem Schiffe von 120 Tonnen bis an den Kay kommen können. Dieſe Brücke iſt die ſchönſte in Schottland; die Länge beträgt 900 Fuß, und die Breite 22 zwiſchen den Fußbänken. Sie hat neun Bogen von 75 Fuß im Durchſchnitt, und die Pfeiler ſtehen auf einem eichenen Roſte zehn Fuß tief unter dem Bette des Fluſſes. Sie koſtet 26000 Pfundſt. Sie verbindet alle Hauptwege

Perth.

durch

durch Schottland. Die beyden Hauptstraßen sind schön, alle neuen Häuser in der Stadt werden von Stein gebaut. Ueberhaupt hat sich Perth seit 1745 um ein Drittel vergrößert, wozu die Leinwandmanufactnren viel beytragen, wodurch sich nicht nur ein großer Theil der Stadt, sondern auch der ganzen Gegend nährt. Man rechnet, daß außer, was Glasgow und Edinburg nehmen, jährlich bloß für 75000 Pfundst. nach London gehen; denn die ganze Ausfuhr wird auf 150000 Pfundst. angeschlagen. An Garn wird für 10000 Pfundst. verkauft.

In den Kriegen zwischen den Bruces und Baliols ward Perth von den Engländern befestigt, und Cromwell legte hier eine Citadelle an, wovon die Ruinen noch Cromwellsberg heißen. Seine Truppen ließen sich hier nach dem Frieden nieder, und legten den Grund zur jetzigen Industrie der Einwohner. Als die Armeen hier bey der Rebellion von 1715 stunden, bereicherte sich die Stadt auch nicht wenig. Perth liegt tief, aber angenehm zwischen zwo grünen Ebenen, the Inches genannt, die zum Leinwandbleichen dienen. Die hohen Gegenden um Perth geben schöne Weiden für das Rind und Schafvieh, und in den niedrigen wächst Korn im Ueberflusse. Wenn die gegen Dunkeld angelegten vielen Fichtenwälder ihre Vollkommenheit erreicht haben, so werden sie einen neuen Handelszweig abgeben.

Der Lachsfang ist hier so ergiebig und wichtig, daß nach Pennants Zeugniß einmal 3000 in einem Tage gefangen worden, wovon das Stück im Durchschnitt 16 Pfund wog. Man versendet davon für 14 bis 16000 Pfundst. jährlich nach London und dem mittelländischen Meere. Die Fischerey dauert vom Andreastage bis zu Anfange des Septembers. Leinöl

ist

Perthshire.

ist ebenfalls ein starker Nahrungsartikel für die Stadt. Sieben Wassermühlen schlagen im Durchschnitt, jede etwa 300 Tonnen Oel, welches meist nach London geht, und acht bis neun tausend Pfundst. einbringt. Sonst war man einfältig genug, die Leinkuchen wegzuwerfen, jetzt werden sie zur Fütterung des Rindviehes vortheilhaft verkauft. An Weizen und Gerste werden gegen 30000 Bolls ausgeführt. Man schifft auch Talg, Wachs, gegerbte Kalb- und Schaffelle, rohe Kalb- und Ziegenfelle in Menge aus. Sonst war der Perlenfang so ansehnlich, daß von 1761 bis 1764 für 10000 Pfundst. nach London geschickt wurden. Allein man findet keine mehr, und daran ist der Geiz der Unternehmer Schuld.

Das tragische Ende des Grafen von Gowrie ist den hiesigen Einwohnern noch in frischem Andenken. Man zeigt noch sein Haus, die Treppe, darauf er erschlagen ward, und das Fenster, wodurch der König Jakob entfloh. In dem Hause liegen jetzt Artilleristen.

Zu **Dupplin** an der Ern westwärts, unweit Perth, dem Sitze des Grafen von Kinnoul, sind gute Gemälde, unter andern drey Stück von Panini, das Bildniß des Prinzen Ruperts, des Erfinders der Stiche in schwarzer Kunst, von Leely, und der berühmten Gräfinn von Dermond, die 1614 im 140sten Jahre starb. Hier erlitt der Graf von Marr, Regent, statt des unmündigen Königs David II. eine wichtige Niederlage. Von Dupplin geht ein 24 Fuß breiter mit großen Steinen gepflasterter Römer-Weg über Gaskall, wo erstaunliche Pflanzungen angelegt sind, und Innerpeffery, wo viel kleine römische Forts sind, nach dem Lager bey Ardock, dessen Spuren noch vorhanden sind. Ardock liegt

liegt etliche Meilen von der gleich vorkommenden Stadt Dumblain.

Glames. Nordostwärts von Perth streckt sich das herrliche Thal Strathmore bis Forfar und Brechin in Angus, wovon im folgenden Briefe. Es wird in Ansehung des Getraidebaues für das fruchtbarste in der ganzen Gegend gehalten. Es ist daher voll von Landsitzen des Adels: unter andern liegt zwischen Forfar und Perth in Angus, Glames, das Erbgut der Familie Lyow, Grafen von Strathmore *). Es ist der größte und auch beynahe der beste unter den alten schottischen Rittersitzen. In der Entfernung sieht man so viel Gebäude, Thürme und hohe Spitzen, die zum Theil vergoldet sind, daß man es eher für eine Stadt, als für einen Pallast, halten sollte: und es zeigt sich vermöge der Durchschnitte im Park auf so mancherley Art, daß man in jeder Durchsicht ein andres Gebäude zu sehen glaubt. Der Hauptzugang ist eine halbe Meile lang, und hat auf jeder Seite etliche Reihen Bäume. Am Eingange des Hauses stehen vier Statuen von Bronze, Jakob VI. Karl I. Karl II. und Jakob VII. König Malcolm II. ward in diesem Schlosse ermordet; seine Mörder kamen aber alle auf dem Eise des Sees Forfar um, welches einbrach.

Dumblain. Wir nehmen von Perth aus nun den südwärts liegenden Strich dieser Provinz mit, und gehen bis Dumblain, eine Stadt, welche an der Allan, nicht weit von ihrem Einflusse in die Forth, in einer angenehmen Gegend liegt, aber gar keinen Handel hat. Man sieht noch die Ruinen der ehemaligen

Kathe-

*) Man kann es auch von Forfar aus besehen.

Kathedralkirche, die ganz ansehnlich gewesen seyn muß. Hier fiel ein Treffen zwischen den Truppen König Georgs I. und des Prätendenten seinen unter dem Grafen von Marr, vor.

Südwärts von Dumblain liegt die kleine Landschaft Clackmannan, die nur acht Meilen lang und fünf breit ist. Sie wählt mit der noch kleinern Kinnroß, wechselsweise nur ein Parlamentsglied, und ist ganz von Perthshire und der Forth eingeschlossen. Die Devon fließt queer durch. Sie hat gutes Getraideland und Wiesenwachs; vornehmlich aber führt sie viel Steinkohlen und Salz aus. Die hiesigen Kohlen sind eigentlich diejenigen, die man in England schottische Kohlen nennt. Von 118000 Tonnen, die Schottland ohngefähr alle Jahre ausschifft, gehen aus diesem Hafen allein 40000. {Clackmannanshire.}

Der Hauptort, wo die Ausfuhre geschieht, ist Alloa oder Alloway, eine Stadt, an deren einem Ende die Grafen von Marr einen schönen Landsitz haben, das Kastell von Alloway genannt, der aber so in neuerm Geschmack eingerichtet ist, daß man nichts mehr einem alten Kastelle ähnliches bemerkt. Der Garten gehört zu den schönsten in Schottland, und hält 40 Acker, und der Park, welcher durch Gänge und Durchschnitte mit jenem verbunden worden, ist dreymal so groß. Die Forth wird hier schiffbar, und ziemliche Frachtschiffe können sicher in dem Hafen liegen. Die glasgower Kaufleute hatten hier sonst Waaren liegen, und brachten Zucker und Tabak auf der Achse her, um diese Artikel von hier nach der Ostsee oder andre Oerter zu versenden, welcher Handel vermuthlich abgenommen hat, da die Fracht auf dem neuen Kanale viel wohlfeiler seyn muß. Die Hauptstraße des Städtchens geht bis an {Alloa, oder Alloway.}

den Hafen hinab. Es ist geräumig, wohl gebaut, und mit Reihen von Bäumen geziert. Ein Beweis des guten Handels, der hier getrieben wird, ist ein großer Hof voll von Bretern und andern norwegischen Holzwaaren, und die ansehnlichen Lager von Pech, Theer, Hanf, Flachs, und dergleichen Schiffsbedürfnissen. Man macht hier viel Seegeltuch, und auf der Sellerbahn alle Arten von Tauwerk zur Ausrhebung der Schiffe. Auf zwo Schneidemühlen werden Breter geschnitten.

Clackmannan. Culroß. Weiter abwärts liegt der Flecken Clackmannan, welcher der Landschaft den Namen giebt, und ein Landsitz der Familie Bruce ist, und noch weiter an den Gränzen von Fife Culroß, das aber schon zu Perthshire gehört. Es ist eine artige angenehme Stadt, die längst der Forth hinliegt, und einen mit allen Lebensmitteln gut versehenen Markt hat, und einen Handel mit Leinwand und Steinkohlen treibt. Ein Theil der alten berühmten Abtey, die sonst hier war, ist in einen Stall verwandelt, und einen andern hat der Graf Dundonald, als jetziger Besitzer, wieder in Stand setzen lassen. Ueberdieses hat die Familie der Bruce, Grafen von Kinkardine, einen herrlichen Landsitz hier, der die Aufmerksamkeit eines Reisenden wohl verdient. Wir machen hierbey überhaupt die Anmerkung, daß der Adel in vorigen Zeiten nirgends ansehnlichere Sitze gehabt hat, wenn sie gleich jetzt zum Theil ein altfränkisches, gothisches Ansehen haben, so wie ihre Familien keinen andern in Ansehung des Alters und der edlen Abkunft nachgeben. Uebrigens ist Culroß wegen gewisser runder eisernen Pfannen (girdles) bekannt, die hier in Menge gemacht werden, und deren sich die Schotten bedienen, um ihre Haberkuchen darin zu backen.

Von

Von hier gehen wir wieder nach Perth durch Kinrossshire, Kinrossshire zurück. Kinross ist ein Flecken, welcher einer kleinen Landschaft, die eben bey Clackmannan erwehnt worden, den Namen giebt. Sie ist die kleinste von allen in Schottland *), und hat weiter nichts merkwürdiges, als gedachten Flecken, mit dem Rittersitze, und dem dabey befindlichen schönen See Loch-Leven. Auf einer Insel in demselben steht das Kastell, darin die schottische Königinn Maria von der Gegenparthey in Verwahrung gehalten, und gezwungen ward, erst ihrem Lieblinge Bothwell, und hernach der Krone zu entsagen. Der See hat 10 Meilen im Umfange, ist an manchen Stellen sehr tief, und nährt eine unglaubliche Menge Hechte, Bärsche, Forellen und andere Fische: Er hat seinen Abfluß durch den Fluß Leven, der von hier nach Lesly läuft. Der Garten von Kinross stößt bis Kinross. an das Ufer des Sees. Das Haus, welches dem Baronet Hope Bruce gehört, ist ein schönes, regelmäßiges, architektonisches Gebäude, welches William Bruce, der Schottische Vitruvius, zu Carls II Zeiten auf seine Kosten gebauet und angegeben; das Städtchen liegt in einer kleinen Entfernung, hat eine ziemliche wohl gebaute Straße, und einen guten Markt. Das Haus ist von feinen weißen Steinen aufgeführt, die Arbeit daran mit Geschmack, und das Ganze überhaupt schön. Manchen wird es vielleicht zu nahe am Wasser zu stehen scheinen, weil es, wenn der Schnee schmelzt, zuweilen in den Garten tritt: da aber die Gegend umher keinen Sumpf

oder

---

*) Sie ist mit auf der großen Charte abgebildet, die oben bey Fife angeführt ist. Die Landschaft Fife umgränzt sie von drey Seiten, und gegen Westen stößt sie an Perthshire.

ober stehende Gewässer hat, so ist die Lage doch gesund. William Bruce legte viel Waldung an, und sein Enkel, der jetzige Besitzer, hat solche noch viel vergrössert. Die Nachwelt wird die Vortheile dieses über ganz Schottland allgemein verbreiteten Geschmacks genießen, weil es in Ansehung des entstehenden Bauholzes das zweyte Norwegen wird.

Gowrie. Von Perth geht die Reise nunmehr nordwärts, und man kommt jenseits der Tay bald auf Scoon. Die herrliche Marsch von Gowrie, deren Fruchtbarkeit außerordentlich ist, bleibt ostwärts an der Tay liegen. Sie ist 14 Meilen lang, und viere breit. Sie bringt herrliches Getraide, Erbsen, Klee ꝛc. hervor; Obstgärten, Pflanzungen und Landhäuser wechseln mit einander ab, und auf beyden Seiten der Wege stehen Bäume. Die Häuser sind von Lehm, nur Schade, daß dieser gesegnete Strich an zwey unentbehrlichen Dingen Mangel leidet, nämlich im Sommer an Wasser, und im Winter an Feuerung.

Scoon. Scoon ist in der Schottischen Geschichte nicht nur als die Residenz vieler Schottischen Könige, sondern auch wegen der alten Abtey berühmt, darinn solche gekrönt wurden. Es geschahe dieses auf einem hölzernen Stuhle, den der siegreiche König Eduard I. nach der Westminster Abtey bringen ließ, wo er noch gezeigt wird. In dem Stuhle ist ein Stein, von dem viele Fabeln erzählt werden. König Kenneth soll darauf nach der glücklichen Schlacht mit den Picten ausgeruhet, von den Adelichen mit einem Siegskranze gekrönt worden seyn, und ihn zum Andenken zur Krönung aller Könige bestimmt haben. Man zeigt auch noch den Gerichtshügel, auf dem die alten Könige öffentlich Gericht hielten. Der

königliche

königliche Pallast in Scoon ist zwar alt, aber doch nicht so verfallen, als verschiedene von denen, die bisher vorgekommen. Im Jahre 1715 hielte der Prätendent eine Zeitlang Hof darin, und übte alle königliche Vorrechte aus; die Herrlichkeit währte aber nicht lange. Die Vorderseite hält 200 Fuß, und inwendig sind zween ansehnliche viereckige Höfe.

Jenseits der Tay zu Locarry ist das Schlacht- Locarry. feld, wo die Schotten zu Ende des 10ten Jahrhundertes einen entscheidenden Sieg über die Dänen erhielten. Sie wollten schon fliehen, aber ein Bauer Hay, der eben da pflügte, führte sie wieder nebst seinen beyden Söhnen gegen den Feind, und sie schlugen ihn darauf aus dem Felde. Die adeliche Familie Hay führt noch das Joch, womit der Bauer die fliehenden Schotten aufhielt, mit den Worten: sub jugo, im Wapen. Man sieht hier verschiedene Grabhügel der Gebliebenen. Ein großer Sumpf ist ausgetrocknet, und zum Theil in Leinfelder, Leinwandfabriken und Bleichen verwandelt, darauf jährlich 400000 Ellen Leinwand gebleicht werden.

Der Weg von Scoon nach Dunkeld, wel- Dunkeld. ches viel höher an der Tay hinauf liegt, hat viel angenehmes. Man reiset von einem Hügel über den andern; die Abhänge sind mit Kiefern regelmäßig bepflanzt, und in der Vertiefung fließt allemal ein kleiner Fluß, den man schon von weitem über die Felsen fortrauschen hört. Hin und wieder liegen sie so enge und hoch über einander, daß das Wasser sich mit Gewalt und schäumend durchdrängen muß, und an andern Orten formiren sich brausende Kaskaden. Zuletzt kommt man an den Paß oder den Eingang in die Hochlande, welcher fürchterlich prächtig ist. Man hat nichts, als hohe, rauhe, und oft nackte Ge- birge

birge um sich. An manchen Stellen liegen sie dicht neben einander, und sind mit Holz bewachsen, welches über die schnell fließende Tay hängt, und solche verfinstert. Wenn man eine Zeitlang in diesem hohlen Wege gereiset ist, erblickt man auf einmal die Stadt Dunkeld, welche am Fuß der schroffen, hohen, bald nackigten, bald waldigten Grampiangebirge liegt. Sie ist nur klein, hat aber eine einträgliche Leinwandfabrik. Im Sommer kommen viele Personen hieher, um Ziegenmilch und Molken zu trinken.

Auf der andern Seite der Tay liegt der Pallast des Herzogs von Athol, mit angenehmen Gärten. Von verschiedenen Gängen desselben hat man herrliche und sehr malerische Aussichten der wilden finstern Natur. Alle Arten von Bäumen kommen hier sehr gut fort, und so gar die zärtlichen Sträucher aus wärmern Gegenden, z. E. der Lorbeer oder die Vogelkirsche aus Portugal (Prunus Padus Lusitanica Linn.) Im Bezirk des Gartens liegen die Ruinen der ehemaligen prächtigen Kathedralkirche, deren Chor noch zum Gottesdienste gebraucht wird. Auf dem Begräbnißplatze der Familie bemerkt man unter andern das Monument eines Marquis von Athol mit sehr vielen Wapenschildern. Jenseits des Flusses ist ein angenehmer Gang am Ufer der Bren, eines reißenden Stroms voller kleinen Steine. Am Ende desselben steht auf einem Felsen ein artiges Gebäude, welches über eine Kluft hängt, worein sich der Fluß mit großer Heftigkeit von einer Höhe hinabstürzt. Einige Scheiben der Fenster des Saals sind von rothem Glase, welches macht, daß der Wasserfall aussieht, als ob Feuer niederfiele.

Die

Die Häuser der Hochländer haben in diesen Gegenden ein elendes Ansehen. Sie bestehen meistens aus Torfklumpen, Stein, und Genster. Von Feuermauern wissen sie nichts; zuweilen ist oben ein Loch im Dache, damit der Rauch hinausziehe, gemeiniglich muß er aber den Weg durch die Hausthüre zum Hause hinaus suchen. Sie leben schlecht: ihre vornehmste Speise ist Habergrütze, die auf verschiedene Weise mit Wasser zubereitet wird. Ihr Brod besteht aus Kuchen von Habermehl und Wasser. Die Häuser des gemeinen Mannes enthalten insgemein nur zwo Abtheilungen mit einer schlechten Scheidewand. In der einen wohnen und schlafen sie; das Feuer ist in der Mitte, und ihr Lager ist auf Kornspreu, oder Heydekraut. In der andern haben sie ihr Rindvieh, welches sehr klein ist. Ein ausgewachsener Ochse hat kaum die Größe eines jährigen Kalbes in England. Die Ausdünstung des Mistes und das Torffeuer erhält sie vielleicht gesund; jedoch haben sie insgemein die Kräße, wovon auch die Vornehmern selten frey sind; sie machen sich aber nichts daraus.

Nordwärts 14 Meilen von Dunkeld liegt der Paß Killicranky, der nach Blair, dem Fort Augustus, und weiter in die Hochlande führt. Hier fiel ein Treffen zwischen den Truppen des Königs Wilhelm III. und des Vicomte Dundee vor. Der Ort liegt am Fuße eines hohen Berges, andre, deren Spitzen bis in die Wolken steigen, stehen umher, und die Timel trennt ihn von noch höhern waldigten Bergen. Der Weg war sonst schmal und gefährlich, weil der Fluß in einer großen Tiefe unten dicht daran wegkluft, die Soldaten haben ihn aber bequem und breit gemacht. Von den Bergen stürzen die klärsten Bäche herab. Das Auge hat allenthalben die größte Abwechselung herrlicher Prospecte.

Loch-Tay. Von Dunkeld führt ein schmaler Weg in ein gut angebauetes Thal. Rechter Hand vereinigt sich die Tay mit der Timel; gerade nordwärts geht der Weg nach Killicranky, und links liegt Taymouth in einem engen Thale, das auf beyden Seiten mit Bergen umgeben ist. Die nach Süden hin befindlichen sind mit Bäumen bepflanzt, und haben ein recht alpenmäßiges Ansehen. Der Graf von Breadalbane hat seinen Sitz hier in einem Schlosse, das im Park steht. Längst der Tay geht ein 50 Fuß breiter Gang, der bereits 2200 Ellen lang ist, und noch einmal so weit bis an die Vereinigung der Lion mit der Tay gehen soll. Die aus der See kommende Tay fließt schnell, und hat eine sehr durchsichtige, aber braune, Farbe, wie viele Flüsse Schottlands. Eine hölzerne Brücke geht darüber. Von dem so genannten Venustempel sieht man auf den See, der eine Meile breit, und funfzehn lang, zu beyden Seiten mit hohen Bergen eingefaßt ist. Nach Süden sind die Berge ziemlich hoch hinauf bebauet, und die Wohnungen der Bergschotten liegen gruppenweise darauf zerstreuet. Die nordliche Seite ist nicht so waldigt, und mehr bebauet. Der Gipfel des hohen Laum ist meist das ganze Jahr mit Schnee bedeckt. Der Loch-Tay ist an manchen Stellen 100 Klaftern tief, und führt eine Menge Hechte, Lachse, und Forellen bis zu dreyßig Pfund bey sich. Die ganze Gegend ist von Hasel- und Schneehühnern, Hirschen, und Hasen angefüllt. Von den letztern hat man auf den Bergen eine von unsern gemeinen Hasen verschiedene Art. Die schreyenden Roystohkrähen (Corvus Cornix) sind hier und im Hochlande gemein: sie sind

den

den Schafen sehr gefährlich, weil sie ihnen die Augen aushacken. Die schwarzen Adler bleiben das ganze Jahr hier, aber die Meerabler ziehen den Winter über fort. Längst dem nördlichen Ufer des Sees Tay hat der Graf von Breadalbane auf seine Kosten eine schöne Heerstraße mit 32 Brücken über die von den Bergen herabströmenden Flüsse anlegen lassen. Die Pferde sind in dieser Gegend meistens grau oder weiß, und weil die Bauerhöfe klein sind, so halten oft vier Bauern einen Pflug zusammen, und jeder giebt ein Pferd dazu her. Wer nicht ganz Schottland und die rauhesten Hochlande durchreisen will, läßt sich gemeiniglich damit begnügen, daß er bis hieher kommt, und von Taymouth über Killin geht, welches sechzehn Meilen macht; von Killin nach Tiendrum 20; Glenarchle 12; Inverary 16; Luss am Ufer des Loch Lomond 30; Dumbarton 12; Glasgow 15; und von hier wieder nach Edinburg zurückkehrt; ein in Absicht der mannichfaltigen und zum Theil prächtigen Scenen unvergleichlicher Strich Landes.

Achter Brief.

Die Landschaft Angusshire. Dundee. Panmure. Aberbrothick. Forfar. Brechin. Montrose. Kincardineshire. Dunnoter. Stonehive. Fluß Dee. Aberdeenshire. Alt- und Neu-
Aberdeen. Kintore. Inverary. Strathbogy.
Slanes. Bowneß oder Buchanneß. Peterhead. Fraserburgh. Bamffshire. Bamff.
Cullen. Keith. Gordon-Castle.
Forchabers.

Wir verlassen nunmehr die Landschaft Perthshire, und versparen, was noch davon zurück ist, nämlich den übrigen Theil von Strathern, nebst Menteith, bis auf der Rückreise aus den Hochlanden. Jetzt gehen wir von der Stadt Perth in die Landschaft Angusshire, um unsrer Absicht gemäß erst die östlichen Provinzen bis Inverneß hinauf durchzureisen.

Angusshire. Die Landschaft Angus wird in zwo Abtheilungen getheilt, in Angus und Forfar, welche Namen aber auch wechselsweise der ganzen Landschaft beygelegt werden. Sie liegt längst dem Firth von Tay und dem deutschen Meere, und gränzt gegen Westen an Perth, gegen Norden an Aberdeen, und gegen Osten an Mearns. Sie hat guten Getraidebau und Wiesenwachs: in den Seen und Flüssen einen Segen an Fischen, und einen Ueberfluß an Wildpret. Es giebt schöne Brüche von Bausteinen und Schiefer; beym Kastell Inner-Markie sind Gruben von Bley, und beym Walde von Dalbog

welche

welche von Eisen. Die Länge dieser Grasschaft beträgt 28, und die Breite 60 Meilen.

Wenn man von Perth kommt, so erreicht man bald die Stadt Dundee, in Ansehung des Handels eine der wichtigsten in Schottland. Sie liegt am Busen des Tay, unter dem 56° 24′ nordlicher Breite, in einer angenehmen Lage, auf der Seite eines Hügels. Man zählt 14000 Einwohner. Die Gassen sind ansehnlich, und zum Theil mit schönen Häusern versehen; nach dem Marktplatze zu Aberdeen hat Dundee den besten im Lande. Die Kaufleute treiben einen wichtigen inn- und ausländischen Handel, welcher durch die bequeme Lage sehr erleichtert wird. Sie schiffen von hier eine große Quantität Getraide und Leinwand nach England und Holland aus. Sie holen aus Norwegen und Schweden Schiffbauholz, Breter, Theer, Pech, Kupfer, und Eisen; sind bey der Heringsfischerey interessirt, und treiben mit vielen andern Artikeln Handel.

Das Korn kommt aus der Marsch von Gowrie, deren Fruchtbarkeit wir bereits gerühmt haben. Dieser Abzug des Getraides ist ein Glück für die dortigen Eigenthümer und Pachter, weil die Pachter ihren Pacht meistens in Getraide entrichten. Längst dem Kay sind große Kornböden und Waarenlager, deren eines 100 Fuß breit ist, mit zween schönen Flügeln, gebauet. Zur Sicherheit des Hafens sind Steindämme aufgerichtet, und über der Stadt liegt Law von Dundee, welches den Seefahrern zum Zeichen dient, und des Nachts werden zween Leuchtthürme unterhalten. Schiffe von 300 Tonnen können in den Hafen einlaufen. Den Einwohnern gehören etwa 70 Schiffe.

Die vornehmsten hiesigen Manufacturen bestehen in Leinwand *), Seegeltuch, Tauwerk, Zwirn, Zwirnstrümpfen, Zwillig, gegerbtem Leder, Schuhen für London, Hüten, welche die Englischen in dieser Gegend ganz verdrängt haben ꝛc. Die Zuckersiederey ist im besten Flore.

Die Stadt hat drey Kirchen, zwo Kapellen von der englischen Kirche, und drey Bethäuser der Glassiten, die von Johann Glaß herkommen, und der Seceders. Der prächtige gothische Thurm der alten Kirche verdient betrachtet zu werden. Die neue Kirche ist von schöner Architektur; so wie auch das Rathhaus, welches der Vater des Adams, der die Adelphi in London gebauet, angegeben hat. Das Hospital ist ansehnlich. Cromwell eroberte die Stadt, und plünderte sie; sie hat sich aber längst wieder erholt. Der alte schottische Geschichtschreiber Hector Boethius war aus Dundee gebürtig.

Brogh-tay-Crag. Ostwärts von Dundee, unweit der Mündung der Tay, liegen die Ruinen des alten Schlosses Brogh-tay-Crag, welches im 16ten Jahrhunderte von den Engländern und Franzosen Belagerungen ausstehen mußte, jetzt aber wegen des ergiebigen Lachsfanges in der Nachbarschaft bekannt ist.

Seamure. Von Dundee bis Montrose sind 20 schottische Meilen. Der Weg längst der Küste ist angenehm wegen der fruchtbaren Gegenden, und der vielen

---

*) Insonderheit sogenannte Osnabrughs, (eine Art grober Leinwand) die stark nach Westindien und Amerika für die dortigen Sklaven gehen. 1747 fieng man an sie zu verfertigen, und 1773 wurden bereits 4,488,460 Ellen gestempelt und verkauft. Sie werden nach London, Glasgow und andre Hafen zum weitern Versenden geschickt.

Angusshire. Aberbrothick.

len auf diesem Striche liegenden Landsitze. Auf dem halben Wege liegt Aberbrothick; und ehe man dahin kommt, sieht man Panmure, ein großes schönes Haus mit weitläuftigen Pflanzungen umgeben. Es fiel 1715 der Krone anheim, weil sich der Graf dieses Namens zu den Rebellen geschlagen hatte. Der Familienname heißt eigentlich Maul, wovon das Städtchen Maulsburgh bey Montrose den Namen hat.

Die kleine blühende Stadt Aberbrothick oder Arbroth, liegt an der Mündung des Flüßchens Brothick, und hat seit 40 Jahren an Einwohnern so zugenommen, daß man deren jetzt auf 3500 zählt. Es wird hier viel Leinwand, Seegeltuch, weißer und bunter Zwirn *) gemacht; unter andern werden auf 8000 Ellen Osnabrughs ausgeführt. Der Küstenhandel mit Kohlen und Kalk von Lord Elgins Gütern **) ist auch beträchtlich, vornehmlich mit den erstern, weil die Kohlen, so bald sie das nordwärts liegende Vorgebirge Redhead passirt sind, viel entrichten müssen. Aberbrothick ist von der Mündung der Tay oder dem Vorgebirge Butconeß bis Montrose der einzige Hafen, und auch dieser durch Kunst vermittelst Steindämme gemacht, und kann bey gemeinen Fluthen nur Schiffe von 80 Tonnen fassen. Ueberhaupt giebt es an der östlichen Küste Schottlands viel Sandbänke, welche das Einlaufen in die Häfen unsicher machen. Aus den Ruinen der Abtey auf einer Anhöhe bey der Stadt kann man auf ihre alte Pracht schließen: man hat eine der reizend-

Aberbrothick

*) Man hat Mühlen zum Zwirnen, nach Art der Mühlen zu Derby in England, wodurch Seide gezwirnt wird.
**) Siehe oben den siebenten Brief.

sten Aussichten davon. König Wilhelm I. stiftete sie, und liegt hier auch begraben, wiewohl man keine Spur von seinem Grabe sieht. Das hiesige mineralische Wasser steht bey verschiedenen Gebrechen in gutem Ruf.

Forfar. Anstatt den geraden Weg nach Montrose zu reisen, machen wir einen Bogen, um die beyden merkwürdigen Städte Forfar und Brechin mitzunehmen. Nach Forfar wird zuweilen die ganze Landschaft benennt, und in diesem Betracht ist sie die Hauptstadt *). Sie hat sich seit Einführung der Leinwandmanufacturen in Schottland sehr gehoben. Man rechnet, daß sie ihr und der Nachbarschaft ein Jahr auf 20000 Pfund St. einbringe. Die Anzahl der Einwohner beläuft sich auf 2000. Von dem See, der die Stadt sonst ganz umgab, ist ein Theil ausgetrocknet. Die große Menge Mergel, die sich hier in drey bis zehn Fuß tiefen Lagen findet, hat die Fruchtbarkeit des Bodens ungemein befördert; seitdem die Landleute gelernt, ihn zur Düngung anzuwenden. Ein alter Schiffer zeigte ihnen, wie man den Mergel auf eine ähnliche Art, als man bey Aufförderung des Ballasts für die Schiffe befolgt, aus dem Wasser ziehen könne.

Brechin. Brechin liegt auf der Spitze und einen Seite eines Hügels, und hat eine gute Hauptstraße. Die Leinwandmanufactur ist hier noch lange nicht so im Flore, als in Forfar. Die Kathedralkirche des ehemaligen Bißthums steht noch, und dabey ein runder Thurm, dergleichen man viel in Irland antrifft, und der vielleicht zur Pönitenz diente. Brechin hat einen

*) Fünf Meilen westwärts liegt Glames, welches bereits im siebenten Briefe vorgekommen.

Angusshire. Montrose.

einen starken Markt von Rindvieh und Lachs; und eine gute Brücke von zween Bogen über die Süd-Esk. Das Kastell hat Terrassen den Berg hinan, wie Warwick-Castle in England. Es gehörte zu den eingezogenen Gütern des Grafen Panmure, jetzt aber der Pork-Building Kompagnie in London.

Einige Meilen abwärts an der Mündung der Montrose Süd-Esk liegt Montrose, wovon die Familie Graham den herzoglichen Titel führt. Der Prätendent landete hier 1715 mit der französischen Flotte. Die Stadt ist gut gebauet; und hat ein Armenhospital. Sie steht auf einer Erdzunge, die ehemals vom Meere bedeckt war. Auf der felsigten Spitze Montroseneß ist ein Leuchtthurm errichtet. Die Sandbänke Annot werden durch Sturm oft näher an diese Spitze geworfen, die Esk spült sie aber bald in ihre vorigen Gränzen wieder zurück. Zwischen der Erdzunge und dem Neß ist die Einfahrt des Hafens, wodurch die Fluth mit großer Heftigkeit bringt. Sie ist kaum eine Viertelmeile breit, erweitert sich aber bald in ein ansehnliches Becken, das bey der Ebbe meist trocken ist, ausgenommen wo der eigentliche Kanal der Esk fließt, worin zu jeder Zeit Schiffe von 200 Tonnen flott bleiben. Die Einwohner belaufen sich seit 1745, da die Manufacturen angelegt sind, und die Stadt um ein Drittel größer geworden, auf 6000. Die vornehmste Arbeit ist Sergeltuch. Das Garn dazu wird nicht am Rade, sondern mit den Händen gesponnen. Die Weiber winden sich den Flachs um den Leib, und drehen den Faden, indem sie rückwärts von einem Rade abgehen, das von einem Jungen gedreht wird. Man macht auch grobe Leinwand zu Soldatenhemden, ein Theil davon wird in London und Manchester gedruckt, so wie die

hiesigen

hiesigen baumwollenen Zeuge in eben der Absicht nach Perth gesandt werden; ferner seine Leinwand und Kammertuch, die Elle zu 2½ bis 5 Schillinge. In der umliegenden Gegend wird viel Zwirn gesponnen, und in Montrose gereinigt, abgetheilt, und zum Theil auch gefärbt. Die ansehnliche Leinwandbleiche hat die Stadt verpachtet. Der Lachsfang ist so wichtig, daß jährlich 600 bis 1000 Tonnen, jede zu drey Pfund, und für 1500 Pfund St. eingemachter Lachs versendet wird. Der Fang dauert vom Februar bis Michael *). Die Küste von Montrose bis Aberdeen zieht sich gerade gegen Norden. Zu Gomachie passirt man die North-Esk, vermittelst einer Brücke von einem großen Bogen, unter der das Wasser 50 Fuß tief mit großer Heftigkeit zwischen den Felsenwänden durchschießt; man betritt alsdenn sogleich die Landschaft

Kincardine oder Mearns.

Sie liegt längst der Küste, und wird ganz von Angus und Aberdeenshire eingeschlossen. Man trifft einige gute Hafen darin an. Das Thal von Mearns liegt zwischen den grampischen Bergen, und einer andern parallelen Reihe von Bergen. Es ist fruchtbar, doch sind die Einwohner nicht so gute Landwirthe, als in Angus. Diese Landschaft hat viel Tannenholz zum Bauen. Man rechnet, daß die Adelichen in diesem Jahrhunderte auf fünf Millionen Bäume angepflanzt haben.

Der

*) Beym benachbarten Dorfe Usan fängt man eine ungeheure Menge Hummer. Jährlich gehen 60 bis 70000 Stück nach London. Das Stück gilt, wenn es 5 Zoll im Umfange hat, 2½ Pence, die kleinern nur 2.

Kincardine.

Der erste merkwürdige Ort, wenn man die Küste gegen Norden hinauf reiset, ist der königliche Burgflecken Innerbervy, an der Mündung der Bervy. Nordwestwärts im Innern des Landes liegt Jordun *), welches ehemals wegen der Reliquien des heiligen Palladius, des ersten Bischoffs der Schotten, berühmt war. Von ihm hat auch der Flecken Paldykirk den Namen, welcher jährlich drey große Jahrmärkte mit grobem Tuche hat.

Innerbervy

Höher hinauf liegt das in der Geschichte bekannte Schloß Dunnoter, auf einem hohen Felsen, fast ganz von der See umgeben, und wird durch eine Kluft vom festen Lande getrennt. Der Fels besteht aus einer Breccia, oder aus Kieseln, die zusammen gekittet sind. Die Felsenfläche beträgt mehr, als ein Acker. Die Aussicht ist vortrefflich. Das Schloß gehörte der Familie Keith, die ihre Güter verlor, weil sie sich in die Rebellion von 1715 einließ. Der älteste Bruder, Graf von Marshall, flüchtete nach Spanien; der jüngere Keith gieng anfangs in russische und hernach in preußische Dienste, und ward einer der größten Generale unserer Zeit.

Dunnoter

Stonehive oder Stonehaven, die Hauptstadt der Provinz, ist nur klein. Der Meerbusen formirt einen Hafen für kleine Schiffe. Sie hat nicht viel über 800 Menschen, die sich meist mit Verfertigung grober Leinwand und Zwirnstrümpfen nähren. Eine Frau verdient täglich vier Pence mit Stricken, und ein Mann einen Schilling mit Weben. Nicht weit davon hat Herr Barclay zu Urie der ganzen Gegend

Stonehive

---

*) Von hier war John de Jordun, der Verfasser einer schottischen Chronik, gebürtig, den die nachfolgenden Geschichtschreiber fleißig genutzt haben.

Gegend ein löbliches Exempel zur Verbesserung der Landwirthschaft gegeben, indem er schlechte Heyde in die schönsten Felder und Wiesen verwandelt. Die Pachter stehen sich jetzt besser bey 20 Schill. Pacht vom Acker, als vorher bey zween Schill. Er führte den Rübenbau, zum Futter fürs Rindvieh, ein, und jetzt sieht man frisches Rindfleisch auf den Märkten, das man sonst im Winter und Frühlinge gar nicht kannte.

Der Fluß Von Stonehive sind noch zwölf kleine Meilen bis Aberdeen; zwo Meilen vorher passirt man, vermittelst einer ansehnlichen Brücke von sieben Bogen, den Fluß Dee, welcher die Gränze zwischen Mearns und Aberdeen macht. Vier bis fünf Meilen vorher ist das Land sehr schlecht: der Torfboden reicht bis an die Stadt. Der Weg ist gepflastert, sonst wäre er bey schlechtem Wetter gar nicht zu passiren. Von der Brücke an hat man einen angenehmen Prospekt längst dem Flusse nach Neu-Aberdeen.

Aberdeenshire.

Die große Landschaft Aberdeen wird in die zwo Grafschaften, Mar und Buchan, und in die Baronie Strathbogie, abgetheilt. Sie hält fast 50 Meilen in der Länge, aber die Breite ist sehr ungleich. Gegen Osten und Norden gränzt sie an die See, gegen Süden an Mearns und Perth, und gegen Westen an Bamff und Badenoch. Der Boden ist meistens unter gehöriger Bestellung gut, und trägt alle Arten von Getraide, vornehmlich vielen Hafer. Die gebirgigten Gegenden geben gute Viehweiden: und in ihren Bergen fehlt es nicht an Stein, Schiefer, und Marmorbrüchen: letzterer ist von gesprenkelter Gattung. Das Clima ist gemäßigt, und gelinder, findet, als man es unter dieser Breite denken sollte, ob es gleich denen aus wärmern Ländern etwas kalt scheint. Die Flüsse sind voll von Lachsen und Forellen, vornehmlich die Dee, Don, Ythan und Uggie, und liefern einen Ueberfluß zur Ausfuhr. Einige führen auch schöne große Perlen. Das Hauptgeschäfte der Weiber in dieser Landschaft ist das Spinnen des flächsenen Garns, wovon sie mehr, als andre Gegenden des Reichs, liefert.

Die Stadt Aberdeen besteht aus zween Theilen: Alt-Aberdeen an der Mündung der Don, und daher richtiger Aberdon genannt, und Neu-Aberdeen an der Dee. Alt-Aberdeen ist eine halbe Meile von Neu-Aberdeen entfernt, und hat eine Brücke von einem gewaltigen Bogen über die Don, die auf jeder Seite Felsen, die vermuthlich so alt, als die Welt, sind, zu Wiederlagen hat. Es ist eine armselige Stadt, deren Kirche ehemals eine Kathedralkirche war, aber seit der Reformation sehr gelitten hat. Das Vornehmste darin ist das Königs-Collegium oder die Universität, ein stattliches Gebäude mit einer Kirche, und einem Thurme von gehauenen Steinen. König Jakob IV. stiftete es im Jahre 1500. Gleich bey der Kirche ist eine artige Bibliothek. Das Collegium hat einen Principal, einen Unter-Principal, und acht Professoren, welche jetzt sind: Alexand. Gerard der Theologie; Will. Thom der Jurisprudenz; Alex. Gordon der Medicin; Will. Ogilvy der Philologie; John Leslie der griechischen, und John Roß der ebräischen Sprache; Th. Gordon und Jam. Dunbar der Philosophie und Mathematik.

Neu-Aberdeen ist die Hauptstadt der ganzen Landschaft, wo die Landgerichte gehalten werden.

Sie übertrifft alle andre in Nordschottland an Größe, Volksmenge, und Bauart. Die Häuser sind von Granit aus den benachbarten Steinbrüchen, meist vier Stockwerk hoch, und mit einem kleinen Garten versehen. Man zählt hier 13000 Seelen, in den Vorstädten noch etwa 3000, und überhaupt wird die Anzahl der Einwohner zwischen den Brücken über die Don und Dee auf 20000 geschätzt. Die Stadt steht auf drey Hügeln, und der vornehmste Theil auf dem höchsten. Auf einem Hügel am Westende entspringen zwo Quellen, eine hat klares Wasser, die andere ist mineralisch, und kommt dem Spaawasser nahe. In Neu-Aberdeen steht das Marshall-Collegium, welches ein Graf von Marshall 1593 gestiftet, und eine Universität für sich ausmacht. Die Stadt hat noch mehr Gebäude dazu errichtet, und auch den Grund zur Bibliothek gelegt, die hernach durch Vermächtnisse vergrößert worden. Die Anzahl der Studenten beläuft sich auf 140. Es hat einen Principal, und sieben Professoren: **Alexand. Donaldson** der orientalischen Sprachen und der Medicin; **Will. Kennedy** im Griechischen; **J. Beattie** der Moral; **Franc. Skene** der Physik; **Georg Skene** der Natur-Historie; und **Will Traill** der Mathematik.

Es ist hier auch eine lateinische Schule. Die Nicolaskirche ist ein artiges Gebäude, sie besteht eigentlich aus zwo Kirchen, wovon die eine neu, und von dem Edinburgischen Baumeister Wibbie aufgeführt ist. Die Stadt hat überdieses ein Werkhaus, ein Armenhaus, und ein Hospital für 40 Knaben zurückgekommener Handelsleute. Seit 1739 hat man auch auf Unterzeichnung ein öffentliches Krankenhaus angelegt, und seit der Zeit mit zween Flügeln

geln vermehrt, so daß 1766 sieben hundert Patienten darin aufgenommen werden konnten. Der größte Theil der Einwohner von Aberdeen und der umliegenden Gegend ist der bischöfflichen Kirche zugethan: es giebt aber auch Katholiken, und andre Dissentienten, die ihre eigenen Kapellen haben.

Die Mündung der Dee macht eine Bay, darin Schiffe von 200 Tonnen einlaufen können. Die hiesigen Kaufleute, darunter viele sehr wohlhabend sind, handeln nach der Ostsee, Westindien, und Nordamerika. Die Ausfuhr besteht vornehmlich in Strümpfen, Zwirn, Lachs, und Habergrütze. Wie wichtig der Strumpfhandel seyn müsse, läßt sich daraus schließen, daß zum Behuf desselben jährlich für 20850 Pfund St. Wolle, und für 1600 Pfund St. Oel eingeführt wird. Aus dieser Wolle werden 69333 Dutzend Strümpfe, das Dutzend im Durchschnitt zu 1½ Pfund St. verfertigt. Sie werden überall im Lande gesponnen; das Dutzend kostet vier Schillinge zu spinnen, und vierzehn Schillinge zu stricken, folglich gewinnen sie 60329 Pfund St. Arbeitslohn. Für 2000 Pfund St. Strümpfe werden aus der Landwolle gemacht, welches die Schafzucht befördert. Es arbeiten beständig 200 Wollkämmer. Die Zwirnfabrik ist zwar auch beträchtlich, aber doch bey weitem nicht von der Wichtigkeit, als die von wollenen Strümpfen.

Die Ergiebigkeit des Lachsfanges in der Dee und Don ist unglaublich, und macht ein so wichtiges Gewerbe aus, daß der andre Fischfang, zumal der von den Heeringen, darüber vernachläßigt wird. In manchen Jahren sind an 167000 Pfund allein nach London, und 930 Tonnen eingesalzen nach Frankreich und Italien gesandt worden. Er wird

N von

von einer Gesellschaft getrieben, die in Actien getheilt ist. Das eingepökelte Schweinfleisch wird stark ausgeführt, weil es sich auf langen Seereisen gut halten soll; die Holländer kaufen es für ihre ostindischen Schiffe. Man führt auch Korn und Mehl aus, welches meist aus der Gegend von Inverneß, und dem Firth von Murray hergebracht wird.

Kintore. Höher hinauf am Flusse Don liegt der königliche Burgflecken Kintore, von dem eine Linie der Familie Keith den gräflichen Titel führt, und noch ein

Inverary. Paar Meilen höher Inverary, ein Städtchen, in einer angenehmen Lage, das in der Geschichte durch den Sieg des Robert Bruce, der sich während des Treffens krank in einer Sänfte von Pferden herumführen ließ, über die Anhänger König Eduards I. von England, bekannt ist.

Strathbogy. Nordwestwärts, gegen die Gränzen von Bamffshire, liegt der Flecken Strathbogy, welcher der Baronie den Namen giebt. Die ganze Gegend bringt herrliches Getraide und Wiesewachs hervor; die Weiber in dieser Baronie stehen in dem Rufe, daß sie das feinste flächserne Garn in ganz Aberdeenshire spinnen. Strathbogy ist ein kleiner schlechter Ort, der doch einigen Leinwandhandel treibt, und den Namen von der umliegenden Marschgegend bekommen hat. Der Herzog von Gordon hat ein ansehnliches Schloß hier; überhaupt ist diese Baronie voll von Gütern der Familie Gordon, wozu die Grafen von Sutherland, Aboyn, und Aberdeen gehören. Nahe bey Strathbogy bemerkt man die Ruinen des uralten Schlosses Huntley-Castle, wovon noch die Marquis dieses Namens den Titel führen.

Wenn

Wenn man von Aberdeen an die Küste verfolgt, passirt man die Ythan, welche Perlen bey sich führt, und kommt nach Slanes-Castle, welches dem Grafen von Errol gehört. Das Haus steht auf einem Felsen dicht am Meere, und man übersieht dessen unermeßlichen Umfang. Hier ist eine Höhle von Tropfstein, daraus vortrefflicher Kalk gemacht wird. Eine ähnliche Höhle entdeckte man auch 1752 bey Collistown, das zum Kirchspiele Slanes gehört. Der Tropfstein hängt in Gestalt langer Eiszapfen herunter. Die Höhle ist sechs Fuß weit, und zehn Fuß hoch. Bey Slanes ist ein Lachsfang. Die Lachse schwimmen gegen den Wind, und werden mit großen Netzen gefangen.

Slanes.

Fünf Meilen nordwärts erreicht man die äußerste östliche Spitze von Schottland, bey dem Vorgebirge Bowneß oder Buchanneß; das Schloß, wo gedachter Graf Errol seinen Sitz hat, hängt gleichsam auf einer Felsenspitze über die See. Eine Meile nordwärts trifft man den berühmten Buchans-Kessel (Buchans-Buller) an *). Er besteht aus einer tiefen Oeffnung, oder Loch, in einem Felsen, der über die See hängt. Unten hat die Natur einen großen gewölbten Bogen von Klippen formirt, durch den man mit Böten hineinfahren kann, da man denn durch die obere Oeffnung den Himmel sieht. Oben um die Oeffnung geht ein gefährlicher Fußsteig, wo man dreyßig Klaftern über dem Wasser erhaben ist. Auf der Nord- und Südseite umfließt die See diesen merkwürdigen Felsen. Ein anderer naher Fels formirt eine Insel, und ist von oben

Bowneß.

*) Siehe Johnstons Reisen nach den westlichen Inseln, S. 28.

bis unten gespalten, und die Wellen brausen bey Stürmen mit großem Getöse hindurch. Man fängt an dieser Küste im Monath August viele Seehunde: aus der Leber siedet man Oel, und der Rumpf wird getrocknet, und an gemeine Leute verkauft, die aus entlegnen Orten deswegen herkommen. Man hat sich viele Mühe gegeben, in dieser Gegend Bäume anzupflanzen, sie wollen aber nicht fort: doch bauet man Haber und Gerste. Die Einwohner leben meist von Sowens, oder grobem Habermehl mit der Kleye, welches man mit Wasser sauer werden läßt, und alsdenn eine Art von Pudding daraus kocht.

Peterhead. Von Bowneß hat man nicht weit nach dem Flecken Peterhead, welcher auf der südlichen Mündung der Uggie liegt, und eine gute Rhede hat, wo auf hundert Schiffe ankern können. Es hat einen guten Markt. Viele Einwohner sind Fischer. Man trifft an vielen Orten in Aberdeen große in der Rundung gelegte Steine an, und in der Mitte, jedoch mehr gegen Süden, steht der größte; vermuthlich sind dieß Plätze, die von den heidnischen Einwohnern zu ihren Religionsübungen gebraucht wurden. Von Peterhead zieht sich die Küste nunmehr bis Fraserburgh gegen Nordwesten zurück, und von da läuft sie gerade westwärts bis hinter in den Murray Firth.

Fraserburgh. Das kleine Städtchen Fraserburgh hat einen Hafen, und treibt einigen Handel. Die Familie Fraser führt den Namen davon. Wenn man den Weg von hier längst der Küste fortsetzt, kommt man endlich an den Fluß Deveron, welcher die Gränze zwischen Aberdeen und Bamffshire macht. Diese beyden Küsten, nämlich ein Theil von Aberdeen

und

und von Bamffshire, werden auch zusammen die Landschaft Buchan genennt. Lord Saltoun hat 1738 einen vortrefflichen Damm mit einem Bollwerke von Quadersteinen zu Fraserburgh aufführen lassen, wodurch der Hafen sicher und bequem geworden ist.

Von Buchanneß fangen die Schiffer an, ihre Abreise in der See zu rechnen, so wie die nordwärts reisenden in England von Wintertonneß in Norfolk, und die südwärts seegelnden bey den Dünen. Von Fifeneß, als der nördlichsten Spitze des Firth of Forth bis Buchanneß, sind gerade von Süden gegen Norden 100 Meilen, und von Wintertonneß bey Yarmouth bis Buchanneß 300. Buchanneß ist insgemein das erste Land von Großbritannien, welches die Schiffe, die aus Archangel kommen, und die Grönlandsfahrer entdecken. Der große Meerbusen von hier bis Dungsbyhead an der nördlichsten Spitze von Schottland, welches 79 Meilen entfernt ist, heißt Murray Firth, und ist ein offner Meerbusen der See, und nicht etwa die erweiterte Mündung eines Flusses, wie die Firths von Forth und Tay. Dungsbyhead liegt am Pentland Firth, oder dem Kanal zwischen Schottland und den orkadischen Inseln. Will man diesen Busen zu Lande umreisen, so liegen beyde Vorgebirge noch einmal so weit aus einander, denn von Fraserburgh bis Inverneß sind allein mehr, als 70 Meilen.

Bamffshire.

Den Namen hat diese Landschaft von ihrer Hauptstadt Bamff. An der Küste ist sie 20 Meilen breit, endigt sich aber nach einer Länge von 32 Meilen in einer schmalen Spitze. Gegen Norden liegt

liegt sie längst dem Meerbusen von Firth, oder der Bay von Cromartn, übrigens stößt sie gegen Osten an die Landschaft Aberdeen, und gegen Westen an Murray. Von jener wird sie durch die Deveron, von dieser durch die Spey, getrennt. In Ansehung der Fruchtbarkeit, des Bodens, des Himmelsstriches, und natürlichen Beschaffenheit kommt sie mit Aberdeen völlig überein. Die merkwürdigen Oerter liegen bloß an der Küste, im Innern der Landschaft giebt es gebirgigte, und nicht gar zu fruchtbare Gegenden.

Wer aus Aberdeenshire kommt, muß, ehe er die Stadt Baniff erreicht, den breiten Fluß Deveron oder Doverne passiren. Vom Ufer derselben hat man einen schönen Prospect nach der Stadt, und dem großen neuen Gebäude, welches Lord Bracco, Graf von Fife in Ireland aufführen lassen. Es ist eines der schönsten Stücke der Baukunst in Schottland, nur Schade, daß es leer steht, und inwendig nicht ausgebaut ist. Der Lord fiel in einen Proceß mit dem Baumeister wegen eines Risses, den das Gebäude bekam, und als dieser ihn gewann, begab sich der Lord in eine einsame Gegend bey Strathbogy, und ließ den ganzen Bau liegen. Das Gebäude ist viereckig, hoch, und mit prächtigen Säulen und Thürmen versehen. Die Deveron läuft dicht bey dem Platze vorbey, wo die Gärten hinkommen sollten, und auf den kleinen Inseln sind bereits Sommerhäuser angelegt.

Bamff ist ein artiges Städtchen, wo der Sheriff die Landgerichte hält. Es besteht aus zwo langen und etlichen kleinen Gassen. Für Schiffe von geringer Last sind zween kleine Häfen vorhanden, die aber,

aber, wegen des vielen Triebsandes, nicht viel taugen. Der einzige Handel besteht in der Ausfuhr der hier gefangenen Lachse. Man düngt hier theils mit Meerschlamm, theils mit einer zwo Meilen westwärts befindlichen Bank von Sand und Muschelschaalen.

Wenn man von Bamff längst der Küste fortreiset, hat man angenehme Aussichten. In einer großen Entfernung erheben sich jenseits des Meerbusens die hohen Berge. Sechs Meilen weiter liegt das Städtchen Portsoy, von 600 Einwohnern, die eine ansehnliche Schnupftabak- und Garnfabrik haben. Ihnen gehören auch 12 Schiffe von 40 bis 100 Tonnen. Die See geht bis in das Städtchen, daher haben sie einen Ueberfluß von Fischen gleich vor der Thür. In der Nähe befindet sich ein Marmorbruch, darin man zuweilen Asbest antrifft. Der Stein ist von grobem Korn, gleicht dem Werde di Corsica, und wird zuweilen zu Kamineinfassungen gebraucht. *Portsoy.*

Von Portsoy erreicht man bald die Stadt Cullen. Sie hat ein schlechtes Ansehen, aber auf 100 Weberstühle. Die Leinwand- und Garnfabrik ist so ansehnlich, daß die Stadt mit der Nachbarschaft jährlich fast für 50000 Pfund St. liefert. Der Boden ist fruchtbar, und der Ackerbau kommt immer in mehrere Aufnahme, doch ist das Klima schon etwas zu kalt für den Weizen. Die Aufmunterung des vorigen Grafen von Finlater, der hier einen ansehnlichen Landsitz hat, trug viel dazu bey. Es fehlt der Stadt an einem Hafen; doch hat sie einen ergiebigen Lachsfang. *Cullen.*

Mitten im Lande liegt der Flecken Keith, welcher einen guten Leinwandmarkt hat. Ueber einen Arm *Keith.*

Arm des Deveron geht hier eine hohe und steile Brücke.

Gordon-Castle. Ein Paar Meilen oberhalb der Mündung der Spey liegt Gordon-Castle, ehemals Bog of Gicht genannt, ein schöner Landsitz des Herzogs von Gordon, dem die ganze benachbarte Gegend gehört. Es ist einer der schönsten Palläste des Hochlands, und von so weitläuftigem Umfange, daß er einer kleinen Stabt von weitem ähnlich sieht. Bey dem Hause ist ein guter Garten und großer Park; es liegt aber etwas niedrig und feucht. Die Spey ist auch gefährlich, indem ihr reißendes Wasser bey den öftern Ueberschwemmungen oft großen Schaden anrichtet. Der Lachsfang ist für 1200 Pfund St. verpachtet: und man fängt jährlich auf 1700 Tonnen.

Fochabers. Nahe bey diesem Landsitze, und dicht am Flusse in einer Vertiefung merken wir noch das Städtchen Fochabers an, welches aus einer einzigen Gasse, eine Meile lang, besteht: aber schlechte Häuser hat, die einzeln aus einander liegen.

———

Neunter Brief.

Murrayshire. Elgin. Forreß. Cowbin. Tarnaway. Nairnshire. Invernesshire. Culloden. Inverneß. Bauart. Gebräuche der Hochländer. Die Forts William, George und Augustus. Neue Heerstraßen.

Die Landschaft Murray liegt am Murray Firth, und gränzt gegen Osten an Bamff, gegen Westen an Nairn und Inverneß, und gegen Süden an Badenoch. Sie hat viel Flüsse: die Spey ist zum Fahren zu reißend; doch wird viel Holz darauf herunter geflößt. Die beyden andern vornehmsten Flüsse heißen die Lossey und die Findorn. Einige theilen die Grafschaft Murray in zween Theile, und nennen den Theil, den wir jetzt beschreiben, Elginshire, nach der Hauptstadt Elgin, und den andern Nairnshire, der letztere ist aber eigentlich eine besondere Landschaft für sich. Es ist überhaupt eine fruchtbare, angenehme, mit vielen kleinen Städten angebaute Landschaft, die mehr Landsitze des Adels hat, als man in einem so abgelegenen Winkel des Reichs vermuthen sollte. Die Fruchtbarkeit wird dadurch ungemein befördert, daß ein Strich von 20 bis 30 Meilen längst der Küste flach ist, und daß die Gebirge erst weiter landwärts anfangen. Das Klima ist auch gelinder, als in andern mehr südlichen Gegenden. Die Erndte fällt sowohl hier, als im Thal von Strathbogy und ganz Inverneß, zeitiger, als in Northumberland und Derbyshire, ja so gar als im östlichen Theile von Kent und Sussex.

Man bringt zuweilen neuen Weizen nach Edinburg, ehe er dort reif ist; und gleichwohl fällt die Erndtezeit zu Edinburg zu gleicher Zeit mit vielen Gegenden in England. Die Erndte fängt im Julius in Murray an, und das neue Getraide wird schon im August zu Edinburg verkauft. In guten Jahren werden auf 20000 Bolls von allen Arten Getraide ausgeführt. Das gewöhnliche Getränk ist Ale, und zuweilen Bier. Die französischen Weine kann man gut und um einen wohlfeilen Preis haben; die Einwohner geben aber einem gewissen Branntewein den Vorzug, den sie von den Hefen der Ale, und einigen Gewürzen abziehen, diesen trinken sie häufig, und setzen ihn ihren Freunden reichlich vor. Mit einer Flasche davon und einem Stück Käse verrichtet ein Mann in Murray eine lange Winterreise, ohne etwas weiter zu verlangen. Die Häuser in Murray sehen auf dem Lande schon viel armseliger aus, als in Bamff, ein Kennzeichen, daß man sich dem nordlichen Hochlande mehr und mehr nähert.

Es wird in der Grafschaft Murray viel Leinwand, wollene und grobe Zeuge und Seegeltuch fabricirt. Der Lachsfang ist so ergiebig, daß jährlich für 12000 Pfund St. ausgeführt wird. Die gebirgigten Gegenden verkaufen auch Hornvieh und Pferde nach England. Die Leinwand wird meist aus inländischem Flachs fabricirt, auch viel Garn gesponnen, beydes geht meistens nach Glasgow. Längst der Küste düngt man viel mit Seegrase; im Innern des Landes mit Mergel, Kalk und Mist. Man trifft hin und wieder viele Druidenhügel und Druidenkreise an, die statt der Tempel dienten, wie auch eine Menge Cairns oder Begräbnißplätze.

Elgin,

Murrayshire.

Elgin, die Hauptstadt, hat zwar eine schöne Elgin. Lage, ist aber, wenn man die Viehmärkte ausnimmt, eine Stadt ohne allen Handel. Sie litte sehr in der Rebellion von 1715, und hat sich seit der Zeit nicht recht wieder erholen können. Zudem hat sich die Mündung der Lossie, die nicht weit davon entfernt ist, und zum Hafen von Elgin dienen könnte, sehr versandet, wodurch aller Seehandel gehemmt wird. Die Lossie entspringt etliche Meilen oberhalb der Stadt, und fließt durch einen sehr fruchtbaren Boden, ob er gleich etwas sandig ist. Elgin ist ein königlicher Burgflecken: Er besteht aus einer langen, und etlichen kürzern Gassen, in deren Mitte eine artige Kirche liegt. Ehemals stand hier eine prächtige Kathedralkirche, wovon noch Mauern und Thürme vorhanden sind; ihr Ruin ward dadurch beschleuniget, daß 1567 das bleyerne Dach abgedeckt ward, um die Soldaten des Regenten Murray zu lohnen. Die Bischöffe residirten eine Meile von der Stadt zu Spynie, wovon man noch einen großen viereckigen Thurm und viele Ruinen sieht. Es ist auch noch ein guter Garten und schöne Holzung vorhanden. Gleich dabey ist ein ansehnlicher Landsee gleiches Namens. Die Häuser ruhen nach der Gasse meistens auf Bogen, so daß man bedeckt darunter gehen kann. Am Ende der Stadt sieht man noch die verfallenen Reste eines Kastells, das schon zu den Zeiten der Dänen verwüstet worden. Man übersieht von hier die ganze schöne Gegend, und den schlängelnden Lauf der Lossie, welche in einer kleinen Entfernung einen Bogen um die Stadt macht. Bey dem benachbarten Dorfe Germach ist ein ergiebiger Lachsfang. In den Sommermonathen fängt man innerhalb einer Meile 80 bis 100 Last, welche eingesalzen und ausgeführt werden. Der Fluß wimmelt

melt bis zu seinem Ursprunge von Fischen aller Art, die man bey Tage mit dreyzackigen Haaken, und des Nachts in weidenen Körben, oder in kleinen mit Häuten bedeckten Böten fängt, in die sich nicht leicht jemand, als der es gewohnt ist, wagen wird. Im Winter kommen viel Adeliche aus allen Gegenden des Hochlandes hieher, um die kalte Jahreszeit in der Stadt zuzubringen, als wenn hier eine Hofstadt wäre: wodurch ein Zusammenfluß von Vornehmen entsteht, den man sich wohl nicht leicht 450 Meilen nordwärts von London vermuthen sollte.

Sorreff liegt westwärts von Elgin, und ist ein Flecken, in dessen Gegend die Wege gut, und die Aussichten überaus reizend sind; indem man die See und die Schiffe in dem kleinen vier Meilen von hier liegenden Seehafen Findorn übersieht. Er liegt am Ende einer Reihe von Bergen, und besteht aus einer langen Gasse, deren Häuser ihre eigne Gärten haben. Ein altes Kastell, wovon man noch Mauerwerk sieht, diente, der Sage nach, den schottischen Königen zur Residenz.

Ehe man in Sorreff kommt, bemerkt man rechter Hand einen Pfeiler oder Säule, die drey Fuß zehn Zoll breit, 23 Fuß über der Erde, und 12 unter der Erde hoch ist, und aus einem einzigen Steine besteht. Es sind allerley hieroglyphische Figuren darauf gehauen, die an sich schon schlecht sind, und durch die Länge der Zeit noch schlechter und unkenntlicher geworden. Man erkennt noch sieben Abtheilungen über der Erde, wovon die unterste nicht mehr zu sehen ist, weil die Grafen von Murray vor einiger Zeit unten Stufen, oder eine Gegenmauer anlegen lassen, um dieß alte Denkmal vor dem Umsturze zu bewahren. Auf der einen Seite unterscheidet man noch eine Menge roher Figuren von Thieren und bewaffneten Männern, mit fliegenden Fahnen, und einige Männer, als Gefangene gebunden. Auf der entgegen stehenden Seite ein Kreuz in einem Zirkel eingeschlossen, und etwas über der Oberfläche des Steins erhaben. Am Fuße des Kreuzes sind zwo riesenmäßige Figuren. Die Einwohner nennen dieß Monument **König Suenons Stein**; es ist nach Gordons Muthmaßung von den Schotten zum Andenken des endlichen Abzuges der Dänen errichtet worden. Weil die Dänen damals noch Heyden waren, und gleichwohl ein Kreuz darauf ist, so läßt sich wenigstens schließen, daß die Dänen nicht die Urheber davon sind.

Unweit Forreff liegt das Landgut Cowbin, wel- Cowbin. ches beynahe ganz mit Sande verschüttet ist. Es ereignet sich, wie Pennant meldet, zuweilen ein Sturm aus Westen, welcher eine Sandwolke vor sich hintreibt, bis das Wasser sie aufhält, da der Sand sodann kleine Berge formirt. Auf diese Weise ist ein Landgut verschüttet worden, das jährlich 300 Pfund St. eintrug. Vor einiger Zeit sahe man noch die Schornsteine der vornehmsten Gebäude. Diese Sandverschüttungen fiengen ohngefähr vor 80 Jahren an, weil man die Bäume fällte und die Binsen ausriß, welches nachgehends durch eine Parlamentsacte verboten worden.

Oberhalb Forres an der Findorn liegt ein altes Tarnaway. Schloß und Sitz **Tarnaway**, dem Grafen von Murray gehörig. Dergleichen ist auch **Calder-Castle** an der Nairn, in der Landschaft dieses Namens, wo man Brüche von Quadern, und viele

Anzei-

Anzeichen von Kupfer antrifft. Alle Landhäuser sind in dieser Gegend einigermaßen fest, um sich gegen unvermuthete Ueberfälle in Sicherheit zu setzen. Es ist noch nicht so lange, daß die Bergschotten aufgehört haben, Einfälle zu thun, und ihrer Nachbarn Vieh wegzutreiben. Die Väter sollen noch vor 1745 zuweilen die Hälfte des Raubes, den sie auf solchen Einfällen zu machen hofften, zur Mitgift ihrer Töchter versprochen haben. Nach der letzten Rebellion im gedachten Jahre wurden aber Wege durch das Hochland, und einige feste Plätze angelegt, und seit der Zeit sind die rohen Einwohner auch gesitteter geworden, wie bereits im 2ten Briefe bey Gelegenheit der Sitten der Schotten gesagt worden.

Nairnshire.

Die kleine Landschaft Nairn wird fast ganz von der Landschaft Murray und dem Murray Firth eingeschlossen. Der Fluß Nairn fließt queer durch von Süden gegen Norden. Er entspringt an den Gebirgen, welche Stratherin von Murray theilen, und fällt, nachdem er das lange fruchtbare Thal Strathnairn durchflossen, in den Meerbusen von Murray. An der Mündung liegt der Burgflecken Nairn, welcher zugleich ein Seehafen ist, der aber nur kleine Schiffe fassen kann. Ehe man an den Ort kommt, passirt man eine ansehnliche Brücke von einem Bogen. Es giebt in dieser Gegend viel Holz, es kann aber nicht recht ins Geld gesetzt werden. Nirgends ließen sich in Schottland mit mehrerm Vortheile hohe Oefen anlegen, um Eisensteine, die sich in der Nähe häufig finden sollen, auszuschmelzen. Man würde alsdenn die Zweige und Abgänge höher nutzen, als jetzt den ganzen Baum.

Der Strich Landes, der von Elgin bis Nairn südwärts liegt, heißt the Brae of Murray, ist aber nicht so fruchtbar, als die Küste. Noch weiter gegen Süden giebt es Berge, Wälder und Thäler, vornehmlich in Stratherin, das aber eigentlich schon zu Inverneß gehört, und voll kleiner Dörfer, Seen, und Flüsse ist.

Wenn man von dem Städtchen Nairn westwärts reiset, so streckt sich die Landschaft in eine Spitze gegen Norden hinaus. Rechter Hand ist der Meerbusen von Murray, welcher sich nach der Meerenge bey dem Flecken Fortrose wieder erweitert, und einen langen unabsehlichen Busen formirt, so daß man glauben sollte, jenseits läge eine große zu Britannien gehörige Insel, die durch einen engen Kanal vom festen Lande getrennt würde. Zwölf Meilen von Nairn gegen Inverneß sieht man die Verengerung des Meerbusens bey Fortrose, wo er nur die Breite eines Flusses behält, und linker Hand einen Theil des Meerbusens, wo er sich erweitert. Die Länge von Fortrose bis an seinem westlichen Ende beträgt etliche 20 Meilen. Die Gegend von der Stadt Inverneß bleibt also allezeit ein wichtiger Paß zwischen den südlichern Gegenden, und dem Hochlande. Die Römer sollen nie bis hieher gekommen seyn, hingegen hat man den Cromwell destomehr erhoben, weil er so weit vorgedrungen. Allein nach Camden und andern Schriftstellern ist dieß falsch, denn man soll um das Jahr 1406 zu Bean-Castle, in der Landschaft Nairn, ein artig gearbeitetes marmornes Gefäß voll von allerley römischen Münzen, ingleichen auch Festungswerke gefunden haben, welche deutlich beweisen, daß die Römer bis in diese Gegenden vorgedrungen sind.

Neunter Brief.

Inverneß.

Die Landschaft Inverneß kann man noch zum Theil zum mittlern Schottland rechnen: nämlich die südlichen Abtheilungen Lochaber und Badenoch, hingegen den südlichen und westlichen Theil von Roß zum Hochlande. Außer diesen vier vornehmsten Abtheilungen giebt es noch kleinere: z. E. **Stratherick, Aird, Glen Elg, Croydart, Morrer, Arasaik, Moydart,** und die Insel **Skye.** Es geht durch diese Landschaft von Nordost gegen Südost eine Kette von Seen und Flüssen, die vermittelst der angelegten Forts gleichsam eine Vormauer gegen die Hochländer ausmachen. Von der Stadt Inverneß fließt die Neß, vier Meilen bis an den See oder Loch Neß, welcher 20 Meilen lang ist. Am andern Ende liegt Fort Augustus, alsdann folgt der 2½ Meilen lange Loch-Oich, und der 10 Meilen lange Loch Lochy. Hier liegt das Fort William an dem Loch Feld, und endlich kommt der Eingang der See von der Insel Mull, durch den 30 Meilen langen Linntu Loch. Vermittelst dieser Reihe von Seen wären die Hochländer leicht durch eine mäßige Anzahl Truppen in Respect zu halten, aber die Zeiten haben sich geändert: und man braucht diese Gegenwehr gegen die gesitteter gewordenen Einwohner nicht mehr in dem Grabe, wie vor 50 Jahren. Das Fort George bey Inverneß ist nicht mehr vorhanden, es ist aber ein neueres, sechs Meilen von Inverneß gegen Fortrose über am Murray Firth zu Airderfier angelegt, wo Barraken für 1500 Mann errichtet sind. Zu allen Forts sind bequeme Wege gemacht, daß von der See und aus dem südlichen Schottland Truppen marschiren, und die nöthigen Fuhren verrichtet werden

Inverneßhire.

ben können. Badenoch hat nicht viel Flecken und Dörfer. Der vornehmste Flecken heißt Riffen. Das Land ist wüste und gebirgigt, nähret aber doch viel Wild und Ziegen. Lochaber ist noch schlechter, und eine der wüstesten Gegenden im nordlichen Schottland. Glenup ist fast der einzige merkwürdige Flecken. Inzwischen hat die Landschaft einen Ueberfluß an Fischen, Wild, Ziegen, und Holz. Ueberhaupt giebt es in ganz Inverneß viel Eichen und Nadelholz, und auch hin und wieder einige Eisengruben.

Ehe man von Nairn nach der Hauptstadt Inverneß kommt, passirt man das Meer von Culloden, wo den 16 April 1746 das bekannte Treffen vorfiel, wo der Herzog von Cumberland den Prätendenten dergestalt schlug, daß die Rebellion auf einmal unterdrückt ward, und dieser, nachdem er lange bald in Weibskleidern, bald sonst verkappt, herumgeirrt, und Hunger, Durst und alle Drangsale ausgestanden hatte, nur noch mit genauer Noth nach Frankreich entwischte.

Culloden.

Die Stadt Inverneß steht auf einer Ebene am Murray Firth beym Einflusse der Neß. Sie ist ziemlich ansehnlich, gut gebauet, und für eine Stadt in diesen Gegenden sehr volkreich, indem sich die Anzahl ihrer Einwohner auf 11000 beläuft. Schon von alten Zeiten her hat hier ein altes Kastell gestanden, weil man diesen Ort jederzeit für einen wichtigen Paß zur Verbindung mit dem Hochlande gehalten. Cromwell errichtete deswegen hier ein festes fünfeckiges Fort, wovon man noch die Gräben sieht, und legte eine starke Besatzung hinein, um die Hochländer in Respect zu erhalten. Nachdem die Unruhen in Großbritannien gedämpft waren,

Inverneß.

O ließ

ließ sich ein Theil der Englischen Soldaten, die abgedankt worden, in dieser fruchtbaren Gegend nieder, daraus ein doppelter Vortheil erwuchs. Einmal lernten die Einwohner die Landwirthschaft besser, als bisher, daher man denn vermöge des guten Bodens bis auf den heutigen Tag fast nirgends in Schottland so gut angebautes Land antrifft: ferner wurden sie auch in der Englischen Sprache geübter; noch jetzt wird hier besser Englisch in Ansehung der Worte und Aussprache geredet, als in ganz Süd-Schottland.

Inverneß hat einen guten Hafen. Zur Zeit der Ebbe können Schiffe von 5 bis 600 Tonnen bis auf eine Meile von der Stadt auf die Rhede legen, und mit der Fluth kommen Schiffe von 200 Tonnen bis an den Kay. Die Einwohner führen eine große Quantität Lachs, desgleichen Tauwerk und Sackleinewand aus, das hier fabricirt wird. Die Leinwandfabriken breiten sich auch immer mehr aus, so daß man schon 3000 Pf. Sterl., die sonst für Leinwand im Jahr nach Holland giengen, im Lande behält. Inverneß schickt nebst Nairn, Forreß und Chaunery ein Parlamentsglied, und ist nicht nur der Ort, wo die Landgerichte gehalten werden, sondern auch die Hauptstadt vom ganzen Hochlande, ob sich die Einwohner gleich nicht zu den Hochländern rechnen, weil sie Englisch reden. Dieser Unterschied ist von dem Kirchengebrauche hergenommen, denn in allen Verordnungen in Kirchensachen werden die Niederländer und Hochländer nicht nach der Lage benennet, sondern nach der Sprache, weil die Hochländer Erßisch oder die alte Irländische Sprache reden. Jedoch wenn die hiesigen Einwohner gleich durchgehends Englisch sprechen, so verstehen sie doch die Erßische Sprache, welches ihnen auch
zum

zum Verkehr mit den Nachbarn unentbehrlich ist, weil diese gar kein Englisch verstehen. Die Vornehmen bedienen sich aber bis im äußersten Hochlande des Englischen. Da dieß der Hauptort der Hochlande ist, so wollen wir Gelegenheit nehmen, aus dem Pennant und andern glaubwürdigen Schriftstellern etwas von den Sitten und Gebräuchen der Hochländer beyzubringen.

Die Stadt besteht aus vier Hauptstraßen, wovon drey bey dem Kreuze zusammen stoßen. Das Kastell steht auf einem steilen Hügel am Südende der Stadt, und ist sehr unregelmäßig von ungehauenen Steinen gebauet. Es war vormals eine Königliche Residenz, darin sich Maria, die Mutter Jakobs I, eine Zeitlang aufhielt, als sie es für nöthig hielt, den Hochländern zu schmeicheln. Ehe es 1726 ausgebessert ward, waren nur sechs Zimmer, eine Gallerie, und unten die Küchen vorhanden: damals machte man aus jedem Zimmer zwey, so daß die Officiers jetzt 12 haben. Der Abhang gegen die Neß ist steil, und besteht aus losem Kies. Am Fuße des Hügels ist eine steinerne Brücke über die Neß von sieben Bogen. Am Ufer sieht man, sowie in ganz Schottland, viele Weiber mit aufgeschürzten Röcken, welche Wäsche in Wannen stampfen, um sie zu waschen; und zwar geschiehet dieses hier auch im tiefen Winter, weil die Neß nie gefriert, sondern so warm ist, daß den Pferden, die in anderm Wasser Eiszapfen an den Füßen bekommen haben, solche in diesem Flusse zergehen.

Das Rathhaus ist ein sehr simples Gebäude. Das Zimmer, darin sich der Rath versammelt, würde ganz gut seyn, wenn die Wände nur ordentlich mit Kalk beworfen wären, und nicht bloß ein

Tisch und einige elende Stühle darin stünden. Die Häuser haben eine so verschiedene Gestalt, daß sich schwerlich eine Beschreibung überhaupt davon geben läßt. Die meisten sind niedrig, weil sie heftigen Stoßwinden, die zwischen den Oeffnungen der nächst liegenden Gebirge hervorbrechen, bloß gestellt sind. Die Hinterseite steht gemeiniglich gegen die Gasse, von der ein Gang hinter in den Hof führt, aus dem man vermittelst einer Treppe in den ersten Stock kommt; denn unten auf der Erde sind insgemein Gewölber und Waarenlager, die mit dem übrigen Hause keine Gemeinschaft haben.

Bauart. Die Mauern bestehen aus Steinen von verschiedener Größe und Gestalt. Manche sind runde Kiesel, welche große Zwischenräume veranlassen, in die von außen kleinere Steine gemauert werden: das ganze wird alsdenn mit Kalk beworfen. Vor der Vereinigung mit Großbritannien waren die Häuser weder mit Schiefer gedeckt, noch mit Fenstern zum Auf= und Niederschieben versehen. Die Breter der Decke des Zimmers dienten allezeit zum Fußboden des darüber befindlichen Zimmers: so sind auch die Scheidewände beschaffen, durch deren Ritzen man, wenn die Breter zusammen trocknen, durchsehen kann. Jedes Bret hat an dem einen Ende ein Loch von einem Zoll im Durchschnitte, durch dieses ziehen sie einen Strick, und befestigen es damit an der Seite der Pferde, die sie von der Schneidemühle bis an den Ort ihrer Bestimmung schleppen müssen. Dieß Loch wird nun zwar mit einem Spund beym legen des Fußbodens zugemacht, allein er fällt gemeiniglich, wenn er und das Bret zusammen trocknen, wieder heraus. Die Fenster nach der alten Art haben in der untern Hälfte insgemein zween hölzerne Laden,

und

und die obere Hälfte hat nur Glasscheiben, so daß man nicht auf die Gasse sehen kann, wenn jene des Wetters wegen zugemacht werden müssen. Diese Art von Fenstern sind nicht die Folge von Sparsamkeit, sondern waren in den Zeiten der Streitigkeiten zwischen den Clans nöthig, weil viele, wenn man sie aus den gegen über befindlichen Häusern, oder von der Straße in ihren Zimmern sitzen sahe, erschossen wurden: und die Mode ist geblieben, obgleich jene Gefahr aufgehört hat.

So sind die vornehmsten Häuser in Inverneß beschaffen: die von der mittlern Sorte sind niedriger, und haben gemeiniglich vor dem Hause eine schmale hölzerne Treppe, die durch runde Löcher, wie ein Kopf groß, erleuchtet wird. Die entlegensten Häuser der Stadt sind elende mit Rasen oder Torf gedeckte Hütten, die gemeiniglich statt des Schorsteins eine Tonne ohne Boden haben.

An Lachs und Forellen, Haasen, Rebhühnern, Wasserhühnern, wilden Enten, Schnepfen ist ein großer Segen vorhanden. Nach Weyhnachten kann man bis zum August kein Schöpsenfleisch mehr haben, und kein Rindfleisch bis zum September. Alsdann gilt das Pfund einen Pfennig. Schweinefleisch bekommt man im Hochlande selten zu Gesichte; im Niederlande ist es hingegen desto gemeiner, wie denn aus Aberdeen eine große Quantität eingesalzen ausgeführt wird.

Es giebt sechs Prediger in Inverneß, drey für die Englischen und drey für die Irländischen Kirchen. Sie predigen alle mit einem klagenden weinerlichen Tone, und weil sie immer aus dem Stegreif reden, so kommen oft sonderbare Sachen zum Vorschein.

Sie trinken keinen Trunk ohne ein langes Gebet. Aus dem gewöhnlichen Inhalte ihrer Predigten sollte man schließen, daß sie nichts für Sünde, als Hurerey, und nichts für Tugend, als die Sabbathsfeyer, halten. Man ist äußerst wachsam auf die geringsten Ausschweifungen dieser Art in ganz Schottland. Es giebt, zumal im Hochlande, Leute, die, wenn sie ein paar Personen beyderley Geschlechts spazieren gehen sehen, ihnen heimlich nachschleichen, und so bald sie die geringste Vertraulichkeit wahrnehmen, dreist auf jene losgehen, und Geld verlangen: erhalten sie nichts, so geben sie es an, beschwören es, und die Angeklagten mußten sonst aus dem Lande, oder Kirchenbuße thun. Letztere ist aber jetzt wegen Hurerey abgeschafft, und die Einwohner scheinen in diesem Puncte nicht sittsamer zu seyn, als ihre südlichen Nachbarn.

Gebräuche der Hochländer.

Bey ihren Heyrathen geben sie sich keine Ringe, wie in England; sondern die Braut wird, wenn sie vom Mittelstande ist, unter dem Arme genommen, und durch die Gassen zur Kirche geführt, so wie der Pöbel in London zuweilen einen Taschendieb zu einer Pferdeschwemme schleppt. Am Abend vor der Hochzeit waschen die Brautjungfern der Braut sehr feyerlich die Füße. Wenn eine Magd sich bey ihrer Herrschaft gut aufgeführt hat, so stellt diese bey ihrer Heyrath zuweilen eine so genannte Pfennighochzeit (Penny wedding) an, das ist, sie richtet die Mahlzeit aus, wozu die Familie gebeten wird, und Abends beym Tanze geht die Braut herum, macht jedem ein Compliment, und während der Zeit legt jeder Gast nach Belieben etwas auf einen Teller, wodurch die neuen Eheleute oft so viel erhalten, daß sie sich davon nach ihrem Stande einrichten können.

Ein

Ein neugebornes Kind wird gleich ins Wasser getaucht, und sollte es auch so kalt seyn, daß man erst das Eis aufbrechen müßte. Der Vater hält es zur Taufe, und bekommt zugleich eine Ermahnung wegen der Erziehung.

Bey Leichenbegängnissen geht ein Mann mit einer Glocke umher, und steht an gewissen Orten still, um den Einwohnern den Nahmen und die Wohnung der verstorbenen Person anzudeuten; mit dieser Glocke wird auch vor der Leichenprocession her geklingelt. Bey vornehmern Personen geschieht diese Einladung durch einen gedruckten von den nächsten Verwandten unterschriebenen Brief: zuweilen wird nur überhaupt durch den Trommelschlag eingeladen. Die Leichenbegleiter, die allemal zahlreich sind, versammlen sich auf der Gasse vor dem Trauerhause; eine schickliche Anzahl, vorzüglich die Fremden, werden in ein Zimmer geführt, wo Pyramiden von Kuchen und allerley Gebackenem aufgethürmt sind: auf Tischen darneben liegen Pfeifen und Tabak, jedoch mehr aus alter Gewohnheit, weil das Tabakrauchen in Schottland etwas seltenes ist.

Einem jeden der Anwesenden wird von den nächsten Anverwandten ein Glas Wein angeboten. Nimmt er es von einem an, so nöthigen ihn die andern auch eines zu nehmen, worüber gemeiniglich zu viel getrunken wird. Wenn man mit den Anwesenden auf diese Weise nach der Reihe fertig ist, wird die Leiche zu Grabe begleitet. Der Pfarrer wird besonders dazu eingeladen, thut aber nichts bey der Leiche, sie mag von hohem oder niederm Stande seyn*). Ein Theil der Begleiter wird gebeten, wieder

---

*) Kein Pfarrer bekommt etwas, er mag taufen, trauen oder begraben.

der mit nach Hause zu kommen, da denn gemeiniglich so lange getrunken wird, bis keiner mehr nüchtern ist. Zuletzt wird ihnen Zuckergebackenes in den Hut oder in die Taschen gesteckt, welches sie den Weibern ihrer Bekanntschaft mitbringen.

Ihr Brechan oder Plaid besteht aus 12 oder 13 Ellen eines schmalen Zeugs, der um den Leib gewickelt wird, und bis auf die Knie reicht. Es ist so weit, daß es in kaltem Wetter den ganzen Körper vom Kopfe bis auf den Fuß bedeckt. Oft haben die Bergschotten keine andere Decke nicht allein zu Hause, sondern auch wenn sie die Nacht auf den Bergen unter freyen Himmel liegen. Zuweilen wird es mit einem Gürtel um den Leib, zuweilen auf den Schultern mit einer Nabel von Silber, und vorne mit einer Brotche (wie die Fibula der Römer) festgemacht. Die Strümpfe sind kurz, und unter dem Knie gebunden. Der Cuean ist eine Art von zugeschnürten Schuhen aus Thierhäuten, so daß die haarigte Seite auswärts gekehrt ist, wird aber selten getragen. Die Vornehmen tragen Truis, das sind Strümpfe und Beinkleider aus einem Stück gemacht. Ihre Kleidung ist sehr buntstreifig; zuweilen aber auch von dunkler Farbe.

Das kleine Plaid, Feilbey, oder Kelt, ist eine Art eines kurzen Unterrocks, der nur bis auf die Knie reicht, und in neuern Zeiten statt des untern Theils des Plaid getragen wird, weil solches bequemer befunden worden, insonderheit im Gefechte, da die Schotten den Brechan in den Gürtel zu stecken pflegten. Fast jeder hat einen großen ledernen Beutel vor sich hängen, worin er seinen Tabak und Geld verwahrt.

Die

Die alten Waffen der Schotten waren die Lochaber Art, ein schreckliches Gewehr, welches jetzt die Stadtwache von Edinburg nur noch führt. Ferner das breite Schwerdt, und die Tartsche (eine Art eines Schildes), seitdem aber die Entwaffnungsacte gegeben worden, bekommt man sie selten mehr zu sehen. Ueberhaupt hat der Geist der Industrie die Liebe zu den Waffen in neuern Zeiten sehr geschwächt. Bis in die Mitte des vorigen Jahrhundertes hatten sie Bogen und Pfeile. Den Dirk, eine Art von Dolch, steckten sie in den Gürtel, jetzt bedienen die Fleischer zu Inverness sich dessen statt des Fleischmessers. Der Mattucashlash oder Achseldolch ward in nahen Gefechten gebraucht.

Die Oberhäupter versammleten ehemals ihre Clans oder Familien zu kriegerischen Unternehmungen auf folgende Art. In jedem Clan ist ein Carn a rohin oder Versammlungsplatz, wohin sich ein jeder auf ein gegebenes Zeichen verfügen muß. Dieß besteht darin, daß ein Mann mit einer Stange ausgeschickt wird, die an einem Ende angebrannt, und am andern blutig ist, und worauf sich ein Kreuz, das Kreuz der Schande oder das feurige Kreuz genannt, befindet. Es heißt das Kreuz der Schande von der Schande, die den nicht erscheinenden treffen würde, und das feurige Kreuz von der Strafe, weil ein solcher mit Feuer und Schwerdt überzogen wird. Wer mit dieser Stange ausläuft, giebt sie dem ersten, dem er begegnet, und dieser läuft wieder damit, bis er sie einem dritten überliefert, u. s. w. Der Stangenträger schrie in jedem Clan ein besondres Wort dazu.

Die verheyratheten Weiber tragen den Kirch, d. i. ein Stück weiße Leinwand, das über der Stirne und um den Hintertheil des Kopfs mit Nadeln festgesteckt gestedt ist, und über den Nacken herunter fällt. Die Mägdchen tragen hingegen bloß ein Band um den Kopf. Das Tonnag oder Plaid hängt über den Schultern, und ist vorne mit einer Brotche fest gemacht, wird aber bey schlimmem Wetter über den Kopf gezogen. Dieß thun sie auch in der Kirche, damit sie desto besser Achtung geben können. Im übrigen gehen sie wie die Weiber in England gekleidet, in anderer Absicht sind sie aber im Vergleich mit diesen wahre Sclaven.

Charakter. Die Bergschotten sind in hohem Grade träg, ausgenommen, wenn sie zum Kriege, zu einer Ergötzlichkeit, oder dazu angereizt werden, einem Reisenden ohne Eigennutz beyzustehen, entweder ihn über gefährliche Ströme oder sonst auf den rechten Weg zu bringen. Sie sind außerdem ungemein gastfrey, voll Großmuth, und welches ein Hauptzug ihres Charakters ist, außerordentlich treu. Es gefällt ihnen sehr, wenn Frembe sich höflich gegen sie betragen, und sie selbst sind von Natur höflich und gesprächig. Sie mögen gern die Leute ausfragen, wie sie heißen, was sie für ein Gewerbe haben, und dergleichen. Nach politischen Neuigkeiten sind sie sehr begierig. Sie sind sehr stolz, und lassen sich deswegen nicht kränken, und werden rachgierig, wenn man es thut. Ihr Betragen ist anständig, sie sind zum Aberglauben geneigt*), gleichwohl in Ansehung der

---

*) Alles ist noch voll von Herenmährchen. Sie bilden sich auch ein, daß viele unter ihnen besondre Ahndungen und den Geist der Weissagungen haben; worüber man D. Beatrie's Beschreibung des Hochlandes nachlesen kann. Noch 1762 kam ein Buch heraus, dessen Verfasser durch eine Menge Erzählungen darzuthun suchte, daß die Schottländer

der Pflichten der Religion gewissenhaft, und zum Theil gut unterrichtet. Das Eigenthümliche des Charakters der Bergschotten verliert sich nach und nach, wo sie mehr Umgang mit der Welt haben, und weil die Anhänglichkeit an ihre Oberhäupter immer mehr geschwächt wird. Die Clans fangen an sich im Lande mehr auszubreiten, weil sie finden, daß ihr gutes Betragen und ihre Industrie, (seitdem über die Gesetze gehörig gehalten wird) ihnen bessern Schutz gewähren, als ihre Oberhäupter ihnen aus eigner Kraft leisten können; weil die Oberhäupter es auch fühlen, wie angenehm es sey, daß ihnen ihre Ländereyen solchergestalt mehr einbringen, so entledigen sie sich des ehemaligen Schwarms ihrer überflüssigen Bedienten, welche die Werkzeuge der Tyranney waren.

Wenn sie sonst zu Hause am Feuer saßen, belustigten sie sich mit Erzählung alter Geschichten, welche meistens unglaublich ausschweifend waren. Die Musik gehörte alsdenn ebenfalls zu ihren Ergötzlichkeiten. Die Vocalmusik war sehr Mode, und ihre Gesänge bestunden hauptsächlich aus Lobgedichten auf ihre alten Helden. Das Lieblingsinstrument war die Harfe mit Leder und Darmsaiten überzogen, ist aber jetzt gar nicht mehr üblich. Die Dänen haben,

der dieses Talent hätten. Das Lächerliche dieses Vorgebens sieht ein jeder von selbst ein. So wie die Bergschotten nach und nach aufgeklärter werden, nimmt dieser Aberglaube ab, und man hört weniger davon. Im Ganzen genommen sind die Einwohner seit der letzten Rebellion von 1745 viel klüger und cultivirter geworden.

ben, wie man glaubt, die Sackpfeifen bey ihnen eingeführt, andrer Instrumente nicht zu gedenken.

Im J. 1701 entwarfen einige bemittelte Einwohner von Edinburg den Plan, den Hochländern, die in einer Art von Barbarey lebten, Kenntnisse von der Religion und guten Sitten beyzubringen. Das bequemste Mittel, diesen Endzweck zu erreichen, schien ihnen die Anlage der Schulen, darin die Jugend in der Englischen Sprache und in den Grundsätzen des Christenthums unterrichtet werden sollte, um ihre Gemüther zur Tugend und Industrie zu gewöhnen. Man sahe aber bald ein, daß dieß eine Unternehmung von zu weitem Umfange für Privatpersonen war. Die Mitglieder wandten sich deswegen an die Königinn Anna, welche sie ihres Beystandes versicherte, und eine incorporirte Gesellschaft daraus machte.

Im J. 1710 wurden Schulen an solchen Orten angelegt, wo das Christenthum noch nie gelehrt worden war. Seit der Zeit hat sich das Kapital der Gesellschaft durch die Beyträge von Personen allerley Standes in Großbritannien sehr vermehrt; und deswegen sind auch nach Proportion nach und nach mehr Schulen errichtet worden. Man sieht insonderheit darauf, daß man rechtschaffene, geschickte und der Regierung ergebene Schulmeister wählt; außer dem Unterricht der Kinder in den Schulen sind sie verbunden, auch solchen, die zu alt sind, um in die Schulen zu kommen, oder zu entfernt von der Kirche wohnen, Grundsätze des Christenthums beyzubringen. Viele katholische Eltern lassen ihre Kinder auch von ihnen unterrichten. König Georg I und II, wie auch der jetzt regierende König haben bisher alle Jahr zur Unterstützung dieser heilsamen Anstalt 1000 Pf.

1000 Pf. Sterl. hergegeben. Dieß ist eine der edelsten Ausgaben, und bey gehöriger Anwendung derselben wird der Nebel der Unwissenheit hoffentlich nach und nach zerstreut werden. Inzwischen sollte man kaum glauben, wie weit sie noch in manchen Gegenden geht. Es giebt unter den gemeinen leuten noch viele, welche keinen Unterschied unter dem Sonntag und Werkeltag, unter einer gottesdienstlichen Versammlung und unter einer andern Gesellschaft kennen. Die Bibel ist inzwischen ins Ersische übersetzt, und die Missionarien müssen in dieser Sprache katechisiren und predigen.

Eine Meile nordwestwärts von Inverneß fängt das Hochland an, gegen andre Weltgegenden bleibt noch fünf bis sechs Meilen flaches land. Westwärts ist in einer ohngefähr 400 Ellen langen Ebene, Tomahcurach genannt, ein sehr regelmäßiger Hügel, welcher die Gestalt eines umgekehrten Kahns hat, dessen Kiel oberwärts steht. Zuweilen heißt man ihn auch Noahs Arche, und der gemeine Mann glaubt, daß die Hexen und Kobolde hier ihre Zusammenkünste halten.

Das angenehmste um Inverneß ist eine kleine 400 Fuß lange und mit Bäumen bepflanzte Insel in der Neß. Der Magistrat führt die Richter, wenn sie zu den Landgerichten im May herkommen, auf diese Insel; es wird gleich Lachs gefangen, gesotten, und auf Rasenbänken verzehrt. Bey der Stadt sind große zum Theil 10 Fuß hohe in einem Zirkel gesetzte Steine, ohne daß man weis, wann und in welcher Absicht sie hierher gesetzt sind; die Tradition sagt, daß die Römer diese Plätze statt der Tempel zu opfern, oder als Richtplätze für schuldige Soldaten gebraucht haben.

Neunter Brief.

Zwo Meilen von der Stadt liegt **Cullodenhouse**, ein großes steinernes Gebäude mit einem Park und Garten. 1715 belagerten es die Rebellen, und eine adeliche Dame vertheidigte es bey der Abwesenheit ihres Gemahls im Parlament zu London so tapfer, daß jene abziehen mußten. Es giebt in dieser Gegend so viel Felsen und Heyde, daß das Ackerland in den besten Jahren kaum für die Einwohner Brod genug giebt, sie müssen daher bey Mißwachs große Noth leiden.

Fort William. In dem Theile von Inverneß, der Lochaber heißt, liegt das **Fort William**, welches König Wilhelm anlegen ließ, den Clan der Camerohs im Zaum zu halten, die beständig plünderten, und Unruhe erregten. Es hat zwo Basteyen, und liegt gegen die Gränzen von Argyle am Ende des langen Meerbusens **Linnhe-Loch**, in einer felsigten und unfruchtbaren Gegend am Fuße des Berges **Benevish**, eines der höchsten in Großbritannien, der 1450 Fuß über dem Meere erhaben seyn soll. Die eine Seite des Forts stößt an den Meerbusen: die Landseite ist mit Flüssen umgeben, die zwar nicht breit, aber wegen des tiefen reißenden Wassers nicht zu passiren sind. 1745 belagerten die Rebellen es vergeblich. Die nahen Berge und das viele Wasser machen, daß es hier die meiste Zeit im Jahr regnet. Nahe dabey liegt ein Flecken **Maryburgh**, nach König Wilhelms Gemahlinn genannt, welcher anfangs nur ein Aufenthalt der Marketender für die Besatzung seyn sollte. Die Häuser dürfen bloß von Holz und Rasen seyn, damit der Commendant sie im Nothfall gleich wegbrennen lassen kann, und die Feinde nicht Posto darin fassen.

Bey der Brücke von Inverneß stand das Fort George dicht am Flusse, und hatte mehr eine angenehme, als feste Lage. 1746 sprengten es die Rebellen.

Am andern Ende des Sees Neß ist das Fort Augustus. Dieß ist ein schöner See über 20 Meilen lang, und an manchen Stellen zwo breit. Wenn man an denselben kommt, hat man einen reizenden Prospect. Vor sich sieht man den unabsehlichen See hinab, und auf jeder Seite liegt eine Reihe hoher mit Wald bestandnen Berge, die bis an das Ufer hinabgehen, längst welchem man 12 Meilen hinfährt. Der Weg ist mit größter Schwierigkeit gemacht, hin und wieder haben große Felsen weggesprengt werden müssen, an manchen Orten hängen sie haushoch über den Weg, und drohen den Einsturz. Zwischen den Ritzen der gesprengten Felsen bringet an vielen Orten das Wasser durch: zwischen den Felsen stehen Eichen, Pappeln, Nußbäume 2c. und der Pflanzenkenner trift allenthalben merkwürdige Alpenpflanzen an. Auf halbem Wege nach dem Fort findet man noch eine Art von Wirthshaus, die Generalshütte genannt, weil sich der General Wade darin aufhielt, als er die Truppen commandirte, welche die Straßen durch das Hochland anlegen mußten, wovon bald ein mehrers.

Ehe man dieß Hauß erreicht, erblickt man jenseits des Sees die Ruinen des Kastells Urquhart, welches Eduard I bereits zerstörte. Vier Meilen westwärts von demselben befindet sich auf einem Hügel ein See von kaltem Wasser, der 30 Klafter lang ist, dessen Tiefe man noch nicht erreichen können. Er hat weder Ab- noch Zufluß, bleibt immer voll, und gefriert niemals, so wie Loch Neß auch nicht wegen

gen seiner Tiefe. Es wächst auf allen diesen Bergen eine unglaubliche Quantität Heidelbeeren, die zur Zeit der Reife die vornehmste Nahrung der Kinder sind, ihnen aber auch im Gesichte und an den Händen eine scheußliche Farbe geben. Wenn man das Haus eine Strecke hinter sich gelassen, wird man rechter Hand einen schönen Wasserfall über 20 Ellen hoch gewahr, der durch große Felsen veranlaßt wird, welche den kleinen Fluß Files in seinem Laufe aufhalten.

Man verläßt hierauf den See, setzt den Weg über lauter Berge fort, wo Felsen und Waldung abwechseln, und bekommt den See nicht eher wieder zu Gesichte, als beym Fort Augustus, hingegen passirt man kleinere Seen, die von dem großen durch eine Reihe von Bergen getrennt werden. Ueberhaupt sind die Gegenden hier sehr romantisch. Wenn man endlich den letzten und höchsten Berg erreicht hat, wird man im Hinabreiten auf einmal von einem Thale am Ende des Loch Neß und einem verfallenen großen Gebäude, welches das Fort Augustus ist, aufs angenehmste überrascht. Das Fort hat vier Basteyen. Etwa ein paar 100 Schritte davon steht das Gemäuer eines andern großen Gebäudes, die alten Barraken genannt, welches die Rebellen abbrannten. Bey diesem liegt das Dorf Kiliwhimen, welches aus einigen elenden mit Heyde gedeckten Hütten besteht. Von hier sind noch 30 Meilen bis nach dem Fort William; der Weg geht im Thale fort, und man kommt ost- und westwärts von einem See zum andern. Ueberhaupt kann man annehmen, daß alles Land auf dem ganzen Wege von Inverneß nach Fort William nicht acht Meilen ausmacht, das andre ist alles See oder Fluß.

Es wird nicht überflüßig seyn, hier eine kurze Nachricht von den Heerstraßen einzuschalten, die unter der Aufsicht des General Wade durch das ganze Hochland angelegt sind, weil sie nicht nur viel zur Bezähmung der Einwohner, sondern auch vornehmlich zu ihrer Cultur, und zur Verbesserung des Landes überhaupt beygetragen, so daß man dieß als die Epoche ansehen kann, seitdem die Hochländer gesitteter geworden, und hoffentlich wird sich ihr moralischer und ökonomischer Zustand von Jahren zu Jahren immer mehr bessern.

Neue Heerstraßen.

Das Hochland macht über die Hälfte von ganz Schottland aus; es besteht aus lauter Bergen, wovon einer über den andern hervorragt, und die sich von Dumbarton nicht weit von der Mündung der Clyde bis ans äußerste Ende der Insel erstrecken, welches eine Länge von ohngefähr 200 Meilen, und eine Breite von 50 bis 100 Meilen beträgt. Die zwischen den Bergen liegenden Thäler werden durch Sümpfe, Felsen und Abgründe von einander getrennt. Dieß hindert die Hochländer am Umgange und der Verbindung mit dem cultivirtern Theile des Landes, und macht, daß sie bey ihren rohen Sitten bleiben; und daß man suchen muß, sie nach und nach an Handel und Industrie zu gewöhnen.

Im Jahr 1724 mußte der General Wade auf Befehl Georgs I die Untersuchung dieser Gegenden anfangen. Er reisete mit größter Schwierigkeit in den Gebirgen herum, und entwarf den Plan in diesen wüsten Gegenden ebene und geraumige Heerstraßen anzulegen. 1726 ward der Anfang gemacht, und 1737 brachte er alles zu Stande. Es wurden nur 500 Mann von den in Schottland liegenden Soldaten dazu gebraucht, die unter ihren Officiers arbeiten

arbeiten mußten. Diese Wege sind alle so gemacht, daß man mit Wagen und Artillerie darauf fahren kann. Ihre Länge beträgt 250 Meilen, und die Breite 20 bis 24 Fuß. An den Seiten sind an den benöthigten Orten Abzüge und Wasserleitungen angebracht, damit die heftigen Regengüsse, welche in den Gebirgen so häufig sind, die Straße nicht verderben. Wo es der Berge wegen angeht, laufen sie in gerader Linie fort, ohngeachtet der oft im Wege liegenden Felsen und Sümpfe. An den Seiten stehen große Steine, die bey tiefem Schnee statt der Wegweiser dienen. Bey der fünften Meile steht allemal eine Säule, welche den Reisenden von der Weite der Entfernungen Nachricht giebt. Die Wege gehen an zween Orten aus dem Niederlande in die Gebirge; der eine bey Crief in Stratherne 14 Meilen nordwärts von Stirling, und der andere bey Dunkeld, 10 Meilen nordwärts von Perth.

Man kann sich leicht vorstellen, mit wie viel Schwierigkeiten diese Arbeit verknüpft war. Bey dem See Loch Neß mußten die Arbeiter sich an einer Stelle mit Stricken an den Felsen hängen, um hinein zu bohren. Der Weg über den Corlaral, der senkrecht eine Viertelmeile hoch ist, geht vermittelst 17 Wendungen, deren jede 70 bis 80 Ellen lang ist, hinauf. An der abhängigen Seite ist alles untermauert, und bey den Wendungen beträgt die Höhe der Mauer zuweilen 10 bis 15 Fuß. Auf der Nordseite dieses Berges ist der Paß von Smuckburgh, wo zween Hügel vermittelst zweier Bogen zusammengehängt worden. Ueberhaupt zählt man 40 Brücken auf diesen Heerstraßen, darunter die zu Gary-und Tumble die merkwürdigsten sind, indem jede aus einem 50 Ellen weit gespannten Bo-

gen

gen bestehe, der über einen reißenden Strom geführt ist.

Die Bequemlichkeit dieser Heerstraßen hat verschiedene Adeliche im Hochlande bewogen, von ihren Gütern Wege nach solchen auf eigne Kosten zu führen. Da, wo man vormals auf 100 Meilen nichts als elende Lehmhütten sahe, sind jetzt in der Entfernung von 10 bis 12 Meilen steinerne Wirthshäuser für die Reisenden angelegt. Die Englischen Viehhändler, welche sonst nur die Märkte an den Gränzen des Hochlandes besuchten, gehen jetzt ins Innerste des Landes hinein. Die Soldaten, darunter manche Landwirthe waren, haben den Einwohnern eine beßere Art zu pflügen gezeigt; andrer Vortheile nicht zu gedenken, welche die Hochländer von diesen Anstalten gezogen haben.

Zehnter Brief.

Das nördliche Hochland. Sutherlandshire. Strathnavern. Piktisches Schloß. Cromartie Bay und Flecken. Caithneß. Wick. Dungsbyhead. Farohead. Thurso. Tayne. Dingwall. Fortrose. Beaulieu. Lochaber. Athol. Blair. Breadalbane. Stratherne. Lenoxshire. Loch Lomond. Dumbarton. Argyleshire. Inverary. Kantyre. Campbeltown. Knapdale. Lorn.

Sobald man die Brücke von Inverneß passirt ist, kommt man in das eigentliche Nord-Hochland,

Hochland*), welches aus verschiedenen Landschaften besteht, die keine besondere genaue Beschreibung bedürfen, weil sie nicht viel Merkwürdiges enthalten. Das Land besteht meistens aus Bergen, Felsen und Wäldern, voll von allerley Wildpret, Hirschen, Rehen, Gemsen ꝛc. Man trifft hier die schönsten Falken von allerley Art an, viele Adler, welche den jungen Hirschkälbern und dem wilden Geflügel, das in großem Ueberfluß vorhanden ist, nachstellen. Die Seen und Flüsse sind so voll von Lachsen, daß man sich die erstaunliche Menge kaum vorstellen kann, die in der Spy, Nairn, Neß und andern Flüssen gefangen werden. Die Landschaften, welche zum Nord-Hochlande gehören, sind Roß, Sutherland, Strathnavern, Caithneß und die Orkadischen und Shetlandischen Inseln.

Sutherlandshire. Sutherlandshire wird auch zuweilen nach der Hauptstadt Dornochshire **) genannt, liegt zwischen

---

*) Schottland läßt sich bequem in vier Abtheilungen theilen. 1) Südschottland, welches alles Land begreift, das südwärts vom Flusse Tay, oder der Linie liegt, die man in Gedanken von der Stadt Perth gerade westwärts nach dem See Loch Lomond ziehen kann. 2) Das mittlere Schottland, welches sich von dieser Linie bis an den See und Fluß Neß erstreckt, wozu das westliche Hochland, oder der Strich, der sich auf der Westseite gegen Süden erstreckt, und die Landschaft Argyleshire und die Inseln Isla und Jura begreift, gerechnet wird. 3) Das Nord-Hochland, oder alles, was nordwärts von Inverneß und dem See Neß liegt. 4) Alle westliche und nordliche Inseln, Skye, die Orkadischen und Shetlandischen Inseln.

**) Der Graf von Sutherland hat hier ein Kastell, und ein anderes noch höher hinauf an der Küste

zwischen den Landschaften Roß und Caithneß; sie ist 52 Meilen lang, und 22 Meilen breit; und wird in zween Theile getheilt, in Dornoch nnd Strathnavern, welches den nördlichen Theil ausmacht. Dornock hat hauptsächlich drey große Wälder, die kleinern ungerechnet, welche Gelegenheit genug zur Jagd und Vogelfang geben. Ein Vogel ist dieser Landschaft eigen, welcher einem Papagay ähnlich sieht, und Knugh heißt. Er höhlt sich sein Nest mit dem Schnabel in den Eichenstämmen aus. In den Thälern wächst gutes Getreide und Gras. Ueberhaupt ist der Boden besser, als man denken sollte. In den Bergen findet man Steinkohlen, gutes Eisen und Spuren von Silber, aber der Bergbau wird vernachläßigt. Man zählt auf 60 Seen, darunter Lochstin der größte und 14 Meilen lang ist. In verschiedenen sind Inseln, welche angenehme Sommerwohnungen abgeben. Auf der Insel Brora hat der Graf von Sutherland z. B. ein Haus, wo er sich oft der Jagd wegen aufhält. In einigen Seen, so wie in den Flüssen von Aberdeen und Roß, trifft man Perlen an. Die Natur hat diese Landschaft so reichlich mit Wasser versehen, daß man kaum eine Pachterwohnung findet, die nicht frisches oder gesalznes Wasser, und daher einen Ueberfluß an Fischen hat. Man findet viele gute Häfen zur Ausfuhr der Producte, welche in Stockfisch, Lachs, eingepökeltem Rindfleisch, Wolle, Häuten, Talg, Käse, Butter u. s. w. bestehen. Man führt auch 2500 Stück Rindvieh aus, die kleiner Art, wie die

Pferde,

zu Dunrobin, wo der Safran, ungeachtet der so nördlichen Lage, dennoch reift. Dornoch ist klein, und liegt halb in Ruinen.

Pferde, und ohne Hörner ſind. An der Küſte giebt es eine Menge Seehunde, zuweilen Wallfiſche und Schaalthiere von allerley Gattung.

Strathnavern. Strathnavern, der andre Theil dieſer Landſchaft, heißt ſo viel als ein Thal (Strath), wodurch die Navern fließt. Es iſt ſehr bergigt, und war ſonſt voll von reißenden Wölfen. Die Producte ſind mit denen in Dornock einerley: ausgenommen, daß hier noch mehr Pferde und Rindvieh gezogen werden, hingegen bauet man weniger Korn. Seen und Waldungen ſind hier ſo häufig, wie in Dornock. Viele der höchſten Berge ſind von Marmor, und beſtändig mit Schnee bedeckt. Man trifft verſchiedene Denkmale von Siegen an, die über die Dänen erfochten worden, z. E. ein ſteinernes Kreuz zu Enbo, bey Dornock, darunter ein Däniſcher General liegen ſoll, der 1259 in der Schlacht blieb. Die Einwohner ſind große Jäger, und leben in kleinen zerſtreuten Dörfern, weil die Beſchaffenheit des Landes keine Städte erlaubet. An der nördlichen Küſte liegen einige Inſeln. Unter den Seen ſind **Loch Navern** und **Lochyol** die größten. Zu den vorzüglichſten Plätzen gehören Borwe und Tong, letzterer iſt der Sitz des Lord Rea, des Hauptbeſitzers von Strathnavern, welcher es von dem Grafen von Sutherland zu Lehn trägt.

Pictiſches Schloß. Bey dem zuvor erwähnten Dunrobin Caſtle iſt ein merkwürdiges altes Gebäude, oder **Pictiſches Schloß**, dergleichen man in Nord-Schottland, zumal an der Küſte von Caithneß und Strathnavern, häufig antrifft. Es iſt rund, etwa 130 Ellen im Umfange, und ſehr hoch. Oben iſt eine weitläuftige, aber nicht tiefe Aushöhlung. Innerhalb ſind drey niedrige concentriſche Gallerien, nicht weit von einander anber mit großen Steinen bedeckt. Die Mauern an den Seiten haben eine Dicke von vier bis fünf Fuß. Gemeiniglich liegen drey dieser Schlösser so nahe beysammen, daß man von dem einen die beyden andern sehen kann. Auf den Hebridischen Inseln giebt es auch dergleichen, aber von etwas andrer innerer Einrichtung. Vermuthlich vertraten diese Schlösser vormals die Stelle der Festungen: oder dienten auch zu Vorrathshäusern. In der Nachbarschaft ist auch die Strath leven Höhle, darin Sitze ausgehauen sind, weil sie ehemals eine Einsiedler Wohnung gewesen. Die Steinkohlen, die hier an der Küste gegraben werden, entzünden sich zuweilen am Strande, und taugen deswegen nicht zum Verführen zur See.

Nordwärts von der Mündung des Flusses Neff liegt die schöne Bay von Cromartie, oder Cromartie-Firth, der herrlichste Hafen mit dem wenigsten Handel in ganz Großbritannien. Sie ist 15 Meilen lang, und an manchen Stellen zwo Meilen breit. Die ganze Englische Flotte könnte darin liegen, und bequem ein- und auslaufen, wie in Milfordhaven in Wales. Daher ihn die Seeleute auch den Hafen der Sicherheit genannt haben. *Cromartie-Bay.*

Am Ausgange der Bay bemerkt man den Burgflecken Cromartie, welcher der Bay und der kleinen Landschaft den Nahmen giebt. Erstere ist ohngefähr 15 Meilen lang und halb so breit. Die Thäler gegen die See haben viel Wald, und die Hügel sind voll Wildpret. *Cromartie.*

Die Landschaft Caithneff oder Cathneff ist mit der See umgeben, und gränzt bloß gegen Westen an Sutherland, wovon sie aber durch das *Caithneff.*

Vorgebirge Ord und eine Strecke von Bergen bis Knockfin getrennt wird. Von Mitternacht gegen Süden ist sie ohngefähr 35 Meilen lang. Die Breite ist ungleich, weil sie unten spitzig zuläuft. Die flachen Küsten geben gutes Getreide, welches aber wegen des lehmigten Bodens spät reift. Die Flüsse und Ufer des Meeres liefern einen Seegen von Fischen, und die Berge ernähren zahlreiche Heerden von Rindvieh, Schaafen und Ziegen. In ihrem Innern sollen Adern von Bley, Eisen und Kupfer seyn. Werden diese einmal bey mehrerer Industrie gebauet, so gewinnt dieß für arm geachtete Land bald ein andres Ansehen: Handel und Wandel würden über alles ein neues Leben verbreiten, und das Land besser angebauet werden.

Ob diese Landschaft gleich die äusserste nordliche Spitze von Schottland ausmacht, so trifft man doch viele kleine Flecken, Dörfer und adeliche Sitze darin an. Doch sehen die Einwohner mehr auf die innere Bequemlichkeit der Wohnungen, als auf das äussere Ansehen. Der vornehmste Landsitz ist Sinclair Castle an der Bay gleiches Nahmens, oberhalb Wick, welches dem Lord Sinclair gehört, der viele Güter in Caithneff besitzt. Hier ist ein kleiner Heringsfang.

Unter dem Vorgebirge Ord sind unermeßliche Höhlen, darin sich Seehunde und Seevögel aufhalten. Die Fischer fahren in solche hinein, zünden Fackeln an, jagen die Seehunde auf, und schlagen sie mit Keulen todt. Der Fang ist gefährlich, wenn indessen Sturm entsteht, weil die Böte alsdenn nicht wieder herauskommen. Pennant vergleicht diese Landschaft mit einem grossen Moraste, der fruchtbare Stellen hat, welche Hafer und Gerste tragen. Bey den

Sutherlandshire.

den wenigen Einwohnern können die Producte, welche dieselben von Sutherland sind, ausgeführt werden, worunter über 2000 Stück Rindvieh gehören: wenn die Witterung schlecht ist, wird das Fleisch eingesalzen versendet. Kornböden hat man nicht; das Getraide wird mit der Spreu in Haufen (bykes) geschüttet, und mit Stroh rund umher umflochten, da es sich zwey Jahre hält.

Der Hauptort in Caithneß heißt Wick, oder Wick, Weich, ein Burgflecken mit einem kleinen Hafen, und einer bequemen Lage zur Handlung. Höher hinauf gegen Dungsby-head liegt das Kastell Freswick auf einem Felsen, darauf es nur eben Raum hat. Der Felsen besteht aus horizontalen dünnen Schichten, als ob sie gemauert wären.

Einige Meilen nordwärts erreicht man endlich Dungsby-bay, und die äußerste nördliche Spitze head. von Großbritannien, Dungsby-head, wovon die weiter gegen Norden seegelnden Schiffe anfangen, ihre Entfernung zu rechnen. Man sieht von hier die Orkney-Inseln. Die Insel Stroma, oder Sowna, liegt nicht weit vom Lande; sie ist wegen der natürlichen Mumien berühmt. Man findet Personen, die seit 60 Jahren gestorben, und noch einen unverweseten Körper haben. Es wohnen ohngefähr 30 Familien darauf, die ihr Ackerland mit den Händen umgraben. Die Käse sind von außerordentlich gutem Geschmacke. Der Kanal oder die Straße zwischen den Orkneys und Schottland heißt Pentland-Firth. Sie ist 15 Meilen breit, und hinlänglich tief, gleichwohl wagt sich nicht leicht ein Kaufmannsschiff durchzufahren, weil sie wegen der unordentlichen Fluthen und Windstöße gefährlich ist,

P 5 sondern

sondern sie gehen zwischen den Orkneys- und den Shetlands-Inseln bey der Insel Fair durch, wo sie nichts zu befürchten haben, und die See dreymal so breit ist. Bey Dungsby-head kann man im Junius, wenn der Himmel nicht gewölkt ist, die ganze Nacht hindurch ohne Licht die klärste Schrift lesen: der längste Tag hält hier 18 Stunden, und die Sonne verliert sich gar nicht tief unter dem Horizont. Die nördliche Breite dieses Vorgebirges ist 59° 10'.

Bey diesem Vorgebirge liegt John o' Groats Haus. So wild, rauh, und berglgt diese Gegend auch aussieht, so leiden die Einwohner doch keinen Mangel, insonderheit haben sie vier Dinge zum Unterhalt ihres Lebens im Ueberflusse, nämlich sehr gutes Brod, sowohl von Haber, als Waizen; Wildpret von allen Arten zu allen Jahrszeiten, das ein jeder schießen kann, wenn es ihm beliebt; Lachs in unglaublicher Menge, und wohlfeil, der zur Zeit des Fanges frisch, und sonst im ganzen Jahre an der Sonne gedörrt, gegessen wird; und endlich Kühe und Schaafe. Die letztern sind so wild, daß man sie, wenn sie nicht gewohnt wären, zusammen zu weiden, noch schwerer tödten würde, als Rehe.

Ueberhaupt genommen sind die Winter hier gemäßigter, als im südlichen Theile Britanniens, daher in manchen Flüssen das Wasser nie oder selten gefrieret, welches man den salzigten Partikeln der nahen See zuschreibt, welche die Luft erfüllen. Es fällt daher auch kein so tiefer Schnee, und er bleibt auch nicht so lange liegen, obgleich die hohen Berge, wohin diese Dünste nicht kommen, fast beständig mit Schnee bedeckt sind. Im innern des Landes, zumal

Sutherlandshire.

in Roßhire, giebt es große Kiefern-Wälder, 15 bis 20 Meilen lang, die nicht, wie im südlichen Schottland, durch Menschenhände, sondern durch die Natur dahin gepflanzt sind. Es sollen Masten für die größten Schiffe darunter seyn: sie nutzen aber zu nichts, weil es am Wasser zum Transport fehlt.

Von Dungsby-head streckt sich das Land gerade westwärts nach einem andern Vorgebirge Faro-head; die Entfernung von beyden macht die ganze nordliche Breite von Schottland aus, weil sich die Küste hernach wieder gegen Süden ziehet, wo man das unermeßliche atlantische Meer vor Augen hat. Zwischen diesen beyden Vorgebirgen liegt ein drittes Dunnat-head, wo der Pentland-Firth ein Ende hat, und bey dem sich westwärts eine ansehnliche Bay befindet, daran Thurso, nach Wick der vornehmste Ort in Caithneß, liegt. Es hat einen Hafen, und so wohl, als Wick, einen ergiebigen Lachsfang. Noch weiter westwärts kommt man nach Fors, einem Städtchen an der Mündung des gleichnamigen Flusses.

Faro-head.

Thurso.

Die Beschreibung der westlichen Inseln bleibt bis zum folgenden Briefe. Wir verlassen die westliche Küste von Sutherland und Roß, welche wegen der vielen Meerbusen, Seen, und Flüsse ganz unwegsam ist, und gehen nach Tayne, an der Südostecke in Roßhire. Diese kleine Stadt liegt am Firth von Dornoch, der auch zuweilen nach ihr benamt wird. Der Firth oder die Bay trennt Sutherland und Roß von einander; sie geht zwar tief ins Land hinein, ist aber für Schiffe unsicher, und endigt sich mit dem Vorgebirge Tarbat, welches sich gegen Osten weit ins Meer streckt. Tayne und

Tayne.

die

die benachbarte Gegend ist ziemlich bewohnt: sie treibt auch etwas Handel, der theils durch die Verbindung mit den westlichen Inseln, theils durch die Heeringsfischerey veranlaßt wird. Die Fischerböte von andern Gegenden laufen hier oft ein; weil die ganze Küste voll von Flüssen, Bayen und Landseen ist, die einen reichlichen Fischfang gewähren. Einige von den Landseen, die keine, wenigstens bekannte Verbindung mit dem Meere haben, sind so gar voll von Heeringen; vermuthlich wurden sie von den Einwohnern in vorigen Zeiten mit einigen Heeringen besetzt, die sich so vermehrt haben. Die Quantität der Heeringe übertrifft alle Vorstellung, wenn man sich zur Zeit, da sie anfangen zu ziehen, in der Gegend von Dungsby-head befindet. Ein Schwarm jagt gleichsam den andern vor sich her, und man kann fast behaupten, daß nur ein Drittel Meer, und zwey Drittel Fische sind. Man braucht, so zu sagen, kein Netz, sondern darf nur ins Wasser greifen, um welche zu haschen. Wenn einige tausend Schiffe da wären, so würden sie Ladung finden.

Dingwall. Ganz hinten im Meerbusen von Cromartie liegt die Hauptstadt von Rosshire, Dingwall, ein kleiner Ort, der weiter nichts erhebliches hat. Die Halbinsel zwischen den Bayen von Cromartie und Murray heißt Ardmeanach; an ihrer südlichen Spitze
Fortrose. liegt der Flecken Fortrose, dessen bereits im vorigen Briefe ein paarmal gedacht worden; vormals war hier ein bischöfflicher Sitz, und ein Kastell zur Wohnung der Bischöffe. Die Lage ist angenehm in einem Thale zwischen fruchtbaren Hügeln.

Beaulieu. Gerade südwärts von Dingwall, an der Gränze von Inverneß, und an der Mündung der Far-
rar

rar in Loch-Beaulieu, welcher den hintersten Theil des Murray Firths ausmacht, bemerken wir Beaulieu, eine vormals reiche Abtey. Jenseits des Flusses liegt Lovat, woselbst und in Stratherik der Lord Lovat seine vornehmsten Güter, die 5000 Pfund St. eintrugen, hatte. Er mengte sich in die Rebellion von 1745, verlor den Kopf und seine Güter, welche sein Sohn, der oberste Fraser, jedoch 1774 durch einen Parlamentsschluß wieder erhielt.

Die Landschaft **Lochaber**, welche einen Theil von Invernesshire ausmacht, liegt südostwärts von Lochness. Es geht aus dem Irländischen Meere ein tiefer Meerbusen, der 24 Meilen lang ist, und in diesen fällt der Fluß Aber, der aber wegen seiner Breite eher den Namen eines Sees verdient, und daher auch von den Einwohnern das Wasser, oder Loch von Aber genannt wird. Er kommt aus dem langen See Loch-Lochy; da, wo er anfängt, sich zu erweitern, liegt **Inverlochy**, einer der vornehmsten Oerter in Lochaber, 50 Meilen von der Stadt Inverneß, und dicht dabey das Fort **William***).

Lochaber ist eine der unfruchtbarsten Landschaften in Nordbritannien, obgleich Holz, Ziegen und Wildpret im Ueberflusse vorhanden ist. Die einzige und schlechte Stadt darin heißt Glenco, dessen Einwohner insgesammt alt und jung von König Wilhelms Soldaten auf eine unbarmherzige Weise ermordet wurden. Ums Jahr 1050 ward Banco, Beherrscher dieses Landes, von dem Tyrannen

*) Von dem zwischen beyden Seen angelegten Forts siehe den vorigen Brief.

nen Macbeth hingerichtet, weil man eine Prophezeyung hatte, daß seine Nachkommen den Thron besteigen würden. Dieß geschah auch, sein Sohn floh nach Nord Wales, heyrathete des dortigen Fürsten Tochter, und zeugte den Walter mit ihr, der nachmals Stewarb von Schottland wurde, und von dem das Haus Stuart abstammt. Aus dieser Geschichte nahm Shackspeare den Stoff zu seinem Trauerspiele Macbeth.

Wir haben nun die Tour durch ganz Schottland gemacht, bis auf den westlichen Theil der mittlern Abtheilung, der aber nicht so viel merkwürdiges hat, als der östliche. Im siebenten Briefe giengen wir von Perth den Tay hinauf, bis Killikranky, und wandten uns hernach nach den östlichen Landschaften, jetzt gehen wir vom obern Tay westwärts, wo die Landschaften Badenoch, Athol und Braidalbane angetroffen werden.

Die Landschaft Athol ist eigentlich voller kleinen Berge, weil sie aber von der Tay und vielen andern Flüssen gewässert wird, so giebt es auch fruchtbare Thäler zwischen den Bergen. Die Einwohner sind schon besser zur Cultur gewöhnt, als die bisher durchreiseten Gegenden. Der Herzog von Athol ist Herr von diesem Striche, und der einzige in ganz Schottland, der so viel Vasallen aufweisen kann. Sonst war diese Landschaft wegen der Hexen berühmt, jetzt aber wegen der natürlichen und sittlichen Verbesserungen, welche der vorige Herzog von Athol vornehmlich auszubreiten gesucht hat. Es giebt hier schöne Eichenwälder; die Zwergbirke trifft man häufig an: und zu den seltnen Pflanzen gehören die an vielen Orten häufig wachsende Sibbaldia procumbens,

bens, und Azalea procumbens. Die getrockneten Wurzeln oder Knollen der Christwurzel (orobus tuberolus), welche hier in großer Menge allenthalben angetroffen wird, sind eine gewöhnliche Speise der Hochländer auf langen Reisen in unfruchtbaren Gebirgen. Sie geben in einem Aufgusse mit Branntewein ein erfrischendes angenehmes Getränke.

Der Herzog von Athol hat hier verschiedene Blatzkandsitze. Dunkeld ist schon im siebenten Briefe vorgekommen. Huntingtour in Stratherne dient wegen des großen Parks vornehmlich zur Jagd. Das Kastell Blair oder Atholhouse liegt nordwärts in Athol gegen Breadalbane auf einer Höhe an dem Flusse Garie, der etliche Meilen weiter in die Tay fällt, aber bey Ueberschwemmungen vielen Kiessand über das Thal führt. Das Haus sieht wegen der eisernen Stangen vor den Fenstern einem Gefängnisse nicht ungleich: es hat in den unruhigen Zeiten Belagerungen ausgestanden. Der Garten ist nicht so schön, als der zu Dunkeld, doch hat er verschiedene Statuen, und einen Tempel des Ruhms mit Busten alter Philosophen und Dichter; und die von dem Herzoge steht in der Mitte. Der Herzog hat englisches Rindvieh, welches gut gedeihet. Der Flecken Blair besteht aus wenigen elenden Häusern mit Rasendächern. Die Kirche ist elend, ganz verfallen, ohne Thüren und voll Schmutz: es wird wöchentlich einmal Ersisch darin geprediget. Die vom Herzoge angelegten Gänge zwischen den Felsen sind gemein romantisch, welches durch die schönen Wasserfälle der Flüsse Tilt und Bannovy hoch vermehrt wird. Der Wasserfall Yorke, eine Meile vom Hause, verdient gesehen zu werden. Er stürzt zwischen den Bäumen herab, und vereinigt sich mit einem

einem andern Wasserfall, beyde fallen darauf in eine tiefe Kluft, und von da nach einigen Absätzen in die Tilt, welche ebenfalls zwischen den Felsen verschwindet, und mit fürchterlichem Geräusche wieder zum Vorschein kommt. Außer den erstaunlichen Baumpflanzungen, die der verstorbene Herzog auf allen seinen Landgütern angelegt, verdient der auch von ihm herrührende Rhabarberbau, der hier vortrefflich gedeihet, und dem rußischen an Güte gleichkommt, vorzüglich bemerkt zu werden. Manche Wurzeln wägen frisch 50 Pfund: sie verlieren aber durch das Trocknen ein Viertel des Gewichts.

Breadalbane. Die Landschaft Breadalbane hat lauter kleine Oerter, und kaum ein Dorf von mehr, als zehn Häusern. Sie wird für das höchste Land in Schottland gehalten, und liegt ohngefähr im Mittelpunkte desselben. Es gehen Flüsse von hier ins westliche und östliche Meer. Der höchste Ort soll das Dorf Tiendrum, an der Gränze von Argyleshire, seyn, der Name bedeutet wenigstens so viel, als das Haus der Höhe. Bey demselben entspringt die Tay, welche eigentlich erst, nachdem sie den See Dochart passirt ist, diesen Namen annimmt. Sie formirt hernach den Loch-Tay, von dem sowohl, als den Verdiensten des Herzogs von Breadalbane um diese Gegend, im siebenten Briefe geredet worden. Es giebt hier eine große Menge Wildpret von allerley Art; auch viel Füchse, die zahlreich und schädlich sind. Die Auerhähne waren ehemals im mittlern Schottlande in Menge anzutreffen, jetzt findet man sie bloß in den Fichtenwäldern, nordwärts des Loch-Neß. Die schwarzen Adler thaten sonst durch ihre Menge großen Schaden, seitdem aber Prämien darauf gesetzt worden, sind sie ziemlich vertilgt. Die Berge

Berge Grampian durchschneiden hier Schottland. Sie nähren große Heerden Rindvieh, Schafe, Ziegen und Pferde. Die Wolle ist fein, und sowohl Rind- als Schöpsenfleisch von trefflichem Geschmacke. Weil diese Gegend rauh und nicht sehr cultivirt ist, so sind die Einwohner gegen alle Strapazen abgehärtet, und geben daher vortreffliche Soldaten ab.

Südwärts von Breadalbane liegt Stratherne, oder das Thal am Erne, ein angenehmer fruchtbarer Strich Landes, mit vielen Landsitzen des Adels. Die Erne entspringt an den Gränzen von Breadalbane, bey Glengyl, formiret bald darauf den Loch-Erne, und läuft alsdenn gerade gegen Osten bey Duplin-Castle (s. den siebenten Brief) vorbey, und fällt unterhalb Perth in die Tay. Die Herzoge von Athol haben hier einen Landsitz zu Tullibardin, wovon der älteste Sohn des Hauses allemal den Titel eines Marquis führt. Man trifft in dieser Landschaft verschiedene Läger der Römer, insonderheit das zu Ardoch, wie auch eine römische Heerstraße, deren ebenfalls bey Perthshire im siebenten Briefe gedacht worden. Die Berge Ochill, welche sich längst dem südlichen Theile von Perthshire strecken, verwahren allerley Mineralien in ihrem Innern, insonderheit Kupfer und Gallmey, wie auch zu Glen-Liow Bley. Der große Mangel an Steinkohlen wird durch den Rasentorf ersetzt. Wolle wird in Quantität gewonnen. Die Familie Montrose hatte hier sonst das Schloß Kinkardin, und die Grafen von Perth ebenfalls eines zu Drummond, beyde liegen aber in Ruinen, weil jenes in der großen Rebellion niedergerissen ward, und dieses verfallen ist, weil die Besitzer als Rebellen aus dem Lande mußten.

Stratherne.

Zehnter Brief.

Lenoxſhire.

Nun ſind noch die beyden Landſchaften, Lenox, und Dumbarton, im mittlern Schottlande, oder weſtlichen Hochlande, übrig, ſo iſt die Reiſe durch das ganze Reich vollendet. Dieſe Landſchaft hat den Namen vom Fluſſe Leven oder Levenox, welcher aus dem See Lomond in die Clyde läuft, heißt aber auch zuweilen nach der Hauptſtadt Dumbarton, oder Dumbriton, dem Britannodunum der Römer. Sie hat 26 Meilen in der Länge, und in der größten Breite 18, läuft aber gegen beyde Enden ſpitzig zu. Gegen Norden und Weſten gränzt ſie an Argyle, gegen Oſten an Menteith in Pertſhire, und an Sterlingsſhire, und gegen Süden fließt die Clyde. An der Weſtſeite geht die lange Bay, Loch-Long, die wegen des Heeringsfanges berühmt iſt, hinauf. Die flachen Gegenden gegen die Seen und Flüſſe ſind fruchtbar, und ergiebig an Getraide, die gebirgigten liefern hingegen ſchöne Triften. Uebrigens hat dieſe Landſchaft, welche das väterliche Eigenthum der Stuarts war, einen großen Seegen an Fiſchen, indem ſie an zwo Seiten Waſſer hat, und den großen Landſee, Loch-Lomond, ringsumher umgiebt.

Loch-Lomond. Dieſer See iſt 24 Meilen, und alſo beynahe ſo lang, als die ganze Landſchaft, welche als ſeine Einfaſſung betrachtet werden kann. Er geht von ihrer nordlichen Gränze gegen Süden faſt bis gegen den Firth of Clyde herunter, und hat ſeinen Abfluß in ſolchen durch den kurzen Fluß Leven. An manchen Stellen iſt er über 100 Klaftern tief. Gegen Norden iſt er ſchmal, gegen Süden wird er auf acht Meilen breit, iſt aber mit vielen Inſeln unterbrochen,

chen, deren man auf 30 zählet. Drey haben Kirchen, andre sind aber unbewohnt. Die größte Inchmarin ist 2½ Meilen lang, und sehr fruchtbar. Wegen des vielen Rothwildprets pflegten die schottischen Könige hier zuweilen zu jagen. Auf Inchenougen wachsen viele Birken, und auf Inchnolaig viele Eibisch (Taxus) Bäume, die man auf den andern Inseln nicht findet. Auf Rouglash und andern trifft man Landsitze an. Die mancherley Aussichten an den Ufern sind gar herrlich, und ändern sich alle Augenblicke, bald erblickt man einen großen Theil des Sees, bald nur einen geringen, indem das Auge durch die Inseln unterbrochen wird: mit einem Worte, man sieht abwechselnd alle prächtigen Scenen der Natur, Kornfelder, Waldung, Höhen und Thäler, bald strecken sich die Ufer ins Wasser, und formiren kleine Vorgebirge, bald ziehen sie sich wieder in Krümmungen zurück, woraus kleine Bayen entstehen. Eine der artigsten Aussichten hat man auf der Westseite von dem Dorfe Luss, welches ohngefähr in der Mitte der Länge des Sees liegt. Man sieht gegen eine von den Inseln, welche eine halbe Meile lang, und meistens mit Holz bedeckt ist. Das Thal zwischen dem Ende des Sees ist herrlich fruchtbar und wohl bebauet. Der schnelle und ansehnliche Fluß Leven oder Levin durchströmt dasselbe, und stürzt sich unter Dumbarton in den Meerbusen von Clyde. Auf der Ostseite erheben sich die grampischen Gebirge, und erstrecken sich durch Perth, Angus und Mearns nach Aberdeen. Der See ist ungemein fischreich; unter andern giebt es eine besonders wohlschmeckende und ihm eigne Art von Aalen darin, Pfans oder Pollocks genannt, welches verschiedene Schriftsteller verleitet, zu behaupten, daß die Fische des Loch-Lomond keine Schuppen hätten. Die Nachbarn des Sees banden in Kriegszeiten große Stämme im Wasser zusammen, und belegten sie mit Torf, um sich darauf zu flüchten, und dieses hat Gelegenheit zur Erzählung von schwimmenden Inseln auf diesem See gegeben.

Zu Anfange des Novembers 1755, als das große Erdbeben in Lissabon war, bemerkte man in vielen schottländischen Landseen eine außerordentliche Bewegung. Der Loch-Lomond hob sich in der Nachbarschaft von Dumbarton bey vollkommner Windstille auf einmal zu einer ganz ungewöhnlichen Höhe, so daß Ländereyen am Ufer überschwemmt wurden, darauf man bey Menschen Gedenken kein Wasser gesehen hatte, und nach Verlauf von wenigen Augenblicken zog es sich mit Heftigkeit zurück, und fiel auf eine eben so ungewöhnliche Tiefe hinab. Dieß währte einige Stunden, bis sich das Wasser wieder beruhigte. Auf dem Lande verspürte man gar keine Bewegung, sondern es herrschte allenthalben Windstille.

Dumbarton. Die Hauptstadt dieser Landschaft heißt Dumbarton, ihr Handel ist ganz gefallen, ob er gleich wegen der Lage am Ausflusse der Levin in die Clyde beträchtlich seyn könnte. Die Einwohner der Stadt und der ganzen Gegend beschäftigen sich vornehmlich mit Garnspinnen und Lachsfängen. Der Ort besteht aus einer großen Straße, in Form eines halben Mondes, und liegt in einer Ebne. Das Kastell, welches oft zum Staatsgefängnisse gebraucht worden, gehört durch seinen natürlichen Stand unter die festesten in Europa. Auf der einen Seite ist es durch die Levin, auf der andern durch die Clyde, auf der dritten durch einen Morast, und auf der vierten durch einen

einen stellen Abgrund gesichert. Es gehen Stufen hinan, die in Felsen gehauen sind, und die ein Mann nur auf einmal ersteigen kann. Die römische Schutzwehr oder der Damm, welcher von Abercorn kommt, und durch diese Landschaft geht, endigt sich oberhalb Dumbarton bey Kilpatrick an der Clyde.

Man hat seit vielen Jahren bemerkt, daß das Wasser des Loch-Lomond sich mehr über die angränzenden Felder erweitert, welches theils davon herrührt, weil eine ungeheure Menge Kies nach und nach von den Bergen hinein schwemmt, theils weil die Ufer des Leven eingestürzt sind. Die angränzenden Einwohner haben deswegen den Entwurf gemacht, den seichten Kanal des Flusses zu vertiefen, ihn schiffbar zu machen, und zwo große Krümmungen desselben zu durchstechen: alsdenn können sie ihren Schiefer, Bauholz, Baumrinde ꝛc. bequem ins Geld setzen, und durch Verminderung der Oberfläche des Sees viele 1000 Acker fruchtbares Land gewinnen. Der höchste Berg an der Ostseite des Sees Ben-Lomond ist 3204 Fuß über seiner Oberfläche erhaben. Man sieht von demselben den ganzen See mit allen seinen Inseln unter sich, ferner die Seen Loch-Long, und Loch-Earn, den Firth von Clyde, nebst vielen andern Gewässern, die Berge der Insel Arran, und gegen Norden die hohen schottischen Alpen.

Argyleshire.

Argyleshire gehört zu den weitläuftigsten Landschaften dieses Reichs, indem sie ohne die Inseln 120 Meilen lang, und 40 breit ist. Sie liegt an dem Irländischen Meere hinauf, und gränzt gegen Norden an Lochaber, gegen Osten an Perthshire und Dumbarton. Sie besteht aus den Districten Argyle an sich selbst, Kantyre oder Kintyri, Cowal, Knapdale, Lorn, und aus den Inseln Jola, Jura, Mull, Wist, Teriff, Col, und Lismore. Die Inseln kommen im folgenden Briefe vor. Man zählt in der ganzen Landschaft auf sieben Meerbusen, die Lochs heißen. Der vornehmste darunter, Loch-Syne, ist auf 40 Meilen lang, und an den schmalsten Stellen vier breit, und wegen der schönen Heeringe berühmt, die in unsäglicher Menge darin angetroffen werden *). Lochew ist so groß, als Loch-Lomond, und hat zwölf Inseln, auf deren zwoen die Kastelle Enconel und Glenuquart stehen: an seinem Ausflusse giebt es viel Lachse. Die Küste von Argyle an sich selbst besteht bis Loch-Fyne aus vielen Felsen, und schwarzen mit Heyde bedeckten Bergen, die viel Rindvieh und roth Wildpret ernähren. Das Rindvieh läuft meistens wild herum, hat aber

---

*) Die Heeringe ziehen vom Julius bis Januar. Die meisten werden vom September bis Weihnachten gefangen; man gebraucht 600 Böte zu vier Mann dazu, und spannt eine Kette von Netzen auf 100 Faden lang aus. Die Heeringe ziehen bald 20, bald 50 Klaftern tief, bald gar auf den Grund, daher kommt viel aufs Glück, Klugheit und Erfahrung an. Jedes Boot verdient ohngefähr vierzig Pfund St. Die Heeringe werden theils in Tonnen gepackt, theils frisch verkauft. Man zählt oft an dem Gestade etliche 100 Menschen zu Pferde, die frische Heeringe kaufen, und damit viele Meilen weit fortreiten. Eine Tonne kostet ohngefähr 24 englische Schillinge, und hält von guten 500 Stück, von mittelmäßigen 700, und von ganz schlechten 1000. Sonst zahlte das Parlament zur Aufmunterung des Fanges auf die Tonne eine Prämie von 2⅜ Pfund St.

aber schmackhaftes Fleisch. Wenn das Fett gekocht wird, so gerinnt es nicht, wie sonst, sondern bleibt etliche Tage flüssig, wie Oel. Die Einwohner verkaufen es mit großem Profit an die Bewohner der südlichen Provinzen. Ein großer Theil von ihnen lebt von der Jagd und Fischerey. Das Land ist großen Theils bergigt.

Die Hauptstadt dieser Landschaft, nach der sie Inverary. auch zuweilen benennt wird, heißt Inverary, und liegt in Argyle an sich selbst, an der Ostseite des Loch-Fyne. Der Herzog von Argyle hat hier seine vornehmste Residenz, und einen schönen Pallast aufgeführt, um den Einwohnern zu zeigen, was aus der Stadt bey ihrer bequemen Lage werden kann, wenn sich die Industrie in der umliegenden Gegend noch mehr verbreitet haben wird. Unter dem Beystande des Herzogs und andrer Adelichen im Lande ist zu Inverary eine Wollenmanufactur angelegt. Der Herzog hat ansehnliche Summen hergeschossen, die dazu nöthigen Gebäude aufgeführt, und der Kompagnie die erforderlichen Werkzeuge geschenkt. Gelingt diese patriotische Unternehmung, woran nicht zu zweifeln ist, so wird der Vortheil wichtig seyn: weil die Wolle alsdenn auf dem hiesigen Markte einen schleunigen Absatz finden wird. Dieß ist um so nöthiger, da die Hochländer einen großen Theil ihrer Ländereyen in Hauspachtungen verwandelt haben, und viel mehr Wolle gewinnen. Ehe diese Gesellschaft errichtet ward, hatte der Herzog bereits auf eigne Kosten eine Wollenfabrik angelegt, wobey viele alte Leute und Kinder, die sich und dem Lande zur Last gewesen wären, das Brod verdienten. Im Jahre 1776 unterzeichnete der Herzog und einige andre Patrioten 2000 Pfund St.

um

um eine Straße in der Landschaft anzulegen, weil die öffentlichen Anstalten nicht zureichten. Die auf Kosten der Regierung angelegte schöne Brücke über die Aray ward 1772 durch die Fluthen weggerissen. Der Herzog besitzt bey der Stadt schönes Gehölze. Der Park von Beauchamp ist vortrefflich: das Thal dabey ungemein romantisch: und der kleine See Duloch vereinigt sich mit dem Loch-Syne. Außer Heringen führt dieser große Meerbusen auch viele Lachse und Schollen bey sich. Der Thonfisch, dessen Fang im mittelländischen Meere so wichtig ist, läßt sich hier auch, jedoch nur in kleinen Haufen, sehen. 1769 fieng man einen bey Inverary, der über 400 Pfund wog.

Kantyre. Die Halbinsel Kantyre oder Kintyri hängt vermittelst eines kaum eine Meile breiten Landstriches mit Knapdale zusammen, welcher theils aus Morast, theils aus Felsen besteht. Wenn es nicht gar zu große Kosten für Schottland machte, und man stäche hier durch, welches für möglich gehalten wird, so würde die Schifffahrt von und nach der Clyde sehr erleichtert werden, anstatt daß sie jetzt um das südliche Vorgebirge, Mull of Kantyre genannt, welches nur breyzehn Meilen von Ireland entfernt liegt, wegen der heftigen Fluthen nicht ohne Gefahr ist. Man sieht das irländische Vorgebirge Fair von dem Mull sehr deutlich. Der Meerbusen Loch-Tarbat ist zwölf Meilen lang, und trennt die Halbinsel von Knapdale, er hat den Namen von dem Dorfe Tarbat, an der Meerenge. Noch vor einiger Zeit zog man Fahrzeuge von zehn Tonnen mit Pferden aus dem Loch-Tarbat in den Loch-Syne hinüber, und wieder zurück, um die Fahrt um den Mull zu vermeiden.

Die

Argyleshire.

Die Halbinsel ist über dreyßig Meilen lang, dreyzehn bis sechzehn breit, und gehört meistens dem Herzoge von Argyle, der sich alle Mühe giebt, den vernachläßigten Feldbau durch Prämien aufzumuntern. Der Boden ist gut, und bringt viel Gerste hervor, allein zum Unglück wird alles zum Whisky, einer in Schottland sehr beliebten Art von Branntewein, verbrennt. Der Herzog hat bey seinen Pachtern eine Strafe darauf gesetzt, weil die Manufacturen darunter leiden, allein die Weiber, welche sonst aus dem hier erbauten Flachse Garn spannen, brennen dennoch lieber Branntewein, weil mehr dabey zu verdienen ist, und die Männer bestellen das Feld.

Der Hauptort Campbeltown liegt sieben Meilen vom Vorgebirge gegen die Insel Arran über, und hat einen guten Hafen, dessen Einfahrt aber enge wegen der vorliegenden Insel ist. Vor vierzig Jahren standen hier nur wenige Fischerhütten, denen kaum drey Fahrzeuge gehörten, und jetzt ist es ein ansehnlicher Ort, der über siebzig Schiffe zum Heeringsfange von zwanzig bis achtzig Tonnen hat, wozu 800 Seeleute gehören. Diese Fischerey hat ihn dergestalt gehoben, daß man vor zehn Jahren einmal 260 Heeringsbuysen im Hafen zählte, weil hier der Sammelplatz ist. Allein seit dem Kriege, da die Prämien von der Regierung nicht mehr bezahlt werden, hat ihre Anzahl sehr abgenommen. Die Anzahl der Einwohner des ganzen Kirchspiels beläuft sich auf 7000. Mitten im Flecken steht ein schöner mit Laubwerk gezierter Pfeiler, der von der Insel Jona hieher gebracht worden; Gordon hält ihn für einen dänischen Obelisk. Nicht weit von hier sind ergiebige Gruben von Steinkohlen, welche an der Küste die Tonne zu vier Schillinge bezahlt werden;

Campbeltown.

werden; aber noch nicht zu den Bedürfnissen der Halbinsel zureichen.

Knapdale. Die Landschaft Knapdale liegt zwischen dem Loch-Fyne, und dem Sund von Jura, oder dem Irelandischen Meere. Sie ist voller Bayen und Seen, darin zum Theil Inseln und alte Schlösser liegen, und ist geschickter zur Viehzucht, als zum Ackerbau; doch ist der Theil nach Lochew auch fruchtbar an Getraide. Gegen Süden hängt sie gedachtermaßen mit Kantyre zusammen, und gegen Norden stößt sie an Argyle an sich selbst.

Lorn. Die Landschaft Lorn streckt sich längst dem Meere hinauf, und wird in Unter- Mittel- und Ober-Lorn getheilt, wovon letzteres am meisten gegen Norden und an Lochaber liegt. Es fehlt hier auch nicht an Buchten und Bayen. Es ist der fruchtbarste und angenehmste Theil von Argyleshire, daher man auch viele Landsitze des Adels antrifft. Der älteste Sohn des Herzogs von Argyle heißt Lord Lorn. Das Kastell Dunstafnage ist ein alter königlicher Pallast, wo viele der vorigen Könige ihre Grabstätte haben. Wenn die Adelichen dieser Landschaft eine Tochter verheyrathen, so muß jeder Vasall nach der Anzahl seines Hornviehes etwas zur Aussteuer beytragen.

Eilfter Brief.

Die Westlichen Inseln Schottlands. Bute. Arran. Die Heydnischen Cairns. Plada. Ailsa. Gigha. Jura. Lismore. Jlay. Oransay. Colansay.

Wir haben die Beschreibung aller auf der Westseite Schottlands liegenden Inseln, welche zu verschiedenen Provinzen des Reichs gehören, verschoben, um sie beysammen zu lassen, und erst das feste Land zu durchreisen. Sie heißen wegen ihrer Lage die westlichen Inseln (Western Isles) oder die Hebriden*). Den Römern waren sie fast nur dem Nahmen nach und aus sehr dunkeln Nachrichten bekannt. Auch in den letzten Jahrhunderten hat sich niemand sehr um den innerlichen Zustand derselben bekümmert. Die Einwohner lebten in großer Wildheit und rauhen Sitten, bald in einer ziemlichen Anarchie, bald unter der Tyranney ihrer eigenmächtigen Oberhäupter. Unter Jacob I, Carl II, ja sogar unter Wilhelm III waren hier lauter Unruhen, die aus dem unglücklichen Lehnssystem entstunden. Noch in den zwo letzten Rebellionen zeigten sich die Folgen davon, und machten, daß die Regierung ernstlich darauf bedacht war, andre Einrichtungen zu treffen. Es herrscht auf diesen Inseln noch viel Unwissenheit und rohes Wesen, doch erstrecken sich

die

---

*) Vermuthlich ist der Nahme Hebrides aus Ebudes, dem alten Lateinischen Nahmen, entstanden. Beym Solinus und Pomponius Mela kommt der Nahme Olmodae vor.

die Erziehungs- und Religionsanstalten für das Hochland, deren im neunten Briefe gedacht worden, auch auf diese Inseln: die Einwohner werden nach und nach gesitteter, und es steht zu hoffen, daß sie mit der Zeit völlig aufgeklärt werden, wiewohl ein desto längerer Zeitraum dazu erfordert wird, je mehr diese Inseln durch ihre Lage von dem Umgange mit dem cultivirtern Theile Großbritanniens abgeschnitten sind*).

Ehe wir zur Beschreibung der eigentlichen westlichen Inseln schreiten, müssen wir die von ein paar andern vorausschicken, die gleichsam in der Mitte zwischen

*) Man hat eine ältere Beschreibung dieser Inseln: Martins description of the Western Islands of Scotland, wovon die zwote Ausgabe bereits 1716 zu London erschienen ist. Außer dem, was man in Pennants Reisen durch Schottland und die Hebridischen Inseln findet, hat man auch D. Sam. Johnsons Reisen nach den westlichen Inseln (übersetzt Leipzig, 1775.) Der Verfasser redet sehr parthenisch, und an vielen Stellen verächtlich von den Schotten, daher ward sein Buch mit großem Widerwillen aufgenommen, wovon man Tophams Edinburgische Briefe S. 150 nachlesen kann. Es erschien auch eine Widerlegung von Mac. Nicols unter dem Titel Remarks on Johnsons Journal to the Hebrides. Nach St. Kilda hat obgedachter Martin eine eigne Reise herausgegeben, wovon 1753 die vierte Edition zu London gedruckt ward. Des Pfarrers und Missionars zu S. Kilda Geschichte dieser Insel ist bey Pennants Reisen im Anhange des zweeten Theils anzutreffen. Ueberhaupt ist der Verfasser der von uns zum Grunde gelegten und bey diesen Inseln meistens nur frey übersetzten Tour trough great Britain dem Pennant gefolgt, daher man die Beschreibung als einen Auszug daraus anzusehen hat.

Westliche Inseln.

zwischen dem festen Lande von Schottland und im Meerbusen von Clyde liegen, und eine besondere Grafschaft oder Sherifdom ausmachen; dieß sind die Inseln Bute und Arran.

Bute.

Die Insel Bute beträgt 20 Meilen in der Länge, und fünf in der größten Breite. Sie enthält ohngefähr 20000 Acker und 4000 Einwohner. Sie hat nur kleine Hügel, und einen zum Wiesewachs und Getreidebau fruchtbaren Boden. Der vornehmste Ort heißt Rothesay an der östlichen Küste, wovon der Prinz von Wales den Titel führt, weil die Königliche Familie Stuart aus dem alten Kastell Rothesay stammt. Aus diesem Hause stammen auch die Grafen von Bute, welche eine Linie des Hauses Hamilton ausmachen, und denen beynahe die ganze Insel gehört. Es wird hier ein starker Heeringsfang getrieben. Die dicht dabey gegen Südosten liegenden kleinen Inseln Groß- und Klein-Cumbray sind ein Eigenthum des Grafen von Glasgow.

Der Sitz des Grafen von Bute auf Mount-Steward an der Küste, ist ein modernes Gebäude mit Flügeln. Es hat eine angenehme Lage auf einer Anhöhe im Gehölze, dessen Bäume so gut, wie in den südlichen Gegenden Englands, fortkommen. Die Luft ist mäßig, ohne dicke Seenebel, und der Schnee bleibt nicht liegen; die Unbequemlichkeiten von Bute bestehen in heftigen Stürmen aus Westen, und gar zu häufigem Regen, welcher der westlichen Küste Schottlands überhaupt beschwerlich fällt.

Der Ackerbau ist auf der Ostseite beträchtlich, vornehmlich wird Gerste, Haber und Kartoffeln gewonnen.

wonnen. Man hat auch seit 10 Jahren den Bau der Rüben und Futterkräuter eingeführt. Ein Reisender erstaunt hier so viel eingezäunte Felder zu finden; diese kleine Insel hat darin einen Vorzug selbst für vielen Gegenden des südlichen Englands. Die Hecken sind hoch und dicht. Man düngt mit Seemuscheln, Korallen, Seegrase und Kalk, der hier, ohngeachtet die Insel keine Steinkohlen hat, häufig gebrannt und nach der Mündung der Clyde verführt wird. Eine halbe Meile von der See giebt es ganze Lagen von Muscheln und Korallen von ziemlicher Dicke. Die sämmtlichen kleinen Pächter bezahlen jährlich ohngefähr 4000 Pf. Sterl., wovon einigen Privatpersonen etwas gehört, das übrige bekommt alles der Graf Bute. Die meisten Pächter trieben, als der jetzige Graf Bute zum Besitz seiner Güter kam, den Ackerbau und Fischfang zugleich, und wendeten daher auf keines von beyden den gehörigen Fleiß. Sie mußten aber nunmehr die eine Beschäftigung aufgeben, und wählen, bey welcher sie allein bleiben wollten. Uebrigens waren sie gute Ackersleute, und pflügten ihr Feld ordentlich. Durch diese Einrichtung, durch die Einzäunung der Felder, wozu ihnen der Graf das beste Beyspiel gab, durch Aufmunterung zum Kalkbrennen und den frachtfreyen Transport ihrer Producte nach dem nächsten Markte ward Bute in den jetzigen blühenden Zustand versetzt.

Rothesay ist eine kleine artig gebauete Stadt, mit kleinen Häusern, darin ohngefähr 200 Familien wohnen. Die Weiber spinnen und die Männer sind Fischer. Sie hat eine gute Anlände, und der Meerbusen, darin sie liegt, ist tief und sicher. So wie die ganze Insel, so hat sich auch der Zustand dieses Orts ebenfalls sehr verbessert.

Arran.

Arran.

Die Insel Arran ist von beträchtlicher Größe, indem sie 24 Meilen in der Länge und fast 16 in der Breite hält. Man zählt 7000 Einwohner darauf, die zwo Kirchen mit zwey Filialen haben. Sie wohnen meistens an der Küste, weil der innere Theil ungeheure unfruchtbare Berge hat, die mit Flechten und Moosen bedeckt sind, und zwischen deren Felsen von Granit die Adler ihre Wohnungen aufgeschlagen haben. Der nackte Gratfield ragt weit über die andern hervor. In den Landseen giebt es viele Aale und in den Flüssen Lachse. An den Küsten werden oft Pferdhaye (Squalus maximus) gefangen. Pennant sahe einen von 27 Fuß lange. Die Leber ist allein brauchbar, und wird zu Thran geschmolzen. Ein großer Fisch liefert acht Barrels guten Thran. Längst den Küsten giebt es gutes Weide- und Getreideland; auf der Ostseite ist eine Bucht, vor der die kleine Insel Lamlash oder Holy Isle liegt*), wodurch ein guter und sicherer Hafen entsteht. Etwas weiter nordwärts trifft man das Kastell Brodich, wo der Herzog von Hamilton, dem diese Insel gehört, wohnt, wenn er sich hier aufhält. Die nach Glasgow bestimmten Schiffe halten hier Quarantaine.

Das Klima dieser Insel ist strenge; der Wind ist nicht nur sehr heftig, sondern auch die Kälte, daher bleibt der Schnee in den Thälern viele Wochen lang liegen. Im Sommer ist die Luft hingegen desto gesünder, weswegen viele schwächliche Personen hieher

---

*) Lamlash ist ein großer mit Heyde bedeckter Berg: jedoch ist etwas Ackerland, und Weide für etliche Kühe, Schaafe und Ziegen darauf.

her kommen, um Ziegenmolken zu trinken. Die Blattern, Masern, und der Keichhusten kommen insgemein alle acht Jahre her, hingegen ist die gewöhnliche Krankheit das Seitenstechen. Als ein Verwahrungsmittel dagegen lassen die Einwohner regelmäßig im Frühjahr und Herbst zur Ader, zu welchem Ende ein vom Herzoge von Hamilton besoldeter Wundarzt alle halbe Jahre herumreiset. So bald er kommt, versammlen sich die Einwohner unter freyem Himmel, und lassen über einer zum Auffangen des Blutes bestimmten Grube zur Ader.

Die Mannspersonen sind stark und wohlgebildet. Sie sprechen Erfisch, haben aber die alte Nationaltracht abgelegt. Ihre Speise besteht hauptsächlich in Erdbirnen und Mehl, wozu im Winter noch etwas gedörrtes Schöpsen- und Ziegenfleisch kommt. In ihren Mienen herrscht Traurigkeit, weil sie beständig darauf sinnen und arbeiten müssen, um ihren Pacht und Lebensunterhalt zu gewinnen. Ein Pacht- oder Bauerhof wird gewöhnlich von mehrern kleinen Pachtern übernommen, die zusammen und einzeln verbunden sind, für die Zahlung des Pachts zu stehen. Zuweilen haben 18 an einer Pachtung von 40 Pf. Sterl. Antheil. Sie wohnen auf dem Pachthofe in kleinen Häusern, wodurch dieser das Ansehn eines kleinen Dorfs gewinnt. Das Land theilen sie durchs Loos unter einander, und spannen ihre Pferde zum Pflügen zusammen. Das Wiesen- und Moorland ist gemeinschaftlich. Von Einzäunungen wissen sie nichts, ihre Düngung ist dieselbe wie auf Bute. Der Pacht ist unmäßig gesteigert, und sinkt daher von selbst, und die Einwohner nehmen ab. Als Pennant diese Insel besuchte, sollte die Summe aller Pachtgelder 3000 Pf. Sterl. seyn,

es

Westliche Inseln.

es kamen aber nur 1200 ein. Erst im Jahre 1772 ward die Schweinszucht hier eingeführt. Man erbauet vornehmlich Haber, Erbsen und Erdbirnen.

Die Weiber verarbeiten die Wolle zur Kleidung ihrer Familie, pflanzen die Erdbirnen, bereiten und spinnen den Flachs. Sie machen Butter zum Verkauf und Käse zu ihrem Gebrauch. Die Einwohner haben überhaupt das Lob der Mäßigkeit, Gottesfurcht und Arbeitsamkeit. Die Männer bringen einen großen Theil des Sommers mit Torfstechen zur Feuerung und Ausbesserung ihrer von schlechten Materialien gebaueten Häuser zu. Vor und nach der Erndte beschäftigen sie sich mit dem Heeringsfange. Den Winter über machen die Männer die Netze dazu, und die Weiber spinnen wollen und flächsenes Garn. Vom Anfange des Februars bis in den May bestellen sie bey guter Witterung das Feld. Im Herbste brennen sie Soersalz aus einer großen Quantität Farrenkräuter. Man rechnet, daß die Einwohner dieser Insel im Jahre für 1200 Pfund Sterl. Rindvieh und 300 Pf. Sterl. Pferde verkaufen. Mit dem Heeringsfange verdienen sie 300 Pf. Sterl., mit dem Verkauf der Netze 100 Pf. Sterl. und mit dem hier gemachten Zwirn 300 Pf. Sterl. Diese Summen gehen aber auch für die nothwendigen Bedürfnisse wieder zum Lande hinaus.

An der westlichen Küste liegt Drum-en-duin. Das Ufer ist daselbst von Klippen eingeschlossen, die unten tief ausgehöhlt sind; oben steht ein runder Thurm. Die merkwürdigste Höhle ist die Höhle des Fin-mac-cuil, oder Fingals, des Sohnes des Cumhals, und Vaters des Ossians, der sich hier der Jagd wegen aufgehalten haben soll. Eine dieser Höhlen ist 112 Fuß lang, und 30 hoch, und

R läuft

läuft oben ſpitzig, wie ein gothiſches Gewölbe, zu. Gegen das Ende theilt ſie ſich in zwo andere Höhlen, die weit in den Felſen hineingehen, und an jeder Seite verſchiedene kleine einander gegen über ſtehende Löcher haben. In dieſe waren Queerbalken gelegt, worauf die Töpfe ſtunden, darin die Helden ihr Wildpret ſotten, oder an die ſie nach damaliger Art die Beutel aufhiengen, die aus den Häuten der auf der Jagd getödteten Thiere gemacht waren, und die mit Fleiſch angefüllt wurden, das darin eine hinlängliche Wärme erhalten konnte. Denn die alten Helden aßen das Fleiſch halb roh, weil ſie den Saft für die beſte Nahrung hielten.

Es giebt auf dieſer Inſel überhaupt eine Menge Denkmale heydniſcher Zeiten, zumal große Steine, die vermuthlich zu Druidentempeln gehörten, und ſo genannte Cairns oder große Steinhaufen, die zum Andenken der darunter begrabenen Helden errichtet worden, wovon man den Pennant nachleſen kann. Zu Feorling ſieht man noch einen ſolchen ungeheuern Cairn, der 114 Fuß im Umkreiſe hat, und beträchtlich hoch iſt. Dieſer beſteht, ſo wie die andern, aus Kieſeln vom Geſtade. Darunter findet man bey gehöriger Nachſuchung die ſteinernen Kaſten, darin die Urnen und Aſche der Helden von den Einwohnern aufbewahrt wurden. Die Größe des Hauſens richtete ſich nach der Liebe und Achtung des Helden. So lange das Andenken währte, gieng kein Reiſender vorbey, ohne einen Stein auf den Hauſen zu werfen.

Nahe an der ſüdlichen Küſte von Arran liegt die kleine Inſel Plada, welche ein Aufenthalt von Kaninchen iſt. Sie ſcheint von Arran abgeriſſen zu ſeyn, welches ihr alter Erſiſcher Nahme auch anzeigt.

Etliche

Etliche Meilen weiter südwärts, mitten im Meere, liegt der jetzt unbewohnte Felsen Ailsa. Er ist bloß auf der Nordostseite zugänglich, sonst auf allen Seiten mit hohen steilen Felsenwänden umgeben. Der ganze Umfang beträgt nicht mehr, als zwo Meilen. Auf der Westseite befindet sich ein erstaunlicher Haufen von hohen Felsensäulen, die wild über einander aufsteigen. Diese Klippe dient einer ungeheuren Menge Vögel zum Aufenthalt: die vornehmsten darunter sind braune Meven (Larus fuscus), Seetauben und Papageytaucher (Alca Alle, und Torda), welche sich unten aufhalten; höher hinauf bauen die nordischen Penguinen (Alca Imperialis) ihre Nester, und die Austerfischer (Haematopus Ostralegus) legen ihre Eyer am Fuße des Felsens. Der Graf Cassils, dem der Felsen gehört, bekommt 35 Pfund Sterl. Pacht von Leuten, die hieher kommen, und mit vieler Gefahr braune Meven zur Speise, und die andern Vögel wegen der Federn fangen. Die letztern fängt man, wenn sie eben anfangen zu fliegen; der Vogler klettert den Felsen hinauf, und nimmt eine Ruthe mit sich, an deren Ende eine kurze Schleife von Haaren angebracht ist. Diese wirft er dem Vogel um den Hals, und ziehet ihn damit hinauf. Auf diese Weise hascht er in einem Abend oft zehn bis zwölf Dutzend.

So wenig man glauben sollte, daß sich jemand einfallen lassen könnte, diesen Felsen zu bewohnen, so ist doch oben auf der Höhe der zugänglichen Seite ein Schloß, oder viereckiger Thurm von drey Stockwerk, die gewölbt sind. Der Fußsteig dahin ist schmal, und geht auf eine fürchterliche Weise über den Abhang hin. 300 Schritte vom Meere ist eine Quelle des schönsten Wassers. An dem Ufer, wo man anländet, sind noch Spuren von Fischerwohnungen; vom Januar bis April wird auf der Sandbank, die sich von hier bis Arran erstreckt, ein starker Stockfischfang getrieben. Er wird mit langen Schnuren gefangen, getrocknet, und eingesalzen: aber bloß in dieser Gegend verzehrt. Man sieht von diesem Felsen gegen Osten die Bay von Girvan in Carrick, und gegen Westen die von Campbelcrown in Cantyre.

Gigha.

Wir kommen nunmehr zu den eigentlich so genannten westlichen Inseln, welche von Süden gegen Norden an der Küste Schottlands hinauf liegen, und machen den Anfang von der Südseite bey der Halbinsel Kantyre. Gigha liegt unterhalb dem Loch-Tarbat, (siehe den vorigen Brief) sechs Meilen von der Küste von Kantyre, und ist sechs Meilen lang, und eine breit. Das Land besteht aus Wiesen und Aeckern, die mit Felsen untermengt sind. Die Einwohner, deren Anzahl sich auf 500 beläuft, sind Protestanten, und erbauen Gerste, wovon Malz gemacht und ausgeführt wird, Hafer, Flachs und Erdbirnen. Die jungen Mannspersonen fangen den Sommer hindurch Heeringe. Man trifft hier eine Kirche an, darin die Mac Neils, als Besitzer von Gigha und Cara, ihr Familienbegräbniß haben. Eine mineralische Quelle halten die Einwohner für eine Universal-Medicin. Man trifft viele Cairns auf dieser kleinen Insel, und einen durch Kunst gemachten viereckigen Hügel an, der oben spitzig zuläuft, und eine Brustwehr hat. Er wird für ein Werk der Dänen gehalten. Der kleine Hafen hat nicht mehr, als 14 Fuß, Tiefe. Die obgedachte

dachte Insel Cara ist eine Meile lang, und nur von einer einzigen Familie bewohnt. Sie wird durch einen schmalen Kanal von Gigha getrennt.

Auf der Ueberfahrt von hier nach Jura hat man einen schönen Prospect. Nordwärts sieht man den großen Jura-Sund hinab, und am äußersten Ende desselben viele kleine Inseln. Vor sich hat man das bergigte Jura, mit den hohen Bergspitzen Paps, die den Schiffern zum Merkzeichen dienen. Gegen Süden bemerkt man die Insel Ralhry, an der Irländischen Küste, und ostwärts läßt man die ansehnliche Insel Ila liegen.

Jura.

Die Insel Jura hat eine Länge von 34, und meistens eine Breite von 10 Meilen. Sie ist die rauheste unter allen Hebriden, wegen der vielen nackten Berge, die keine Cultur erlauben. Bloß an der Süd- und Westküste ist das Land des Anbaues fähig. Man kann daraus schon auf die geringe Anzahl der Einwohner schließen, die kaum 800 beträgt, und bey dem Auswanderungsgeiste mehr ab, als zunimmt. Die Insel gehört größtentheils dem Herzoge von Argyle, und noch ein Paar andern Herren.

Die Einwohner verkaufen jährlich etwa 400 Ochsen an die hieher kommenden Viehhändler, das Stück zu drey Pfund Sterl. und 100 Stück Pferde. Schaafe giebt es nicht viele, sie tragen aber wegen der gebirgigten Triften eine vortreffliche Wolle. Bey fruchtbaren Jahren erbauet man hinlänglich Haber und Gerste; doch entsteht oft durch das Whiskybrennen Mangel. Der gemeine Mann lebt von Erdbirnen, Fischen, und Schaalthieren. Mit der

Asche des Farrenkrauts wird 100 Pfund Sterl. gewonnen, und 200 Tonnen Seesalz (Kelp) werden die Tonne zu 3½ bis 4 Pfund verkauft. Die einzigen Früchte der Insel sind Schlehen. Aus den Beeren der Ebereschen (Sorbus aucuparia) wird ein saurer Saft zum Punsch, und eine Art von Branntewein destillirt. Mit dem Safte der Spitzen des Heydekrauts färben sie gelb, mit der Wurzel der weißen Wasserlilie braun, mit der Wurzel des gelben Wasserschwertels schwarz, und mit Labkraut (galium verum) fast so schön roth, als mit Färberröthe. Es giebt hier Hirsche, und Hermeline, und an Federwildpret Schnepfen, Auerhähne, Berg- und Schneehühner. Die Weiber sind sehr fruchtbar, und gebären oft Zwillinge. Ueberhaupt sind die Einwohner wenig Krankheiten unterworfen, und werden sehr alt. Man hält dieses für das größte Kirchspiel in Großbritannien: gleichwohl hat es nur einen Prediger, und einen Gehülfen, deren Amt mit großer Beschwerde und Gefahr verknüpft ist, weil zur Insel Jura noch Colonsay, Oransay, Skarba, und verschiedene andere kleinere geschlagen sind, die durch schmale und unsichere Kanäle getrennt werden, und eine Länge von 60 Meilen ausmachen. Es herrscht viel Aberglauben auf der Insel, als das Besprechen der Kranken u. s. w. Die Einwohner klagen über einen Wurm, den sie Fillan nennen, welcher sich, wie des Linné Furia infernalis, in die Haut einsaugt, aber lange nicht so gefährlich ist. Er wird nie dicker, als ein Zwirnsfaden, und kaum einen Zoll lang. Die Entzündung, welche er verursacht, wird leicht durch einen Umschlag von Käse und Honig geheilt.

Fruchlan. Im Sunde, zwischen Jlay und Jura, bey der östlichen Einfahrt, liegt die kleine Insel Fruchlan.

Westliche Inseln.

Auf einem Felsen derselben sieht man die Ruinen eines Thurms, mit neun Fuß dicken Mauern, der zur Vertheidigung des Sundes diente. An der Westseite ist der Felsen durchgehauen, und macht einen tiefen Graben, über welchen eine Zugbrücke nach der Insel Jura gieng. Die Mac-Donalds verwahrten ihre Kriegsgefangenen hier. Längst der Küste des Sundes sieht man verschiedene Sommerhütten (Sheelins) der Hirten, welche bald länglich, bald kegelförmig, und am Eingange so niedrig sind, daß man hineinkriechen muß. Die Stelle der Hausthüre vertritt ein Bündel von Birkenreis. Die Hütte besteht aus Baumzweigen, und ist mit Rasen gedeckt. Das ganze Geräthe ist ein Bette von Heide, auf einer Rasenbank, ein Paar Bettdecken, etliche Milchgefäße, und eine Art hängender Horden von Korbwerk, worauf die Käse liegen. Die Ziegenkäse werden ohne Salz gemacht, weil sie den Geschmack von der Asche des Meergrases, oder Seetangs, und dem Tang selbst, darin sie ihn einwickeln, bekommen.

Auf der Westseite liegen die beyden höchsten Paps. Berge von Jura, die den Seeleuten als Kennzeichen unter dem Namen Paps (weil sie ohngefähr die Figur einer weiblichen Brust haben sollen) bekannt sind. Man wird für die Mühe, den höchsten zu besteigen, reichlich belohnt. Die Insel Jura sieht aus, wie ein ungeheurer Felsen voller kleinen Seen. Gegen Süden erblickt man Ilay und Ireland; gegen Südosten sieht man über Kantyre nach Arran bis an die schottischen Gränzen. Nordöstlich läuft ein ungeheurer Strich von Bergen nach dem See Loch-Lomond; nordwestwärts liegt die Insel

Mull: und in großer Entfernung erblickt man kaum noch die Inseln Col und Tirey.

Lismore.

Nordostwärts von Jura hinauf, im Meerbusen Linnhe-Loch, zwischen der Insel Mull und dem festen Lande, liegt die Insel Lismore, welche neun Meilen lang, und anderthalb breit ist. Sie trägt bey ihrem fruchtbaren Boden viel Haber und Gerste. Unter der Dammerde liegt lauter Kalkstein, dessen Spitzen an den unfruchtbaren Stellen hervorragen. Hier war eine Zeitlang der Sitz des Bischoffs von Argnle, man sieht aber keine Spur, weder von seinem Pallaste, noch von einer Kathedralkirche. Die jetzige Kirche ist zwar ein neues, aber schlechtes Gebäude. Aus Mangel an Feurung kann der viele Kalk nicht gebrennt, und also auch nicht zur Düngung angewandt werden. Die Einwohner brennen schlechten Torf.

Ilay.

Die ansehnliche Insel Ilay oder Isla wird nur durch den schmalen fast 14 Meilen langen Kanal von Jura getrennt, wie zuvor erinnert worden. Ihre Gestalt ist meistens viereckig, doch hat sie einige große Einschnitte von Meerbusen, vornehmlich Loch-Anidaal auf der Südseite. In dem Kanale ist die Fluth außerordentlich heftig. Die Länge beträgt von Süden gegen Norden 28 Meilen. Das Land ist voller kleinen Hügel, und an manchen Stellen sehr fruchtbar, an vielen aber mit Heyde bedeckt, doch könnte der Boden leicht urbar gemacht werden. Man erbauet viel Gerste und Haber, es wird aber mehr

mehr Gerste zu Whisky verbrennt, als zu Kuchen, oder den sogenannten Bannock's, verbacken. Es wird für 2000 Pfund Sterl. Flachs erbauet, und gesponnen verkauft, da man doch etwas daraus fabriciren sollte, um Brod zu verdienen, zumal da die Einwohner äußerst arm sind. Ihre Häuser sind aus lockern Steinen gebauet, und haben weder Schornsteine, noch Thüren, sondern verschiedene Löcher, die, nachdem der Wind von einer Seite herkommt, mit Reisbündeln zugestopft werden. Von der Mitte des Dachs hängt ein Kesselhaken herunter, und der Topf ist mit elenden Speisen angefüllt. Man zählt 7 bis 8000 Einwohner, wovon sich 700 mit dem Fischfange und Grubenbau beschäftigen. Die übrigen sind Pachter, Unterpachter, und Bediente. Die Frauenspersonen spinnen. Auf Jura ist die Luft viel gesünder, als hier. Der jetzige Besitzer der Insel ist Herr Campbell von Shawfield, und man rechnet, daß sie ihm etwa 2300 Pf. St. einbringt.

Ob das Land gleich sehr gut ist, so gebrauchen die Einwohner doch jährlich für 1000 Pfund Sterl. Getraide, und werden in manchen Jahren doch noch mit Hungersnoth bedrohet. Sie brauen viel Bier von einem Drittel Malz, und zwey Drittel Spitzen des Heydekrauts, welches zuweilen mit etwas Hopfen vermischt wird. Die Insel ist mit Düngungsmitteln gesegnet, nur Schade, daß diese Quellen des Wohlstandes nicht genutzt werden. Es giebt Seetang, Muschelsand, Mergel, und eine Fläche Kalkstein von 36 Quadratmeilen.

Es werden jährlich auf 1700 Stück Rindvieh verkauft, das Stück ohngefähr zu 2½ Pfund Sterl. Allein das Land ist damit übersetzt, daher sterben oft viele im März aus Mangel des Futters. Die Ochsen bleiben das ganze Jahr unter freyem Himmel, aber die Kühe kommen den Winter über in Ställe. Unter den Vögeln giebt es Adler, Falken, Birkhühner, Tauchergänse (Mergus), die auf dem Ufer zwischen losen Steinen brüten, wilde Gänse ꝛc. Von Fischen nennen wir nur die Platteise, Steinbutte, eine Art Lippfisch *), Schellfischteufel (Callionymus Lyra L.) und den seltnen Fisch, der beym Gouan Lepadogaster heißt.

Merkwürdig ist, was Pennant von den hier so genannten Moluckischen Bohnen erzählt, die man häufig an der westlichen Küste der Hebriden findet. Es sind dieß die Saamen von Mimosa scandens, Dolichos urens, Guilandina Bonduc, und Guil. Bonducella, welche an den Ufern der Flüsse von Jamaika häufig wachsen, und mit den Flüssen in die See getrieben werden. Durch die Ströme und den herrschenden Ostwind kommen sie in den Meerbusen von Florida, und aus diesem in den nordamerikanischen Ocean. Dieß geschieht auch mit der häufig an der Küste von Jamaika wachsenden Pflanze Sargasso. In dem Ocean wehen zwey Drittel des Jahrs Westwinde, welche die gedachten Saamen endlich an die Ufer der Hebriden werfen. Man fängt hier zuweilen amerikanische Schildkröten: ja man fischte so gar ein Stück des Mastbaums von dem Kriegsschiffe Tilbury, welches im vorigen Kriege in Jamaika verbrannte, an den schottischen Küsten auf, wodurch obige Meynung noch mehr bestätigt wird.

An

---

*) Labrus Tinca. Penn. Brit. Zool.

An der Mündung des Sundes von Jlay liegt die berühmte Höhle Sbearnaig, darin sich den Sommer über 14 Familien aufhalten. Außerdem dient sie drey Familien beständig zur Wohnung. Es giebt noch mehr Höhlen auf dieser Insel. Um Dounvollen trifft man hin und wieder kleine Löcher an, darin kaum einer sitzen kann, und die mit einem breiten Steine bedeckt sind, darauf wieder Erde liegt. Weil man die Flüchtlinge immer sehr grausam behandelte, so verbargen sie sich in diesen Löchern, und stopften die Oeffnung mit Rasen zu. Bey der kurzen Zeit, die dergleichen Einfälle dauerten, konnte man sich leicht in der Erde verborgen halten, bis die Gefahr vorüber war.

Es giebt einige Bleygruben auf Jlay; das Bley ist aber mit vielem Kupfer vermischt, welches die Scheidung kostbar und mühsam macht. Das Bleyerz ist gut. Aus dem Centner Erz erhält man 33½ Pfund Kupfer, und aus einer Tonne dieses Metalls 40 Unzen Silber. Das Bleyerz wird in einem Windofen, bey Freenport, geschmolzen, und von 1763 bis 1771 ward dabey 6000 Pfund Sterl. gewonnen. Nicht weit von diesen Gruben giebt es auch große Lagen von Sumpferz. Man trifft ganze Haufen von vitriolischem Markasit darunter an.

Oransay.

Gegen dem großen Meerbusen der Insel Jura Loch-Tarbat über liegen neun Meilen westwärts die Inseln Oransay und Colonsay, die nur durch einen schmalen, und bey der Ebbe trocknen Sund getrennt werden. Verschiedene kleine Inseln machen auf der Ostseite von Oransay einen Hafen. Die

Insel

Insel ist drey Meilen lang, und auf der Südseite flach und sandig, übrigens aber hoch und felsicht. Sie besteht aus einer einzigen Pachtung von vierzig Pfund Sterl. der Pachter heißt Mac-Neil, und ist ein Bruder des Herrn, dem beyde Inseln gehören. Es wird eine Menge Gesinde darauf gehalten, wie auf den Inseln üblich ist, ferner 60 Stück Melkkühe, und 70 bis 80 Ochsen werden im Jahre zu drey Pfund Sterl. verkauft. Man bauet Gerste, Flachs, und Erdbirnen; die letztern bleiben den Winter über bis zum Gebrauche in der Erde, und werden nur wider den Frost mit Seegrase zugedeckt. Ob es gleich auf den Felsen Eiderenten und Brandgänse (Anas Tadorna) giebt, so sammlen die Einwohner doch die so theuer bezahlten Federn der erstern nicht; hingegen fangen sie Seehunde mit Netzen, die zwischen den Felsen aufgespannt werden. Die meisten und größten fängt man auf der Klippe Du-Hirtach, welche zehn Meilen westwärts mitten im Meere liegt. Man sieht hier noch altes Mauerwerk einer Kirche mit einem Kloster, das vermuthlich von einem Herrn der Insel in alten Zeiten gestiftet worden. Die Bauart geht ganz von der in Schottland bey alten Kirchen üblichen ab, es sollen aber auf den Inseln des Archipels bey Griechenland verschiedene Klöster in diesem Geschmacke gebauet seyn. Man bemerkt nämlich an zwo Seiten des Klosters sieben niedrige Bogen, sieben Fuß hoch, die Säulen mit eingerechnet, die bloß aus zween dünnen, drey Fuß hohen Steinen, bestehen, über welchen ein flacher Stein liegt, auf dem zween andre dünne Steine einen spitzwinklichten Bogen machen. In der Vorderseite sind fünf kleine runde Bogen, die einen Hof von 28 Fuß einschließen. In der Kirche trifft man noch viele Grabsteine alter Mönche

und

Westliche Inseln.

und Kriegshelden an, darunter zween sieben Fuß lang sind.

Colansay.

Diese Insel beträgt 12 Meilen in der Länge, und drey in der Breite. Queer durch gehen steinigte Hügel, zwischen denen aber die fruchtbarsten Thäler mit der herrlichsten Viehweide sind, und selbst die Hügel bringen zwischen den Felsen die besten Pflanzen hervor. Es fehlt den Thälern an Holz und Einzäunungen; sorgte man dafür, so könnten 1600 Acker, die sich von 8400 Ackern auf beyden Inseln zu Kornlande schicken, weit höher genutzt werden; die Einwohner, welche sich auf 500 bis 600 erstrecken, müßten aber auch fleißigere Landwirthe werden. Sie bauen vornehmlich Gerste und Erdbirnen; von jener wird so viel zu Whisky verbrannt, daß sie Mehl kaufen müssen. Die Insel führt jährlich etwa 220 Ochsen zu drey Pfund St. aus, welches Geld aber wieder für Mehl darauf geht. Im April wird Meergras gesammlet, und Soersalz (Kelp) daraus gebrennt, wovon 40 bis 50 Tonnen zu 3½ bis 4 Pfund St. verkauft werden. Die Einwohner haben Torf genug und Kalkstein in Menge; könnten sie bey ihrer Armuth Kalk daraus brennen, so würde der Feldbau bald ein anderes Ansehen gewinnen, zumal da der Boden hier weit besser, als auf Oransay, ist. Die Kaninchen sind so zahlreich auf dieser Insel, daß jährlich auf 120 Dutzend Felle ausgeführet werden. Die Entenmuscheln zeigen sich im September in großer Menge, und verlieren sich im April und May wieder. Herr Mac-neil, der Eigenthümer beyder Inseln, wohnt zu Kiloran;

aus

aus seinen Anlagen sieht man, wie gut das Holz gedeihen würde, wenn mehr angepflanzt würde.

Zwölfter Brief.

Fortsetzung der westlichen Inseln. Mull. Die Basaltsäulen auf Staffa. Jona. Tyrery. Col. Cannay. Rum. Muck. Egg. Skye. Rasay. Rona. Alsvig. Bischoffs-Inseln. Barra. South- und North-Uist. Benbecula. Borera. Lingay. Lewis. Harries. St. Kilda.

Nordwärts von den Inseln Jura und Jlay liegt die große Insel Mull, welche 24 Meilen lang, und fast eben so breit ist, und zur Grafschaft Argyle gehört. Die Luft ist gemäßigt, doch mehr kalt und feucht. Sie gehört halb dem Herzoge von Argyle, und halb dem Herrn Maclean. Ein vier Meilen breiter Kanal trennt diese Insel vom festen Lande. Sie besteht aus drey Kirchspielen, darin etwa 4000 erwachsene Menschen, durchgängig Protestanten, wohnen. An der Westseite ist in der Bay von Duart ein guter Ankerplatz, und hier hat Herr Maclean auch sein Kastell. Mull hat gute Weiden für das Rindvieh, daher jährlich auf 1800 Stück zu 30 bis 50 Schillingen verkauft werden, und einen Ueberfluß an Rehen und wildem Geflügel. Die Pferde sind klein, aber lebhaft. Das Getraide besteht in Haber- und Gerste. Sonst war Holz in Menge vorhanden, es ist aber abgetrieben. Die Einwohner hätten einen Schatz an Steinkohlen, wenn solche wegen der schlechten Wege genutzt werden

den könnten. An verschiedenen Stellen der Küste sind gute Ankerplätze, wo sich die Kohlen bequem einladen ließen. Es fehlt auch nicht an Seen von süßem Wasser, die von Lachsen und Forellen wimmeln. Wegen der vielen felsichten und unfruchtbaren Stellen erbauen die Einwohner nicht so viel Getraide, als sie gebrauchen. An der Küste und in den Bayen liegen verschiedene kleine Inseln, wovon einige sehr fruchtbar sind. In der Bay Lochleffan ist ein großer Seegen an Heeringen und Schaalthieren. Im Sunde oder Kanale von Mull gieng 1588 das große zur unüberwindlichen Flotte gehörige Schiff Florida verloren: von dessen Kanonen noch vor zwanzig Jahren verschiedene wieder aus dem Wasser gezogen worden.

Staffa.

Auf der westlichen Seite der Insel Mull liegt vor dem großen Meerbusen Loch na Gaul die kleine unbeträchtliche Felseninsel Staffa, die erst seit wenig Jahren wegen ihrer merkwürdigen Basaltsäulen bekannt worden, und diese für die Naturlehre wichtige Entdeckung haben wir dem Herrn Banks zu danken, der sie im August 1773 besuchte. Sie ist ohngefähr eine Meile lang, und eine halbe breit. Auf der Westseite ist eine kleine Bay, wo die Böte landen können. Des Hrn. Banks Nachricht davon hat so wohl Pennant seinen Reisen beygefügt, und mit sechs schönen Kupfern erläutert, als auch der Verfasser der Tour trough great Britain in seinem Buche eingeschaltet; und diese theilen wir hier im Auszuge mit.

„Die

„Die merkwürdigsten Säulen sind auf der Südwestseite. Das ganze Ende der Insel ruhet auf Reihen von natürlichen Pfeilern, die größtentheils über 50 Fuß hoch sind, und in natürlichen Kolonnaden stehen, die sich nach dem Laufe der Buchten oder Landspitzen richten. Sie ruhen auf einem festen Grunde von unförmlichen Felsen. Ueber sie ist die Lage, welche an den Boden oder die Oberfläche der Insel reicht, von ungleicher Dicke, so wie das Land in Hügel aufsteigt, oder in Thäler abfällt. Jeder Hügel, der über die unter ihm befindlichen Säulen herabhängt, macht einen großen Fronton. Verschiedene davon sind über 60 Fuß von der Grundfläche bis an die Spitze dick, und erhalten durch den Abfall des Hügels an den Seiten fast die völlige Gestalt der in der Baukunst üblichen Frontons."

„Wir giengen auf einem dem Riesenwege (giant's canseway) in Ireland ähnlichen Wege fort, von dem jeder Stein völlig regelmäßig aus einer gewissen Anzahl von Seiten und Winkeln bestand, bis wir auf die Oeffnung einer prächtigen Höhle zukamen, dergleichen wohl nie ein Reisender beschrieben. Man kann sich kaum einen größern Anblick vorstellen, als einen solchen Raum, der an jeder Seite von Säulengängen unterstützt wird. Sein Dach besteht aus den untern Theilen von abgebrochenen Säulen, aus deren Winkeln eine gelbe tropfsteinartige Materie ausgeschwitzt ist, die die Winkel genau bestimmt. Ihre Farbe zeigt eine ungemein schöne Mannichfaltigkeit. Die ganze Höhle erhält ihr Licht von außen, so daß man bis an ihr tiefstes Ende hinein sehen kann. Die Luft, welche durch die beständige Ebbe und Fluth in Bewegung gesetzt wird, ist rein, und völlig frey von feuchten Dämpfen,

die

die gemeiniglich Höhlen anfüllen. Unsre Wegweiser nannten sie die Höhle des Fhinn, oder Fhinnmac-coul, den der Uebersetzer des Ossians Fingals-Höhle nennt. Wir freueten uns, das Andenken des Helden erhalten zu finden, an dessen Daseyn, und dem Daseyn des ganzen Gedichts man fast in England zweifeln will *)."

„Nicht weit von dem Landungsplatze zeigen sich die ersten Säulen, die nur klein sind, und anstatt aufrecht zu stehen, auf der Seite liegen, und jede für sich einen Circulschnitt ausmachen. An einer Stelle vorzüglich ist ein kleiner Haufen, der den Ribben eines Schiffs ähnlich ist. Wenn man bey dieser Höhle vorbey ist, welches man nur bey der Ebbe ohne Boot thun kann, so sieht man die erste Reihe von Pfeilern vor sich, die aber nur halb so groß sind, als die folgenden. Dieser Stelle gegen über liegt die kleine Insel Boo-shala, die bloß durch eine Durchfahrt von etlichen Klaftern von Staffa getrennt wird. Diese ganze Insel besteht aus Säulen, über denen keine andre Lage befindlich ist.

---

*) Zu diesen gehört Johnson, welcher S. 190 seiner Reisen nach den westlichen Inseln glaubt, daß Ossians Gedichte nie in einer andern Gestalt vorhanden gewesen, als in der wir sie gesehen haben; zumal da der Herausgeber das Original nie aufweisen können, und daß letzterer zweifels ohne Namen eingeschaltet, die in durchgängig bekannten Histörchen circuliren, auch wohl einige herumgehende Balladen mit übersetzt habe. D. Blair hat unstreitig die Originalität dieses Erschen Gedichts am besten bewiesen, so daß viele der Meynung sind, daß sich nichts dagegen einwenden lasse.

ist. Sie sind noch immer klein, haben aber die schönste Gestalt von allen auf der Insel."

„Die erste Abtheilung der Insel, denn zur Fluthzeit besteht sie aus zween Theilen, macht eine Art eines Kegels, indem die Säulen sich gegen den Mittelpunkt zu senken. Auf der andern liegen sie überhaupt flach auf einander, und an der Vorderseite, nahe an der See, sieht man, wie prächtig sie mit einander verbunden sind. Ihre Enden, die sich mit dem Ufer, das von ihnen gemacht wird, erheben, sind alle viereckigt. Ihr Queerdurchschnitt ist regelmäßig, und ihre Oberfläche glatt, da hingegen die großen in allerhand Richtungen gespalten sind."

„Die große Insel, welche Boo-shala gegen über, etwas weiter nordwestlich liegt, wird von Reihen ziemlich aufrecht stehender Pfeiler unterstützt, die einen großen Durchmesser haben, ohngeachtet sie nicht hoch sind, da ihr unterer Theil noch frey steht. An ihrem Fuße ist ein unregelmäßiges Pflaster, welches von den obern Theilen von abgebrochenen Pfeilern gemacht wird, und sich unter dem Wasser, so weit als das Auge reicht, erstreckt. Hier ist die Gestalt der Pfeiler sehr deutlich. Sie bestehen aus drey, vier, fünf, sechs, und sieben Seiten; allein die gewöhnlichen sind fünf und sechseckig. Die größten, die ich maß, hatten sieben Seiten, und vier Fuß fünf Zoll im Durchmesser."

„Die Oberflächen dieser großen Pfeiler sind überhaupt rauh, und uneben, und voller Spalten von allen Richtungen. Die Queerfiguren in den aufrechtstehenden behalten immer ihre Richtung. Die Oberflächen, worauf wir giengen, waren oft flach, und weder erhaben, noch ausgehöhlt. Doch waren die meisten

ſten ausgetieft, und etliche augenſcheinlich erhaben. Auf verſchiedenen Stellen waren die Zwiſchenräume in den ſenkrechten Figuren mit einem gelben Spat angefüllt, und an einer Stelle lief eine Ader zwiſchen den Haufen von Pfeilern hinein, und dehnte ſich hin und wieder in kleine Zweige von Spat aus. Ungeachtet ſie nach allen Richtungen zerbrochen und geſpalten waren, ſo konnte man ihre ſenkrechte Figur dennoch leicht ausfündig machen, und daher kann man ſicher ſchließen, daß der Zufall, der ſie in Unordnung brachte, ſich nach der Bildung der Säulen ereignete."

„Wenn man von hier aus längſt dem Ufer fortgeht, ſo kommt man an Fingals-Höhle. Sie iſt 371 Fuß lang, und beym Eingange 53 breit. Die Höhe beträgt beym Eingange 117 Fuß, am innern Ende aber 70. Beym Eingange iſt das Waſſer 18, und am Ende 9 Fuß tief."

„Weiter nach Nordweſten kommt man an die höchſte Reihe von Pfeilern, deren prächtiger Anblick alle Beſchreibung übertrifft. Sie ſtehen hier, bis auf ihre Grundfläche, völlig frey, und ſelbſt die Lage unter ihnen iſt ſichtbar. Bald darauf erhebt ſie ſich ſogar verſchiedene Fuß hoch aus dem Waſſer, und verſchafft einem die Gelegenheit, ihre Beſchaffenheit zu unterſuchen. Ihre Oberfläche iſt rauh, und in ihr ſtecken oft große Klumpen von Steinen halb eingeſenkt. Wenn man ein Stück davon zerbricht, ſo beſteht es aus 1000 frembartigen Theilen, die überhaupt ziemlich das Anſehen von Lava haben; vorzüglich da viele von den Klumpen aus eben der Steinart zu beſtehen ſcheinen, aus der die Pfeiler zuſammen geſetzt ſind. Dieſe ganze Lage liegt abhängig, und ſenkt ſich gegen Südoſten."

S 2 „Die

„Die Lage über den Pfeilern, derer hier erwähnt wird, ist sich überall gleich, und besteht aus unzähligen kleinen Pfeilern, die sich nach allen Richtungen biegen und senken, und dieß oft so unordentlich, daß die Steine sich bloß zu senken scheinen, um eine säulenförmige Gestalt anzunehmen. An andern Stellen stehen sie regelmäßig, jedoch immer ohne die Lage von großen Pfeilern zu unterbrechen, deren Gipfel durchgehends eine gleichförmige und unregelmäßige Linie ausmachen.

„Wenn man von hier weiter längst der Küste fortgeht, so kommt man um das nordliche Ende der Insel nach Oua na skarve, oder die Wasserraben-Höhle. Hier hebt sich die Lage unter den Pfeilern sehr hoch. Die Pfeiler über derselben sind viel niedriger, als am nordwestlichen Ende der Insel, aber noch immer von einer ansehnlichen Höhe. Weiter hin geht ein Busen tief in die Insel hinein, die hier nur eine Viertelmeile breit ist. An den Seiten dieses Busens, vorzüglich an den Seiten eines kleinen Thales, welches die Insel fast durchschneidet, sind zween kleine Absätze von Pfeilern, zwischen denen sich eine Lage befindet, die der Lage über ihnen völlig gleich ist, und aus unzähligen kleinen Pfeilern besteht, die aus ihren Stellen verrückt sind, und sich nach allen Richtungen überbiegen."

„Der Stein, aus dem die Pfeiler bestehen, ist eine grobe Art von Basalt, der dem Basalt vom Riesenwege in Irland sehr gleich kommt, doch ist keiner von ihnen so schön, als die Probe von diesen, die ich im brittischen Museum gesehen habe. Ihre Farbe ist schmutzig braun, da der Irländische hingegen schön schwarz ist. Ueberhaupt scheint das ganze

ganze dem Irländischen Riesenwege sehr ähnlich zu seyn, mit dem ich es gern vergleichen möchte, wenn ich eine Beschreibung davon vor mir hätte *)"

Jona.

Nordwärts von Staffa, aber eben so nahe an der Küste von Mull, liegt die in der schottischen Kirchengeschichte berühmte Insel Jona, welche ehemals die Pflanzschule der Geistlichen, und, so zu sagen, die Mutterkirche der Schotten und Picten gewesen ist. Sie heißt auch St. Columba, und Ikolmkill auf Irländisch; ihre Länge beträgt drey, und die Breite eine Meile: auf der Ostseite ist sie flach, in der Mitte voller kleinen Hügel, auf der Westseite felsicht und rauh, und überhaupt ein Gemische von Felsen und fruchtbaren Vertiefungen, die man wegen des kleinen Umfangs keine Thäler nennen kann. Der Boden besteht aus schwarzem mit Sande und kleinen Seemuscheln vermengten Lehm, und trägt schöne Gerste, Flachs und Erdbirnen, aber schlechten Hafer. Die Anzahl der Einwohner beläuft sich etwa auf 150, welche 100 Stück Rindvieh, und 500 Schaafe halten. Sie sind die einfältigsten und trägsten von allen Bewohnern der Inseln, bilden sich aber viel darauf ein, daß sie Abkömmlinge der Gefährten des heiligen Columba sind. Wenn die Kühe von hier nach Mull kommen, und anfan-

---

*) Jetzt ist Herr Pants überzeugt, heißt es in der Note zu Pennants Reisen, daß Staffa eine Masse von wahrem Basalt ist, der aber den auf dem Irländischen Riesenwege sehr an Größe übertrifft. Der Name Staffa ist Norwegisch; Staff heißt eine Stütze, oder figürlich eine Säule.

anfangen von der Heyde, die dort im Ueberflusse wächst, zu fressen, so geben sie blutige Milch, welches sich aber bald verliert, wenn sie nur viel zu saufen bekommen. Die sonst blühende Stadt auf dieser Insel besteht jetzt aus 50 elenden Häusern, die mit Gerstenstroh gedeckt sind, das mit der Wurzel ausgezogen, und mit Seilen von Heyde fest angebunden wird.

Nicht weit von der Stadt lag ehemals ein Kloster von Augustinernonnen, das dem heiligen Oran gewidmet war. Die Kirche war 58 Fuß lang; das östliche Ende ihres Gewölbes steht noch; sie dient jetzt zum allgemeinen Kuhstalle der Einwohner, die zu träg sind, den etliche Fuß hohen Mist auszuräumen, und aufs Feld zu führen. Man sieht noch das Grab der letzten Priorinn mit ihrer Figur in Stein gehauen.

Auf dem Begräbnißplatze des Oran Reiligourain liegen verschiedene schottische Könige und Beherrscher der Inseln begraben, die insgesammt an diesem heiligen Orte zu ruhen wünschten. Alles ist voll von Grabsteinen, die aber so mit Unkraute verwachsen sind, daß man nichts mehr erkennen kann. Es gab hier in vorigen Zeiten drey Kapellen, in der einen lagen 48 schottische Könige von Fergus, bis auf Macbeth, in der andern vier Irländische Könige, und in der dritten acht Norwegische. Man suchte diesen Begräbnißplatz deswegen so sehr, weil man eine alte Prophezeyung hatte, daß sieben Jahre vor dem Ende der Welt alles überschwemmt werden, und bloß Jona frey bleiben sollte.

Nordwärts liegt die ehemalige Kathedralkirche, und steht zum Theil noch *). Der erste Abt war der heilige Columba, ein Apostel der Schotten, der ein sehr strenges Leben führte, und sein Vaterland Irland 565 verließ, um den Schotten das Evangelium zu predigen. Die alten schottischen Archive wurden hier aufbewahrt: die Büchersammlung war beträchtlich; unter andern schenkte Alarich dem Fergus II. wegen seines Beystandes bey der Eroberung Roms, eine Kiste voll Bücher für das hiesige Kloster. Jetzt hat Jona, wo die alten Mönche Schottlands studirten, nicht einmal einen Schulmeister, geschweige einen Geistlichen.

Tyre-ty.

Sechs Meilen gegen Westen von Mull liegt die Insel Tyre-ty, oder Tyre-ye, die unter allen Hebriden für die fruchtbarste, und mit Lebensmitteln am besten versehene gehalten wird, denn sie hat einen Ueberfluß an Getraide, Rindvieh, Fischen und Geflügel. Die Länge beträgt acht, und die Breite drey Meilen. Der Herzog von Argyle ist jetzt Besitzer davon. Im Innern des Landes ist ein See von süßem Wasser. Der Hafen ist bequem für lange Böte, dergleichen hier gewöhnlich sind. Die Einwohner sind Protestanten, und haben eine Kirche. Sie sind nicht gar zu gesund, weil das Land zu platt ist.

Col.

Ein Paar Meilen nordostwärts von Tyre-ty liegt die Insel Col, welche dreyzehn Meilen lang,

---

*) Im Pennant sind die Reste dieses merkwürdigen Stücks des Alterthums abgebildet.

und drey breit ist. Die beyden Enden gehören dem Herzoge von Argyle, der mittlere Strich aber dem Herrn Maclean, der, als der einzige Laird der Insel, auch Col heißt. Man kann Col nicht so wohl felsigt, als einen einzigen Felsen, nennen; indem die Oberfläche nur mit einer dünnen Schicht Erde bedeckt ist, aus der hin und wieder der Felsen hervorscheint. Die guten Stellen tragen Getraide und Gras. Der Boden ist daher für tiefwurzelnde Gewächse nicht schicklich. Der junge Col hatte 1775 den Rübenbau mit gutem Erfolge versucht, und war auch willens, einen Baumgarten anzulegen. Seine Kühe und Schaafe befanden sich wohl dabey. Dergleichen Beyspiele werden die Einwohner der Hebriden hoffentlich reizen, sich nach und nach aus ihrem elenden Zustande zu reißen. Wo Heyde wächst, werden auch, vernünftiger Weise zu schließen, andre Pflanzen fortkommen; und bey gehöriger Cultur wird man nutzbarere Gewächse erzielen können. Col hat viele Landseen, die zum Theil Aale und Forellen führen, zum Theil aber aus unverzeihlicher Saumseligkeit der Einwohner unbesetzt sind, da sie ihnen doch Nahrung geben könnten, wenn die See wegen der Stürme unsicher ist. Ihre Anzahl erstreckt sich gegen tausend. Es giebt hier kein Wildpret, sondern nur zahmes Vieh. Das feste, aber unbewohnte Schloß, Col, steht auf einem Felsen.

Cannay.

Zwischen den größern Inseln Mull und Skye, jedoch viel näher bey der letztern, liegen die vier kleinern, Cannay, Rum, Egg, und Muck. Der Anblick von Cannay ist, wenn man sich dem Hafen nähert, ganz angenehm. Ein schönes Grün bekleidet der die Oberfläche, und einige hundert Stück Rindvieh weiden darauf. Alles hat das Ansehen von Fruchtbarkeit, weil man wenig Felsen, und kaum etwas Heyde entdeckt, und dieser Prospect ist desto auffallender, je weniger man ihn auf den Hebriden antrifft. Dieser Hafen wird auf der Südseite von der kleinen Insel Sanda gebildet. Allein diese vortheilhaften Begriffe verlieren sich bald, wenn man die Armuth der Einwohner genauer kennen lernet. Als Pennant 1773 hier war, hatten sie bereits geraume Zeit weder Brod noch Mehl gehabt, weil die Erndte im vorigen Sommer mißrathen war. Es sollten billig hin und wieder auf den Inseln, oder auf dem festen Lande Kornvorräthe angelegt werden, weil gemeiniglich im Frühjahre Mangel, und oft gar Hungersnoth entsteht, theils weil die Einwohner zu wenig auf die Zukunft bedacht sind, theils weil sie zu viel Rindvieh halten, das sie leicht ins Geld setzen können, um ihrem Herrn den Pacht zu bezahlen. Sie führen aber eigentlich kein Vieh aus, sondern verkaufen es an die Heeringsbüsen, die hier oft anlanden. Das Rindvieh ist von mittler Größe, schwarz, und mit dünnen aufstehenden Mähnen vom Halse bis über den Rücken und obern Theil des Schwanzes versehen.

Schaafe giebt es wenig, aber desto mehr Pferde, die größtentheils nur zu einem jährlichen Aufzuge um Michael dienen. Jede Mannsperson setzt sich auf ein bloßes Pferd ohne Sattel, nimmt ein junges Mägdchen, oder seines Nachbars Frau hinter sich, und reitet von dem Dorfe bis an ein gewisses Kreuz hin und her, ohne eine Ursache von dem Ursprunge dieser Gewohnheit angeben zu können. Nach geendigtem Zuge steigen sie bey einem Wirthshause ab, und jede Frauensperson bewirthet ihren Reitgefährten.

fährten. Der Ehestand wird hier so hoch gehalten, daß man selten eine alte Jungfer oder einen Hagestolzen findet, und überhaupt heyrathet man früh. Das andre Geschlecht wird besser, als in andern Gegenden Schottlands, gehalten, und bloß zur Hauswirthschaft gebraucht, ohne an den Feldarbeiten Theil zu nehmen. Es könnten eine Menge Kabbeljau gefangen werden, die sich zwischen hier und Skye, und auf der Bank bey der südwestwärts liegenden Klippe Helskar, aufhalten, die Einwohner sind aber zu arm, um sich Schiffe mit Zubehör anzuschaffen.

Cannay ist drey Meilen lang, und eine breit. Sie gehört dem Herrn Macdonal von Clan-Ronald. Die Einwohner werden immer ärmer, und nehmen ab, weil sie zu sehr mit dem Pachte gedrückt werden. Ihre Kleidungen verfertigen sie selbst; die Frauenspersonen spinnen das Garn, wozu die Wolle aus der Insel Rum geholt wird, und weben auch das Tuch. Das Leder gerben sie mit Tormentillwurzel, oder Weidenrinde, und statt des Pechdrats gebrauchen sie gespaltene Riemen. Von Krankheiten wissen sie wenig, ihr allgemeines Mittel dagegen ist Molken und Ruhe. Ihre Anzahl erstreckt sich auf 220, welche, bis auf vier Familien, katholisch sind, aber weder Pfarrer noch Schulmeister haben. Es wohnt zwar ein Pfarrer auf Egg, aber er kommt wegen der stürmischen See selten her.

Rum.

Von den übrigen drey Inseln ist Rum die größte; in ein Paar Stunden fährt man von Cannay hinüber. Sie ist zwölf Meilen lang, und sechs breit, auf der Ostseite liegt hinten in einer zwo Meilen langen Bay das kleine Dorf Kinloch, welches

aus

aus zwölf armseligen Strohhäusern besteht, darunter nur ein einziges einen Schornstein und Fenster hat. Die Mauern sind niedrig, und das Strohdach läuft inwendig etwas über die Mauern hinab, und dient den Bewohnern statt der Bänke zum Sitzen. Ueber dem Feuer auf der Erde hängt ein Kessel an einem Stricke, darin sie ihre elenden Speisen kochen, und der Rauch muß den Weg zu dem Loche der Thüre, oder des Fensters, hinaus suchen. Ihrer Armuth und elenden Umstände ungeachtet sind die Einwohner doch gegen Fremde, wie auf den Inseln überhaupt, sehr gastfrey und höflich.

Die Insel gehört dem Herrn Maclean auf Col, dessen bey dieser Insel gedacht worden. Man kann sie mit einem einzigen Berge vergleichen, der sich in verschiedenen Spitzen endiget. Auf der Ostseite senkt sie sich gegen den Meerbusen, sonst sind die Ufer hoch und steil. Die Oberfläche ist meistens mit Heide bedeckt, daher trifft man wenig Kornland an, außer kleine Flecke um den neun Hütten, welche die Einwohner an verschiedenen Stellen der Insel errichtet haben. Die ganze Insel bringt 110 Pf. Sterl. an Pacht ein. Sie erbauen aber kaum ein Viertel ihrer Bedürfnisse an Getraide, übrigens leben sie von Fischen und Milch. Sie halten viel Hornvieh, welches ihnen die Viehhändler aus Skye und andern Orten zu 30 bis 40 Schillinge das Stück abkaufen. Schaafe halten sie nicht viel, sondern ziehen mehr Pferde, wovon sie die Hengste verkaufen, und die Stuten behalten. Weil kein Heu gemacht wird, so muß sich das zahme vierfüßige Vieh auf gewissen Weideplätzen, so gut es kann, im Winter durchhelfen. Wild giebt es gar nicht: außer einige Hirsche, welche die Adler aber immer dünner machen, indem sie die Jungen holen, und sich den

alten

alten zwischen das Geweihe setzen, und sie so lange plagen, bis sie sich in einen Abgrund stürzen.

Das Korn wird aus der Aehre gebrannt, man verbrennt nämlich eine Garbe, da denn die kohlschwarzen Körner aus der Asche gelesen werden; durch dieß schädliche Verfahren verlieren sie das Stroh zum Dachdecken, und zum Dünger. Pennant hält dieß für das gedörrte Korn der Bibel, womit Boas seine Ruth beschenkte. Ohngeachtet verschiedener Bäche' trifft man doch keine Mühle an, sondern bedient sich gewisser Handmühlen, die auf dem festen Lande für 14 Schillinge gemacht werden. Zwo Weibspersonen bringen vier Stunden über einem englischen Scheffel (bushel) zu. Statt des Siebes spannen sie ein Schaaffell über einen Reifen, und stechen mit einem glühenden Eisen kleine Löcher hinein. In Ermangelung einer Kirche muß der Geistliche, wenn er die Insel besucht, unter freyem Himmel predigen.

Muck und Egg. Die beyden kleinen Inseln, Muck und Egg, liegen ostwärts, nicht weit von Rum. Muck hat ohngefähr vier Meilen im Umfange, felsichte Küsten, aber guten Boden für Gras und Kornland. Sie ist wegen der guten Falken bekannt.

Egg liegt weiter nordwärts, und ist nebst Cannay die einzige Insel, welche katholische Einwohner hat. Sie ist ohngefähr drey Meilen lang, anderthalbe breit, und mit einem zur Cultur tüchtigen Boden versehen. Am Südende ist ein Berg, und auf demselben ein hoher Felsen, der ohngefähr 150 Schritt im Umfange hält, mit einem Teiche von süßem Wasser: da nur ein einziger Fußsteig hinaufführt, so kann man ihn als eine natürliche Festung ansehen;

anſehen; weiter gegen Weſten iſt eine Höhle, darin etliche 100 Menſchen Raum haben.

Die Einwohner dieſer drey Inſeln wiſſen faſt nichts von Krankheiten. Gegen die Ruhr kochen ſie Tormentill, oder Ruhrwurzel, in Milch. Sie rühmen ſich, untriegliche Ahndungen zu haben, welches ihnen wohl niemand einräumen wird, als der ſo abergläubiſch iſt, wie ſie ſelbſt.

Skye.

Die Inſel Skye, welche nur durch einen engen Kanal vom feſten Lande getrennt wird, iſt die größte von allen Hebriden, indem ſie auf 60 Meilen in der Länge hält. Ihre Breite iſt wegen der vielen an allen Seiten eindringenden tiefen Meerbuſen ſehr ungleich. Der Name bedeutet ſo viel, als die nebelichte Inſel, wegen der häufigen Nebel, die über die Berge hangen. Wenn man den Sommer ausnimmt, ſo genießt man hier ſelten eine Woche ſchönes Wetter, und auch da iſt es gemeiniglich feucht, und ſelten warm. Die Weſtwinde wehen die meiſte Zeit, bringen die Dünſte aus dem atlantiſchen Meere mit, treiben ſie gegen die Gebirge Cuchullins, und die Inſel wird durch außerordentliche Regengüſſe überſchwemmt. Die ſogenannte regnigte Jahreszeit fängt im Auguſt an, Anfangs ſind die Winde nur gemäßigt, werden aber immer ſtärker, und endigen ſich um die Tag- und Nachtgleiche des Herbſtes mit ſchrecklichen Stürmen.

Der Landmann ſieht alsdann ſeine Felder mit Betrübniß an, die Saaten werden nieder geſchlagen, und die reifſten Körner fallen aus. Die Armen gerathen dadurch oft in das äußerſte Elend, und

und hunderte müssen sich mit Meerschnecken und andern Schaalthieren ganze Monate aufs kümmerlichste behelfen. Die spät im Frühjahre fortdauernde Nässe hindert den Landmann an der zeitigen Bestellung, folglich wird Gerste und Hafer, das einzige Getraide, welches man bauet, spät reif. Die Erndte ist den Bedürfnissen der Einwohner selten angemessen, deswegen suchen sie sich mit Erdbirnen so gut auszuhelfen, als sie können. Von dem abgemäheten Korne wird gleich eine Anzahl Garben auf einen Haufen getragen, und oben mit Strohe bedeckt. So bald sich ein trockner Augenblick zeigt, fährt man das ausgetrocknete Getraide ein, und hält damit an, bis die ganze Erndte in Sicherheit ist.

Sonst rechnete man 15000 Einwohner auf Skye, und den zuletzt beschriebenen vier Inseln; allein seit 1750 ist ihre Anzahl durch Mißvergnügen, ehelosen Stand, aus Mangel der Nahrung, und vornehmlich durch die Auswanderungen nach Amerika, auf 12000 herunter gekommen. Der Pacht der ganzen Insel betrug etwa 3500 Pfund St. auf einmal fieng man an, ihn doppelt und dreyfach zu erhöhen: und jagte, so zu sagen, die Leute zum Lande hinaus. Politik und Menschenliebe haben aber seit 1770, wie Pennant versichert, dieser Auswanderungssucht Einhalt gethan, und bey den fortwährenden amerikanischen Unruhen (1783) wird sich wohl nicht leicht jemand gelüsten lassen, dahin zu gehen.

Das Rindvieh auf Skye wird für das größte in Nordschottland gehalten. Die vornehmsten Pachter halten ihr Vieh den Winter über in sogenannten Winterparks, welche aus dem trocknsten Lande bestehen, das sie besitzen. Hier bleibt es, wenn der

Winter

Winter nicht sehr hart ist, bis im April, alsdann wird es ins Meergras getrieben, welches zuerst hervorsproßt, und des Nachts wieder auf trocknem Lande eingeschlossen. Die armen Pachter müssen ihr Vieh des Nachts unter ihrem Dache beherbergen, und ihm, damit es nicht verhungere, oft das Mehl geben, welches zum Unterhalte ihrer Familie bestimmt war.

Der ganze Handel von Skye besteht in Rindvieh, wovon jährlich etwa 4000 Stück zu zwey bis drey Pfund St. verkauft werden, und 250 Stück Pferden. Schaafe werden zum einheimischen Gebrauche gehalten, und dienen den Einwohnern mit ihrer Wolle zur Kleidung. Man brennt etwa 300 Tonnen Seersalz im Jahre, wodurch jedoch dem Lande viel Dünger geraubt wird. Die Dächer sind mit Farnkraut-Wurzeln und Stengeln gedeckt, und ein solches Dach hält 20 Jahre aus. Die Wurzel der Christwurzel (Orobus tuberosus) wird sehr geschätzt. Man kauet sie, und brauet ein Getränk davon. Die schottische Petersilie (Ligusticum Scoticum) wird häufig, als Salat und Zugemüse, gegessen, auch den Kälbern, als ein Abführungsmittel, gegeben.

Zu Struan ist ein rundes dänisches Fort von vortrefflichem Mauerwerke oben auf einem Felsen. Dunvegan, an der Westküste, ist der Sitz des Hrn. Macleod, der sich durch sein kluges und menschenfreundliches Betragen die Liebe seiner Unterthanen erworben, indem er ihnen den übermäßigen Pacht erlassen hat, wovon er auf eine andre Art die besten Vortheile ziehen wird. Das Schloß liegt auf einem hohen Felsen, an dem See Fallart. Dabey liegt ein Dorf und Postamt, von dem alle 14 Tage ein Packetboot nach Nord- und Süd-Uist, und andre

Theile

Theile von Longisland abseegelt, wozu die Kosten durch Unterschrift gesammlet werden.

Die Handmühlen, deren wir zuvor gedachten, sind hier verboten, und statt deren Wassermühlen angelegt. Weil man keine Walkmühlen kennt, so wird das Tuch auf eine sonderbare Art getreten. Zwölf bis vierzehn Weiber, die in zwo gleiche Reihen getheilt sind, setzen sich gegen einander über, auf jede Seite eines langen Bretes, das in der Länge gefurcht ist, und legen das Tuch darauf. Anfangs bearbeiten sie es rück- und vorwärts mit den Händen, wobey sie unaufhörlich singen. Wenn ihre Hände müde sind, so gebrauchen sie ihre Füße, und da sie jetzt in ihrer Arbeit ziemlich hitzig werden, so wächst das Feuer ihres Gesanges auch immer mehr, bis es zuletzt so zunimmt, daß man sie für einen Haufen von Furien halten sollte. Die Lieder handeln insgemein von Liebe, oder von den Thaten ihrer alten Helden: aber alle haben eine langsame traurige Melodie. Gemeiniglich ist eine schreyende Sackpfeife, das Lieblingsinstrument der Hochländer, dabey, die sie im Tact und in der Melodie erhält.

Rasay.

Scalpa. Längst der östlichen Küste von Skye liegen zwischen dieser Insel und dem festen Lande die drey Inseln, Scalpa, Rasay, und Rona. Scalpa hat fünf Meilen im Umfange, hin und wieder Holzung, und guten Boden zum Gras und Getraide. Rasay liegt etwas weiter nordwärts, und ist viel größer, indem die Länge neun, und die Breite drey Meilen beträgt. Auf der Ostseite ist eine Quelle, welche, indem sie von dem Felsen herunter läuft, einen Bodensatz von feinem weißen Kalk anlegt, und eine große

große Quantität davon liefert. Man trifft hier auch einen guten Steinbruch an. Auf der Westseite giebt es viele Höhlen, darin sich die Leute aufhalten, die im Sommer hieher kommen, um zu fischen, oder das Vieh zu welden. Es giebt verschiedene Forts auf dieser Insel, die von Natur sehr stark sind. Die Insel gehört einem jüngern Sohne der Familie Macleod, der von den Unterthanen sehr geschätzt wird. Wegen der guten Weide wird viel Rindvieh gezogen, hingegen desto weniger Getraide erbauet. An Federwildpret haben die Einwohner einen großen Ueberfluß.

Die kleine Insel Rona ist nur drey Meilen Rona. lang, und schmal. Sie liegt nur eine halbe Meile von Rasay nordwärts, und hat gute Viehweide.

Alsvig liegt an der nordwestlichen Ecke von Alsvig. Skye, und hat kaum zwo Meilen im Umfange. Sie hat guten Gras- und Getraidewuchs, ist aber vornehmlich wegen der großen Schwärme von Heeringen berühmt, die zuweilen beynahe die Fischerböte umwerfen.

Vier Meilen davon liegt Fladda, die nicht Fladda. größer, als die vorige, ist. Die See ist bey dieser Insel sehr fischreich; es giebt auch große Wallfische, welche die Fische an den Küsten verfolgen. Die Seepapagayen (Alca arctica) sind hier sehr zahlreich, und im April kommen große Züge von Wasserhühnern aus Skye hieher, die im September wieder wegziehen. Die Einwohner von Skye und den benachbarten Inseln sind bis zum Bewundern geschickt, die ihnen zustoßenden Krankheiten durch gewisse bey ihnen wachsende Pflanzen zu heilen.

Sechszig Meilen südwestwärts von Skye, und Bischoffsingerade westwärts von Mull, liegen am Ende der seln.

T langen

langen Reihe von Inseln neun kleinere, die auf den Charten Bischoffsinseln benennt werden. Die vornehmste darunter heißt Vatersa, welche einen so tiefen Hafen hat, daß die größten Schiffe darin liegen können. Zu gewissen Zeiten trifft man hier eine große Menge Fischer aus allen benachbarten Gegenden an.

Barra. Ein Paar Meilen nordwärts Vatersa liegt die ziemlich ansehnliche Insel Barra, welche sieben Meilen lang, drey breit, und wegen des starken Kabeljaufangs bekannt ist. Die See dringt durch einen schmalen Kanal in diese Insel, erweitert sich alsdann in eine runde Bay, darin eine Insel mit einem festen Kastell ist. Eine Viertelmeile von Barra liegt Kismul, wo Herr Mac-Neil von Barra seinen Sitz hat: und in der Kirche ist das Familien-Begräbniß. Die Einwohner sind katholisch. Es giebt hier noch verschiedene kleine Inseln, die diesem Herrn zugehören, und zum Theil ziemlich fruchtbar sind, zum Theil einen einträglichen Kabeljaufang haben. Wenn die Einwohner Seevögel fangen, pflegen sie solche mit der Asche von verbranntem Seetang einzusalzen, da sie sich gut halten.

South-Uist. Zwischen Barra und South-Uist liegen wohl vierzehn unbeträchtliche Inseln, aber South-Uist ist desto größer, indem sie 21 Meilen in der Länge, und drey bis vier in der Breite hält. Auf der Ostseite ist sie bergigt, hingegen auf der Westseite platt, und zum Feldbau geschickt. Die vielen Seen von süßem Wasser im Lande liefern einen reichen Seegen an Geflügel und Fischen, vornehmlich Forellen und Aalen. Das Klima von South-Uist ist sehr gesund, und daher werden die Einwohner alt. Sie sprechen Irländisch, und sind katholisch. Die Macdonalds, die

die von den alten Königen dieser Inseln abstammen, sind Herren dieser Insel, welche zwar einen etwas sandigen, aber doch fruchtbaren Boden hat, und viel Roggen, Gerste, und Haber hervor bringt.

South-Uist und North-Uist werden durch die Insel Benbecula getrennt, die beyden schmalen Kanäle, welche zwischen durchgehen, sind bey der Ebbe so flach, daß man fast durchwaten kann; bey der Fluth können aber Böte durchfahren. Die Insel hält drey Meilen ins Gevierte. Auf der Ostseite ist eine Bay für kleine Schiffe, darin zuweilen Heeringe gefangen werden, und diese Küste hat auch tragbares Land. Die Einwohner sind katholisch, und stehen ebenfalls unter einem Macdonald, so wie die folgenden, deren Einwohner aber Protestanten sind. *Benbecula.*

North-Uist ist neun Meilen lang, und hat dreyßig im Umfange. Die Ostseite schickt sich wegen der Berge besser zur Hütung; die Westseite ist hingegen flach, und wo kein Pflugland ist, da wächst der schönste Klee, und andres gutes Gras für das Vieh. Man bauet zwar nur Roggen, Gerste, und Haber; der Weizen würde aber auch gut fortkommen, wenn man es versuchte. Auf der Ostseite sind verschiedene Bayen, darin Schiffe sehr sicher liegen können, z. B. Loch-Inabbes hat Raum für 100 der größten Schiffe. In der Jahrszeit des Fanges haben hier zuweilen 400 Heerings-Schiffe ihre Ladung eingenommen. Unter Karl I. ward auf einer kleinen Insel dieser Bay ein Magazin zur Aufnahme der Fischerey errichtet. Die Anzahl der Landseen mit süßem Wasser ist groß, und was das sonderbarste ist, so findet man nicht nur die gewöhnlichen Fische, als Aale und Lachse, darin, sondern auch *North-Uist.*

Kabbel-

Kabbeljaue, und andre Seefische, die mit den hohen Fluthen hinein kommen. An einigen Bayen trifft man kleine Inseln mit Forts an, die meisten haben einen Ueberfluß an Seevögeln. Um North-Uist liegen noch verschiedene kleine Inseln, darunter Lousmentil auf der Westseite die merkwürdigste ist, weil sich um diese Insel, die aus einem bloßen Felsen besteht, im October so viele Seehunde aufhalten, daß man deren auf einmal 320 Stück gefangen hat. Neun Meilen weiter gegen Westen liegen noch neun dergleichen.

Borera und Lingay. Nordwärts von North-Uist liegt Borera, welche vier Meilen im Umfange hat, und der Familie Maclean gehört. Nahe dabey ist Lingay, welche den benachbarten Inseln Torf zur Feuerung liefert. Die Einwohner ziehen viel Rindvieh, und pökeln es in Rindshäute ein, darin es sich, ihrer Meynung nach, besser halten soll, als in Fässern. Es giebt hier eine Menge Roth- und Federwildpret, auch wilde Schweine, Falken, und Adler.

Lewis.

Die große Insel Lewis heißt wegen ihrer länglichten Gestalt bey den Bewohnern der Hebriden the Long-Island: sie hält fast 100 Meilen in der Länge, und zehn bis zwölf in der Breite. Man rechnet sie zur Landschaft Roß. Sie wird durch eine schmale Landzunge in zween Theile getheilt, wovon der nordliche eigentlich Lewis, und der südliche Harris heißt. Die Luft ist mäßig kalt und feucht. Der mittlere, von Süden gegen Norden gerechnet, hat auch ein gesundes Klima. An der Westseite trifft man 16 Meilen lang gutes Pflugland, und auch an manchen Stellen auf der Ostseite

welches

welches an. Man erbauet die auf den Inseln gewöhnlichen Getraidearten, und auch Flachs und Hanf.

Es giebt verschiedene gute Bayen und Häfen, vornehmlich Loch-Stornoway, nordwärts an der Ostseite, mit einem Städtchen gleiches Namens, und einem Fort, das Cromwell angelegt haben soll. Vor einer andern Bay, mehr gegen Süden, liegt die kleine Insel Birken. Lochsefort liegt noch weiter gegen Südwesten hinunter: hier giebt es überhaupt viel Kabeljaue und Wallfische. Ueberhaupt sind alle Küsten dieser großen Insel mit so viel Kabeljauen, Heeringen, und andern Fischen, und Schaalthieren gesegnet, daß die Einwohner sie nicht verzehren können. Man trifft auch längst derselben viele Höhlen an, welche den Seehunden, Ottern, und Wasservögeln zum Aufenthalte dienen.

Bey dem Dorfe Classerneß ist ein merkwürdiger Tempel der Druiden. Der Circul besteht aus zwölf Obelisken, oder Steinen, die sieben Fuß hoch, und sechs Fuß von einander sind. Im Mittelpunkte steht ein andrer Stein, in Gestalt eines Steuerruders, dreyzehn Fuß hoch; von dem Circul, gerade gegen Süden, stehen vier Steine in einer Linie, solche Linien gehen auch gerade gegen Osten und Westen, jede von eben so viel Steinen. Auf der Nordseite stehen zwo Reihen Steine, von eben der Größe, als die im Circul, zwischen welchen der Eingang zum Tempel war. Einige glauben, daß hier ein Sonnentempel gewesen, und daß die zwölf Steine des Circuls die Zeichen des Thierkreises, und die vier Linien, die davon ausgehen, die Hauptwinde andeuten sollen.

Die Insel ist reichlich mit Rindvieh, Pferden, Schaafen, Ziegen, und Schweinen, versehen. Das Rindvieh ist klein, aber fruchtbar, und das Fleisch ungemein schmackhaft. Die Pferde sind auch kleiner, als auf dem festen Lande, aber hart, und nutzbar zu gebrauchen; im Frühlinge fressen sie fast nichts anders, als Seegras. Die Einwohner sind gesund, stark, und gute Schwimmer, sie geben daher fürtreffliche Matrosen ab.

Um Lewis liegen noch viele kleine Inseln, die keine Anzeige verdienen. Eine der vornehmsten ist Grave, die auf der Westseite, im Meerbusen Carlvay, liegt.

Harris. Der Theil von Lewis, welcher Harris heißt, bringt eben das hervor, aber nur in größerer Quantität. Die westliche Küste besteht meistens aus Ackerland. Auf der Ostseite ist ein vortrefflich großer Hafen, Scalpa. Es giebt ein Paar sehr wirksame mineralische Brunnen auf diesem Theile der Insel. Man trifft auch verschiedene Höhlen an, deren einige wohl 50 Mann fassen können, ingleichen alte Forts, dergleichen man viele auf den Hebriden findet. Die Berge sind voller Wildpret, es darf aber ohne Erlaubniß des Eigenthümers, des Hrn. Macleod, niemand jagen. Die Metricks, eine Art von Biesamkatzen, sind zahlreich, sie haben ein feines braunes Fell, welches vortreffliches Pelzwerk abgiebt. Ihre Excremente sollen wie Bisam riechen. Die Einwohner von Lewis und Harris sind Protestanten, ihre Kenntnisse von der Religion sind aber, leider! gering. Vor den Zeiten der Reformation waren auf dieser großen und den dazu gehörigen Inseln 24 Kirchen; allein, als die Katholiken verdrängt wurden, so ward der Gottes-

Gottesdienst, zur Schande der damaligen Reformatoren sey es gesagt, vernachlässigt, und die Unwissenheit nahm immer mehr und mehr zu, so daß man jetzt Kirchspiele von 20 bis 30 Meilen groß, und oft gar keinen Prediger darin antrifft.

St. Kilda.

Wir endigen die Nachricht von den Hebriden mit St. Kilda, oder Hirta, welche zwar nur klein, aber gleichwohl in vieler Betrachtung merkwürdig ist *). Sie liegt etliche 50 Meilen westwärts von North-Uist und Harris, und ist unter allen die am weitesten gegen Westen liegende Insel. Ihre Länge beträgt zwo Meilen, und die Breite nur eine. Auf diesem kleinen Felsenklumpen, mitten in der See, und von aller menschlichen Gesellschaft abgesondert, leben gleichwohl Menschen. Ihre Anzahl erstreckt sich kaum auf hundert. Sonst wohnten über zwey hundert darauf; die Blattern haben aber vor vierzig Jahren die Hälfte weggerafft. Das Ufer besteht rings umher aus steilen Felsen, ausgenommen in der Bay gegen Südosten, wo kleine Schiffe einlaufen können.

Es fehlt der Insel nicht an frischem Wasser; der Boden ist zwar nicht sonderlich, wird aber mit vielem Fleiße, so viel die Einwohner gebrauchen, gebauet. Sie graben das Land um, und harken den Saamen ein. Die Gerste gedeihet sehr wohl. Diese Insulaner sind gute, gastfreye Leute, welche von

*) Des Pfarrers Makaulay ausführliche Nachricht von St. Kilda, welche an Pennants Reisen angehängt ist, haben wir zu Anfange des vorigen Brittes angezeigt.

Schwelgerey und andern Lastern des Wohlstandes nichts wissen, indem sie kaum den Gebrauch des Geldes kennen. Sie sind Protestanten, und in Ermangelung eines Geistlichen versammlen sie sich Sonntags in einer Kapelle, wo das Vater Unser, der Glaube, die Gebote, und einige Gebete verlesen werden: sie arbeiten an diesem Tage nicht, und erlauben es auch keinem Fremden. Ihr Oberherr ist einer aus der Familie Macleod, welcher gemeiniglich einen jüngern Sohn aus derselben zum Verwalter dahin setzt, der die Zinsen einnehmen muß. Diese bestehen aus Fischen, Geflügel, Federn, Wolle, Butter, Käse, Rindvieh, und Getraide. Der Unter-Verwalter ist in seiner Abwesenheit der Vornehmste auf der Insel, und pflegt, wenn der Geistliche aus Harris nicht etwa hier ist, das Taufen und Copuliren zu verrichten. Sie haben in ihrer Kapelle noch einen Altar mit einem Crucifix, seit den Zeiten des Pabstthums, und legen auch die Hand darauf, wenn sie einen Eid schwören.

Ihre Häuser sind von Steinen, die statt des Mörtels mit Erde ausgefüllt werden, und mit Rasen und darüber Stroh gedeckt. Die Betten sind in den Wänden der Häuser angebracht, und ob sie gleich Federn im Ueberflusse haben, so liegen sie doch gemeiniglich auf Stroh. Sie leben in einem kleinen Dorfe auf der östlichen Küste verträglich beysammen: wachen aber sehr über ihr Eigenthum, und gestatten keinem einen Eingriff in des andern seines. Eben so wenig erlauben sie solches ihrem Herrn, bezahlen ihm aber richtig, was sie versprechen.

Sie besitzen noch die beyden kleinen, aber unbewohnten Inseln, Soa und Borera, deren jede
eine

eine Meile im Umfange hat. Die Ufer von beyden sind hohe Klippen, und haben gute Weide, werden aber vornehmlich wegen des Fanges von dem vielen wilden Geflügel, das sich vom März bis September hier aufhält, und der Eyer besucht.

Die vornehmsten Vögel, welche sie fangen, sind die schottischen Gänse (Pelecanus Bassanus). Ihre Eyer essen sie roh, und halten sie für ein Mittel, das die Brust stärkt. Ein andrer sehr geschätzter Vogel ist der Fulmar, der so groß, wie eine Henne, ist, und den lebendigen Wallfischen und andern Fischen das Fett und Fleisch aushackt. Nähert man sich ihm, so sprützt er aus den Nasenlöchern eine Menge Fett oder Oel. Man sucht ihn deswegen unvermuthet zu haschen, um das Oel zu erhalten, weil es in den Lampen gebrannt, und auch bey gichtischen Schmerzen gebraucht wird. Ein einziger Vogel führt wohl ein Pfund von solchem Fette bey sich, das ihm, so lange er warm ist, aus den Nasenlöchern heraus läuft.

Die St. Kildier haben nur ein Boot, daran jeder, nach Proportion des Pachts, den er dem Herrn giebt, einen Antheil hat. Sie sind geschickte und starke Ruderer, und wagen sich bey ihren Fahrten nach Borera und Soa mit großer Gefahr in die stürmische See. Sie haben keinen Kompaß, sondern richten sich nach Sonne, Mond, und Sterne. Sie können die steilsten Felsen mit unglaublicher Geschicklichkeit hinanklettern, weil sie sich von Jugend auf daran gewöhnen, um die zwischen den Klippen nistenden Vögel zu fangen. Sie lassen sich mit Stricken an dem höchsten Felsen hinab, und hängen zwischen Himmel und Meer. Es sind allemal zween

Männer beysammen, die sich die Enden des Strick's um den Leib binden. Der eine läßt sich hinab, und der andre stellt sich auf einen sichern Platz, so daß er seinen Gefährten, wenn er einen Fehltritt thun sollte, sicher halten kann. Ein solcher Strick ist etwa dreyßig Faden lang, und aus dreyfachen Riemen einer starken, rohen, und dazu eingesalzenen Kuhhaut zusammen gedreht. Ein solcher Strick wird bey der Mitgabe einer Tochter so hoch geschätzt, als ein Paar der besten Kühe. Sie drehen auch Stricke aus Pferdehaaren, die neun bis zehn Faden lang sind, die an weniger gefährlichen Stellen gebraucht werden. Die Felsen dieser Inseln, sie mögen zum Fischfang oder Vogelfang gebraucht werden, sind mit größter Genauigkeit, und nach Proportion der Ländereyen, die ein jeder besitzt, eingetheilt. Alle drey Jahre werden die Antheile umgetauscht, und die Streitigkeiten durchs Loos entschieden.

Zum Schlusse dieser Nachrichten von den Hebriden, wollen wir noch Tolands *) Gedanken davon mittheilen. Er glaubt, daß man in keinem Lande die nothwendigsten Bedürfnisse des Lebens mit weniger Mühe gewinnen könne, als auf den Hebriden. Fleisch und Fische haben sie im Ueberflusse. Kühe, Schaafe, Ziegen, und Schweine sind in Menge vorhanden, und sehr fruchtbar. Sie sind zwar klein, aber das Fleisch hat einen süßen angenehmen Geschmack; und dieses gilt auch von dem Rothwildpret, welches heerdenweise auf den Bergen herumläuft. Nirgends trifft man so viel Geflügel an, insonderheit giebt es viele Arten wilder Vögel, die in andern Gegenden ziemlich unbekannt sind. Dieß kann

---

*) Siehe Specimen of the history of the Druids.

kann man auch von den Amphibien sagen. Ihre Quellen, Bäche, Flüsse, und Seen sind unzählig, und insgesammt reich an Fischen, wovon z. E. die Forellen und Lachse zu den schmackhaftesten gezählt werden. Ganz Europa weis, was für eine ungeheure Quantität Heeringe in diesen Meeren anzutreffen sind, der übrigen Arten von der Garndle bis zum Wallfische nicht einmal zu gedenken. Die Häfen und Bayen sind in Menge vorhanden, und bequem. Dazu kommt die Verschiedenheit der Pflanzen, zumal der Seepflanzen, die theils zur Fütterung, theils zum medicinischen Gebrauche dienen. Die Triften sind so gut, daß sie bloß von der Milch und den Eyern, die sie jährlich in unglaublicher Menge auf den Klippen und kleinen unbewohnten Inseln sammlen, leben könnten.

Lewis und die andern Inseln sind wirklich fruchtbar, und könnten, außer dem gewöhnlichen Haber, Gerste, und Roggen, auch Weizen und Hülsenfrüchte tragen. Allein, man muß sich bey ihrer schlechten Landwirthschaft wundern, daß sie noch so viel erndten, als geschieht. Es fehlen ihnen die Instrumente zur Bearbeitung des Bodens, und sie gebrauchen fast keinen andern Dünger, als Seegras. Wegen ihrer Unwissenheit in diesen Dingen, im Pflanzen, Einzäunen, und Austrocknen des Bodens, liegen viele fruchtbare Felder ungenutzt. Inzwischen haben sie einen Ueberfluß an andern schmackhaften Nahrungsmitteln, und an Schaalthieren.

Es ist unläugbar, daß diese Inseln einer großen Verbesserung fähig sind, und aus den vielen alten Monumenten, Forts, Gebäuden, und den Spuren des Pflugs auf den Bergen, die man jetzt keiner Cultur

Cultur fähig hält, erhellet, daß sie vormals in einem weit blühendern Zustande gewesen, zu geschweigen, daß es viel Holzungen gab, wovon die Eichen und Kiefern, die man häufig aus der Erde gräbt, und die Ueberbleibsel von Wäldern auf Skye und Mull ein Beweis sind. Die Einwohner können in Ansehung ihres Körpers nicht besser gebildet seyn. Kein unvernünftiges Einwickeln in der Wiege verunstaltet ihre Gliedmaßen; daher sind körperliche Fehler höchst selten unter ihnen. Was aber vornehmlich dazu beyträgt, daß sie alt werden, und immer gesund sind, ist die Mäßigkeit, und beständige Bewegung.

Ihre Speisen sind gemeiniglich frisch; sie essen des Tages zweymal; und das Trinken besteht in reinem Wasser. Werden sie krank, so heilen sie sich mit einheimischen Pflanzen, durch Diät und Arbeit. Sie sind daher munter, thätig, und verrichten alles mit großer Fertigkeit. Sie sind klug, hitzig, aber leicht zu besänftigen, gesellig, gutherzig, und lieben die Musik ungemein. Sie bezeigen sich außerordentlich gastfrey, und bewirthen Fremde umsonst. In verschiedenen Inseln kennt man den Gebrauch des Geldes nicht, und vor nicht langen Jahren wuste man durchgängig nichts davon. Advocaten suche man hier vergebens: Männer und Weiber tragen ihre Sache selbst vor, und der Herr der Insel, oder sein Gevollmächtigter, entscheidet sie gleich ohne weitere Umstände.

Der jetzige Besitzer von der Insel Barra ist der 35ste, in gerader Linie vom Vater auf den Sohn, ein Glück, dessen sich kein Fürst auf der Welt rühmen kann: und seine Unterthanen sehen ihn für

für keinen geringen Potentaten an, da sie keinen größern kennen. Verliert einer auf dieser Insel seine Frau, so wendet er sich an seinen Herrn Mac-Neil, stellt ihm den Verlust einer weiblichen Gehülfinn, und auch des Herrn Verlust, wenn er keine Kinder bekäme, vor. Mac-Neil sucht ihm eine schickliche Frau aus, welche Wahl beyde Theile allemal für eine große Gnade schätzen. Die Heyrath wird ohne viele Umstände vollzogen; doch machen sie sich allemal lustig dabey, und trinken eine oder mehrere Flaschen Usquebaugh. Verliert eine Wittwe ihren Mann, so macht sie es eben so, und wird mit eben so wenig Ceremonien versorgt. Verlieren die Pachter durch die Witterung, oder andre Unglücksfälle, ihre Kühe, so ersetzt Mac-Neil solche wieder. Alte Leute, die Alters und Schwachheit halben nicht mehr fortkommen, nimmt er ebenfalls in seine Versorgung: zu welchem Ende ein eignes Haus gebauet ist.

Dreyzehnter Brief.

Die Orkadischen Inseln. Strona. Hoy und Wayes. Burra. Mainland, und andre mehr. Anmerkungen über diese Inseln. Die Shetland-Inseln. Fair-Isle. Mainland u. s. w. Vom Heeringsfange bey diesen Inseln.

Die Orkadischen Inseln, Orkneys (latein. Orcades) *), liegen nordwärts an Schottland in der Nord- oder deutschen See, und werden von diesem Reiche durch den Pentland-Firth, der 12 Meilen breit, und 24 lang ist, getrennt. Ihre Anzahl beläuft sich auf 28; obgleich Plinius irrig 40 angiebt. Sie befinden sich zwar schon zwischen dem 59ten und 60ten Grade der Breite, gleichwohl ist der Winter nicht sehr strenge, und bringt, wie auf den meisten Inseln, mehr Regen, als Schnee. Die Luft ist wohl scharf und kalt, aber doch ziemlich gemäßigt. Frost und Schnee halten auch nicht lange an: der Wind tobt hingegen desto mehr, und der Regen fällt nicht in Tropfen, sondern gießt vom Himmel herab. Der längste Tag hält 18 Stunden.

Strona. Die Insel Strona gehört nicht zu den Orkneys. Sie liegt so nahe an den Küsten von Caithneß, daß man sie jederzeit dazu gerechnet, und sie hat auch den Grafen von Caithneß gehört. Sie ist klein, aber nicht unfruchtbar. Der Name

Pentland

---

*) Dr. Wallis hat eine Beschreibung dieser Inseln heraus gegeben.

Pentland Firth ist vermuthlich von Pictland entstanden, weil die Picten das feste Land und die Orkneys bewohnten. Diese Meerenge ist wegen der heftigen Ströme, und ungestümen widrigen Fluthen, die durch die vielen Inseln, und den schmalen Kanal veranlaßt werden, berühmt, und daher den Schiffen, die nicht damit bekannt sind, gefährlich. Dazu kommen viele Wirbel, die vermuthlich durch unterirdische Schlünde veranlaßt werden. Bey einer Windstille drehen sie die Böte und kleinen Schiffe so lange herum, bis sie solche verschlungen: geht aber Wind, so seegelt man ohne Gefahr darüber. Werden die Seeleute, welche Reisende von den Inseln nach Schottland überführen, ja durch die Fluth nahe an einen solchen Wirbel getrieben, so werfen sie eine Tonne oder ein Bund Stroh hinein, wodurch der Wirbel besänftigt wird, bis sie indessen vorbey kommen: was auf diese Weise hinein geworfen wird, kommt oft eine Meile davon wieder zum Vorschein. Man zählt 24 verschiedene Fluthen in diesem Kanale, die so heftig sind, daß ein Schiff mit vollen Seegeln nicht dagegen an kann. Inzwischen passiren die Bewohner der Küsten, welche die rechte Zeit abzupassen wissen, den Firth täglich ohne Gefahr, wenn kein großer Sturm ist.

Die erste der Orkadischen Inseln, wenn man von Schottland überfährt, ist South-Ronalsa. Sie ist acht Meilen lang, zwo bis fünf breit, fruchtbar, und wohl bewohnt. Auf der Nordseite trifft man einen sichern Hafen an, auf der Südostseite liegen die gefährlichen Klippen, Pentland-Skerries, in einiger Entfernung, und auf der Südwestseite, nahe an Ronalsa, trifft man die kleine Insel Swinna an, die nur halb so lang ist, aber doch Getraide und Vieh

South-Ronalsa.

Swinna.

Viehzucht für etliche Familien hat. Das vornehmste darauf ist ein guter Schieferbruch: die Fischerey an den Küsten würde weit ergiebiger seyn, wenn sie wegen der Meerstrudel, die Brunnen von Swinna genannt, mit minderer Gefahr getrieben werden könnte.

Hoy und Wayes. Von der Insel Hoy, welche nordwestwärts von South-Ronalsa liegt, heißt der südliche Theil Wayes. Sie ist 12 Meilen lang, und voller hohen Berge. Wayes ist aber fruchtbar, und gut bewohnt. Es giebt hier verschiedene gute Häfen, darunter North-Hope einer der besten in der Welt ist, und sich zum Fischhandel vortrefflich schickt. Wayes wird bey hohen Fluthen von Hoy getrennt. Ein Reisender erstaunt über die Abgründe und hohen Spitzen auf Hoy. Die Schaafe sind auf diesen Bergen so wild, daß man sie kaum fangen kann. Bey dem felsigten Vorgebirge Rora-head bauet ein außerordentlicher Vogel, den die Einwohner Lyer nennen, sein Nest. Er hat die Gestalt einer Ente, und besteht fast aus lauter Fett. Er wird mit Essig und Pfeffer für einen Leckerbissen gehalten, und daher mit Lebensgefahr gefangen, indem die Einwohner sich an Stricken zu ihm hinablassen. Man trifft auf der Insel einen ungeheuren Stein, 36 Fuß lang, 18 dick, und 9 hoch, an, der vermuthlich scherzweise den Namen der Zwergstein bekommen. Inwendig ist er ausgehöhlt, und mit einer Oeffnung oder Thüre von zween Fuß ins Gevierte versehen, und ein Stein von eben dieser Größe, zum Verschließen der Höhle, liegt darneben. Inwendig sind ein Paar Lagerstäte für zwo Personen ausgehauen; oben ist ein großes Loch, wodurch das Licht hineinfällt, und zugleich der Rauch hinaus ziehen kann. Allenthalben bemerkt man die Spuren des Meißels.

Vermuth-

Vermuthlich war dieß eine Einsiedler Wohnung, aber der gemeine Mann glaubt, daß ein Riese mit seiner Frau darinn gewohnt habe, welches die kleine Thüre aber von selbst widerlegt. Gleich darneben ist eine klare Quelle. Von den Spitzen der Berge sieht man in den längsten Tagen die Sonne die ganze Nacht. Auf der Nordseite der Insel trifft man eine Kirche, einen herrschaftl. Sitz mit Pachterwohnungen, und fischreiche Landseen, an.

Nordwärts von South Ronalsa kommt man nach Burra, welche drey Meilen in der Länge, gutes Gras und Getraideland hat. Die Kaninchen sind hier in großer Anzahl.   *Burra.*

Westwärts liegt Flotta, deren Länge fünf, und die Breite drey und eine halbe Meile beträgt. Sie ist meist mit hohen Felsen umgeben, und wegen des wenigen Ackerlandes schlecht bewohnt. Doch ist eine Kirche und ein herrschaftl. Sitz hier. In der Nähe liegen die kleinen fruchtbaren Inseln Sara, Cava und Gransay.   *Flotta 2c.*

Die Insel Pomona heißt gemeiniglich, weil sie die größte und vornehmste von den Orkneys ist, the Mainland. Auf dem Wege dahin kommt man verschiedenen kleinen zur Viehweide dienenden Inseln, die Holms heißen, vorbey. Sie ist 24 Meilen lang, sechs bis neune breit, und mit vielen großen Buchten versehen. Sie ist sehr fruchtbar und wohl bewohnt. Bäume giebt es weder hier noch auf den übrigen Inseln, außer in dem bischöfl. Garten zu Kirkwall. Dieß ist die einzige Stadt in den Orkneys; sie hat eine angenehme Lage mitten auf der Insel an einer Bay, und die Gerichte für die Inseln werden hier gehalten. Sie besteht aus einer Straße mit guten Häusern, die mit   *Mainland.*

U

Schiefer gedeckt sind. Das alte Kastell, welches der Krone ehemals zugehörte, ist verfallen, dabey steht die ansehnliche Wohnung der alten Bischöffe, und der 1574 angefangene, aber unvollendete Pallast des Patrik Stewart, Grafen von Orkney. Cromwell ließ am Nordende ein Fort anlegen, welches noch mit einigen Kanonen zur Vertheidigung des Hafens besetzt ist. Die Kathedralkirche des heil. Magnus, welcher der erste Apostel der Orkadier gewesen seyn soll, ist für diese Gegend schön, und von gehauenen Steinen aufgeführt. Man findet hier auch eine lateinische Schule. Die Insel besteht aus neun Kirchspielen, und hat einige Bleygruben, verschiedene adeliche Sitze, fischreiche Landseen und Flüsse. Von den vier guten Häfen ist der zu Kerston der bequemste und sicherste gegen alle Winde. Es giebt hier zween Tempel am See Stennis, darinn nach der Ueberlieferung der Einwohner Sonne und Mond verehrt wurden. Der letztere hat die Form eines halben Circkels oder Mondes, und der erste 110 Schritte im Durchmesser. Einige von den Steinen, die in der Runde gesetzt sind, haben eine Höhe von 20 bis 24 Fuß, fünf Fuß in der Breite, und einen bis zween in der Dicke. Manche Steine sind umgefallen.

Shapinsha. Auf der Nordseite von Mainland liegt Shapinsha, die sechs Meilen lang ist, mit einem guten Hafen und einer Pfarrkirche, und auf der Ostseite Coppinsha, eine kleine aber hohe Insel, die fruchtbaren Boden, gute Fischerey und viel Vogelwildpret hat. Sie fällt aus der See sehr deutlich in die Augen, so wie der auf der Nordostseite liegende Holm, the horse of Coppinsha genannt.

Orkadische Inseln.

Nordostwärts von Mainland und Shapinsha *Stronsa.* liegt Stronsa, deren gute Häfen den Schiffern, welche diese Küsten und die Shetlands Inseln wegen der Fischerey befahren, bekannt genug sind. Sie hat eine Länge von sieben, und eine Breite von vier Meilen, ist fruchtbar und wohl bewohnt, so wie auch die kleine nahe dabey liegende Insel Papa Stronsa.

Weiter nach Norden kommt man an eine *Sanda.* der größten Inseln Sanda, welche zwölf Meilen lang und drey breit, wohl bewohnt, und mit zween Häfen versehen ist. Die Einwohner haben viel Rindvieh, Heu und Fische, müssen ihre Feuerung aber von der benachbarten Insel Eda holen, welche *Eda.* zehn Meilen lang, und an manchen Stellen fünfe breit ist. Fische und Geflügel giebt es hier genug, aber es fehlt an Getraide und Gräserey. Es wird hier gutes Salz gemacht.

Ein Paar Meilen von der Stadt Kirkwall liegt *Rousa.* die kleine fruchtbare Insel Damsay, und weiter nordwärts Rousa oder Rousay, welche acht Meilen lang und sechse breit ist. Der vielen hohen Hügel und Vorgebirge ungeachtet ist sie doch an den Küsten fruchtbar und wohl bewohnt, und hat einen Ueberfluß an Geflügel, Fischen und Kaninchen. Es liegen in dieser Gegend noch verschiedene kleine Inseln, die ziemlich fruchtbar sind.

Eglisha liegt auf der Ostseite von Rousa, und *Eglisha.* ist neun Meilen lang. Sie ist angenehm und fruchtbar, hat eine Pfarrkirche und eine sichere Rhede für die Schiffe. North-Fara liegt weiter gegen Norden, und ist eben so groß: sie heißt North-Fara, zum Unterschied von South-Fara, welches bey Burra anzutreffen ist.

U 2 Westra,

Westra. Westra, nordwärts von Eglisha, ist acht Meilen lang, an einigen Stellen fünfe, an andern drey breit, ist wohl bewohnt, und hat einen Ueberfluß an Getraide, Rindvieh, Fischen und Kaninchen. Man trifft einen bequemen Hafen mit einem festen Kastell darauf an.

Papa Westra. Nur zwo Meilen davon gegen Nordosten liegt Papa Westra, welche mit Westra ein Kirchspiel ausmacht. Sie ist drey Meilen lang, und ebenfalls gut bewohnt, und mit einem Hafen versehen.

Die Einwohner der Orkablschen Inseln sind insgemein gesunde, starke, wohlgebildete Leute, und zahlreicher, als man glauben sollte. Campbell schätzt sie nach den Auszügen aus den Kirchenbüchern auf 32000. Die Artikel, welche sie jährlich ausführen, sind: Butter, Talg, Häute, Gerste, Malz, Habermehl, Oel, Fische, Pökelfleisch, Kaninchenfelle, Otterfelle, weiß Salz, Zeuge, Strümpfe, Schweinefleisch, Schinken, Wolle, Federkielen, Flaumfedern, und andere Federn. Man findet hier die sogenannten Molucca Bohnen *), allerley figurirte Steine und merkwürdige Arten von Fischen und Vögeln, unter andern eine große Menge der Entenmuscheln (Lepas anatifera) auf dem Holze, das aus der See angetrieben kommt, und auch die Ringel- oder Bernickelgänse (Anas bernicla, hier Clack geese genannt), welche nach der abergläubischen Meynung voriger Zeiten aus jenen Muscheln entstehen sollten.

Ueberhaupt genommen sind die Bewohner der Orkneys höflich, gastfrey, fleißig und mäßig. Sie werden

───────────

*) Ihrer ist im 11ten Br. bey der Insel Jlay gedacht worden.

werden alt. Die Frauensperſonen ſind wohlgeſtaltet, und zum Theil ſchön. Sie gebähren oft noch gegen das 60 Jahr. Von Stein und Gicht weis man nicht viel; der Scharbock und die Auszehrung ſind hingegen gewöhnlich. Kalte Fieber ſind häufig, aber hitzige ſelten. Das Engliſche wird nach Schottiſcher Mundart geredet. Hin und wieder ſprechen die geringen Leute noch Norweglſch, von den Zeiten der älteſten Bewohner der Inſeln her. Mit zahmen Vieh, nämlich Rindvieh, Schaafen, Schweinen und Gänſen, ſind ſie überflüſſig verſehen. Es läuft ohne Hirten umher, weil ihre Getraidefelder alle eingezäunt ſind.

Dieſe Inſeln hatten wahrſcheinlicher Weiſe ihre eignen Regenten, bis ſie uns Jahr 840 unter die Schotten kamen. Im Jahr 1099 bemächtigten ſich die Norweger derſelben, bis ihr König Magnus ſie 164 Jahre hernach an König Alexander von Schottland abtrat. Dieſer belehnte einen gewiſſen Speire damit, von deſſen Familie kamen ſie durch die letzte Erbinn an das Haus Sinclair, wovon ſich einer, der eine däniſche Prinzeſſinn heyrathete, einen Fürſten von Orkney nannte. In der Folge behaupteten die däniſchen Könige wieder die Oberherrſchaft darüber, bis König Chriſtian I. ſie ſeiner Prinzeſſinn zum Brautſchatz an König Jacob III. von Schottland mitgab. Im Jahr 1647 erhielt Douglas, Graf von Morton, dieſe Inſeln zum Pfande für eine dem Könige Karl I. vorgeſchoſſene Summe: Sie wurden aber eingelöſet, und 1669 wieder mit der Krone verbunden. Nichts deſtoweniger wuſten es die Grafen von Morton durch ihr Anſehen dahin zu bringen, daß ſie durch Bezahlung eines gewiſſen Pachts die Einkünfte der Krone einſammlen, und den Steward oder Oberrichter

richter ernennen. Die Inseln bringen den Grafen etwa 1666 Pf. Sterl. ein; das Herrschaftsrecht ist ihm aber für 7200 Pf. Sterl. abgekaufт.

Die christliche Religion drang zeitig bis nach diesen Inseln, denn man findet, daß ihr Bischof Servanus Lehrer des Kentigerns war, der um das Jahr 560 das Bißthum zu St. Asaph in Wales stiftete. Im Jahr 1071 sandten sie einen ihrer Geistlichen an den Erzbischof von York, mit Bitte, solchen als ihren Bischof einzuweihen. Aus der bisherigen Beschreibung kann man schon abnehmen, daß die Orkadischen Inseln keinen geringen Theil des Brittischen Reichs ausmachen. Zusammen genommen sind sie so groß, als die Graffschaft Huntingdon in England, oder als die Provinz Zeeland in den vereinigten Niederlanden. Bey dem Ueberflusse und wohlfeilen Preise der Lebensmittel könnten hier verschiedene Manufakturen angelegt, und die Inseln vornehmlich zum Mittelpunkt eines wichtigen Fischhandels gemacht werden *).

Die Shetland Inseln.

Noch weiter gegen Norden, als die Orkneys, liegen die Shetland Inseln, und zwar zwischen dem 60 und 61 Grad nördlicher Breite. Man zählt deren 46 größere, 40 kleinere oder Holms, die bloß zur Viehweide dienen, und 30 Klippen, die nur von Vögeln besucht werden. Die Fahrt zwischen den Orkadischen und Shetland Inseln ist viel sicherer und auch breiter, als die durch den Pentland Firth,

*) Vorschläge dazu s. in *Campbells* political Survey of Great Britain. Vol. I. p. 662. und in der *Tour trough Great Brit.* Tom. IV. p. 319.

Shetland Inseln.

Firth, und wird daher von den um Schottland seegelnden Kauffartheyschiffen vorgezogen.

In der Mitte dieser Durchfahrt liegt eine einzige Insel Fair-Jsle genannt, die sich mit fünf Vorgebirgen erhebt, und sowohl von den Orkneys als den Shetland Inseln gesehen wird. Sie ist drey Meilen lang, eine halbe breit und sehr felsigt. Das wenige Ackerland ist sehr fruchtbar und wohl gedüngt: sie könnten mehr haben, wenn sie das übrige nicht zur Viehweide und zum Torfstechen gebrauchten. Nach Proportion des Umfangs der Insel halten die Einwohner viel Schaafe: es fehlt ihnen zwar Wildpret, hingegen haben sie desto mehr Wasser- und Seevögel, und Fische an den Küsten. Sie haben eine Kirche, aber keinen Prediger, weil die Insel zu einem Kirchspiele von Shetland gehört. Einer von ihnen lieset Sonntags die Bibel öffentlich vor; und sie sind übrigens gute, ehrliche und fromme Leute. Im Jahr 1766 ward die Insel in Edinburg für 850 Pf. Sterl. verkauft. *Fair-Jsle.*

Die vornehmste der Shetlands Inseln heißt, so wie bey den Orkneys, Mainland. Die Länge beträgt 60, und die Breite an einigen Stellen 16 Meilen. Sie hat eine Menge Bayen, Buchten und Vorgebirge; längst den Küsten ist sie am besten angebauet und bewohnt: mitten im Lande hingegen bergigt, voller Seen und Sümpfe, welche das Reisen für Fremde gefährlich machen. Die Luft ist kalt und scharf, gleichwohl werden die Einwohner alt. In den längsten Tagen des Sommers geht die Sonne Abends gegen eilf Uhr unter, und früh gegen zwey Uhr wieder auf, daher man die ganze Nacht durch lesen kann: im Winter ist der Tag auch wieder eben so kurz. Diese kurzen Tage, die heftigen *Mainland.*

Fluthen

Dreyzehnter Brief.

Fluthen und schrecklichen Stürme berauben sie vom October bis in den April aller Verbindungen mit den übrigen Bewohnern der Welt. Ein Beweis davon mag seyn, daß sie, als die große Revolution in England im November vorgegangen war, einem Fischer, der den folgenden May auf diese Inseln kam, und ihnen davon erzählte, nicht glaubten, sondern ihn festsetzten, weil er solche Nachrichten ausstreuen wollte.

Die vielen Fischspeisen ziehen ihnen den Scharbock zu; zum Glück hat die Natur sie reichlich mit Löffelkraut (Cochlearia) versorgt, welches das kräftigste Gegenmittel ist. Ihr Getraide müssen sie größtentheils von den Orkadischen Inseln holen, weil sie nur etwas Gerste und Haber erbauen. Ihr meistes Getränk sind Molken, die sie in kalten Kellern in Gefäßen aufbewahren, bis sie so stark werden, daß sie berauschen. Manche trinken auch Bland, das ist, Buttermilch mit Wasser vermischt. Die Vornehmern brauen aber Bier. Die Küsten sind mit allerley Fischen sehr gesegnet: die häufigsten sind aber Kabeljaue und Heringe. Es giebt auch allerley Schaalthiere, Wallfische, Seehunde, Seekälber und Ottern. Im Winter bedienen sie sich des Thrans zur Leuchtung. Sie haben viele Gänse, verschiedene Arten von Enten, eine Menge ganz kleine Pferde, die jedoch zu allen Arbeiten zu gebrauchen sind, viel Rindvieh und Schaafe, welche letztern sehr fruchtbar sind, und meistens zwey oder wohl gar drey Junge bringen. Sie brennen Torf und Heyde.

Sie verfertigen grobes Tuch, schlechte Strümpfe, Mützen und Handschuhe zu ihrem eignen Gebrauche, und das übrige verkaufen sie an die Norweger. Ihr

Shetland Inseln.

vornehmster Handel und Ausfuhr besteht aber in Fischen, mit dem daraus gelöseten Gelde entrichten sie ihren Pacht, und kaufen die nothwendigsten Bedürfnisse ein. Jetzt sprechen sie alle Englisch, und kleiden sich wie die südlichen Schottländer. Ihre Religion ist durchgängig protestantisch. Aerzte haben sie gar nicht: ihre Wunden heilen sie selbst.

Es giebt zwo kleine Städte oder Flecken auf Mainland. Der älteste Scalloway liegt auf der Westseite, und hat ein vier Stockwerk hohes Kastell. Der zweyte und vornehmste Lerwick enthält ohngefähr 300 Familien, und ist durch die Fischerey in Aufnahme gekommen. Er liegt auf einem abhangenden Felsen an Brassas Sund. Es giebt auf diesen Inseln verschiedene Denkmale des Alterthums, unter andern welche, die man Picten-Häuser nennt.

Die Insel Brassa, welche den Sund oder Brassa-Kanal formiret, ist fünf Meilen lang und zwo breit. Sie hat etwas Ackerland und zwo Kirchen. Zur Zeit des Heringsfangs wird dieser Sund stark besucht. Insonderheit kommen die Holländer nach Lerwick, und vertauschen die von den Einwohnern verfertigten Waaren gegen andere. Es laufen alsdann auch Schiffe mit Malz, Gerste und Mehl aus den Orkneys und Irland in den Sund von Brassa ein.

Die wichtigste Insel nach Mainland ist Yell oder Zeal, welche 20 Meilen lang und achte breit ist. Sie ist voller Berge und Moos, doch giebt es auch gute Triften, wo viele Schaafe weiden. Sie scheint in alten Zeiten sehr volkreich gewesen zu seyn, weil man drey Kirchen, zwanzig Kapellen und viele Pictische Forts darauf antrifft.

Uuist. Uuist giebt der vorigen an Größe wenig nach, ist aber weit besser bewohnt und fruchtbarer. Man hält sie unter allen hiesigen Inseln für die angenehmste. Sie hat drey Kirchen und verschiedene Häfen.

Tronda. Tronda liegt dem Flecken Scalloway gegen über, und ist drey Meilen lang. Noch weiter gegen
Foula. Nordwesten ist Foula, welche drey Meilen lang und voller hohen steilen Felsen ist. Einer davon erhebt sich so hoch, daß man ihn von den Orkneys sehen kann. Es giebt hier fast gar keine Weide, sondern nur weniges Pflugland, von dessen Ertrage nebst den Vögeln und Fischen die armen Einwohner leben. Sie handeln mit etwas Stockfisch, Thran und Federn.

Walsey. Südwärts unter Yell liegt Walsey, welche drey Meilen lang ist. In einiger Entfernung trifft man Great Rule an, die acht Meilen in der länge und einen guten Hafen hat.

Burray. Burray hat eine länge von drey Meilen, gute Viehweide, Ueberfluß an Fischen und eine Kirche.

Die weitläuftigen Inseln Shetland werden in 12 Kirchspiele getheilt, es giebt aber weit mehr Kirchen und Kapellen. Es fehlt ihnen, wie den Orkneys, an Holz. Verschiedene Arten von Fischen und Vögeln sind diesen Inseln eigen. Das beständige Leben auf der See und auf den Klippen macht die Einwohner ungemein dreist, so daß sie sich auch bey Stürmen wegen des Fischfangs der See anvertrauen, und um der Vögel und Eyer willen die gefährlichsten Felsen hinanklettern, welches kein anderer unternehmen könnte, ohne den Hals zu brechen.

Shetland Inseln.

In dem Meere um den Shetland Inseln ist es, **Herings-** wo jährlich der berühmte Heringsfang getrieben **fang.** wird, dessen wir noch mit wenigen gedenken müssen. Es ist schon im ersten Briefe gesagt worden, daß solcher um Johannis anfängt, daß die Holländer aus unverzeihlicher Nachläßigkeit der Engländer sich im vorigen Jahrhundert fast ganz allein in Besitz desselben gesetzt hatten, und jährlich auf 1500 Buysen dazu, und noch 400 Schiffe zum Kabbeljaufang ausschickten, daß sich jetzt aber auch andere Nationen, und vornehmlich die Engländer darauf legen, daher die Holländer kaum noch 300 Buysen im Jahre auslaufen lassen. Inzwischen behalten ihre Heringe, in Ansehung des Pökelns, noch immer den Vorzug *), und die Heringe, welche bey den Shetlands Inseln, oder, wie die Holländer sagen, bey Hitland gefangen werden, sind die besten.

Der Hering wird zeitig im Frühjahr von den ihn verfolgenden Raubfischen aus den äußersten Gegenden des Nordens in so ungeheurer Menge getrieben, daß solches alle Beschreibung und Einbildungskraft übersteigt. Er theilt sich in zwo Hauptkolonnen, wovon die eine westwärts nach den Küsten von Newfoundland in Nordamerika, und die andere weit stärkere mehr ostwärts bey Island vorbey gegen die Shetland Inseln zieht. Diese Hauptkolonne theilt sich wieder in zween Hauptzüge. Der eine geht an den Küsten von Norwegen hinab und durch den Sund in die Ostsee, der andere und weit stärkere hält sich eine Zeitlang bey den Shetland Inseln auf, wo der Hauptfang ist, und theilt sich wieder

---

*) Mehr davon kann man in *Campbells* Surrey of Great Britain nachlesen, Vol. I. p. 692.

Dreyzehnter Brief.

wieder in zween Arme, der östliche geht längst Schottland und England (wo bey Yarmouth ein großer Fang ist) in den Kanal zwischen England und Frankreich hinunter; und der westliche Arm zieht längst der Westküste von Schottland, Irland und England hinunter, bis beyde sich ohngefähr zu Ende des Kanals vereinigen, nachdem sie auf dieser Reise einige 100000 Tonnen abgegeben haben. Hier gehen sie in die Tiefe des Oceans hinab, und verlieren sich, ohne daß man sagen kann, ob sie auf dem Grunde des Meeres wieder nach Norden zurückkehren, oder was sonst aus ihnen wird. Erwegt man die vielen Millionen, die gefangen werden, und die vielleicht eben so große Anzahl, die von den ihnen nachstellenden Heeren von Fischen und Raubvögeln verzehrt wird, so muß man über ihre unermeßliche Vermehrung und über die Wunder der göttlichen Vorsehung erstaunen. Vermuthlich bleiben indessen, daß der größte Haufe ihrer Feinde die Hauptkolonnen verfolgt, noch Heringe genug zurück, die indessen die ungeheure Vermehrung veranstalten, daß im nächsten Frühjahre eine eben so unzählbare Menge aus den Nordischen Meeren unterm Nordpol den Marsch antreten kann.

Die Zeit, wann sich diese wichtige Fischerey angefangen, läßt sich nicht gewiß bestimmen. So viel ist gewiß, daß sie zu Anfang des 14ten Jahrhunderts schon wichtig war. Wilhelm Böckel, ein Niederländer, der ums Jahr 1386 zu Biervliet starb, soll das Einpökeln oder Einsalzen der Heringe zuerst erfunden haben; wodurch seine Landsleute, die Niederländer, in der Folge so große Summen gewannen. Obgleich die Holländer bey weitem nicht mehr so viel bey dieser Fischerey verdienen,

dienen, so ist doch gewiß, daß ihr Fang, und der von den Schiffen anderer Nationen noch allemal wichtig genug ist, und daß die Engländer, ob sie gleich anfangen, sich mehr darauf zu legen, doch unverzeihlich nachlässig gewesen und noch sind, daß sie zusehen, wie andere Nationen an ihren Küsten einen so wichtigen und einträglichen Fang vornehmen.

Der Besitz der Shetland Inseln könnte längst für Großbritannien von weit größerer Wichtigkeit seyn, und die Einwohner derselben könnten sich in weit bessern Umständen befinden, wenn die Regierung mehr Aufmerksamkeit darauf gewendet hätte. Doch dieß kann noch geschehen. Ein großer Theil des jetzt ungenutzt liegenden Bodens dieser Inseln läßt sich durch fleißige Familien zur Cultur umschaffen. Um die Fischerey empor zu bringen, müßten Magazine errichtet werden, daraus sie ohne Unterschied der Person alle zu dieser Beschäftigung nöthigen Dinge zu einem sehr billigen Preise bekämen. Gleichfalls müßte man Mittel ausfindig machen, sie in Stand zu setzen, sich größere Böte, Bußen und andere Fahrzeuge anzuschaffen, damit sie die Heringe fangen, einsalzen, und ihre Fische selbst mit eignen Schiffen ausführen könnten. Das Wirksamste wäre, jährlich eine Fregatte hinzuschicken, welche sie schützen, und für Beleidigung anderer Nationen in Sicherheit stellen müßte.

Die kleinern Inseln könnte man dadurch in bessern Stand setzen, daß man auf einigen Salzwerke, auf andern Netzstrickereyen anlegte, und ihnen Materialien zuführte, um starke Böte und Tonnen zu verfertigen. Auf allen kleinen Holms ließe sich Soersalz, und mit Hülfe dessen schlechtes Glas und Seife

Seife machen, und durch diese und den Thran könnten die Artikel der Ausfuhr vermehrt werden. Ein Paar Compagnien, Invaliden zur Besatzung würden die Einwohner in mancherley Handgriffen und kleinen Arbeiten und Gewerben unterrichten, die sie jetzt gar nicht kennen. Auf diese Weise würde sich die Industrie vermehren, und der Vortheil davon bald über alle Inseln verbreiten. So wie die Einwohner in bessere Umstände gerathen, und für ihre Fische und andere Artikel andere Waaren einführen würden, so müßten die Accise und Abgaben sich vermehren, und die Regierung würde sich für die aufgewandten Kosten reichlich belohnt sehen, und durch Vermehrung der Schifffahrt und Fischerey eine größere Pflanzschule abgehärteter Matrosen bekommen.

Zweyte Abtheilung.
Reise durch Ireland.

Vierzehnter Brief.

Größe. Eintheilung. Schriftsteller. Landcharten. Geschichte. Anzahl der Einwohner. Sprache. Clima. Boden. Kalkdüngung. Berge. Moräste. Torfmore. Seen. Flüsse. Kanäle. Meerbusen. Häfen. Fischerey. Steinkohlen. Metalle. Ackerbau. Flachsbau. Rind- und Schaafviehzucht.

Die große Insel Ireland *) (Hibernia) liegt westwärts von England und Schottland, und wird von beyden Ländern durch das Irelandische Meer oder den St. Georgen-Kanal getrennt, welcher bey Holyhead in Wales 60 Englische Meilen und nordwärts bey der Schottländischen Grafschaft Galloway gar nur 15 breit ist. Gränzen und Größe.

Gegen

---

*) Den Nahmen leitet man insgemein von Eirin, womit die Irelander noch ihr Land benennen, her; Dieß bedeutet Westen, weil die Insel das damals am meisten gegen Westen bekannte Land war. Die Irelander stammen vornehmlich von den Scoten ab, jedoch auch von den Iberiern, die hieher kamen und sich niederließen, wovon der lateinische Nahme Hibernia hergeleitet wird.

Gegen Norden wird Ireland vom Deucaledonischen, gegen Osten und Süden vom Atlantischen Meere umflossen. Die Länge Irelands erstreckt sich vom 51 bis gegen 55½ Grad Norder Breite, welches, 69½ Meilen auf einen Grad gerechnet, 278 Englische Meilen beträgt. Die größte Breite von Westen gegen Osten beträgt ohngefähr halb so viel. Den Inhalt der ganzen Oberfläche rechnet man auf 1520 Geographische Quadratmeilen, nach dem Feldmaaße auf 11 Millionen Irländische, das ist, gegen 18 Millionen Englische (acres) Acker oder Morgen nach dem gesetzmäßigen Maaße. Hiervon rechnet Entick*) für Sümpfe, Seen, Waldung, Flüsse, Landstraßen, Bayen nur 150000 Acker, und für wüstes und unfruchtbares Land eben so viel ab, welches aber viel zu wenig ist, wenn man erweget, daß der Morast von Allew nach Youngs Angabe allein auf 300000 Acres geschätzt wird, und daß der Lauf der Shannon auf 260 Meilen von Norden nach Süden beträgt. Vielleicht trifft man es besser, wenn man statt 150,000 Acker 1½ Millionen annimmt.

Eintheilung. Die ganze Insel wird in vier Haupttheile oder Provinzen, Leinster, Ulster, Connaught und Munster abgetheilt; diese enthalten 32 Grafschaften (Counties), und jede Grafschaft besteht wieder aus etlichen Baronien, die zusammen 260 ausmachen. Außer den Städten und Grafschaften sind 118 Flecken (Boroughs), welche Deputirte zum Parlament schicken. Die Anzahl der Pfarren beläuft sich auf 2293. Im J. 1754 zählte man 395,439 steuerbare Häuser, und 1766 war ihre Anzahl

---

*) Enticks gegenwärtiger Zustand des Brittischen Reichs B. 5. S. 3.

Anzahl auf 434046 gestiegen. Seit der Zeit hat sie sich um ein ansehnliches vermehrt, und nimmt jährlich zu, wie wir unten sehen werden.

Einige der vornehmsten neuern Schriftsteller, die zur genauern Kenntniß von Ireland beytragen, sind folgende: *Boats* natural history of Ireland 1726. 4. *); *I. Bush's* Hibernia curiosa, a Letter giving a general View of the Manners, Customs, dispositions etc. of the Inhabitants of Ireland, London 1764. 8.; *William Petty's* political Survey of Ireland with the Establishment of that Kingdom, when the late Duke of Ormond was Lord Lieutenant, 2 Edit. London 1719. 8.; The present State of Great Britain and Ireland by *Miege* and Bolton 8. wird aller drey bis vier Jahre neu gedruckt und verbessert. A View of the present State of Ireland, London 1779. 8.; Richard Twiß Reisen durch Ireland im Jahre 1775, aus dem Englischen übersetzt, Leipzig 1777. (Johann) Watkinson M. D. Philosophische Uebersicht von Süd-Ireland in Briefen, aus dem Englischen, Breslau 1779; A tour in Ireland with general Observations on the present State of that Kingdom made in the Years 1776-79. by Arthur Young, Lond.

Schriftsteller.

---

*) Ein Handbuch für reisende Naturalisten hat *John Berkenhout* M. D. zu geben gesucht in den Outlines of the Nat. history of Great Britain an Ireland, Containing a systematic Arrangement and concise Description of all the Animals, Vegetables and Fossiles which have hitherto been discoverd in these Kingdoms. Lond. 1771. Vol. 3. in 8. Es ist nach dem Linneischen System eingerichtet. Der letzte Theil von den Mineralien ist schlecht und mager: und die Einrichtung halb nach dem Linné, halb nach dem Cronstädt.

Lond. 1780. 4. und Deutsch, Leipzig 1780. 8. in zween Theilen, unter dem Titel: Reise durch Ireland.

Charten. Man hat viele Charten, z. B. von den Homannischen Erben, Moll, Bouder, Deal und Jefferys ꝛc. welche Großbritannien und Ireland auf einem Bogen vorstellen; sie sind aber zur genauen Kenntniß des Landes nicht hinlänglich. Wer sich mehr um die Geographie des Reichs bekümmern will, muß entweder eine von den Charten, die Grierson, Dury und Jefferys auf einem großen Bogen gestochen, oder des Rocque Charte auf vier, und des Pratt auf sechs Bogen zu Rathe ziehen. Man hat auch von vielen einzelnen Grafschaften Charten, welche ohne Anzeige der Länge und Breite schlecht gemacht, und nach alten Charten kopirt sind. Doch muß man die Charten von einigen Irischen Häfen, die große Charte vom Laufe des Shannon, und einige Specialcharten, die gelegentlich vorkommen werden, hiervon ausnehmen.

Kurze Geschichte. Ireland ist in ältesten Zeiten von den Britten bevölkert worden. Wahrscheinlicher Weise kamen die Römer nie hieher. Zur Zeit, da das Römische Kayserthum fiel, ließen sich hier viele Scoten nieder, daher man das Land Scotia nannte. In der Folge thaten die Dänen, Norweger und Sachsen häufige Einfälle, konnten das Land aber nie völlig bezwingen. Endlich machte sich Heinrich II, König von England, im 12ten Jahrhundert Meister von Ireland, und seit der Zeit ist es nie wieder von England getrennt worden. Heinrich II. und seine Nachfolger mußten sich aber mit dem bloßen Titel eines Herrn von Ireland begnügen, bis Heinrich VIII. im Jahre 1541 durch die im Parlament versammleten Irischen Stände den königl. Titel erhielt. Ehe Ireland unter England kam, hatte jede Provinz einen

Irland.

einen König, unter dem wieder verschiedene kleine zinsbare Könige stunden. Die Könige wurden gewählt, doch blieb man gemeiniglich bey dem Stamme, und aus den vier Königen der vier Provinzen ward einer gewählt, unter dem die übrigen dreye stunden, und der gleichsam der Monarch der ganzen Insel war. Bey der Wahl eines Königs bestimmte man zugleich einen Nachfolger, welcher Thanist hieß, damit das Reich nicht an einen Unmündigen, zum Kriege untüchtigen, oder gar an einen Fremden kommen sollte *).

Im Jahre 1766 zählte man 424046 Häuser, *Anzahl der* diese geben, zu fünf Personen gerechnet, 2,120,230 *Einwohner.* Menschen, welche Zahl aber zu geringe ist, weil die Häuser wegen des Heerdgeldes nicht so gewissenhaft gezählt werden, auch in jedem Kirchspiele Familien von dieser Abgabe befreyet sind, und sich die Anzahl der Häuser jährlich vermehrt hat. Watkinson **) nimmt daher nach einer mäßigen Schätzung zwey und eine halbe Million an. Im Jahre 1776 zählte man nach Hrn. Büsching

	Protestanten	Katholiken
In Leinster	— 214173	— 474863
In Ulster	— 379217	— 194602
Connaught	— 23718	— 246142
Munster	— 134061	— 494738
	751169	1,410445
		751169
		2161514

, also fast noch einmal so viel Katholiken. Nach der neuesten
Zählung

---

*) Wer sich genauer um die Irische Geschichte bekümmern will, kann darüber nachlesen D. Warners Einleitung zur Geschichte von Irland. D. Raymonds Einleitung zur Geschichte von Irland, und O'Connors Abhandl. über die alte Gesch. Irlands.

**) Philosophische Uebersicht von Irland, S. 273.

Vierzehnter Brief.

Zählung von 1779 fand man 2,353,563 Einwohner, und darunter nur 682,083 Protestanten. Young hält alle diese Zählungen für ungewiß, weil sie nicht mit genugsamer Genauigkeit und allerley Verheelungen gemacht werden, inzwischen giebt er *) das Heerdgeld 1778 auf 61646 Pfund an, und setzt hinzu, dieses könne mit Einschluß der Ausnahmen **) keine geringere Bevölkerung, als drey Millionen, anzeigen. Zu Castle Caldwele und Drumoland kamen eingezogenen Nachrichten zufolge sechs bis sechs und eine halbe Seelen auf eine Hütte. Irland hat überhaupt seit 1748 große Schritte zu seiner Verbesserung in allen Stücken gemacht. Er giebt S. 136. vornehmlich fünf Ursachen der stark zunehmenden Bevölkerung an: 1) haben sie keine Armengesetze (Laws of Settlement), wie in England, welche die Armen nöthigen, da, wo sie einmal ansässig sind, zu bleiben. 2) Die Hütten; jedes Ehepaar bauet sich eine Hütte, und sorgt für den Besitz einer Kuh und eines Schweins. Der Stall ist in zween Tagen fertig. 3) Der Ehestand ist weit allgemeiner, als in England: die meisten Lackeyen und Mägde sind verheyrathet. 4) Sind ihnen die Kinder nicht zur Last, sondern vermehren ihre Gemächlichkeit; daher hält man es für ein Unglück

---

*) Reisen Th. 2. S. 306.

**) Wie unsicher und viel zu geringe die Schätzung der Einwohner nach dem Heerdgelde seyn müsse, erhellet daraus, daß vermöge einer Parlamentsacte alle, die vom Almosen leben, und Wittwen, welche beweisen können, daß ihr Haus nicht über acht Schillinge jährlicher Miethe, und ihr Vieh und Gut nicht über vier Pf. Sterl. werth ist, vom Heerdgelde befreyet sind. S. Howards Treatise of the Exchequer and revenue of Ireland. Vol. I. pag. 90.

glück, keine zu haben. 5) Die Nahrung mit Kartoffeln oder Erdbirnen. Die Jreländischen Armen nähren sich bloß vom Feldbau; Kartoffeln und Milch ist ihre Nahrung, die ihnen nichts kostet.

Die Vornehmen reden heutiges Tages meist Englisch, doch unterscheiden sie sich von den Engländern durch einen gewissen Accent, der sie gleich kenntlich macht. Der gemeine Mann hat aber noch die alte Jreländische, jedoch mit vielen Dänischen und Brittischen Wörtern vermengte Sprache behalten. Sie soll viel ähnliches mit der im Herzogthum Wales haben. D. Raymond hat die Entdeckung gemacht, daß das Vater Unser im Irischen eben so lautet, als im Celtischen. Vermuthlich hat sich diese Sprache daher bey ihrer ersten Wortfügung erhalten, weil es in mittlern Zeiten eine lange Periode gab, da auf dieser Insel viele Schulen und Collegien der Litteratur und der philologischen Gelehrsamkeit waren. *Sprache.*

Das Clima von Jreland ist außerordentlich feucht. Im Sommer und Winter regnet es fast täglich, wenigstens fünf Tage in der Woche °). Der Frühling und Herbst sind hingegen trocken und angenehm. Man kann annehmen, daß zwo Drittel vom Jahre Regentage sind. Die mit feuchten Dünsten angefüllte Atmosphäre hat den Vortheil, daß man in Jreland nie über große Hitze und Kälte klaget. Der Frost hält selten lange an. Der Himmel *Clima.*

°) In Smiths Geschichte von Cork sind Witterungsbeobachtungen gemacht, und Vergleichungen zwischen dieser Stadt und London angestellt, woraus erhellet, daß in Cork noch einmal so viel Regen fällt, als in London.

met ist im Winter trübe, aber selten fällt Schnee oder Hagel. Weil im Sommer keine schwüle Luft herrscht, so hat man fast nie starke Gewitter; donnert es ja, so ist es schwach und ohne schädliche Folgen. Die Luft war ehemals noch neblichter und feuchter, seitdem man aber manche Moräste ausgetrocknet und Wälder ausgerottet hat, ist sie reiner und gesunder geworden. Die Natur hat auch noch auf eine andere Weise dafür gesorgt, daß die Luft von den vielen Ausdünstungen der Moräste gereiniget wird; dieß thun nämlich die Winde, die hier häufiger blasen, als in irgend einem Lande, doch nie mit der Gewalt, wie sie zuweilen in England toben. Die feuchte Luft äußert ihren Nutzen vornehmlich bey dem Graswuchs. Die Wiesen sind beständig mit dem schönsten frischesten Grün bekleidet, und haben nie das verdorrete und versengte Ansehen, welches ihnen anhaltende Dürre in manchen Ländern giebt; aber wegen der vielen Feuchtigkeiten taugt Irland nicht so gut zum Ackerbau.

Man sieht hieraus, daß das so sehr verschrieene Clima Irlands auch wieder viele Vortheile und Vorzüge vor andern Gegenden hat. Die Menschen sind in Irland eben so gesund, als anderwärts, und epidemischen Krankheiten weniger unterworfen. Rutty *) hat dieses aus 40jährigen Krankheits- und Todtenlisten von 1730. bis 1770 dargethan. In trocknen Jahren sterben immer mehr Menschen, ob man gleich wider das nasse Clima so sehr schreyt. Dieß stimmt mit den in England gemachten Beobachtungen überein, daß in feuchten Jahren weit weniger epidemische Krankheiten herrschen, als in trocknen.

*) John Rutty Essay towards a natural history of the Country of Dublin. 1772.

trocknen. Doch hebt dieß die Erfahrung nicht auf, daß ein Paar hinter einander folgende sehr nasse Jahre der Gesundheit von Menschen und Vieh, und auch der Feldwirthschaft nachtheilig werden können. Der Regen ist gemeiniglich mit starken Winden begleitet, welche die Luft wieder von den Dünsten reinigen. Verhältnißmäßig giebt es mehr alte Leute in Jreland, als in England. Manche Krankheiten, die man hier einheimisch glauben sollte, als den Scharbock, trifft man fast gar nicht an; die Pest hat sehr selten gewüthet. Jreland hat kein Land gegen Westen und Süden, daher bringen die Winde aus diesen Gegenden, welches die herrschenden sind, so vielen Regen. Sonderbar jedoch eine von Alters her bestätigte Nachricht ist es, daß es auf dieser Insel keine giftigen Thiere giebt, wovon die Gründe wohl schwer anzugeben seyn möchten. Frösche, die jedoch diese Eigenschaft nicht haben, gab es vor 100 Jahren auch nicht, sind aber jetzt in großer Menge anzutreffen, nachdem sie 1699 zuerst ins Land gekommen. Hingegen sollen keine Kröten, Schlangen und Maulwürfe anzutreffen seyn.

Wenn man die sumpfigen Gegenden ausnimmt, Boden. so hat Jreland meistens einen guten Boden. Das Land ist größtentheils flach. Die Hügel und Berge dienen zu Triften für die Schaafe, das übrige wird theils zu Getraide theils zu Grasland gebraucht. Jreland scheint ein einziger Felsen zu seyn, der mit einer fruchtbaren Dammerde bedeckt ist. Allenthalben findet man in einer gewissen Tiefe Stein: und der Boden ist mit Kalk und andern Steinen vermengt. Sandboden giebt es beynahe gar nicht, wohl aber sandigten trocknen Lehm, welcher den besten Acker zum Feldbau abgiebt. Ueberhaupt ist die

Insel sehr gut angebauet. Alle öde Gegenden Irelands betragen nicht so viel, als bloß in den vier nördlichsten Provinzen Englands anzutreffen sind, wie Young versichert, der beyde Länder genau durchreiset ist, und dieser Insel in Ansehung der natürlichen Fruchtbarkeit den Vorzug vor England giebt.

Kalkdüngung.

Inzwischen bleibt noch allemal sumpfigtes und gebirgigtes Land genug *) zum Urbarmachen übrig. Young machte einen Versuch, wie das letztere bearbeitet werden muß, welcher glücklich ausfiel **). Die unerschöpflichen Kalksteinbrüche, die man in allen Gegenden antrifft, machen diese Unternehmungen wohlfeiler, als in irgend einem Lande, zumal da man ihn wegen des allenthalben vorräthigen Torfs oder der Steinkohlen gleich auf der Stelle brennen kann. Die Kalkdüngung versteht man hier fast durchgängig aus dem Grunde. Die Oefen sind ungemein gut eingerichtet. Manche Gutsbesitzer brennen Sommer und Winter hindurch. Ein Zugofen brennt täglich ohngefähr 40 Tonnen, jede zu 280 Pfunden. Sie haben auch eine Art von sehr großen Oefen, die sie Französische nennen, darinn die Steine, ohne daß man sie zerschlägt, gebrannt werden, und die auf einmal 5000 Tonnen fassen. An den meisten Orten kommt die Tonne nur sechs bis sieben Pence zu stehen, an andern aber auch einen bis anderthalben Schilling. An manchen würde man sie für drey bis vier Pfennige liefern können. Die Quantität ist verschieden nach der Güte des Bodens:

*) Man nennt in Ireland alles unbebauetes Land, welches nicht Morast ist, gebirgig, wenn es gleich nicht sehr hoch liegt.

**) S. Reisen, B. 2. S. 111.

Ireland. 329

dens: man führt meistens 40 bis 80 Tonnen auf einen Acker, ja wohl gar auf noch nicht angebrachten schlechten Feldern 120 bis 160 Tonnen.

Eines sehr vortreflichen und Ireland besonders eignen Düngers, nämlich des **Kalksteinkieses**, gedenkt Young am andern Orte. Es ist ein blauer Kies mit Steinen, so groß wie eine Mannsfaust, und bisweilen mit einem klapigten Lehm vermischt, der eine starke Hitze bey sich führt. Bey unbebauetem Lande thut er eben die Wirkung, als der Kalk, und auf gepflügtem Klaylande eine noch weit größere: er schickt sich für jeden Boden. Mergel ist nicht so gemein, als dieser Dünger. Der weiße findet sich am meisten, und liegt gemeiniglich unter den Morästen. Aus dem Shannon und im Hafen Waterford fischt man steinigten Mergel auf. Kreideerde trifft man fast nirgends an. Sonderbar ist es, daß in Ireland der Mist fast gar nicht geachtet wird, das Vieh läuft den ganzen Winter auf dem Felde herum, und in den Höfen sind keine Anstalten, den Dünger durch Einstreuung des Strohes zu vermehren. An den Küsten wird hin und wieder mit Seetang stark gedüngt.

Ireland hat zwar keine Berge, die mit den Alpen und Pyrenäen zu vergleichen sind. Es giebt aber doch hin und wieder einige von beträchtlicher Höhe. Unter den Bergen von **Mourne** und **Iveah** in der Grafschaft Down ist der **Slieus Donard**, dessen senkrechte Höhe auf 1056 Ruthen geschätzt wird. Die **Curliews** in Roscommon, die **Mangerton** und **Brandon** Berge in Kerry, die **Gaulty** Berge in Tipperary; die großen Gebirge in der Grafschaft **Wicklow**, darunter sich der **Zuckerhutberg** vornehmlich auszeichnet, u. a. m.

Berge.

Vierzehnter Brief.

Außerdem, daß der Rücken dieser Berge Schaafe nähret, sind sie den Einwohnern von großem Nutzen. Entick vergleicht sie mit den Brennkolben, darinn die von der Sonne aufgezognen Dünste zu Wolken verdicket werden, die hernach in fruchtbaren Regen herabfallen. Sie haben in ihrem Eingeweide Steinkohlen, Steinbrüche, Schiefer, Marmor, Adern von Eisen, Bley und Kupfer; und liefern die nie versiegenden Quellen der Bäche und Flüsse. Unter den Vorgebirgen sind die bekanntesten Fair-Head an der Nordost Ecke von Ireland; Kap Dorses an der südwestlichen Ecke auf einer Insel dieses Namens zwischen Kilmare und Bantry Bay; Kap Lean oder Loop-Head am Ausflusse des Shannon; Kap Courcy bey Kinsale; Kap Clear auf der südlichsten Insel an der Spitze von Ireland. Zwischen diesem Kap und den Scilly Inseln müssen alle Schiffe durch, die in den St. Georgekanal ein- und auslaufen wollen.

Moräste. Moräste sind in Ireland in Menge und von allerley Größe anzutreffen. Des größten von Allen ist bereits erwähnt worden. Ihre Anzahl hat sich in manchen Gegenden durch das Austrocknen vermindert. Diese Moräste sind aber auf der andern Seite die größte Wohlthat für die Einwohner, weil sie den unentbehrlichen Torf liefern. Sie sind zum Theil trocken und mit Gras bewachsen, haben ein angenehmes Ansehen, und dienen im Sommer zur Viehweide, zum Theil aber feucht, und wenn auch gleich Gras darauf wächst, doch zu weich, als daß sie das Vieh tragen könnten. Die Tiefe dieser Sümpfe ist sehr ungleich.

Torfmoore. Die Torfmoore sind der Gesundheit nicht so schädlich, wie viele sich einbilden. Sie geben keine solchen

solchen schädlichen Ausdünstungen, wie z. B. die Pomptinischen Sümpfe im päbstlichen Gebiete: die Torfgräber und anwohnenden Menschen sind meistens gesund. Die Oberfläche dieser Moore ist überdieses mit einer weichen Dammerde und vegetabilischen Materie überzogen, die zuförderst weggeräumt werden muß, ehe man Torf graben kann *). Was ehemals in ein solches Moor hinein gefallen, ist der Fäulniß nicht unterworfen, sondern hält sich beständig. Daher trifft man die größten Stämme von Eichen, Fichten und Elbischbäumen unversehrt darinn an. Watkinson gedenkt eines Stücks Butter, die man in einem hohlen Stamme vielleicht vor etlichen 100 Jahren aufgehoben, und zwar hart geworden war, aber dennoch beym Zerreiben Fettigkeit spüren ließ. Das Moor gieng zehn Fuß darüber weg **). Die Bäume liegen, und scheinen theils abgebrochen, theils abgehauen, weit mehrere aber vom Feuer verzehrt zu seyn. Die Wurzeln stecken fest in der Erde. Unter einigen Morästen findet man in beträchtlicher Tiefe, wie Young versichert, noch Furchen eines ehemals gepflügten Landes.

*) Die große Consumtion des Torfs, die vernachlässigten Kohlenminen, und die Urbarmachung mancher Moore sind Ursache, daß er hin und wieder selten wird. In manchen nördlichen Gegenden, die wegen der Manufakturen stark bewohnt sind, bezahlt man für die Freyheit, Torf zu graben, schon jährlich fünf bis acht Guineen vom Acker Pacht, wie Watkinson anmerkt, S. 304.

**) In dem Anhange S. 375. führt er allerley Seltenheiten an, die von 1731 bis 51 in einem kleinen Moraste bey Cullen gefunden worden, als eiserne Pfeile, eherne Gefäße, Schwerdter und etliche Goldplatten von verschiedener Größe.

des. Er beschreibt zweyerley Arten von Torfmooren. Die schwarzen bestehen aus einer dichten schweren Masse, die sich fast wie Butter schneiden läßt, und nach genauer Untersuchung verfaultem Holze ähnlich sieht. Unter dem rothen Moor ist allemal eine Schicht, wo nicht völlig, doch beynahe so dicht, als der schwarze, und brennt eben so gut. Beyde Arten haben die gedachte nicht tief gehende Oberfläche von einer schwammigten vegetabilischen Masse. Er vermuthet daher nicht ohne Wahrscheinlichkeit, daß man die Wälder, wo jetzt Moräste sind, abgetrieben oder abgebrannt, um sie in Feld zu verwandeln. Daß indessen Krieg oder innere Unruhen entstanden, welche die Ausführung des Vorhabens verhindert; wegen der dick liegenden Bäume habe das Wasser nicht abfließen können. Die Zweige hielten den Unrath auf, verfaulten mit solchen, aber nicht die Bäume. Die Plätze, wo man Spuren vom Pfluge findet, scheinen ihm neben den Wäldern belegene Felder gewesen zu seyn, die von dem Moraste, wie er zu einer gewissen Höhe gestiegen, allmählig überströmt worden.

Seen. Die Landseen (Loughs) sind zahlreich, einige sind sehr groß, als Lough-Neagh, und Lough-Lane, andere haben einen weit geringern Umfang, als Lough-Derk und Ree. Von den beyden ersten reden wir künftig weitläufiger.

Flüsse. Der vornehmste Fluß auf dieser Insel ist die Shannon, welche in der Grafschaft Leitrim entspringt, die Insel von Norden nach Süden gleichsam in zween Theile theilt, durch verschiedene Landseen fließt, und bey Limmerick einen langen schmalen Meerbusen formirt. Die Lea fällt bey Cork in die See. Die Liffy ergießt sich unterhalb Dublin in das

Ireland.

das Meer; die Boyne bey Drogheda nordwärts von Dublin; die Bann läuft durch den See Neagh, und vereinigt sich unterhalb Colarain mit dem Meere. Sie führt gute Perlen und Lachse bey sich. Die Barrow entspringt in Queens County, kommt gerade von Norden herunter, und vereinigt sich oberhalb Roß mit der von Westen kommenden Neor, beyde Flüsse nehmen den Namen Roß an. Die Roß vereinigt sich ostwärts von Waterford mit der Suir, und diese Flüsse fallen darauf im Hafen Waterford in die See.

Die Irelånder haben bisher nach dem Beyspiele Englands verschiedentlich gesucht, eine innländische Schifffahrt zu errichten, weil viele Flüsse wegen des steinigten Bodens und der darinn befindlichen Untiefen und Klippen nicht hoch hinauf schiffbar sind. Es hat aber bisher nicht damit gelingen wollen, obgleich das Parlament ansehnliche Summen dazu bewilligt, auch einen eignen Schifffahrtsrath (Navigation board) gesetzt hat. Er besteht aus dem Lordlieutnant, dem Erzbischoffe von Armagh, dem Lordkanzler, drey andern Bischöffen und zwanzig Deputirten aus den vier Provinzen. Diese Gesellschaft führt den Titel: Corporation for promoting and karrying on an inland Navigation in Ireland. Ihr Hauptaugenmerk ist die Anlegung der Kanäle und Schiffbarmachung der Flüsse; allein sie bestimmt überdieses auch Prämien auf die Verbesserung des Landbaues, läßt Sümpfe urbar machen, und sucht den Wohlstand des Landes zu befördern. Zur Bestreitung der großen Ausgaben sind ihr vom Parlament verschiedene Auflagen auf die Spielcharten und Würfel, auf das Silbergeräthe und die Kutschen angewiesen. Die Ursachen liegen zum Theil in den nicht gut getroffenen Anstalten, und in der Betreibung

bung der Unternehmungen, vornehmlich aber darinn, daß die Gelder schlecht verwaltet, und großer Unterschleif begangen worden*). Von verschiedenen angefangenen Werken ist nur ein einziges vollendet, nämlich der Kanal von der Stadt Newry bis an die See, wovon mehr bey dieser Stadt vorkommen wird. Die Unternehmung, worauf das meiste Geld verwendet worden, und die vermuthlich noch lange nicht zu Stande kommen wird, ist der sogenannte große Kanal, wodurch man eine Verbindung zwischen der Shannon und Dublin zuwege bringen wollte, und der durch den großen Morast von Allen geht. Allein es liegen weder längst dem Shannon, noch an dem Kanal selbst, Fabriken, denen durch diese Fahrt der Transport erleichtert werden könnte. Das Land liefert auf diesem ganzen Striche auch keine Produkte, die einen Zug nach Dublin verlangen: folglich würden die Kosten nie ersetzt werden, als bis erst Fabriken und Produkte geschaffen sind. Vierzehn Meilen waren um das Jahr 1778 erst fertig, und die Schleusen, Brücken, Rayen ꝛc. hatten bereits unsägliches Geld gekostet. Vermuthlich wird das Werk wieder eingehen. Alle übrigen zum besten der Schifffahrt unternommenen Werke sind unvollendet, und daher unnütz. Drey Viertheile sind bloß angefangen. Dergleichen Anstalten finden in Jreland große Schwierigkeiten; weil es am Gelde fehlt. In England gelingen sie, weil Privatpersonen das Geld dazu herschießen, und wegen der starken Fahrt auf den Kanälen ansehnliche Zinsen davon ziehen. In Jreland will das Parlement

---

*) Was Young davon sowohl als den Anstalten überhaupt sagt, verdient gelesen zu werden, Reisen B. 2. S. 141.

Ireland.

ment dergleichen unternehmen: da es denn lange nicht mit dem Eifer betrieben wird, und weit mehr kostet. Zu geschweigen, daß der Vortheil bey unrichtig gelegtem Plane nicht heraus kommen kann.

Ireland hat nach dem Verhältnisse seiner Größe eine vorzügliche Anzahl von großen und kleinen Meerbusen und Buchten, welche nicht nur für die Fischerey bequem sind, indem kleine Fahrzeuge Schutz darinn wider die Stürme haben, sondern auch die schönsten Häfen für große Schiffe abgeben, und dadurch den Seehandel erleichtern. Sie heißen zum Theil Bayen, zum Theil Häfen. Die vornehmsten sind auf der südlichen Küste der Insel, als Kilmare und Bantry Bay, welche letztere durch die große Seeschlacht zwischen den Engländern und Franzosen im Jahre 1689 berühmt geworden, die Häfen von Cork, Kinsale und Waterford ꝛc. Auf der Westseite sind die Bayen Dingle, Smerwick, Gallway und Dunnagall, und die Mündung der Shannon, welche einen 50 Meilen langen Meerbusen formirt, der als der Häfen von Limerick betrachtet wird. An der Nordküste liegen Carrickfergus Bay, der Lough Foyle, der einen engen Eingang hat u. s. w. Die Ostküste am Kanal hat die wenigsten Häfen. Für geringe Fahrzeuge giebt es überdieses eine unzählige Menge kleiner Häfen.

Bey einer so herrlichen Lage, bey so vielen Meerbusen und Küsten, die von Heeringen, Stockfischen, Klippfischen, Makrelen u. s. w. wimmeln, sollte man glauben, die Irelander müßten große Fischer seyn. Unstreitig ist unter gehöriger Einrichtung kein Handel sicherer und der Gewinn gewisser und ansehnlicher, als beym Fischfange. Gleichwohl ist dieses herrliche Gewerbe, die Pflanzschule der Matrosen, noch in seiner Kindheit. Man läßt sich von andern zuführen, was man vor der Thüre findet, und bezahlt Ausländern, was man selbst hat, und wovon man erstaunliche Quantitäten ausführen könnte. Die Regierung hat gesucht, den Fischfang durch Prämien zu heben, allein weit gefehlt, daß dieses die gehoffte Wirkung gehabt hätte. Die Fischerey ist vielmehr seit der Zeit noch tiefer gesunken, welches vornehmlich durch die Betrügereyen bey Austheilung und Empfangung der Prämien verursachet wird. Young theilt eine Tabelle von der Fischereycommission mit, daraus erhellet, daß im Durchschnitte von neun Jahren bis 1764 jährlich von England, Schottland und der Ostsee 25050 Tonnen Heerlnge, und nach der Prämie von jeder Tonne zween Schillinge, in eben so viel Jahren von 1765 bis 1773 jährlich 42022 Tonnen eingeführt worden. Inzwischen hatte die Regierung den Fischbuysen für Heringe und andere Fische über 47000 Pf. Sterl, an Vergütungen bezahlt.

Nächst dem Landbaue sollte nichts wichtiger als die Fischerey für Ireland seyn. Keine Manufaktur ist halb so vortheilhaft, als diese, wenn sie gehörig unterstützt wird. Bey keiner Unternehmung kann man mit einem kleinen Kapital so viel ausrichten. Allein die Irelander sind zu arm, um den Fang anzufangen. Young sagt ganz recht: Ehe das Boot auf den Fischfang ausgeht, muß es gebauet seyn, und ehe Fische ausgeführt werden können, müssen die Fische gefangen seyn. Was helfen Prämien auf die Ausfuhr, wenn der Fischer zu arm ist, um Boot und Netze anzuschaffen. Man setze also erst den armen Fischer in den Stand, so wird sich

Irelanb.

der Abſatz im Lande von ſelbſt geben: und iſt das
Land verſorgt, und der Fang ſo weit gekommen,
daß Ueberfluß da iſt, ſo werden ſich auch Kaufleute
finden, die ſie auswärts verſenden, weil der Profit
anſehnlich iſt, und lockt. Der innere Fiſchfang auf
den Flüſſen könnte auch eifriger betrieben werden,
weil ſie insgeſammt einen großen Segen von Fiſchen
bey ſich führen. Der Lachsfang bey Bally Shannon iſt für 600 Pf. Sterl. verpachtet. Die Menge
der Bärſche iſt unglaublich. In der Grafſchaft
Kerry gilt das 100 Auſtern drey Engliſche Pfennige.

In älteſten Zeiten war ganz Ireland mit Waldung beſetzt: die Beſitzer großer Güter nöthigten ſo
gar ihre Unterthanen, jährlich eine gewiſſe Anzahl
Aecker davon zu verwüſten und urbar zu machen.
Nachdem die Inſel an England kam, fieng man
an, Schiffbauholz zu ſchlagen, und nach und nach
haben ſich die Waldungen ſo vermindert, daß die
Inſel ohne Torf und Steinkohlen ſehr übel daran
wäre *). Nur iſt es nicht zu verzeihen, daß man
bey den herrlichen Kohlengruben, die ganz Europa
verſorgen könnten, keine gehörig bauet, ſondern
jährlich eine große Quantität aus England und
Schottland bekommt. In den ſieben Jahren von
1764 bis 1770 wurden im Durchſchnitte jährlich
180114 Tonnen, und in den ſieben folgenden von
1771 bis 1777 wegen des zunehmenden Wohlſtands
von

---

*) Auch ſo gar die Cultur der Korbweiden wird ver-
nachläſſigt, da ſie doch ſo leicht iſt, und der ſum-
pfigte Boden die ſchönſte Gelegenheit dazu darbietet. Weil gleichwohl eine große Menge zu Körben und Reifen verbraucht wird, ſo holt man
ſie mit vielen Koſten aus Portugal. Young B. 2.
S. 106.

von Ireland sogar 204563 Tonnen eingeführt. Auch hier hat das Parlament vergeblich eine Prämie auf inländische Kohlen gesetzt, und große Summen auf den obgedachten Newry Kanal verwendet: allein dieses Werk ist nur bis an die Stadt zu Stande gekommen, weil man über die vielen Geldversplitterungen und den langsamen Fortgang ermüdete, obgleich keine drey Meilen mehr bis zu den ergiebigen Gruben von Drumglaß und Dungannon fehlten, wo die Kohlen gar nicht tief liegen. Allein es mangelt am Gelde zu Bearbeitung der Gruben, welche der Staat nicht besorgen kann, sondern die unter der Aufsicht von Privatpersonen oder einer Gesellschaft von Actionisten stehen muß. Die Vollendung des Kanals würde zu Stande kommen, wenn das Parlament nur erst wegen der Dauer einer angefangenen Unternehmung durch eine sichere Gesellschaft gewiß wäre. Zur Verführung der Kohlen von Bally-Castle in der Grafschaft Antrim hat das Parlament große Kosten auf Anlegung eines Hafens verwendet.

Metalle. Die Bergwerke sind von keiner Erheblichkeit: doch wird Bley, welches silberhaltig ist, Kupfer und Eisen gewonnen. In der Grafschaft Antrim liefert eine Grube unter 30 Pfund Bley ein Pfund Silber. Eine Grube in Tipperary giebt zweyerley Erz, eine Art ist röthlich, hart und glänzend, und die andere ist weicher, bläulich wie Mergel, und besser, als jene, und liefert viel Bley mit Silber und etwas Quecksilber. Zu Cronebawn, in der Grafschaft Wicklow, ist so gutes Cementwasser, daß daraus, wie Rutty versichert, jährlich 17259 Pfund feines Kupfer gewonnen wird. An einigen Orten bauet man auch auf Eisen.

Wir

Ireland.

Wir kommen nun auf die Produkte, welche der Ackerbau Erdboden unmittelbar und mittelbar liefert, nämlich durch Ackerbau und Viehzucht. Der Ackerbau ist schlecht, und wird auf eine sehr fehlerhafte Art betrieben. Wäre der Boden nicht in manchen Gegenden so vortreflich, und lebte der Arme nicht größtentheils von Kartoffeln, die er statt des Brodtes ißt, so würde die Einfuhr noch stärker seyn. Einige Gegenden führen zwar etwas Getraide aus, überhaupt gebraucht Ireland aber doch noch jährlich für mehr als 18000 Pf. Sterl. ausländisches Getraide. Bey besserer Feldwirthschaft könnte diese Insel eine Kornkammer für die zahlreichen Englischen Fabriken seyn, wenn der Arbeiter dort in manchen Jahren über den hohen Getraidepreis seufzt. Die Fehler des Irländischen Ackerbaues hat Young deutlich gewiesen. Im Ganzen ist der Boden hier so gut, als in England, ja in manchen Gegenden noch besser, gleichwohl bringt er das Verhältniß der Nutzung eines fruchtbaren Irländischen Ackers zu einem englischen durch genaue Berechnungen, wie 5 zu 11 heraus. Die Viehzucht ist der Trägheit der Bauern weit angemessener, daher bleiben sie dabey, obgleich bey gehöriger Thätigkeit und Einrichtung eben so viel Vieh gehalten, und fünfmal mehr Getraide erbauet, und eine weit größere Menge Menschen ernährt werden könnte.

Der Hauptfehler liegt in der Art zu verpachten. Die Gutsbesitzer geben das Land an große Pachter, die oft nicht einmal auf den Gütern, sondern in den Städten leben, oder jagen und das Geld verthun. Die großen Pachter vertheilen das Land unter eine Menge kleiner Pachter und elende Hüttenbewohner, welche nicht im Stande sind, die Cultur des Bodens lebhaft

lebhaft anzugreifen, und wenn sie nicht Kartoffeln pflanzten, welche das Erdreich zum Getraide von selbst vorbereiten, so würden sie nicht halb so viel haben, als man jetzt noch sieht. Diese Unterpachter werden von den großen Pachtern auf alle Weise gedrückt, von ihnen sowohl, als den Gutsherren, mit Frohndiensten beschwert, und mit aller Strenge behandelt. Sie dürfen nur auf eine kurze Zeit pachten, weswegen sie nichts auf die gepachteten Felder verwenden, wenn auch einige noch dazu im Stande wären. Da sich nun der Vortheil bey allen Unternehmungen nach dem darauf verwendeten Kapital richtet, so kann man leicht den Schluß machen, wie es mit diesen Pachtungen beschaffen ist. Die meisten dieser Unterpachter sind ein Gemälde des Elendes, die, wenn die Erdbirnen mißrathen, beynahe verhungern, und außer diesen fast keine andere Kost, als Habermehl, genießen.

Man hat geglaubt, dem Ackerbaue dadurch aufzuhelfen, daß man 1762 eine Prämie auf die Einfuhr des inländischen Getraides nach Dublin setzte. Allein dieß hat sehr verkehrte Wirkungen hervorgebracht: denn Young zeigt aus Rechnungen aufs deutlichste, daß der Staat im Durchschnitte seit 1762 jährlich 47000 Pf. Sterl. verschwendet, um dem Lande 20000 Pf. Sterl. wegen verringerter fremder Zufuhr gewinnen zu lassen. Man legte hin und wieder Mühlen an, die ohnehin schon fruchtbare Gegenden gewannen, und in den schlechtern verbesserte sich der Ackerbau nicht. Die inländische Fuhre auf der Achse, und folglich die kostbare Unterhaltung der Pferde, nahm zu, hingegen verminderten sich die Matrosen. Die Prämie galt überdieses auch nur für Dublin, da es andere Gegenden gab, die eben so nöthig Getraide brauchten, als

bis

die Hauptstadt. Man muß erstaunen, wenn man Youngs entdeckte Mängel bey dieser Anstalt lieset (Reisen S. 207. B. 2.), daß das Parlament den Nachtheil davon nicht in wenig Jahren einsah, gleichwohl dauerte die Prämie 1777 noch fort.

Merkwürdig ist die Einrichtung mit den elenden Hüttenbewohnern; sie scheint uns an die alten rohen Zeiten zu erinnern, da man noch nichts von Künsten und Cultur wußte. Vielleicht war es in mehrern Ländern ohngefähr eben so *). Sind bey einer Pachtung bereits Hütten (cabins), so werden Häusler in solche gesetzt, wo nicht, so weiset der Pachter ihnen einen Platz zu einem Kartoffelgarten an, und der Häusler bauet sich eine Hütte, meistens ohne Schornstein, Thüre und Fenster, von Lehm oder abgestochenen Rasen darauf, welche in ein Paar Tagen fertig ist. An manchen Orten bauet sie der Pachter, an andern giebt er nur das Dach. Alsdann wird der Pacht für den Kartoffelgarten und die Hausmiethe bestimmt, welche etwa ein Pf. 13 Schill. und Gräserey für eine Kuh zu ein und ein halb Pf. Sterl. ausmacht. Alsdann arbeitet er bey dem Pachter um den gewöhnlichen Tagelohn, nach einem halben Jahre rechnet der Pachter mit ihm zusammen, und der Ueberschuß wird bezahlt. Harte Pachter haben bey dieser Einrichtung Mittel und Wege genug, den Häusler zu drücken. Es giebt im Lande herumziehende arme Familien, die sich, wo sie wochenweise gemiethet werden, eine Hütte errichten, darinn sie oft mit sieben bis acht Kindern und einem Schweine stecken; diese miethen von einem Pachter ein Stück Landes zum Kartoffelgarten; bleiben aber nicht beständig an demselben Orte. Auf diese Weise

*) Youngs Reisen, B. 2. S. 41.

Weise findet man zuweilen auf einem Platze eine zahlreiche Familie, wo den vorigen Tag noch keine Spur einer menschlichen Wohnung gewesen war.

Flachsbau. Die immer mehr zunehmenden Leinwandsmanufakturen haben eine starke Vermehrung des Flachs- und Hanfbaues veranlaßt. Dazu kommt, daß das Parlament in den sieben Jahren vor 1777 jährlich im Durchschnitte 15094 Pf. Sterl. an Prämien auf den eingeführten Lein- und Hanfsaamen bezahlt hat. Der meiste Flachs wird in Ulster, Connaught, und im nördlichen Theile von Leinster gebauet. Ein großer Fehler bey dem Irländischen Flachsbaue, und der ihn nie zu einiger Vollkommenheit kommen läßt, besteht darinn, daß die armen Leinweber ein kleines Stück Landes mit eigner Hand anbauen, und den gewonnenen Flachs selbst verarbeiten, daher sie grobe Leinwand liefern, und nie feinen Flachs gewinnen.

Die Rindviehzucht ist in Ireland weit wichtiger, als der Ackerbau, und scheint auch der bisherigen Armuth der Einwohner, und ihrem unthätigen Wesen, angemessener zu seyn. Sie ist zugleich dasjenige Produkt, welches das meiste baare Geld ins Land zieht. Die Wichtigkeit kann man am besten aus folgender Tabelle beym Young S. 200. übersehen. In den Jahren 1771 bis 1777 ist jährlich im Durchschnitte ausgeführt worden:

			Pf. Sterl.
Rindfleisch	195605 Tonn.	zu 32 Schill.	312967
Butter *)	367212 Cent.	— 45½	607907
Lichter	2280 Cent.	— 50	5700
Häute	121963 Stück	— 28	170747
Talg	44919 Cent.	— 44½	99743
Lebend. Vieh	4040 Stück	— 5 Pf. Sterl.	20200
Käse	2122 Cent.	— 1	2122
	Jährliche Ausfuhr im Durchschnitte		1219,386

In

*) Einige behaupten, daß in den Sommermonaten wöchentlich 3000 Fässer Butter ausgeführt werden.

In den sieben vorhergehenden Jahren von 1764 bis 1770 war sie um 52452 Pf. Sterl. stärker, welches Young theils dem verbesserten Ackerbaue, theils dem vermehrten Wohlstande und stärkern inländischen Verbrauche zuschreibt. In den noch vor diesen vorhergehenden Jahren von 1753 bis 1759 betrug der Durchschnitt nur 970000 Pf. sie stieg also in der zwoten Periode um 300,000 Pf. jährlich, welches der sicherste Beweis von der mehrern Aufnahme des Landes ist. Hierzu kommt noch die beträchtliche Nutzung von den Schweinen. Von 1764 bis 1770 ward jährlich im Durchschnitte an Schweinefleisch, Speck und lebendigen Säuen auswärts versendet für 108400 Pf. Sterl. und von 1771 bis 1777 jährlich für 150000 Pf. Sterl. Diese Ausfuhr hat sich also nicht vermindert, wie bey der Rindviehnutzung, sondern um 42000 Pf. Sterl. jährlich zugenommen. Ueberhaupt wächst die Schweinezucht bey vermehrtem Kartoffelbau beständig. Die Pferdezucht bedeutet nicht viel; es fallen in der Menge zuweilen sehr schöne Pferde, aber im Ganzen genommen sind sie nicht sonderlich, und können auch nicht als ein Produkt zur Ausfuhr angegeben werden.

Mit der Nutzung der Schaafszucht sieht es *Schaaf-* nicht zum Besten aus, weil sie abnimmt. Dieß ist *zucht.* um so mehr zu bewundern, da die Irländische Wolle wirklich länger, und fast so fein, als die Englische, ist, und da ihre Schaafe mehr Wolle geben, als die Englischen. Auf der einen Seite haben die Irländer ihre Wolle zwar durch Englische Böcke verfeinert, auf der andern haben sich aber auch viele durch die unselige Prämie auf die Einfuhr des inländischen Getraides nach Dublin verleiten lassen, die schönsten Schaafstriften in Ackerland zu verwandeln, dein, das schlecht bebauet und genutzt wird, anstatt daß man unbebauetes Feld dazu hätte urbar machen sollen. Im Jahre 1700 führte *) Jreland 336392 Stein Wolle, und 26617 Stein Garn aus, 1703 stieg die Ausfuhre gar auf 360000 Stein Wolle und 36800 Stein Garn, aber darauf fieng sie an zu sinken, doch belief sie sich in den sieben Jahren von 1764 bis 1770 im Durchschnitte noch auf 19000 Stein Wolle und 151,000 Steine grobes Wollengarn, und gesponnenes Wollengarn, welches zusammen einen Gewinn von 306000 Pf. Sterl. im Durchschnitte gab. Aber in den folgenden sieben Jahren bis 1777 fiel die Ausfuhre auf einmal erstaunlich, und gab im Durchschnitte nicht mehr als 200,000 Pf. Sterl. welches einen jährlichen Unterschied von 106000 Pf. Sterl. beträgt. Dieser gewaltige Unterschied rührt jedoch nicht bloß von der Zunahme des Ackerbaues, sondern auch einigermaßen von dem durch den bessern Wohlstand vermehrten inländischen Gebrauche und andern Ursachen her, die zum Theil im folgenden Briefe von den Wollmanufakturen vorkommen werden. Die Schafzucht könnte um ein Großes verbessert werden, wenn man den Rübenbau nach Englischer Art einführte, um sie gut durch den Winter zu bringen, da es an Futter fehlt. Dieser Mangel verursacht Theurung des Heues, und daher knappe Winterfütterung.

Eben dieser Fehler herrscht auch bey der Rindviehzucht. Bey den herrlichen fetten Wiesen ist das Vieh klein, und wiegt insgemein nur acht Centner; auf dem vortreflichen B[oden um] Limerick ist die gewöhnliche Größe fünf [bis sechs] Centner, da das Vieh auf solchen Wiesen [...]

*) Roung, B. 2. S. 201.

land 10 bis 15 Centner wiegt. Die Ursache liegt bloß darinn, daß sie im ersten Winter schlechtes Futter bekommen, wodurch der Wuchs zurück bleibt. Kommen sie hernach auf die schönsten Weiden, so sind sie so klein, daß sie nie das Gewicht der englischen Ochsen erreichen.

Funfzehnter Brief.

Sitten der Irelånder. Arme. Whiteboys. Auswanderungen. Zustand der Gelehrsamkeit und Schulen. Gelehrte. Freye Künste. Dubliner Gesellschaft. Musik. Religion. Leinwand- Wollen- und Seidenmanufakturen. Handlung. Sie wird frey erklärt. Associationen. Wege. Regierungsform. Vicekönig. Parlament. Wird unabhängig. Höchste Gerichte. Einkünfte. Schulden.

Die Irelånder sind von jeher eine tapfere kriegerische Nation gewesen, und diesen Ruhm behaupten sie noch, unter andern sind die in französischem Sold stehenden Regimenter ein Beweis davon. Man unterscheidet ihren verschiedenen Ursprung aus ihrer Bildung, und den in ihrer Sprache eingemischten Wörtern. An der südlichen Küste verråth alles einen spanischen oder vielmehr biscayschen, und an der nördlichen den schottischen Ursprung. In der Grafschaft Werford wird noch die angelsåchsische Sprache geredet. Die Abkömmlinge der eingebornen Iren werden allenthalben zerstreut, hauptsächlich aber in Connaught und Munster gefunden.

Sitten der Irelånder.

funden. Wenn man die Irelånder schildern will, so muß man einen großen Unterschied unter dem gemeinen Manne und unter dem verfeinerten Theile der Nation machen. Die Einwohner der großen Handelsstädte, und der vornehmere Theil des Adels leben auf den englischen Fuß, und sind gesittet. Die Vornehmen suchen etwas darinn, eine große Menge Pferde zu halten. Die Reichsten wohnen oft auf ihren Gütern in den elendesten Häusern. Doch bessert sich in diesem Punkte seit 20 Jahren der Geschmack. Man sieht allenthalben neue Gebäude aufführen; man fängt an, nach seinen Kräften Gärten nach Art der englischen anzulegen, Gemälde und andere Werke der Kunst zu lieben: und den benachbarten Engländern, so wie in allen, auch hierinn nachzuahmen. Es giebt aber nächst dem hohen Adel noch eine Mittelklasse, und dieß sind die Landjunker und großen Pachter, welche ein rohes Leben führen, und sich meistens mit der Jagd und der Weinflasche beschäftigen, jedoch fängt sich auch diese Klasse an zu bessern. Durchgängig sind die Irelånder gastfrey und neugierig.

Arme. Bey weiten den größten Theil der Nation machen die Armen oder die elenden Hüttenbewohner aus, deren wir schon im vorigen Briefe gedacht haben. Ihre vornehmste Speise sind die Kartoffeln: im Sommer besteht das Getränk in süßer und saurer Milch, im Winter in Wasser, und wenn sie es bezahlen können, in Wachholderbranntewein. Ihr Hauptvergnügen ist das Tabaksrauchen. In der Hütte sieht man nichts als ein Paar Töpfe, etwas Stroh, und eine Menge nackende Kinder. Die Eltern selbst gehen barfuß und zerlumpt; alles ist äußerst schmutzig. In diesem Elende sind Alte und Junge munter, geschwätzig, gesund und frohen Muths,

Muths, aber auch faul zur Arbeit: doch trifft dieser Vorwurf mehr diejenigen, die unter dem Drucke leben: die, ein Eigenthum haben, wissen sich schon weit besser zu rühren. Ein Tagelöhner in England ist zwar viel theurer, arbeitet aber auch noch einmal so viel, als einer in Ireland. Die Irelånder sind meistens wohlgebauet, schlank und behende; unter den gemeinen Weibern trifft man viele schöne Gesichter und von lebhafter Farbe an. In einer solchen Hütte liegen Alte und Junge, Eltern und Kinder, Hühnervieh, Kälber, Schweine, mit einem Worte, alles auf Stroh unter einander. Gleichwohl hört man nichts von Blutschande, wie Watkinson ausdrücklich anmerkt *). Bey allem diesen anscheinenden Elende ist der irelåndische Arme gewissermaßen besser daran, als der in England: theure Getraidepreise drücken ihn nicht, weil er Kartoffeln und Milch hat, wozu ihm der Landbesitzer auf ein Jahr den Boden einräumt: er ist dem Kirchspiele auch nicht zur Last, wie in England, wo die Armensteuer eine drückende Abgabe ist, welche viele 1000 Menschen mißbrauchen. Man redet viel von der ungesunden Nahrung der Kartoffeln und der Milch, aber der Irelånder ist gesund, und hat eine frischere Farbe, als der engländische Arme, welcher mit seinen Kindern täglich Thee trinkt. Es ist aber wohl zu merken, daß der Zustand in allen Hütten nicht gleich elend ist. In den Gegenden, wo sich mehrerer Wohlstand verbreitet, trifft man besseres Hausgeräthe an, viele sind auch besser gebauet; die Strümpfe werden gewöhnlicher. Ueberhaupt bemerkt man auch hier, daß die Nation sich seit 12 Jahren anfängt zu heben. Der Arbeitslohn ist seit 20 Jahren beynahe um ein Viertheil gestiegen.

Der

*) Philosophische Uebersicht, S. 117.

Whiteboys. Der gemeine arme Irländer würde sich noch geschwinder aus diesem Elende herausreißen und thätiger werden, wenn er nicht unter einem solchen Drucke lebte. Allein die Gutsherren haben zu viel Gewalt über sie, und begegnen ihnen tyrannisch. Ein unterdrückter und furchtsamer Sklave ist muthlos, und zeigt sich erst, wenn er zur Verzweiflung gebracht wird. Gelindere Maaßregeln werden das Volk auch gesitteter machen. Bey diesen würden die Unruhen der sogenannten Whiteboys, die vor einigen Jahren so viel Aufsehens machten, nicht so weit gegangen seyn.

Diese Whiteboys*), Steelboys, Oakboys, oder wie man sie sonst nannte, waren überhaupt Mißvergnügte. Die letztern bestunden eigentlich aus den im nordischen Ireland befindlichen Fabrikanten, die verschiedene Ursachen zum Mißvergnügen zu haben glaubten; es hatte aber nicht viel damit zu bedeuten. Hingegen waren die Unruhen der Whiteboys, oder der armen den Landbau treibenden Katholiken, im südlichen Theile der Insel desto gefährlicher, und konnten aller gesetzmäßigen Gewalt ungeachtet erst nach 10 Jahren getilgt werden. Die Ursachen der Empörung waren theils die obgedachten Bedrückungen überhaupt, theils auch insbesondere die harten Entdeckungsgesetze**). Durch diese

---

*) Den Unterschied findet man beym Warkinson S. 246 ff. Er handelt überhaupt von S. 235-52. von diesen Unruhen. Der Name Whiteboys kommt daher, weil sie in der Nacht, um unkenntlich zu seyn, weiße Hemden über die Kleider trugen.

**) Laws of discovery. Sie wurden ohngefähr sieben Jahre nach König Wilhelms III. Tode gegeben. Vermöge derselben wurden alle Katholiken entwaffnet, keiner durfte Ländereyen besitzen; wenn ein

diese unselige Intoleranz sind seit der Zeit auf zwo Millionen Menschen im Elende erhalten worden. Young zeigt die schädlichen Folgen dieses Systems ungemein bündig, und schreibt ihm die Armuth im südlichen Ireland größtentheils zu *). Ihm hat man die Auswanderungen der Irelånder, und ihren Trieb, fremde Dienste zu nehmen, zu danken. Man erlaube den Katholiken, sich ansässig zu machen, so wird ihr Eigenthum sie zu getreuen Unterthanen machen, und man befreye sie vom Drucke, so wird sich die Liebe zum Lande und zur Regierung von selbst finden. Keine Whiteboys werden sich zusammen rottiren, rauben und plündern, wie zu den Zeiten geschah, da dieses Gesindel die Insel beunruhigte.

Vor dem Ausbruche des nunmehr geendigten amerikanischen Krieges wanderten die Irelånder stark aus, und es giengen jährlich ganze Schiffsladungen voll nach Nordamerika. Man ward in England aufmerksam darauf, und glaubte, die Insel würde entvölkert werden. Unter denen, die ihr Vaterland verließen, waren keine Katholiken, die es bey aller Armuth zu sehr liebten; sondern es waren bloß die protestantischen Leinwandfabrikanten im Norden der Insel, welche keine Arbeit fanden, weil der

Auswanderungen.

Absatz

ein Kind die katholische Religion abschwört, so erbt es alle Güter. Priester, welche Messen lesen, werden Landes verwiesen, und bekommt man sie wieder, gehangen, u. s. w. Der Zweck, die Katholiken zu vermindern, wurde durch diese Gesetze aber nicht erreicht, sondern sie blieben eben so zahlreich.

*) Reisen, B. 2. S. 66. Seine Beweise verdienen gelesen zu werden. Zu wünschen ist, daß diese Mißbräuche, bey den nunmehr erhaltenen Freyheiten der Irelånder, baldigst abgestellt werden.

Absatz der Leinwand durch besondere Umstände stockte. Es war aber auch viel unnützes Gesindel darunter, das keine Lust zu arbeiten hatte: bey der nunmehrigen Handelsfreyheit werden die Fabriken neues Leben bekommen, und die Wanderungssucht wird sich hoffentlich verlieren.

Zustand der Gelehrsamkeit. Man fand sehr frühzeitig bey den irländischen Mönchen eine Art von Gelehrsamkeit, ja es gab eine Zeit, da man diese Insel als den Hauptsitz derselben für die Christenheit ansahe. Den vornehmsten Grund legte der irländische Apostel Patrick [*], nachdem er die Stadt Armagh gegründet hatte, wo man in der Folge etliche 1000 Studenten auf einmal zählte. Die von Finan gestiftete Akademie zu Clonard ward, wie Beda berichtet, häufig von Ausländern besucht, und es kamen Britten, Gallier und Sachsen hieher. Die hiesigen Lehrer sandten Missionarien nach dem festen Lande, welche hin und wieder Schulen anlegten, und die berühmtesten Universitäten gründeten. Die ersten Professoren zu Paris und Oxford waren Irländer. Der große Alfred und andere Fürsten erhielten hier ihre Erziehung. Als aber die Dänen in die Insel im achten Jahrhunderte einfielen, verloren sich diese Anstalten, und die Nation versank in die ärgste Barbarey. Es hat lange gedauert, bis sie sich einigermaßen wieder herausgerissen, und es ist nicht zu läugnen, daß noch beym größten Haufen viele Unwissenheit herrsche. Dublin ist die einzige Universität des Landes.

Jakob

[*] Sein Name ist erst in diesen Jahren wieder aufs neue bekannt geworden, indem der König einen neuen nach ihm benannten Ritterorden gestiftet hat, wovon unten ein Mehreres.

Jakob I. ließ sich den Unterricht der Armen Schulen angelegen seyn, und stiftete deswegen Freyschulen mit guten Einkünften. Elisabeth gieng noch viel weiter, und verordnete in jedem Kirchspiele eine Freyschule. Man ist auch bedacht gewesen, die Kinder der armen Katholiken in der Lehre der englischen Kirche zu unterrichten, und zum Fleiß und Arbeitsamkeit zu gewöhnen. Anfangs war es eine Privatanstalt, die Dr. Maule 1717. unternahm; sie fand aber solchen Beyfall und so viel Unterstützung bey den Großen, daß sie 1737 einen Freybrief erhielt, und jetzt den Titel der inkorporirten Gesellschaft zur Beförderung der englischen protestantischen Arbeitshäuser führt. Sie hat bereits einen jährlichen Fond von 3000 Pf. Sterl. Allein es scheint nicht, daß diese Gesellschaft ihren Zweck, die Anzahl der Katholiken zu vermindern, erreicht. Sie nehmen vielmehr zu.

Wenn man gleich nicht sagen kann, daß die Gelehrte Wissenschaften auf dieser Insel blühen, so hat es doch einzelne große Männer gegeben, und giebt es noch, die darinn geboren sind, ihren Unterricht genossen, und wenigstens einen Theil ihres Lebens zugebracht haben. Einige mögen zum Beweise dienen *). Berkeley, Bischof von Cloyne, Verfasser des Minute Philosopher, wird der irelándische Plato genannt; Dr. Dodwell, nachmaliger Professor der Geschichte zu Orford; der Deist Toland, ein katholischer Priester; Clayton, Bischof von Clogher, Verfasser des Essay on spirit; Hutcheson, der Moralist und nachmaliger Professor zu Glasgow; die beyden berühmten Doctoren der Theologie

---

*) Mehrere führt Warkinson S. 327 ff. in seiner Philosoph. Uebersicht Irelands an.

logie Leland und Lawson, u. a. m. Unter den Schriften, die von Irländern über die schönen Wissenschaften geschrieben worden, nennen wir nur den Burke vom Erhabnen; des Lord Orrery Briefe über Italien; Johnstons Chrysal, oder Begebenheiten einer Guinee ꝛc.; Sternes empfindsame Reise und Tristran Shandy; Webbs Schönheiten der Malerey; Pilkingtons Malerlexicon, u. s. w. Wer kennt nicht den Satyriker Swift, den Richard Steele, Hans Sloane, und den Dr. Goldsmith, der sich als Historiker, Naturkündiger und Dichter zeigte? Unter den dramatischen Schriftstellern der Engländer sind auch manche, die eigentlich von Geburt Irländer sind: z. E. Heinrich Brooke, Isaac Bickerstaf, Arthur Murphy, Thomas Sheridan, Ch. Sheridan, der jüngere, Frau Griffith, u. a. m.

Freye Künste. In den bildenden Künsten sind die Irländer noch weit zurück. Wie haben sie sich bisher heben können, da sie nicht unterstützt worden, und da zu wenig Einwohner vorhanden waren, die Geschmack und Geld genug hatten, um ansehnliche Summen darauf zu verwenden. Beydes läßt sich nun bald hoffen, da Wohlstand, Aufwand und Verfeinerung der Sitten und des Geschmacks gemeiniglich mit gleichen Schritten fortgehen. Die Bildniß- und Landschaftsmalerey sind fast bisher die einzigen Gattungen, darinn die Irländer einige gute Meister aufzuweisen haben. Watkinson rühmt im 43sten Briefe die Bildnisse von Latham, von Hunter, von Trotter und seiner Frau: insonderheit sollen des ersten seine meisterhaft seyn. Daß es viele gute Landschafter giebt, davon setzt gedachter Schriftsteller die Ursache in der schönen Gestalt

des

des Landes. Er lobt die Werke des Barret, Robert, Fisher, Ashford, und vornehmlich des jung verstorbnen Butts. James Barry erhielt sehr jung den Preis der Dubliner Gesellschaft in der Geschichtmalerey, ob er sich gleich bloß selbst gebildet hatte. Er würde sich auch weit berühmter gemacht haben, wenn er nicht durch eine unzeitige Kritik verdienstvoller Künstler sich durchgängig Neid und Haß zugezogen hätte *).

Ireland hat die Ehre, daß die Dubliner Gesellschaft zur Ermunterung der Künste, des Ackerbaues, der Handlung und Manufakturen die Mutter aller andern dieser Art ist. Sie ward bereits 1731 auf Veranlassung des patriotischen Dr. Samuel Madan gestiftet, da die Londner 1753, und die königl. Akademie der Künste gar erst 1768 ihren Anfang nahm. Diese Privatgesellschaft ward in der Folge sehr erweitert; von ihren Verdiensten um die übrigen Gegenstände reden wir bey den Manufakturen: in Ansehung der schönen Künste hat sie sich viele Mühe gegeben, und Modelle und Zeichnungen aller Statien angeschafft. West, der bekannte englische Maler, und vornehmlich geschickte Zeichner, hatte die Aufsicht, und zog viele gute Schüler. Es fehlte aber an Aufmunterung: Die besten Zöglinge giengen nach England, wo mehr zu verdienen war: und die guten Absichten der Societät wurden nicht erreicht: inzwischen wird sich der Nutzen doch allemal in Zukunft durch weitere Ausbildung des Geschmacks zeigen, zumal wenn mehrere irländische Manufakturen angelegt werden sollten. Unter den neuen engli-

Dubliner Gesellschaft.

*) Er gab nämlich An Enquiry in to the real and imaginary obstructions to the acquisitions of the arts in England heraus.

englischen Kupferstechern in schwarzer Kunst, die sich einen großen Namen erworben, sind viele eigentlich von Geburt Irelånder, und anfangs Schüler der Dublinischen Schule gewesen. J. B. Dixon, Houston, Mac Ardell, Purcell, Spooner, Frye, Watson, Brooke, Burke, Chambers, Fisher, Gwynn, u. a. m.

Musik. Von der Bildhauerey und Baukunst der Irelånder läßt sich gar nicht viel sagen; hingegen ist die Nation von alten Zeiten her, wegen ihrer Liebe und Talente zur Musik, berühmt. In ihren kleinsten Liedern herrscht ungemein viel Ausdruck. Ein gewisser Carolan war wie ein andrer Homer blind, und sang und spielte wie jener seine Rhapsodien. Ein gewisser Pockridge ist als der erste Erfinder der Musik mit Gläsern anzusehen, aus deren Verbesserung nachgehends die Harmonica entstund. Die sogenannte Schottische Musik hat ihren Ursprung aus Ireland, welches in den ältesten Zeiten Schottland war.

Religion. Die herrschende Kirche in Ireland ist die protestantische, welche in dem Wesentlichen mit der hohen englischen Kirche einerley ist, und nur in einigen Kirchengesetzen von dieser abgeht. In einer 1635 gehaltenen Versammlung wurden aus den englischen Kirchengesetzen einige heraus gesucht, und andere der irelåndischen Verfassung gemåßere hinzugesetzt. Die Kirche steht unter vier Erzbischöffen, darunter der von Armagh der Primas des Reichs ist, und diese haben wieder 19 Bischöffe unter sich. Die Anzahl der Geistlichen beläuft sich ohngefähr auf 1200 *). Es werden auch Anabaptisten, Quäker,

---

*) Die Unwissenheit der Irelåndischen Geistlichkeit ist zum Theil sehr groß, und darüber wird sich niemand

ker, und andere von der herrschenden Kirche abgehende Sekten geduldet. Daß die Katholiken weit zahlreicher sind, als die Protestanten, ist bereits gesagt. Die Uneinigkeiten und zum Theil blutigen Auftritte haben auf zwey Jahrhunderte gedauert, bis die Katholiken durch den großen Sieg Wilhelms III. an der Boyne im Jahre 1690 entkräftet wurden. Einige Jahre nach Wilhelms III. Tode wurden die gedachten Entdeckungsgesetze gemacht, und seit der Zeit hat man sich sehr intolerant gegen sie bewiesen, und sie auf vielfache Weise gedrückt. Hoffentlich wird man, da Ireland nunmehr vom brittischen Parlament unabhängig erklärt worden, vernünftigere Maaßregeln ergreifen. Der harten Maaßregeln gegen die Katholiken ungeachtet, vermehrt sich ihre Zahl. Als 1747 eine Commißion niedergesetzt ward, um den Zustand dieser mächtigen Religionsparten zu untersuchen, fand sich, laut des damals gedruckten Berichts, daß in Ireland 664 alte und 229 neue Meßhäuser, 1445 officirende Priester, 259 Mönche, 9 Nonnen, 54 Privatkapellen und 549 Schulen waren.

Die Leinwandmanufaktur ist beynahe die einzige in Ireland, aber sie ist auch von großer Wichtig- *Leinwand-manufaktur.* keit,

niemand wundern, der da weis, wie höchst elend die Pfarren zum Theil beschaffen sind. Das Einkommen vieler Landpfarrer ist so gering, daß sie kaum mit einiger Bequemlichkeit davon leben können. Ihre Einkünfte bestehen meistens aus dem Zehenden, und dieser wird ihnen saumselig und mit so vielen elenden Kunstgriffen entrichtet: daß sie sich zu manchen Handlungen und Zänkereyen herablassen müssen, wenn sie anders nicht um ihre meiste Einnahme kommen wollen. Warkinson redet ausführlich davon im 32sten Briefe seiner Philosoph. Uebersicht von Irland.

Funfzehnter Brief.

keit. Wenn sie eigentlich ihren Anfang genommen, läßt sich so genau nicht bestimmen, doch ward schon unter Wilhelm III. Leinwand und Garn fabricirt. Im Jahre 1710 wurden nur noch 1.688574 Ellen (Yards) und gegen 8000 Centner Garn ausgeführt. Die Ausfuhre stieg nun von Jahr zu Jahr, bis 1748, da schon über acht und eine halbe Million Yards Leinwand, und über 19000 Centner Garn aus dem Reiche giengen. Zufolge einer lehrreichen hierüber von Young (B. 2. S. 234.) mitgetheilten Tabelle kann man aus dem Durchschnitte von sieben Jahren sehen, wie viel die Ausfuhre gewachsen ist.

Jährliche Ausfuhre im Durchschnitte.

	Ellen Leinwand,	Cent. Garn zu 120 Pf.	Werth von beyden
1750-56.	11.796,361	24328	904,479.
57-63.	14,511,973	33114	1,166,136.
64-70.	17,776,862	32311	1,379,512.
71-77.	20,252,239	31,475	1,615,654.

Durchschn. von 30 Jahren seit 1748.   1,228,143.
Durchschnitt von den 30 vorherigen
   Jahren   •   •   •   •   417,600.

Rechnet man nun noch die inländische Consumtion dazu, so sieht man leicht ein, wie wichtig diese Fabrike ist. Von dieser Ausfuhre sind in den Jahren 1772 und 73. 18 bis 19 Millionen nach England gegangen, folglich ist England der große Markt, der den Irländern ss von allem, was sie fabriciren, abnimmt. Ein vortheilhafter Umstand für diese Manufaktur ist, daß die Einfuhre des Leinsaamens zunimmt, die von unbereitetem Flachs und Hanf hingegen fällt.

Im

Irland.

Im Durchſchnitte

	Tonnen Leinſaamen.	Flachs Centn.	Hanf Centn.
von 1764–70.—	31809	15580	16243.
71–77.—	33050	9322	14590.

Von dem Hauptfehler beym Flachsbau iſt ſchon im vorigen Briefe geredet. Es iſt ein großer Gewinn für das Reich dabey: und weit größer würde er ſeyn, wenn die Fabricanten in den Städten ſäſſen, und ſich den Flachs vom Landmanne bringen ließen, ſo würden Städte und der Ackerbau blühen, anſtatt daß er jetzt höchſt elend betrieben wird. Young zeigt dieſes ſehr ausführlich, und bedauert zugleich, daß das Parlament bey einer Fabrike, die ohnehin ſchon im beſten Flor iſt, und keiner Aufmunterung bedarf, ſo viel Geld für Prämien verſchwendet. Es iſt nämlich ein eignes Leinwandscollegium (Linen board), wie das bereits gedachte Schifffarthscollegium (Navigation board), welches ſeit ſieben Jahren jährlich zur Aufnahme dieſer Manufaktur 14446 Pf. Sterl. ausgegeben hat; dazu kommt noch die Prämie auf die Einfuhr des Hanf- und Leinſaamens und Ausfuhr von Zwillig und Segeltuch jährlich 15000, und noch eine Prämie des Parlaments von 4000 Pf. Sterl. welches eine jährliche Ausgabe von 33540 Pf. Sterl. macht. In der That eine ſonderbare Einrichtung, ſo viel auf eine Manufaktur, die jährlich für zwo Millionen Pf. Sterl. verarbeitet, an Prämien zu verwenden.

Die Wollen- und Seidenmanufakturen haben bisher nicht recht fort gewollt. Die irländiſche Wolle iſt vortreflich, und 37 Procent theurer, als die engliſche. Das wiſſen die Franzoſen, welche ſie ſo theuer bezahlen, und durch Schleichhandel erhalten: gleichwohl liefern ſie wohlfeilere Tücher, als

Wollen- und Seidenmanufakturen.

Funfzehnter Brief.

England: und vertreiben dieses von dem levantischen Handel. Wie wohlfeil würden die Irelander sie nicht liefern können, wenn die unvernünftige Politik der Engländer nicht so viel dazu beygetragen hätte, ihnen dieses zu erschweren! Hoffentlich wird sich nun dieses auch ändern. Durch eine übel verstandene vielleicht gut gemeinte Einrichtung hat die Dubliner Gesellschaft der Aufnahme der Tuch- und Seidenfabriken sehr geschadet. Sie hat nämlich zwey Lagerhäuser angelegt, darinn sie Seiden- und Wollenwaaren gegen baares Geld verkauft. Man sucht dadurch den Fabrikanten von der Abhängigkeit von den Seiden- und Tuchhändlern zu befreyen. Allein diesen werden dadurch die Kunden, welche baares Geld haben, entzogen, und das Gewerbe kann nie eine gewisse Lebhaftigkeit bey solchem Zwange erreichen. Ireland gebraucht jährlich eine große Menge fremde Tücher und Seidenwaaren. Man macht hier gewisse wollene Zeuge, die Poplins und Tabinets heißen, welche vorzüglich gut sind, und ein schönes Ansehen haben: und bald Käufer finden würden, wenn man sie außerhalb Landes versendete. Von 1771 bis 77. führte Ireland jährlich im Durchschnitte für 259466 Pf. Sterl. Tuch, und 485000 Pf. Sterl. andere wollene Waaren, z. E. Flanell, Boye, Kirsey ꝛc. ein.

Handlung. Aus dem bisherigen erhellet, daß Ireland bereits eine ansehnliche Ausfuhr durch die Viehzucht und Leinwand hat. Sie würde schon weit stärker, und der Handel weit ausgebreiteter seyn, wenn England nicht durch verkehrte Politik beydes eingeschränkt, und den Irelandern unendlich geschadet hätte, ohne selbst den geringsten wirklichen Vortheil davon zu ziehen. Aller Bedrückungen ungeachtet hat der innere Wohlstand dieser Insel sich vermehrt,

und

Ireland.

und zugleich auch der Absatz englischer Manufakturen; ein sicherer Beweis, daß Irlands Wohlfahrt für England zuträglich ist. Aus den Registern, welche dem englischen Parlament bis 1773, mit welchem Jahre man damit aufgehört hat, über die Ein- und Ausfuhre vorgelegt worden, erhellet dieses am deutlichsten. Vom Jahre 1748, welches Epoche macht, und wo Irlands verbesserter Wohlstand *) anhebt, bis 1773 war die

	Einfuhr aus Ireland nach Großbr.	Ausfuhr aus Großbr. dahin
Im Durchschnitt	909,050 Pf. Sterl.	1,482,593
In den 25 Jahren vorher	438,665	661,972
Zunahme von 1748-73.	470,385	820,621.

Ohne eine merkliche innerliche Verbesserung hätte Ireland eine so starke verdoppelte Einfuhre nicht ertragen können; dazu kommt noch, daß das, was jährlich an Pensionen und Einkünften von den Gütern der vornehmen Irelånder, die in England leben, außer Landes geht, auch auf 800000 Pf. Sterl. geschätzt wird **).

Endlich kam das brittische Parlament auf andere Gedanken, oder vielmehr, da England sich wegen

Freyer Handel in Ireland.

---

*) In vielen Gegenden sind seit der Zeit die Grundzinsen von den Gütern zweyfach, und in einigen gar dreyfach erhöhet worden. Young, B.2. S.280.

**) Im Jahre 1773 führte England nach Ireland für 1,918,802 Pf. Sterl. aus, und nach dem ganzen nördlichen America 1,981544 Pf. Sterl. folglich nahm diese Insel allein fast so viel, als diese. Es fehlten noch nicht 63000 Pf. Sterl. daran.

wegen des nordamerikanischen Kriegs im Gedränge fand, nöthigten die Associationen es dazu: den Handel der Irländer völlig frey zu erklären, und alle vorigen Einschränkungen aufzuheben. Dieß für die irländischen Jahrbücher auf ewig merkwürdige Jahr ist das von 1779, da das brittische Parlament im December den Handel frey gab.

Die Veranlassung war eine zum Theil wirkliche, zum Theil aber und hauptsächlich eingebildete Noth*). Man glaubte, daß die Fabriken fielen, daß die Ausfuhre stockte, und daß die Pächte von den Gütern nicht mehr bezahlt werden könnten, und der Werth der Grundstücke verlor ansehnlich. Der Fehler lag vornehmlich im Drucke der Katholiken, in der verkehrten Prämie auf die Kornzufuhre nach Dublin, wodurch die Schäfereyen eingiengen, in der übel eingerichteten Leinwandmanufaktur, da die Leinweber zugleich Ackersleute sind; in der Einschränkung des Handels und den großen Summen, die an die außer dem Reiche befindlichen Güterbesitzer übermacht wurden. Dieß veranlaßte die Associationen, indem sich viele 1000 vom gemeinen Volke, denen es zum Theil an Arbeit fehlte, unter Anführung von einer Menge des Adels vereinigten, und die Rechte ihres Vaterlandes zu vertheidigen drohten. Dieser Schritt, welcher eine Revolution, wie in Nordamerika, befürchten ließ, bewirkte die große Veränderung. Young zeigt inzwischen sehr gründlich, daß diese Freyheit zwar ihren grossen Nutzen habe, daß solcher aber bey weitem nicht gleich so

aus

---

*) Young führt dieses alles gründlich und umständlich aus am angef. Orte S. 307. worauf wir unsre Leser verweisen müssen, weil es zu weitläuftig für unsern Plan ist.

auffallend seyn wird, als man es sich bey der ersten tumultuarischen Freude versprach. Die Hauptursache ist der Geldmangel. Ireland kann nicht eher einen ausgebreiteten Seehandel anfangen, als bis sein Wohlstand durch die Fabriken und Ackerbau so vermehrt worden, daß es Capitalien auf den Seehandel verwenden kann. So lange die Irelånder noch so viel englisches Tuch gebrauchen, werden sie keines versenden. Ob aber bey dem nunmehr erlangten Frieden, da die Engländer ihr Geld nicht mehr so hoch in ihren Fonds anlegen können, nicht vielleicht englisches Geld eine schnellere Revolution bewirken kann, muß die Zeit lehren. Hoffentlich werden die Irelånder nun alle ihre Kräfte anstrengen, und mit Irelands Wohlstand wird der von England befördert werden. Daß sich dieser seit 1748 sehr vermehrt, zeigt Young aus der Verschönerung der Gebäude, aus der Vergrößerung der Städte, Erhöhung der Grundzinsen, Verbesserung der Wege, Vermehrung der Consumtion, indem weit mehr Bier, Rum, Zucker, Thee u. d. gl. verzehrt wird, als vor 30 Jahren u. s. w. Das baare Geld in der ganzen Insel wird von den dubliner Banquiers auf 1600,000 Pf. Sterl. gerechnet.

Die mit Schlägen vermachten Landstraßen sind Wege schlecht in Ireland, aber die Nebenwege desto besser, und weit schöner, als in England, nachdem mehr als eine Million Pf. Sterl. darauf verwendet worden. Wer Lust hat, einen Landweg, der von einem Dorfe zum andern führt, auszubessern, läßt ihn durch zwo Personen ausmessen, und die Länge gerichtlich beschwören. Diese beyden machen den Anschlag, wie viel die Ruthe kosten soll, und werden gemeiniglich zu Aufsehern bestimmt. Darauf wird

der

der Anschlag für dem großen Rathe der Geschwornen (grand Jury) untersucht; im Fall er genehmigt wird, muß ihn der Urheber des Anschlags auf seine Kosten verfertigen, und bis zur nächsten Gerichtsfitzung damit fertig seyn. Alsdann übergiebt er dem Geschwornen ein Certificat, daß alles versprochenermaßen zu Stande gebracht worden, worauf der Schatzmeister der Grafschaft Befehl erhält, die Kosten zu bezahlen. Auf eben diese Art werden Brücken, Gefängnisse u. d. gl. gebauet und ausgebessert. Die Kosten werden auf die Aecker vertheilt, und von jedem etwas gewisses gegeben.

Regierungsform.
Vicekönig.

Die Regierung und ganze Verfassung Irelands hat viel ähnliches mit der von England. Der König von Großbritannien sendet einen Vicekönig dahin, welcher der Lord-Lieutnant heißt, und in voriger Zeit verschiedene Benennungen hatte, die aber alle darauf hinauslaufen, daß er der Verwalter der öffentlichen Gerechtigkeit im Namen des Königs ist. Seine Macht ist groß, und wird nach den Umständen von dem Könige bald erweitert bald eingeschränkt. Ihm ist ein geheimer Rath zugeordnet, der aus den Kronbedienten, nämlich aus dem Kanzler, Schatzmeister, aus den Erzbischöffen, Grafen, Bischöffen, Baronen und Gentlemen, die der König dazu zu ernennen für gut findet, bestehet. Er führt einen königl. Staat, genießt einen ansehnlichen Gehalt, und bekommt zu seiner Einrichtung 3000 Pf. Sterl. von Ireland.

Parlement.

Das ireländische Parlament ist der höchste Gerichtshof, welchen der König zusammenberuft, und nach Belieben aufschiebt oder gar aufhebt. Es sitzt acht Jahre, und hernach werden wieder neue Mitglieder erwählt. Sonst war es durch die berüch-

berüchtigte Poyningsacte *) vom zehnten Jahre der Regierung Heinrichs VII. sehr eingeschränkt, vermöge deren kein Gesetz in Ireland galt, das der König und das brittische Parlament nicht zuvor genehmigt hatten. Dieß verursachte nicht nur eine große Langsamkeit in allen Beschließungen, sondern das irelándische Parlament war auch, so zu sagen, ein Sklave des brittischen. Im Jahrs 1719 ward diese Acte unter Georg I. von neuem bestärigt, und Ireland, so zu sagen, noch abhängiger gemacht.

Endlich erschien um die Mitte des 1782 Jahres der glückliche Zeitpunkt, daß Ireland, nachdem es 610 Jahre unterwürfig gewesen, von dem Könige mit Einwilligung des brittischen Parlaments für unabhängig erklärt ward. Er sahe sich durch die freywilligen militarischen Associationen dazu genöthigt, die auf 80000 Mann, und darunter 12000 Mann Cavallerie, angewachsen waren, von dem Adel angeführt, bewaffnet und gekleidet wurden; und nichts als die Unabhängigkeit ihres Parlaments von dem brittischen laut verlangten. Die Irelånder bewilligten gleich aus Dankbarkeit 20000 Matrosen für die königliche Flotte zu stellen: Inzwischen glaubten sie, daß ihnen ihre Vorrechte noch immer nicht bündig genug ausgemacht wären. Aber den 22sten Februar 1783 ward eine Bill genehmigt, daß alle Zweifel wider die Unabhängigkeit des irelåndischen Parlaments nichtig seyn, und auf keinerley Weise irgend eine Appellation von den irelåndischen Gerichtshöfen an die großbritannischen statt finden, und die gesetzgebende Macht Großbritanniens über Ireland auf immer für völlig aufgehoben geachtet werden solle. Es hat also jetzt niemand das

Unabhängigkeit Irelands.

Recht,

*) Von dem damaligen Vicekönige Poyning also genannt.

Recht, Gesetze für dieses Königreich zu geben, als der König und das irländische Parlament: ohne daß das brittische Ministerium was dazu sagen darf. Es wird sich aber in der Folge vermuthlich zeigen, daß der Hof das irländische Parlament so gut zu lenken wissen wird, als das großbritannische. Einer der ersten Schritte nach dem Frieden ist vielleicht der vom Könige im Februar 1783 gestiftete neue irländische Ritterorden vom heil. Patrick, welcher aus dem Könige und 15 Rittern besteht *).

Parlamentsglieder. Das Oberhaus besteht aus dem Lord-Lieutenant, dem Lord-Kanzler, Lord-Schatzmeister, den vier Erzbischöffen von Armagh, Dublin, Cashel und Tuam. Im Jahre 1780 zählte man einen Herzog von Leinster, 67 Grafen, 41 Vicomten, 18 Bischöffe, 45 Baronen und 4 Pairinnen, die ihr eignes Recht für sich haben. Das Unterhaus oder Haus der Gemeinen besteht in allen, sowohl die Deputirten der Graffschaften als der Burgflecken darunter begriffen, aus 296 Mitgliedern.

Höchste Gerichte. Die Regierung, oder die vollziehende Macht, ist in den Händen des Lord-Lieutenants, der Lords-Richter, des geheimen Raths und ihrer Officianten. Es sind vier hohe Gerichte vorhanden, das Kanzleygericht unter dem Vorsitze des Lordgroßkanzlers, das Gericht der Königsbank, wo der Lord-Oberrichter den Vorsitz führt, das Gericht der gemeinen Processe (Court of Common Pleas), auch unter einem Lord-Oberrichter, und das Finanzkammer-Gericht (Court of Exchequer) unter dem Vorsitze des Lord-Schatzmeisters. Zu den Untergerichten gehören

*) Darunter ist auch der Graf von Charlemont, der Anführer der bewaffneten Volontairs, welcher Ireland der Autorität des brittischen Parlaments entzog.

gehören die Landgerichte, deren Richter zweymal im Jahre von den hohen Gerichten abgefertiget werden, um die Processe in den Grafschaften abzumachen: überdieses haben die Grafschaften Friedensrichter auf englischen Fuß. Ireland hat auch ein eignes Admiralitätsgericht.

Die Einkünfte dieses Reichs steigen, insbesondere das Heerdgeld*), welches ein sicherer Beweis von der Aufnahme des Landes ist. Von 1771 bis 1777 betrugen sie nach einem Durchschnitte von sieben Jahren:

Einkünfte.

Eingangszölle	223,509
Ausgangszölle	37929
Accise auf die Einfuhre	146,473
Inländische Accise	75836
Neue Zölle auf Bier u. gebrannt Wasser	53831
Heerdgeld	59882
Pf. Sterl.	597,460.

Nach einer andern von Young mitgetheilten Liste der Erbeinkünfte im Ganzen kommt mehr als nach obiger von den bloßen Zöllen heraus. Es sind nach derselben allemal zwey Jahre zusammen geschlagen, und sieben solche gedoppelte Jahre gaben im Durchschnitte

An Erbeinkünften	Pf. Sterl.	1305,062
An alten hinzugekommenen Zöllen		446,335
		1751,397
Unkosten der Hebung, Stückzölle, Prämien ꝛc.		368,501
	auf zwey Jahre	1382,896
	oder auf eines	691,448.

Eben

*) Jede Feuerstäte zahlt anstatt der in England üblichen Landtaxe zwo Schillinge.

Eben dieser Verfasser theilt noch eine Tabelle der völligen Einkünfte mit, vermöge welcher sie im Durchschnitte von 10 Jahren betrugen:

von 1758 bis 67. Pf. Sterl. 834673
1768 — 77. — 965198
Zunahme 130525.

So ansehnlich diese Einkünfte sind, so haben sie doch in neuern Zeiten nie zureichen wollen, ob sie gleich nur auf innerliche Ausgaben verwendet werden. Die Regierung muß davon 12000 Mann reguläre Truppen und ein Regiment Artillerie unterhalten. In den beyden Jahren 1778 und 1779 kosteten die Truppen 937679 Pf. Sterl. Die außerordentlichen Ausgaben 432,474, und die dem Könige verwilligte Summe, oder die sogenannte Civilliste*) 336,475 Pf. Sterl., welches zusammen über 1,700000 Pf. Sterl., oder auf ein Jahr 850,000 Pf. Sterl. ausmachte.

Schulden. Im Jahre 1759 war im Schatze der Nation noch ein baarer Ueberschuß von 65000 Pf. Sterl. vorhanden. Im Jahre 1761 beliefen sich die Schulden über 223000 Pf. Sterl. als 1779 gedachte große Summe aufgebracht werden mußte, erhob man 440000 Pf. Sterl. durch eine Tontine **), und 160000 durch Anlehn, wodurch die Schuld auf 1,062000 Pf. Sterl. anwuchs. Im Jahre 1782 betrug

---

*) Die Anwendung dieser Summe veranlaßt beständige Klagen der Nation, weil der König so viel auswärtige Pensionen darauf anweiset, wodurch das Geld außerhalb Landes verzehrt wird.

**) Ein gewöhnliches, aber allemal sehr schädliches Mittel so vieler Staaten, vorzüglich in Irland, wo wenig Geld im Gewerbe ist, und wo dem Lande durch den hohen Zins der Tontinen noch vieles von dem Wenigen entzogen wird.

betrug sie schon über zwo Millionen. Dieses Steigen der Schuld beunruhigt die patriotischen Irländer, obgleich zwo Millionen, gegen Englands ungeheure Schuldenlast von 200 Millionen, für nichts zu achten sind.

Young stellt eine artige Vergleichung zwischen den Auflagen in Ireland und Großbritannien an. Nimmt man für Irelands Einwohner drey Millionen, und die Einkünfte auf eine Million an, so kommt auf jeden Kopf sechs Sch. acht Pfen. Die brittischen Einkünfte von 13 Millionen bezahlen neun Millionen, welches vom Kopfe 29 Schillinge beträgt, u. s. w.

Bisher sind noch keine Poststationen für Pferde angelegt, außer auf dem Wege von Dublin nach Belfast, welcher 80 Meilen beträgt. Wer sich mit den Landkutschen behelfen will, findet deren 20 zu Dublin, die nach allen Gegenden des Reichs abgehen. Am leichtesten kommt man weg, wenn man die Reise zu Pferde macht: wer aber mehr Bequemlichkeit sucht, muß sich eine Chaise mit zweeu Pferden auf Wochen oder Monate, oder von einer großen Stadt zur andern miethen. Twiß durchreisete auf diese Art die Insel, und bezahlte für eine Chaise mit zwey Pferden wöchentlich vier Guineen, wofür der Kutscher sich und die Pferde unterhalten mußte. Man macht aber alsdann nicht mehr als etwa 25 englische Meilen des Tages. Eilf irländische Meilen betragen gerade 14 englische. Das irländische Geld ist etwas leichter, als das englische: denn der englische Schilling hält nicht 12 Pfennige, wie in England, sondern 13 irische Pfennige; folglich gilt eine Guinee in Ireland ein Pf. Sterl. zwey Schillinge neun Pfennige.

Sechzehn-

Sechzehnter Brief.

Ueberfahrt nach Ireland. Die Provinz Leinster. Lage der Stadt Dublin. Größe und Anzahl der Einwohner. Straßen und Bauart. St. Patricks und die Christkirche. Universität. Parlamentshaus. Börse. Schloß. Hospital der Kindbetterinnen, u. a. m. Summerhill. Gemäldesammlungen. Handlung. Regierung. Lebensart. Phönix Park. Leixlip. Cartown. Castletown. Tarah. Stillorgan. Runder Thurm zu Clundalkin.

<small>Ueberfahrt nach Ireland.</small>

Die gewöhnliche Ueberfahrt aller Reisenden, die aus England nach Ireland wollen, geschieht mit den Packetbooten, die regelmäßig von dem an der Spitze der Insel Anglesey bey Wales liegenden Flecken Holyhead abgehen. Er liegt fast in gerader Linie mit Dublin. Man gebraucht gemeiniglich zwölf Stunden, aber bey gutem Winde nur achte, um von einem Orte zum andern zu kommen. Die Einfahrt in die Bay von Dublin stellt den Augen einen herrlichen Anblick dar. Man sieht ein Amphitheater vor sich, darinn die Stadt liegt, und das Land umher ist mit weißen Lusthäusern besäet. An einigen Stellen ist das Land von spitzigen Bergen, den sogenannten Zuckerhuthügeln, eingefaßt. Die Bay ist gegen vier Meilen breit, und im Hintergrunde, der sieben Meilen weit ins Land geht, steht die Stadt, und mitten in derselben ist die Mündung der Liffy.

Leinster.

Dublin ist die Hauptstadt Jrelands, die Residenz des Vicekönigs, der Sitz der hohen Landescollegien und Gerichte, und des vornehmsten Erzbischofs, die stärkste Handelsstadt, und nächst London die größte des brittischen Reichs. Sie liegt in der Provinz Leinster und in der Grafschaft Dublin.

Die Nähe der Hauptstadt macht, daß Leinster Leinster. unter den vier Provinzen dieses Königsreichs am besten angebauet ist, und die Sitten sind daher auch am meisten verfeinert. Hier sind die meisten Moräste ausgetrocknet, und dadurch viele fruchtbare Aecker, Wiesen, und auch eine gesündere Luft erhalten worden. Die Prämie auf die Korneinfuhre nach Dublin hat den Ackerbau in mehrere Aufnahme gebracht. Menschen und Häuser nehmen zu. Im J. 1754 zählte man 122900, und 1766. 127500 Häuser. Die ganze Provinz wird in 12 Grafschaften getheilt, und diese enthalten 99 Baronien. Die Anzahl der Aecker (acres) beläuft sich auf 2642958, wovon die Grafschaft Dublin 123784 enthält. Man zählt in derselben 87 Kirchspiele und vier Flecken (boroughs), welche Parlamentsglieder absenden *).

Dublin hat eine angenehme Lage, und es wird Lage von auch für gesund gehalten. Bey der Einfahrt in den Dublin. Hafen

*) Von dieser Grafschaft hat der Jrländer John Rutty ein brauchbares Buch herausgegeben: Essay towards a natural history of the county of Dublin. 1772. 8. Eine sehr genaue Charte davon hat Rocque bereits 1760 auf vier Bogen, und einen Auszug auf einem Bogen 1762, geliefert. Man hat auch einen wohlgestochenen Grundriß von der Hauptstadt. Dublin liegt unter 53 Grad 20 Min. der Breite, und 7 Grad 30 Min. westlicher Länge von London.

Sechzehnter Brief.

Hafen stellt sie sich als ein Amphitheater dar. Gegen Osten sehen die Einwohner das Meer vor sich, gegen Westen fruchtbare Ebnen, und auf der Mittagsseite Berge. Die fast zwo Meilen gerade durch laufende Liffy trägt ein Großes zur Annehmlichkeit und Bequemlichkeit der Stadt bey. Beyde Theile haben vermittelst fünf Brücken eine Verbindung mit einander. Drey derselben sind schlecht, aber die Esser- und Königinnbrücke, welche noch nicht lange gebauet sind, fallen, zumal letztere, gut in die Augen; beyde sind von einem harten groben weißen Stein, der nicht weit von der Stadt gebrochen wird. Die Esserbrücke hat für die Fußgänger auf beyden Seiten erhöhete Gänge, Ruheplätze und Geländer. Sie hat fünf Bogen, ist 1753 gebauet, und kostet 20000 Guineen.

Die Liffy. Die Liffy ist nur schmal, hat aber auf beyden Seiten trefliche Kayen, welche der Stadt eine große Zierde geben, und den Schiffen zum anländen dienen, so daß die Waaren vor den Thüren der Kaufleute ausgeladen werden können. Die Gassen an den Kayen sind breit, und mit ansehnlichen Häusern besetzt. Schade ist es, daß keine größern Schiffe, als die acht Fuß tief gehen, an die Stadt kommen können. Zur Sicherheit der Schiffe ist ein großes Werk von Steinen und Pfählen bereits unter der Königinn Anna angelegt, welches von Ringsend *) bis zum neuen Leuchtthurme drey Meilen lang ist, und seit der Zeit immer verbessert worden. Die Fluth steigt im Hafen im Mittel 10 Fuß.

Die

---

*) Bey Ringsend laden die schweren Schiffe ihre Güter in kleine Lichters, welche solche an die Stadt bringen. Die großen Schiffe haben bey der kleinen Insel Irelands Auge eine sicherere Rhede.

Die Stadt ist von einer beträchtlichen Größe, **Größe und** zumal wenn man die Vorstädte dazu rechnet. Man **Zahl der** thut wohl, einen hohen Thurm zu besteigen, um **Einwohner.** sich einen Begriff von ihrem Umfange und reizenden Lage zu machen. Sie liegt in der Runde, und hat gegen Süden eine starke Mauer von Feldsteinen, die noch von den Dänen im neunten Jahrhunderte angelegt ist. Aus den sechs Stadtthoren kommt man in die langen Vorstädte, welche jährlich wachsen. Man rechnet den Umfang von Dublin acht Meilen. In Ansehung der Anzahl der Einwohner kommen die Nachrichten nicht überein, einige wollen nur 100,000, andere 200000 zählen. Das Mittel kommt wohl der Wahrheit am nächsten, und die Einwohner schätzen ihre Anzahl selbst auf 150 bis 160,000 Seelen. Der gemeine Mann und die Bedienten sind katholisch; daher kann man sicher zween Katholiken gegen einen Protestanten rechnen. Im Jahre 1754 zählte man in der Stadt 12857 Häuser, 1766 stieg ihre Anzahl auf 13194, und jetzt kann man wohl 13500, das ist, noch einmal so viel, als vor 100 Jahren, annehmen. Twiß rechnet auf jedes Haus zwo Familien zu sechs Personen, weil der gemeine Mann sehr enge beysammen wohnet, und man bereits 1731 auf jedes Haus im Durchschnitte 12½ fand, (einzelne Häuser hatten gar 60 bis 70 Bewohner); dieß giebt eine Bevölkerung von 174000, welches vielleicht etwas zu viel ist.

Die neuen Straßen, welche gepflastert sind, ha- **Straßen** ben ein gutes reinliches Ansehen, in den übrigen ist **und Bauart.** es beym geringsten Regenwetter sehr kothig. Man fährt jährlich fort, mehrere zu pflastern, womit noch eine geraume Zeit vergehen wird. Dieß ist auch noch der Fehler verschiedener Kayen; werden sie einmal alle ihr Pflaster erhalten haben, so wird man nicht leicht schönere Kayen in der Welt antreffen. Die beste Gasse in Dublin ist die eine halbe Meile lange Sackvillestraße, nur schade, daß sie nicht ganz gerade ist. Die neuen Gassen haben durchgängig an den Seiten breite Steine für die Fußgänger. Die Häuser von guter Bauart sind alle erst seit 50 Jahren aufgeführt, und einige derselben wirklich schön, als der Pallast des Herzogs von Leinster. Der viereckige Platz (Square) Stephensgrün ist sehr groß, jede Seite hält auf 1000 Fuß in der Länge. Die äußern Spaziergänge haben einen Kießgrund, sind auf jeder Seite mit Bäumen bepflanzt, und werden von dem Wege für die Kutschen durch eine niedrige Mauer abgesondert. Nachmittags und Sonntags dient er seinen Leuten zum Spaziergange, wie der James Park in London. Einige Häuser dieses Platzes sind ansehnlich, andere klein, welches dem Auge viel Abwechselung giebt, und der Einförmigkeit der pariser Plätze vorbeugt. Mitten auf demselben steht die mittelmäßige Statüe König Georgs II. zu Pferde. Sonderbar genug ist es, daß sich im Winter auf diesem Platze, wegen des sumpfigen Bodens, viele Schnepfen einfinden, weil ihnen hier keine Jäger nachstellen. Die eine Seite von Merryons-Square ist ebenfalls gut gebauet. Der Stadtwasserbehälter ist auch ein Platz, wo sich die Bürger mit Spaziergehen erlustigen. Es ist ein großes Behältniß, das rund herum mit Wällen und Terrassen umgeben, mit Hecken, Ulmen und Linden bepflanzt ist, zwischen welchen man schöne grüne Gänge antrifft. Die Aussichten sind angenehm; und der Eingang wird durch ein hohes eisernes Thor verwahret *).

Um

*) Dieses Bassin faßt so viel Wasser in sich, daß es die Stadt auf einige Wochen versorgt, wenn auch die

Um die Stadt hat alles ein dürftigeres Ansehen, als man bey einem so großen Orte vermuthen sollte. Man trifft fast lauter Hütten von Lehm ohne Fenster und Schornsteine an, und so sind die Wohnungen des größten Theils der Einwohner auf der ganzen Insel beschaffen. Jede Hütte hat ihr Stück Feld zu Kartoffeln; diese und Milch sind fast die einzigen Nahrungsmittel der zahlreichen Familie einer solchen Wohnung. Schuhe und Strümpfe tragen die allerwenigsten, und die Kinder gehen meist nackend. Inzwischen scheinen die Leute meistens mit ihrem Zustande zufrieden: und ihre Lebensart wird mit dem vermehrten Wohlstande Irelands immer erträglicher.

Wegen der schmutzigen Gassen sind die Miethkutschen nöthig, und auch zahlreich. Man trifft auch allenthalben Tragsessel an. Ueberdieses zeichnet sich Dublin durch zwo Gattungen von Fuhrwerk aus, die man in andern großen Städten nicht siehet, die aber ein schlechtes Ansehen haben. Die Noddies sind eine Art schlechter Kariolen, deren sich die gemeinen Bürger um ein geringes Geld zu ihren Bedürfnissen, und zum Theil auch zum Vergnügen, bedienen. Vorne ist der Sitz des Fuhrmanns auf den Bäumen der Kariole dicht hinter dem Pferde, und hinter dem Fuhrmanne sitzt, der sich fahren läßt. Es ist ein elendes Fuhrwerk, welches stößt und schwankt. Die zwote Gattung besteht in einem einspännigen Karren, worauf einige Kreuzhölzer liegen. Die Räder bestehen aus dünnen hölzernen

Schei-

die Quellen, woraus es seinen Zufluß erhält, versiegen. Bey anhaltender Dürre trocknet es doch zuweilen ganz aus, wie sich zutrug, als Twiß hier war, s. Reise S. 19.

Scheiben, 20 Zoll im Durchschnitte. Diese Karren werden zum Transport der Waaren in der Stadt gebraucht, und man sieht sie häufig, wie die Kariolen.

Kirchen. An Kirchen fehlt es dieser Stadt nicht. Man zählt 18 Pfarrkirchen *); und neun Kapellen in den Hospitälern und andern Gebäuden. Die französischen Reformirten haben drey, und die holländischen eine Kirche. Außerdem giebt es eine Menge Versammlungshäuser anderer Religionsverwandten. Die Presbyterianer und Independenten haben deren sieben, die Herrnhuter eine, die Anabaptisten eine, und die Quäker zwey; für die Katholiken sind 16 Kapellen erlaubt.

St. Patrick. Es giebt hier zwo sehr alte Kathedralkirchen von schlechter gothischer Bauart. Die Pfarrkirchen sind, wenn man drey oder viere mit artigen Vorderseiten ausnimmt, alle schlecht und ohne Thürme. Die eine Domkirche ist dem heil. Patrick, dem irelandischen Apostel, gewidmet, und hat erst 1750 durch ein Vermächtniß eine hohe Thurmspitze bekommen. Aus dem Grabmaale des 1766 verstorbnen Erzbischofs Dr. Smyth wird viel Wesens gemacht; die plumpen Säulen von italiänischem Marmor verunzieren es aber sehr. Gegen über ist das Monument des Erzbischofs Dr. Marsh, welcher seine Bibliothek zum öffentlichen Gebrauche, und ein Kapital zur Besoldung eines Bibliothekars, hinterließ. Die Sammlung enthält gute Handschriften und gedruckte Bücher, und steht den Studierenden auf der Universität zum Gebrauche offen. Nahe beym Altare bemerkt man einen plumpen Pfeiler von Holz, mit etwa

*) Nach der Angabe des Twiß S. 13. nach Hrn. Büsching sind deren nur 13.

etwa 20 schlecht gearbeiteten hölzernen Figuren in Lebensgröße, mit natürlichen Farben gemalt. Sie sind 1629 gemacht, und stellen einen Grafen Boyle von Cork nebst seiner Familie vor. Im Schiffe befinden sich drey Platten von schwarzem Marmor, welche den berühmten satyrischen Schriftsteller Swift betreffen. Die eine ist ihm selbst gewiedmet, und die Inschrift drückt jene Gemüthsbeschaffenheit aus, welche seine eigene Widerwärtigkeiten, und die Drangsale seines Vaterlandes, verursachten. Die zwote ist zum Andenken seiner Stella (der Frau Johnson), und die dritte seinem getreuen Bedienten, errichtet. In der Kapitelstube ist das Denkmaal des tapfern Herzogs von Schomberg, der im Treffen an der Boyne blieb. Die Inschrift ist von Swift, und schließt mit einem beißenden Ausdrucke gegen des Herzogs Verwandten: plus potuit fama virtutis apud alienos, quam sanguinis proximitas apud suos.

In der Christ- oder Collegiatkirche bemerkt man etliche wenige der Achtung werthe Monumente. Dahin gehöret das im Schiffe von Thomas Prior, dem Stifter der dublinischen Societät. Unter seinem Brustbilde stehen zween Knaben in Basrelief, davon einer auf eine Abbildung der Industrie und des Ackerbaues, und der andere auf eine Vorstellung der Minerva zeigt, welche die Künste Ireland zuführt. Das Denkmaal des Lord Bowes, ehemaligen Großkanzlers von Ireland, ist von gutem Ausdrucke, und neben den vorigen. Die Gerechtigkeit steht voll Nachdenken in Lebensgröße mit dem Médaillon des Lords in der Hand. Sie betrachtet es mit Thränen. Auf der Nordseite des Chors ist ein Monument des Hauses Kildare. Der letzte Graf, nachmaliger Herzog von Leinster, und seine Schwester sind abgebildet, wie sie den Tod ihres Vaters beweinen. Bey feyerlichen Gelegenheiten begeben sich der Lordlieutnant und die Lordsoberrichter in vollem Gepränge nach dieser Kirche. Der Erzbischof hat einen Stuhl im Chor, und Sitz und Stimme im Kapitel, bey allem, was diese Kirche betrifft.

Universität. Die Universität oder das Dreyeinigkeitscollegium ist ein sehr ansehnliches weitläuftiges vier Stockwerke hohes Gebäude, welches aus zwo Vierecken besteht. Das innere Viereck ist alt und von Backsteinen; das neue ist erst seit 30 Jahren von groben festen gehauenen Steinen aufgeführt, und an der Vorderseite mit Pfeilern, Festonen ꝛc. geziert. Der Bibliotheksaal ist groß genug, aber die Bücher werden nicht sehr vermehrt, obgleich ein ansehnliches Kapital dazu vorhanden ist. Ein großer Theil rührt von dem gelehrten Erzbischof Usher her. Sein marmornes Brustbild, nebst noch ohngefähr 20 andern von alten Philosophen und berühmten englischen Gelehrten, zieren den Saal. In dem Museum sieht man eine Sammlung von Wachsfiguren, welche eine Frau zu allen Zeiten der Schwangerschaft vorstellen. Das Haus des Aufsehers (Provost) des Collegiums steht daneben, und ist ein zierliches Gebäude von Portlandsteinen. Auf dem grünen Platze vor dem Universitätsgebäude steht die Statüe Wilhelms III. zu Pferde von Metall. Sie ist ihm 1701 auf öffentliche Kosten zum Andenken des wichtigen Sieges an der Boyne errichtet worden, aber von mittelmäßiger Kunst. Die Königinn Elisabeth ist die Stifterinn dieser Akademie, man sieht aber nirgends eine Statüe oder sonst ein Andenken von ihr. Die Anzahl der Studierenden beläuft sich ohngefähr auf 400, und ist steigend und fallend. Die innere Einrichtung ist so, wie in den Collegien

Collegien zu Oxford und Cambridge. Man zählt 22 Fellows, 70 Scholars und 30 Famulos (Sizers). Die Kleidung ist auch wie die englische *). Es sind fünf königliche Professorstellen; und noch viele andere Professoren, so daß in allen Wissenschaften hinlänglicher Unterricht ertheilt wird. Der Speisesaal ist groß, und die Druckerey der Universität sehr ansehnlich. Zum Vergnügen der Studenten und der Lehrer ist das Gebäude mit schönen Gärten, einem Park und einem grünen Platze zum Kegelspiele versehen.

Da Dublin als die Hauptstadt des Königreichs der Sitz der hohen Landescollegien ist, so könnte man hier viele ansehnliche öffentliche Gebäude vermuthen, sie sind aber, wenn man das Parlamentshaus und die Börse ausnimmt, nicht besonders. Ersteres ward 1729 angefangen, und in zehn Jahren von massiven Steinen aufgeführt; es ist überhaupt von edler Bauart. Die Vorderseite hat ein großes Portal, das auf hohen Säulen ruhet. Der gewölbte Gang hat vielleicht wenig seines gleichen. Der Versammlungssaal der Gemeinen ist achteckig. Die Bänke sind stufenweise erhöhet, und die mit einem eisernen Gitter versehene Gallerie, wo Fremde den Debatten zuhören können, läuft wie ein Amphitheater herum. Im Oberhause stellen die Tapeten die Schlachten bey der Boyne und bey Aghrim vor **).

Parlamentshaus.

---

*) Mehr von ihrer Einrichtung findet man beym Watkinson S. 11.

**) Magell hat 1767 Risse von dem Parlamentshause auf fünf Blättern gestochen, wovon zween das Ober- und Unterhaus im Profil, das dritte einen perspectivischen Riß, das vierte einen Standriß und

Sechzehnter Brief.

Börse. Die Börse heißt der Tholsel, und ist erst vor wenig Jahren auf Kosten der Stadt sehr prächtig erbauet; sie hat aber keine gute Lage. Sie ist unten ohngefähr wie die londner Börse eingerichtet. Oben haben die Kaufleute einen großen Saal. Alle Missethäter, ausgenommen die Todtschlag und Verrätherey begangen, werden hier verhört, und Schuldsachen, die nicht über 20 Pf. Sterl. betragen, kurz entschieden. Die Börse ist von weißen Steinen, mit korinthischen Pilastern und einer Kuppel versehen.

Theater. Die Stadt hat zwey Theater für englische Schauspieler; mit italiänischen Opern machte man vor etlichen Jahren einen Versuch, sie fanden aber keinen Beyfall. Das sogenannte königl. Theater liegt in Smock Alley. Auf der Decke bemerkt man einen sonderbaren Einfall: Ein Schiff, die Smock Alley Fregatte, läuft mit vollen Seegeln in den Hafen ein, und in den Seegeln lieset man: Zu Gunsten des Publikums, und Ende gut, alles gut.

Das Zollhaus. Das Zollhaus auf der Südseite der Liffy an der Esserbrücke war ein schönes großes Gebäude; es brannte aber 1781 ganz ab, und der Schade war desto wichtiger, weil ein großer Vorrath kostbarer Waaren darinn lag. Vermuthlich hat man seit der Zeit wieder angefangen, ein neues aufzuführen.

Das Schloß. Das königl. Schloß dient dem Vicekönige zur Wohnung, und hat außer einigen für ihn bestimmten Zimmern nichts besonders, sondern ist vielmehr ein altes verfallenes Gebäude mit zween Höfen. Im untern Schloßhofe sind die Schatzkammer und andere Zimmer zu verschiedenen Departements. Ueber

und das fünfte einen Grundriß vorstellen. Von dem Universitätsgebäude hat man auch einen Plan und Grundriß, nebst einem Prospecte von des Provost Hause.

Ueber dem Eingange zum obern Schloßhofe bemerkt man ein Paar gut gearbeitete Statüen der Gerechtigkeit und Tapferkeit. Das Schloß liegt auf einer kleinen Anhöhe, und ist mit Gräben und Thürmen umgeben.

Die Baraken sind ein großes Gebäude *Baraken.* in einem einfachen Geschmacke. Es ist Raum für 3000 Infunteristen und 1000 Cavalleristen darinn; gewöhnlich liegen aber nur vier Bataillons und ein Regiment zu Pferde hier. Es ist von rauhen Steinen, die Fenstergesimse sind aber von gehauenen Steinen.

Das Haus des Lordmayor macht eine schlechte Figur; es ist von Backsteinen zwey Stockwerke hoch mit fünf Fenstern, jedes von zwo Scheiben in der Breite. Man kann sich hieraus einen Begriff von dem vorigen Geschmacke in der Baukunst machen; nur erst in neuern Zeiten hat man angefangen, Gebäude von besserer gereinigter Architektur aufzuführen. Im Garten des Lordmayors steht die Statüe Königs Georgs I.

Es macht den Dublinern Ehre, daß sie so reich- *Hospitäler.* lich für den Unterhalt der Armen und Verpflegung der Kranken sorgen. Man zählt 13 Hospitäler, und fast jedes Kirchspiel hat Schulen, welche durch milde Gaben, die man hauptsächlich in den Kirchen bey Almosenpredigten sammlet, unterhalten werden.

Das Hospital der Kindbetterinnen ward *Der Kindbetterinnen.* 1745 von einem Privatmanne, dem Dr. Moße, angelegt, und 1750 ließ das Parlament das jetzige Gebäude, eines der schönsten, in Ireland *) dazu auffüh-

---

*) Der Architekt heißt Castle, welcher auch das Parlamentshaus und des Herzogs von Leinster Pallast angegeben. Man hat von dem Hospitale und dazu gehörigen Garten einen besondern Plan von 1764.

aufführen. Der patriotische Mann fand anfangs vielen Widerspruch, das Volk schrie dawider, er kehrte sich aber nicht daran, sondern blieb standhaft, und jetzt segnet die Stadt sein Andenken. Innerhalb 20 Jahren sind über 10000 Frauen darinn entbunden worden *). Er bestritt die Kosten durch Lotterien, und von den Einnahmen, die aus den Concerten und Gärten gelöset wurden. Jetzt steht das Hospital unter der Aufsicht des Dr. Jebbe. Der ansehnliche Garten hinter dem Hospitale hat angenehme Promenaden, und ist ein Platz des öffentlichen Vergnügens, der auf die Art, wie Ranelagh bey London, eingerichtet ist. Am Ende des Gartens ist eine Terrasse auf einer Anhöhe zum Spatzieren mit einem Orchester. Vor einigen Jahren hat man auch eine Rotunda oder einen großen runden Saal zu Concerten bey nassen Sommerabenden, und zu Bällen im Winter angelegt. Des Sonntags dient der Garten den feinen Leuten zur Promenade, und man trifft eine Menge Menschen an, weil der Eingang nur sechs Pence gilt. Nach Abzug der Musikkosten bleiben ohngefähr 400 Pf. Sterl. Profit für das Hospital übrig.

Das Patrickshospital für Blödsinnige und Wahnwitzige stiftete der bekannte Dechant Jonathan Swift mit einem Vermächtnisse von 11000 Pf. Sterl. und unglücklicher Weise ward er selbst ein tauglicher Gegenstand seiner milden Stiftung **).

Es

*) Aus den Tabellen erhellet, daß 12 Knaben gegen 11 Mägdchen geboren worden. Das Verhältniß der Frauen, die Zwillinge brachten, war wie 1 gegen 53½, derer, die im Kindbette starben, wie 1 gegen 90½, todtgeborner Kinder 1 gegen 34. S. Twiß Reisen S. 17.

**) Er drückt sich selbst darüber also aus: „Er hinterließ sein geringes Vermögen zur Erbauung „eines

Es werden ohngefähr 50 darinn unterhalten. Das Kilmanhamhospital ist für 500 alte verstümmelte Soldaten und Officiers bestimmt. Im Hospital der Blauröcke werden 170 Knaben durch freywillige Beyträge unterhalten, und hernach als Lehrjungen bey protestantischen Meistern untergebracht. Das 1704 gestiftete Arbeitshaus ist jetzt in ein bloßes Findlingshospital für ausgesetzte und verlassene Kinder verwandelt. Dr. Stevenshospital ist für 300 Kranke eingerichtet; Mercershospital ebenfalls für arme Kranke, und das dubliner Hospital bloß für solche, die unter den Händen der Wundärzte sind. Das 1755 eröffnete Lockhospital ist das erste dieser Art in Ireland, und bloß für venerische Kranke bestimmt. Die kleinern Hospitäler übergehen wir.

In der Vorstadt Summerhill wohnen viele bemittelte Personen wegen der reinen Luft und schönen Lage. Man sieht das Meer, eine schöne Landschaft, die Berge von Wicklow, einen Theil der Stadt und den Fluß Liffy: welches zusammengenommen ein reizendes Gemälde macht. *Summerhill.*

Obgleich die bildenden Künste, wie bereits im vorigen Briefe erinnert worden, nicht sehr getrieben werden, so giebt es doch in der Hauptstadt verschiedene Liebhaber, die ganz artige Sammlungen von Gemälden besitzen. Außer der Hauptstadt trifft man aber keine in ganz Ireland an. In Hrn. Stewarts Sammlung in Summerhill findet man unter andern ein kostbares Bild von Rubens, Christus *Gemäldesammlungen.*

„eines Hauses für Thoren und Tolle: und zeigte
„durch einen satyrischen Zug, daß keine Nation es
„so sehr bedurfte."

stus in der Krippe vorstellend. Beym Grafen von Charlemont sieht man unter andern Bildern den reuigen Judas, der die Silberlinge auf die Erde wirft, von Rembrand; und ein noch ungestochenes Bild von Hogarth, welches eine Frau mit niedergeschlagener Miene vorstellt, der ein Officier mit wollüstigen Blicken einen ganzen Hut voll von ihr gewonnenes Geld anbietet. Der Graf besitzt auch einen zierlichen Büchersaal, der das Licht durch die Decke des Tafelwerks erhält. An dem einen Ende ist ein Vorzimmer mit einer Copie der mediceischen Venus, am andern zwey kleine Gemächer zu einem Antiquitäten- und Münzkabinet. Bey dem Ritter Joseph Henry findet man eine Madonna von Carlo Dolci, Petrus und Paulus von Andreas del Sarto, vier Gemälde von Vernet, viele Prospekte von Neapel, Madrid, Aranjuez 1750 von Anton Golli gemalt, u. a. m. Die vornehmsten Häuser, wo man außer den jetzt genannten noch Gemäldesammlungen antrifft, sind, bey dem Grafen von Moira, bey der Lady St. George, und bey dem Grafen von Ely zu Rathfarnham, eine Meile von der Stadt. Der Gesellschaft zur Verbesserung und Aufmunterung des Ackerbaues haben wir im vorigen Briefe gedacht; sie veranlaßt auch Gemäldeausstellungen, mit denen es aber eine schlechte Beschaffenheit hat.

Handlung. Die Handlung von Dublin ist bereits ungemein beträchtlich, und wird sich gewiß nebst der von dem ganzen Reiche in wenig Jahren noch weit mehr heben, da nunmehr alle Einschränkung des Handels von englischer Seite aufgehoben sind. In gewissen Zweigen wetteifern zwar einige andere Städte mit Dublin; so treiben z. E. Belfast und Londondery ein stärkeres Verkehr mit Schottland, und haben

Leinster.

haben den Vorzug in der Fischerey; Limerick und Galway handeln stark nach Spanien und Frankreich; Kinsale und Cork, die reichste Handelsstadt nach Dublin auf der ganzen Insel, haben den meisten Handel nach auswärtigen Gegenden, und die Ausfuhre nach Westindien an sich gezogen: allein Dublin bleibt doch immer der Mittelpunkt des Handels. Der große Verkehr mit England macht es zum Marktplatze des Commerzes. Die Waaren aus allen Gegenden der Welt kommen entweder unmittelbar oder über England hieher, und werden weiter durch alle Provinzen des Reichs versendet. Daß schwere Schiffe nicht ganz an die Stadt kommen können, ist bereits erinnert worden; eine Unbequemlichkeit, die den Transport der Waaren vertheuert und erschweret. Von den öffentlichen Niederlagen der Wollmanufakturen und von den Aufmunterungen des Leinwandhandels ist im vorigen Briefe bey den Fabriken geredet worden. Im Jahre 1774 rechnete man so viel Matrosen in Dublin, als zu Ende des vorigen Jahrhunderts in ganz Ireland waren. Zur geschwindern Bestellung der Briefe hat man seit einigen Jahren nach dem Muster der Londner auch eine Pfenningspost angelegt, wodurch die Briefe in der Stadt und umliegenden Gegend richtig und geschwind bestellt werden.

Die Regierung steht, wie zu London, unter einem Bürgermeister, Mayor, der seit Karls II. Zeiten den Titel eines Lords führt, und ihm sind eine gewisse Anzahl Aldermänner zugeordnet. Die Einkünfte der Stadt belaufen sich an Pachtzinsen und andern zufälligen Einnahmen ohngefähr auf 13000 Pf. Sterl.

Der Hof des Lordlieutnants und das Parlament machen Dublin lebhaft, und den Aufenthalt angenehm.

nehm. Auch in den Häusern der reichen Kaufleute herrscht eine gute Lebensart, und mit der Verfeinerung der Sitten schleicht sich auch die Ueppigkeit ein. An öffentlichen Belustigungen fehlt es nicht. Die beyden Theater, der bereits gedachte Garten hinter dem Hospitale, sind Oerter, die jedermann offen stehen. Auf dem Schlosse ist im Winter alle Dienstage Ball, verschiedene Bälle und Concerte werden auf Unterzeichnung gehalten, und was dergleichen mehr ist. Die Gesellschaften sind auf einen guten Ton. Bey den Mahlzeiten wird nicht mehr so viel getrunken, wie man sonst den Irländern vorwarf, sondern einem jeden seine Freyheit gelassen. So groß die Stadt auch ist, so zählt man doch nicht mehr, als höchstens acht bis zehn Kaffeehäuser, wo man bloß Kaffee und Thee trinkt; sich daselbst speisen zu lassen, wie in London geschieht, ist hier nicht üblich. Die Gasthöfe sind meistens seit wenigen Jahren neu angelegt, und bequem eingerichtet. Wer sich aber eine Zeitlang in Dublin aufzuhalten gedenkt, bleibt nicht darinn, sondern miethet Zimmer auf Wochen oder Monate in einem Privathause, die fast eben so theuer sind, als in London. Die Polizey sollte billig strenger und aufmerksamer seyn, um die Gassen Abends und in der Nacht von zwo Arten von Menschen zu säubern, die den Einwohnern sehr zur Last fallen, nämlich von der Menge liederlicher Weibsbilder, welche die Vorbeygehenden um ihren Dienst ansprechen, und der Straßendiebe, welche einen, der allein und zumal in abgelegenen Gassen geht, anfallen, und wenigstens Geld und Uhren abnehmen. Die Anzahl der Juden ist nicht groß, und sie sind so arm, daß sie nicht einmal für beständig eine eigene Synagoge erhalten können. Ihr Ansehen ist eben so armselig, als das von den Schutz pußern auf den Ecken der Gassen schmußig. Ueberhaupt ist zwischen den niedrigen Classen der Einwohner zu London und Dublin ein großer Unterschied. Dort herrscht allenthalben Reinlichkeit, hier kennt man sie weder im Anzuge, noch in den Gemächern und in der Küche.

Ehe wir die Hauptstadt dieses Königreichs ganz verlassen, und die Reise nordwärts antreten, müssen wir die benachbarten Gegenden, zumal die längst der Liffy, noch etwas genauer betrachten. Der Phönix Park liegt am nordwestlichen Ende von Dublin. Woher der Name kommt, ist ungewiß. Als lord Chesterfield Vicekönig war, ließ er in demselben dem Namen gemäß eine kannelirte korinthische Säule von Stein errichten, worauf man oben einen sich im Neste verbrennenden Phönix sieht. Der Park ist ziemlich groß, könnte aber eine weit schönere Promenade abgeben, wenn er ordentlich bepflanzt, und nach einem bessern Plane eingerichtet würde. Am Ende desselben hat man auf der linken Seite der Liffy schöne abwechselnde Landschaften vor sich.

Phönix Park.

Durch diesen Park geht der Weg nach dem reizenden Dorfe Leirlip, sieben Meilen von Dublin. Bey demselben entspringt am Ufer der Liffy eine mineralische Quelle, welche im Sommer viele Gesellschaften aus Dublin herzieht, weil man das Wasser für sehr gesund hält. In der nassen Jahrszeit sieht man hier einen schönen Wasserfall, welcher von dem Lachsfange der Lachssprung heißt. Ehe man dieses Dorf erreicht, ist Lucan, ein Sitz des Ritters Vesey, noch zu bemerken. Der Wald am Flusse ist mit seinen Spaziergängen ausnehmend schön. Young nennt den Ort eine abgesonderte Einsamkeit, und alles stimmt mit dem Charakter

Leirlip

desselben überein. Längst der Liffy geht ein Gang unter einer Abwechselung von schönen Gebüschen fort, bald erhebt er sich steil, bald allmählig, hier und da verbreitet er sich in kühle Wiesen, und am gegenseitigen Ufer zeigen sich reiche Anhöhen von Gehölze und kleinem Gesträuche. Der einsame Gang hat das melancholische Dunkel, welches sich an einem solchen Orte immer finden sollte. Der Fluß ist diesem Schauplatze vollkommen angemessen; an einigen Orten bricht er über Felsen; an andern fließt er stille unter dem dicken Schatten eines großen Waldes.

Cartown. Drey Meilen von Selblip kommt man nach Cartown, den Sitz des Herzogs von Leinster, mit einem schönen im neuern Geschmacke angelegten Garten *).

Castletown. Nahe dabey liegt Castletown, der schönste Pallast in Ireland, dessen Mittelgebäude durch eine Kolonnade von neun Säulen auf jeder Seite mit den Flügeln verbunden wird. Die große Treppe mit einem Geländer von Bronze ist prächtig. Es liegt mitten in einer weiten Ebne, die mit den schönsten Pflanzungen umgeben ist; gegen Norden vereinigen sie sich mit einem Walde, darinn viele krumme Gänge zu verschiedenen Sitzen und Kabinetten führen. Der Besitzer, der Ritter Conolly, der reichste Bürger dieser Insel, lebt auf einen fürstl. Fuß, und übt die größte Gastfreyheit aus. Er hält ein Kaffee- und Zeitungszimmer zum gemeinen Gesprächssaale für seine gestiefelten Gäste, wo ein jeder, der früh weggeht, frühstücken, wer spät kommt, zu Mittage essen, und wer Lust hat, früher zu Bette zu gehen, als

*) Die neuern Gärten heißen in Ireland *Improvements*, und sind eigentlich im englischen Geschmack angelegte Baumpflanzungen.

als der Herr des Hauses mit der übrigen Familie, die Abendmahlzeit für sich allein einnehmen kann.

Achtzehn Meilen nordwestwärts von Dublin liegt Tara. der berühmte Hügel oder Berg Tarah *), welcher ehemals durch die dreyjährige feyerliche Zusammenkunft des Monarchen der ganzen Insel, der Könige in den Provinzen und der untergeordneten Toparchen zur Handhabung des Rechts berühmt war. Man sieht noch die Verschanzungen, darinn die Häupter ihre Zelter aufschlugen, denn die Berathschlagungen geschahen unter freyem Himmel. Der Berg erhebt sich majestätisch in einer weiten Ebne. Er soll bis an den Gipfel, wo die Versammlung gehalten ward, eine Meile hoch seyn, es scheint aber nicht so, weil er allmählig ansteigt. Man übersieht eine unermeßliche Weite, doch ist der Prospekt mehr angenehm, als schön.

Stillorgan Park liegt drey Meilen von Stillorgan. Dublin. Man trifft eine 100 Fuß hohe Pyramide darinn an, sie steht auf einer Anhöhe, von der man die Bay von Dublin und den irelandischen Kanal übersieht. Auf dem Ufer gegen über sieht man den Hügel Howth, welcher sich genau so, als der durch die letzte Belagerung so berühmt gewordene Felsen von Gibraltar, darstellen soll.

Der Sitz des Grafen von Charlemont ist nur zwo Meilen von der Hauptstadt entfernt. In dem Park ist vor wenig Jahren ein schönes Lusthaus nach den Rissen der Architekten Adams aufgeführt **). Man hat von demselben eine herrliche Aussicht über die Stadt, Bay, See u. s. w. Wer

B b 2   etwa

---

*) Sein alter Name Taamor hat durch eine kleine Veränderung in Temorah einem Heldengedichte Ossians, des Sohns Fingal, den Namen gegeben.

**) Rooker hat ihn in Kupfer gestochen.

etwa 12 Jahren fand man einige Meilen von Dublin in einem Schieferbruche vielen Schiefer mit einer Rinde von weißem Markasit, welche man anjetzt gemeiniglich irländische Diamanten nennt.

Runder Thurm zu Clundalkin.

Zu Clundalkin, vier Meilen von Dublin, sieht man einen von den merkwürdigen runden Thürmen, die man hin und wieder in Ireland, und sonst nirgends, findet. Sie sind im Wesentlichen einander alle gleich, daher rücken wir hier Twiß Nachricht davon ein *). Der Thurm zu Clundalkin ist 84 Fuß hoch, von Steinen, deren jeder ohngefähr einen Fuß ins Gevierte hält, und die einen Circul von 15 Fuß im Durchmesser machen. Die Mauern sind 3 Fuß dick; ohngefähr 15 Fuß über der Erde ist eine Thür, es ist aber keine Treppe da, hinaufzusteigen. Der Grund ist fest; gegen die Spitze sind vier kleine länglichte Löcher, wodurch der Tag hineinfällt, und oben ist ein spitzig zulaufendes Dach. Inwendig sind keine Treppen, wenn also jemals welche da gewesen sind, so müssen sie von Holz oder dergleichen verderblichen Materialien gewesen seyn. Man schreibt diese Thürme den Dänen zu, nur ist es sonderbar, daß man dergleichen nicht in Dänemark selbst findet. Giraldus Cambrensis, der im 12ten Jahrhunderte in Ireland lebte, erwähnt derselben als lange vor seiner Zeit gebaueter Thürme. Einige halten sie für Wachtthürme, welches vielleicht am wahrscheinlichsten ist, andere für Gefängnisse, und noch andere wollen gar Wohnungen der Einsiedler daraus machen; dieß scheint aber am wenigsten glaublich.

Siebzehn=

*) Twiß Reisen S. 48. Eine Abbildung dieses Thurms, und von denen zu Kildare und Swords, trifft man in Boates Naturgeschichte von Ireland an.

Siebzehnter Brief.

Der nördliche Theil der Provinz Leinster. Swords. Trim. Navan. Slaine-Castle. Cullen. Drogheda. Schlachtfeld an der Boyne. Dunleer. Monesterboice. Atherdee. Dundalk. Carlingford. Natürliche Beschaffenheit der Provinz Ulster. Newry. Armagh. Charlemount. Dungannon. Grafschaft Antrim und Lough-Neagh. Leinwandbleichen zu Lurgan. Hillsborough. Lisburn. Belfast. Newtown. Donaghadee. Portaferry. Strangford. Down-Patrik. Kilileagh.

Im Innern von Ireland liegen so wenig erhebliche Oerter, daß es sich nicht der Mühe und Kosten verlohnt, eine Reise dahin anzustellen. Die vornehmsten Städte liegen meistens an oder nicht weit von den Küsten. Wir folgen ohngefähr dem Plane, den Twiß gewählet, nehmen aber mehrere Oerter mit, als er berühret. Zu dem Ende reisen wir von Dublin zuerst nordwärts, von da nach der westlichen und südlichen Küste, und kehren alsdenn von der Südseite nach Dublin wieder zurück.

Swords ist ein Flecken, sieben Meilen von der Hauptstadt noch in der Grafschaft Dublin, welcher Bevollmächtigte zum Parlament schickt. Er liegt nahe am Meere, und hat einen von den im vorigen Briefe erwähnten runden Thürmen, der 73 Fuß hoch ist. Von hier nehmen wir den Weg landwärts gegen Westen durch einen Theil der fruchtbaren und volkreichen Grafschaft East-Meath,

darinn

darinn man sechs Flecken, 139 Pfarren, und 14000 Häuser im Jahre 1766 zählte.

Trim. Der Hauptort dieser Grafschaft heißt Trim, und liegt an der Boyne. Es ist ein Burgflecken, der guten Handel treibt. Man sieht hier noch Ruinen eines alten Schlosses und einer Abtey. Etwas

Navan. weiter hinauf liegt der Burgflecken Navan, wo eine gute Fabrike von Sackleinwand zum inländischen Gebrauche, daran die Weber täglich einen Schilling verdienen, angetroffen wird. Wenn man von hier nach Drogheda reiset, bleibt der Flecken Kells links liegen, bey welchem Lord Bactive einen Landsitz mit einem neuen simplen, aber artigen Wohnhause angelegt hat.

Slaine Castle. Auf dem Wege nach Drogheda passirt man Slaine-Castle, Lord Conyngham Sitz. Die Gegend ist herrlich und abwechselnd; sie erhebt sich um das Schloß in Hügeln, und Ungleichheiten der Oberfläche mit einer Einfassung blühender Baumpflanzungen. Unter dem Schlosse fließt die Boyne, auf einer Seite ist Felsenufer, auf der andern Wald. Durch die untern Pflanzungen sind Wege mit Aussichten auf verschiedene schöne Scenen, die vom Flusse gebildet werden, und weit ins Land hinein gehen. Das Merkwürdigste ist die 1763 erbauete Mühle, eine der schönsten vielleicht in Europa, welche ihr Wasser aus der Boyne durch ein Wehr von 650 Fuß lang von festem Mauerwerk, und einen 800 Fuß langen, 64 Fuß breiten, und ganz mit Steinen ausgesetzten Kanal empfängt. Auf der einen Seite ist ein vollständiges Werft, um Lichter und andere kleine Schiffe zu bauen. Die Mühle selbst ist ein großes Gebäude. Wenn das Korn abgeladen ist, wird es auf eine bequeme Art durch Fallthüren nach dem obersten Stocke, vermittelst eines Wasserrades,

hinauf

hinauf gewunden, und auf Kornböden gebracht, die 5000 Tonnen halten. Von hier wird es sieben Monate durch zum Trocknen auf Darren gebracht, deren zwo vorhanden sind, welche in 24 Stunden 80 Tonnen trocknen. Von der Darre windet man es wieder in den obersten Stock, thut es in eine Maschine zum Wurfeln, um es von der Erde, Spreu und andern Unreinigkeiten zu reinigen. Von hier fällt es durch eine kleine Maschine zum Sieben in den Trichter, und wird gemahlen. Alles ist vom Anfange bis zum Ende so eingerichtet, daß das Geschäfte mit der mindest möglichen Arbeit geschieht. Täglich können bequem 120 Tonnen zu 20 Steinen (den Stein zu 20 Pfund gerechnet) und jährlich auf 17000 Tonnen gemahlen werden. Diese Mühle ist von den englischen sehr unterschieden, welche das Korn weder darren noch wurfeln dürfen.

In der Gegend von Slaine-Castle liegt Cullen, Cullen. welches eine Anzeige verdient, weil dessen Besitzer, der Baron Forster, erstaunliche Verbesserungen unternommen, die zeigen, was anhaltender menschlicher Fleiß ausrichten kann*). Vor 30 Jahren waren hier wüste mit Heyde und Farrenkraut bedeckte Schaaftriften, wenige Hütten, keine Wege, und der Acker gab drey Schillinge Pacht. Der Besitzer griff die Verbesserung eines Gutes von 5000 Acker mit aller Gewalt an. Er hatte einige Jahre 27 Kalköfen, um das Land zu düngen. Er gebrauchte 450 Karren, und jährlich für 700 Pf. Sterl. Steinkohlen; 86 Mann arbeiteten beständig im Steinbruche. Zugleich ließ er Landstraßen anlegen, die Felder in Breiten von 10 Ackern eintheilen,

*) Man sehe mehr davon in Youngs Reisen durch Irland, B. 1. S. 138.

theilen, und mit Gräben, sieben Fuß breit und drey Fuß tief, einfassen. Die Dämme wurden mit lebendigen Hecken und Bäumen besetzt. 70000 Ruthen Gräben wurden, die Ruthe zu einem Schillinge, gemacht. Seinen Pachter lehrte er die Einrichtung der Feldarten, und von armen Leuten hob er sie dergestalt, daß sie jetzt 4 bis 500 Pf. Sterl. besitzen. Aus faulen wurden fleißige Einwohner, so daß jetzt 50 Familien an Handwerkern und arbeitsamen Menschen daselbst wohnen. Die nassen Länder wurden ausgetrocknet, und in die Abzüge viele 1000 Fuder Steine gefahren. Auf jeden Acker wurden 140, 170, ja bis 300 Tonnen Kalk gebracht. Die Kalkdüngung kam ihm nach und nach auf 30000 Pf. Sterl. Er bauete 30 Pachtern neue steinerne Häuser. Wie die Pachter sahen, daß seine Verfahrungsart so vortheilhaft war, so erboten sie sich selbst, auf ihre Kosten den Acker urbar zu machen, oder ihm sein in Ordnung gebrachtes Feld abzupachten. Jetzt giebt der Acker ohngefähr eine Guinee Pacht, anstatt vorher drey Schillinge. Zugleich legte er eine vortrefliche Pflanzung an, darinn über 1700 Arten europäischer und amerikanischer Bäume, Sträucher und Stauden stehen.

Drogheda. Drogheda oder Tredagh ist ein artiger volkreicher Burgflecken an der Boyne, in der Grafschaft Louth *). Die See ist nur eine Meile entfernt, und vermittelst derselben treiben die Einwohner eine gute

*) Man hat eine Charte auf vier Bogen von Wrenbason, die 1766 gestochen ist. In eben diesem Jahre zählte man 8150 Häuser darinn. Eine Beschreibung dieser Grafschaft ist unter dem Titel Louthiana heraus, deren Titelkupfer die bald folgende Pyramide abbildet.

gute Handlung, vorzüglich mit Steinkohlen von Whitehaven in Nordengland. Die Einfahrt des Hafens ist etwas gefährlich. Die beyden Hauptstraßen durchschneiden einander in geraden Winkeln. Das Stadthaus ist ein artiges Gebäude von massiven Steinen. Man verfertigt hier viel grobes Tuch, die Elle (Yard) zum Schillinge, welches nach Liverpool geht. Die vornehmste Nahrung des gemeinen Mannes ist hier und in der Gegend, wegen der starken Viehzucht, Buttermilch. Die Kühe werden zu vier bis fünf Pf. Sterl. im Jahre verpachtet; eine gute Kuh giebt jedesmal 10 Quart Milch, die nur fünf bis sieben Quart geben, werden nicht in Pacht genommen. Drogheda hat auch einen starken Kornmarkt.

Ohngefähr zwo Meilen von der Stadt ist das berühmte Schlachtfeld an der Boyne, wo König Wilhelm III. den 1 Jul. 1690 den entscheidenden Sieg über den König Jacob II. und die katholischen Irelander erfocht, und sich dadurch ganz Ireland unterwürfig machte *). Der Prospekt des Schlachtfeldes ist von einer Anhöhe ungemein schön, und stellt eine der vollkommensten Landschaften dar; nämlich ein Thal, welches sich vorne zwischen Abhängen verliert, über welche dicke Gebüsche sind; durch dasselbe schlängelt sich ein Fluß, und bildet eine Insel, deren Spitze mit Bäumen besetzt ist. Auf der andern Seite ist ein schönes Gehölz. Zur Rechten steht auf einer Anhöhe von Felsen am Ufer der Boyne

Schlachtfeld

---

*) Wilhelm III. ist daher bey den protestantischen Irelandern noch in solchem Andenken, daß bey allen feyerlichen Mahlzeiten auf das glorwürdige Gedächtniß Wilhelms III. getrunken wird, wie Twiß anmerkt.

Boyne ein zum Andenken der wichtigen Schlacht errichteter Obelisk, und im Rücken desselben ist der Abhang eines Hügels. Der Obelisk oder die Pyramide, wie man es nennen will, ist wohl die höchste, die man irgendwo antrifft. Die Höhe beträgt ohngefähr 150 Fuß, und am Grunde ist jede Seite 20 Fuß breit. Sie ward 1736 unter dem Vicekönige, dem Herzoge von Dorset, auf Kosten einiger Protestanten in Großbritannien und Ireland errichtet, wie eine lange Inschrift sagt.

Dunleer. Wenn man von Drogheda den Weg längst der Küste fortsetzt, kommt man auf den Flecken Dunleer. Das Land ist hier herum sehr armselig, aber fruchtbar. Die Umzäunungen bestehen aus losen über einander gelegten Feldsteinen. Ueber der Thür der elenden Hütten bemerkt man oft ein Bret mit den Worten: *gute trockene Wohnung.* Das kupferne Geld von der Insel Man ist hier stark in Umlauf. Alles ist voll von Bettlern, die den Reisenden insgemein einen halben schlechten Pfennig, den sie einen rap (Nasenstüber) nennen, anbieten, mit der Bitte, ihn gegen einen guten zu verwechseln. Die Zäume, Steigbügel und Schwanzriemen am Pferdegeschirre der Bauern sind gemeiniglich Strohwische.

Monesterboice. Drey Meilen seitwärts von diesem Flecken, und ganz aus dem Wege, merken wir den Ort Monesterboice nur deswegen an, weil man daselbst einen der größten irelándischen runden Thürme antrifft, welcher 110 Fuß hoch ist, unten im Grunde 18 Fuß im Durchschnitte hat, und nach oben zu allmählig schmäler wird. Nahe dabey sind drey Kreuze, wovon das größte 18 Fuß hoch ist, und aus zween Steinen besteht. Die Basreliefs darauf sind vom Alter sehr unkenntlich. Sie stellen Christum, den

heil.

Heil. Patrik, St. Bonn, Adam, Eva, Katzen, Waagschalen, u. s. w. vor. Auf dem Kirchhofe stehen noch zwey dergleichen Kreuze.

Ehe man nach dem Burgflecken Atherdee kommt, übersieht man von einem Hügel diesen Ort, und einen reichen Strich Kornland. Von hier erreicht man Dundalk, eine Stadt mit einem bischöflichen Sitze, die vermittelst ihres bequemen Hafens ziemliche Handlung treibt. Von einem Hügel hat man eine herrliche Aussicht über die Stadt, eine Menge grüner Hügel mit den schönsten Einzäunungen, und im Hintergrunde zeigt sich ein majestätischer Umfang von Gebirgen. Die vielen neuen Häuser sind ein Beweis des zunehmenden Wohlstandes, obgleich die 1765 vom Parlamente hier angelegte Kammertuchfabrike wieder eingegangen, und weiter nach Norden verlegt ist. Lord Clanbrassil hat hier einen guten Garten. *Atherdee. Dundalk.*

Im äußersten nördlichen Winkel der Grafschaft Louth haben wir noch den Flecken Carlingford zu bemerken, welcher an der Bay gleiches Namens liegt, und einen starken Kohlenhandel nach Whitehaven treibt. Der Hafen wird viel besucht, die Kaufleute haben selbst viele Schiffe, und der Markt ist mit allem reichlich versehen. Die Gegend ist so malerisch schön, daß solche 1772 in sechs schönen großen Prospekten, nach Zeichnungen von Jonathan Fisher, von den besten englischen Künstlern gestochen worden. Von Carlingford kommt man bald in die Grafschaft Down, welche schon einen Theil der Provinz Ulster ausmacht *), und wovon 1740 eine besondere Beschreibung herausgekommen ist. *Carlingford.*

Ulster.

---

*) Die Beschreibung des südl. Theils der Provinz Leinster bleibt bis zur Rückreise nach Dublin.

Ulster.

Natürliche Beschaffenheit.

Die Provinz Ulster *) wird an drey Seiten von Meeren umgeben, und hat daher eine vortrefliche Lage zur Fischerey und zur Handlung. Gegen Süden gränzt sie an Leinster und Connaught. Sie ist nicht viel länger, als breit, indem man von dem westlichen Ufer bis zum östlichen in der Grafschaft Down 160, und von dem nördlichsten Vorgebirge Fairhead bis an die Gränze der Grafschaft Longford in Leinster ohngefähr 110 Meilen zählt. Die Provinz ist meistens sehr fruchtbar, und wo sie es minder ist, da trifft man doch gute Weiden für Schaafe und Rindvieh an. An den Flüssen sind herrliche Wiesen, und an Getraideland fehlt es nicht. Weil hier der vornehmste Sitz der Leinwandmanufaktur ist, so wird viel Flachs gebauet, und jeder Leinweber auf dem Lande pflanzet auch so viel Erdbirnen, als er mit seiner Familie gebraucht. Von dieser fehlerhaften Einrichtung des Flachsbaues haben wir schon im 14ten Briefe geredet. Die vielen Waldungen von Ulster liefern auch eine Menge Bauholz, und an Fruchtbäumen ist ein großer Seegen vorhanden. Außer der Küste ist das Land mit großen und kleinen Landseen und vielen Flüssen versehen, die insgesammt ungemein fischreich, besonders an Lachsen, sind. Unter den ersten sind Lough Neagh und Lough Erne die vornehmsten und von beträchtlichem Umfange. Unter den letztern ist die Bann der größte. Der Lough Neagh hat durch ihn seinen Abfluß ins Meer. Lough Foyle fließt bey Londonderry vorbey, und formirt, ehe er ins Meer fällt, einen großen Meerbusen dieses Namens.

Die

---

*) Die Irren nennen sie Guilly oder Cui-Guilly, und auf Latein heißt sie Ultonia.

Ulster.

Die Swilly bildet, ehe sie sich nicht gar zu weit davon mit dem Meere vereiniget, ebenfalls einen langen einem See ähnlichen Meerbusen, der tief ins Land hineingeht. Die Lagen-Water fällt in die Carrickfergusbay.

Ulster war in ältern Zeiten ein eignes Königreich, und hat nicht nur den Rang über die andern drey, sondern auch die Ehre, daß der königl. Prinz, welcher zum Herzoge von York ernannt wird, allezeit den Titel eines Grafen von Ulster führt. Heutiges Tages wird Ulster in neun Grafschaften abgetheilt, diese enthalten 55 Baronien, 29 Flecken und 365 Pfarren, welche unter einem Erzbischoffe und sechs Bischöffen stehen. Die Anzahl der Handelsplätze beläuft sich auf 10, und im Jahre 1766 auf 128,983. Man giebt ihr 2,836837 Acker.

Der erste merkwürdige Ort, wenn man die Newry-Grafschaft Down in Ulster betritt, ist Newry, ein Parlamentsburgflecken, und jetzt eine blühende Stadt mit Leinwandsmanufakturen, anstatt daß vor 50 Jahren lauter Lehmhütten daselbst stunden. Diese große Veränderung und der wichtige Handel ist dem 1765 gezognen Kanale zuzuschreiben, der Barken von 150 Tonnen trägt. Es ist ein vortrefliches Werk, welches, obgleich die Hauptabsicht nicht erreicht worden, doch die Aufnahme dieses Orts veranlaßt hat. Der Kanal ist von der See bis an die Stadt fertig, und geht noch ein Stück weiter, nachher hört er auf einmal auf, anstatt daß er bis Drumglaß und Dungannon fortgehen sollte. Der Plan war, Dublin mit Kohlen aus den daselbst befindlichen Gruben zu versorgen *), wo sie von besonderer

---

*) Man sehe, was davon im 14ten Briefe gesagt ist. Young giebt im 2ten Theile seiner Reisen S. 146.

Siebzehnter Brief.

sonderer Güte, und in solcher Menge anzutreffen sind, daß sechs Städte, wie Dublin, damit versehen werden könnten.

Armagh. Von Newry sind 23 Meilen bis Armagh, welches nordwestwärts in der Grafschaft gleiches Namens liegt. Man hält diese Grafschaft *) für eine der fruchtbarsten im ganzen Königreiche, doch ist eine Reihe minder tragbarer Berge, die Tewes genannt, darinn. Armagh ist von einer vormals berühmten Stadt zu einem armseligen Orte herabgesunken, der nichts als elende Hütten und Ruinen von Klöstern sieht. Dem ehemaligen Flor ist es zuzuschreiben, daß ein Erzbischof, der Metropolitan von Irland, hier seinen Sitz hat. Der jetzige Erzbischof ist ein sehr patriotischer Mann, der auf seine Kosten, bey Youngs Anwesenheit, in Zeit von acht Jahren eine Menge nützlicher Gebäude, nicht für seine Nachkommen, sondern zum gemeinen Besten errichtet, und dem Orte dadurch ein besseres Ansehen gegeben hat. Er hat eine nicht große, aber artige bischöfliche Wohnung mit weitläuftigen Wirthschaftsgebäuden aufgeführt, und hinter denselben schöne Pflanzungen angelegt, darinn sich eine Terrasse befindet, von der man eine herrliche Aussicht über bebauete Hügel und Thäler hat. Die unter seiner

---

die hier mitgetheilte Nachricht. Twiß sagt hingegen S. 57.: ich ritte 10 Meilen längst dem Kanale, der bis an den Loug-Neagh geht, und kam auf diesem Wege 8 Schleusen vorbey. Wie dieses mit jenem Berichte, dem zufolge nur noch drey Meilen bis zu den Kohlenwerken fehlen sollen, zu vereinigen ist, mögen künftige Reisende auf der Stelle ausmachen.

*) Rocqne hat bereits 1760 eine Charte von vier Bogen davon geliefert.

Ulster.

seiner Aufsicht errichteten Baraken machen ein grosses Gebäude aus. Die Schule ist ihrem Zwecke gut angemessen, und hat einen ansehnlichen Schulsaal, Speisezimmer, luftige Schlafkammern, und einen mit einer Mauer eingefaßten Spielplaß. Der Lehrer hat 400 Pf. Sterl. Einnahme, und die Schule ist daher im blühenden Zustande. Dieß Gebäude hat der Erzbischof bloß aus seinem Beutel aufgeführt. Die Kirche ist von weißem Stein, und mit einem hohen Thurme versehen; beydes fällt um desto mehr auf, da artige Kirchen in diesem Lande so selten sind. Er hat auch die Errichtung eines öffentlichen Krankenhauses auf Unterzeichnung veranlasset, wozu er selbst ein Ansehnliches beygetragen. Auf seine Kosten hat er eine öffentliche Bibliothek angelegt, und seinen ansehnlichen Büchervorrath dazu geschenkt, auch für den Gehalt des Bibliothekars gesorgt. Ein neues Markthaus und Fleischschranken rühren ebenfalls von ihm her. Durch diese Beyspiele giebt er solche Aufmunterung, daß die Stadt sich nach und nach aus einer lehmernen in eine steinerne verwandelt. Er hat aus seinem Vermögen und Einkünften bereits 30000 Pf. Sterl. verwendet, ohne das zu rechnen, was auf seine Veranlassung, obgleich nicht unmittelbar auf seine Kosten, geschehen. Wie wenig so edel denkende Männer giebt es doch!

Vier Meilen weiter hinunter ganz im Winkel dieser Grafschaft liegt Charlemount, der vornehmste Ort derselben am Flusse Blackwater, der ein Paar Meilen von hier in den großen Lough-Neagh fällt. Der Ort ist etwas befestigt, und hat in vorigen Zeiten eine Belagerung ausgehalten. Von hier sind noch vier Meilen nordwestwärts bis Dungannon, wo die ergiebigen Kohlengruben sind, *Charlemount. Dungannon.*

sind, deren oben bey Newry gedacht worden. Dungannon liegt auf einem Hügel, und ist der Hauptort der Grafschaft Tyrone, welcher Deputirte zum Parlament schickt.

Grafschaft Antrim und Lough-Neagh.

Von Dungannon geht der Weg längst dem südlichen Ufer des Lough=Neagh nach Lurgan, welches in der Grafschaft Antrim liegt. Diese Grafschaft gehört zu den größten in Ireland, ist von Süden nach Norden 46 Meilen lang, und liegt längst dem Meere. Im nördlichen Theile hat sie viele Moräste, das übrige ist fruchtbar. Weil der merkwürdige See Lough-Neagh zu dieser Grafschaft gerechnet wird, so wollen wir hier einige Nachrichten davon mittheilen. Er gehört dem Lord Donnegal, ist der größte in Ireland, und auch einer der ansehnlichsten in unserm Welttheile. Er hält 28 Meilen in der Länge, und im Durchschnitte 10 in der Breite. Seine Ufer sind sehr ausgeschnitten. Man rechnet, daß er 100000 Acker oder Morgen Landes in sich faßt. Er nimmt viele Flüsse zu sich; darunter sind fünf große und vier kleinern, nebst vielen Bächen. Dieses starken Zuflusses ungeachtet, hat der See nur die Bann, wodurch er sich des Wassers entlediget; ihr Bette ist aber lange nicht breit genug, um bey starken Regengüssen so viel abzuführen, als zufließt, daher steigt der See oft plötzlich acht bis zehn Fuß, verursacht Ueberschwemmungen, und nimmt beym Zurücktreten viel Sand und Erde mit zurück, welches mit der Zeit eine Verstopfung des Abflusses in die Bann befürchten läßt. Wegen seines süßen Wassers bricht er sich beym Sturme in kurze Wellen, die gefährlicher, als auf dem Meere, sind. Im See liegt die Insel Ram, welche einen runden Thurm hat. An dem Ufer findet man allerley schöne Steinarten, z. E. Karniole,

Karniole, Agate, Kryſtallen, Moccoſteine ꝛc. Er führt nicht nur einen großen Seegen an Fiſchen bey ſich, ſondern man ſchreibt ſeinem Waſſer auch beſondere Heilkräfte zu, indem er bey denjenigen, die ſich darinn baben, Geſchwülſte und eiternde Geſchwüre heilen ſoll. Merkwürdig iſt auch ſeine verſteinernde Eigenſchaft beym Holze. Man findet es am Ufer, ohne daß man einen äußern Zuſatz oder ein Anhängen einer Materie, die ſich darauf gelegt hätte, bemerkt, ſondern der Kern und die Merkmaale des Holzes haben ſich erhalten, und alle Veränderung kommt auf das Gewicht und die Dichtigkeit an, da die mineraliſchen Theilchen das Holz durchfloſſen und erfüllt haben *).

Das gedachte Lurgan liegt auf einer Anhöhe, und hat eine reizende Ausſicht über den See und die umliegende fruchtbare Gegend. Man nennt den Ort Kleinengland, weil die Einwohner in ihren Sitten und Sprache viel Aehnliches mit den Engländern haben. Hr. Brownlow hat hier ſchöne Anlagen gemacht, wozu ihm die abwechſelnden Proſpekte Gelegenheit gegeben: und an ſchicklichen Orten ſind Tempel und Bänke angebracht. Lurgan hat einen beträchtlichen Leinwandmarkt. Das Kammertuch wird zeitig, und den ganzen Morgen an den Markttagen verkauft. Um 11 Uhr ſteigen die Leinenhändler auf ſteinerne Standplätze, und die Weber drängen ſich mit ihrer Waare zu ihnen. Des Leinenhändlers Schreiber ſchreibt, wenn man über den

---

*) S. Simons Schreiben, die Verſteinerungen von Lough-Neagh betreffend, im Hamburg. Magazin B. 2. S. 156. und *Rich. Barrons* Lectures — upon the Petrifactions, gems, Chryſtalls and ſanative quality of Lough-Neagh. Dublin 1751. 4

den Preis einig geworden, seines Herrn Namen und den Preis auf die behandelten Stücke, worauf sie der Verkäufer nach des Käufers Quartier trägt. Um 12 Uhr ist der Handel zu Ende, alsdann wird die Leinwand gemessen, und baar bezahlt. Man rechnet, daß wöchentlich 3000 Stück zu 35 Schill. im Durchschnitte verkauft werden, welches 5250 Pf. Sterl. und im Jahre 273000 Pf. Sterl. in einem Umkreise von etlichen Meilen macht. Die Landwirthschaft ist durchgängig schlecht, weil das Volk für nichts als Flachs und Erdbirnen sorgt. Oft geben die Leinwandhändler das Garn her, und der Weber bekommt etwas Gewisses für die Elle. Die Bleichplätze gehören zum Theil den Leinwandhändlern, zum Theil aber auch nicht. Vor dem Bleichen wird die Leinwand in Flußwasser gesteckt, alsdann zum Waschen in die Waschmühlen gebracht, und in Barllleasche von Alicante, die nach Newry und Belfast geführt wird, oder in amerikanischer Pottasche gekocht [*]). Nach sechsstündigem Kochen wird sie gewaschen, und vier Tage auf dem Grase ausgespannt. Dieß Kochen, Waschen und aufs Gras legen, wird so lange wiederholt, bis sie zum Reiben weiß genug ist. Hernach wird sie in Seifenwasser gesteckt, und alsdann wieder gerieben. Nach dem Reiben wird sie wieder gewaschen und in Vitriol und Wasser zur Beize gesteckt. Es ist hinlänglich, wenn sie 24 Stunden darinn liegt, es thut aber auch keinen Schaden, wenn sie 10 Tage darinn bleibt. Bey feiner Leinwand muß es dreymal nach jedem Reiben geschehen, bey grober ist einmal hinlänglich. Das Beizen geschieht zur Reinigung und Säube-

---

[*]) S. Youngs Reisen B. 1. S. 168, wo noch mehr von den Leinwandfabriken vorkommt.

Säuberung. Nach der Beize wird sie in Seifenlauge wohl gewaschen, gerungen, und mit Amidan und Blau aufgesteift, alsdann wird sie getrocknet, in einer Mühle gerollt, und endlich unter die Presse gesetzt, so ist sie zum Verkauf fertig. Auf ähnliche Weise verfährt man aller Orten in Ireland, wo Leinwandmanufakturen sind. Bey der Wichtigkeit derselben haben wir diese Nachricht hier nicht überflüssig zu seyn geglaubt.

Hillsborough ist ein kleiner Ort, in dessen Nachbarschaft der Lord dieses Namens, auf den Hügeln, darüber die Landstraße geht, artige kleine Pflanzungen angelegt hat. In Hillsborough selbst hat er nicht nur einen artigen Gasthof, sondern auch eine Kirche gebauet, dergleichen es wenig in Ireland giebt. Es ist eine Kreuzkirche mit einem hohen Thurme, welcher die ganze Gegend ziert. Er sucht einen Ruhm darinn, das ganze Städtchen zu verschönern, welches ihm desto mehr Ehre macht, da er nicht hier lebt.

Von hier hat man nicht weit bis auf den Flecken Lisburn, einen durch seine Leinwandmanufakturen blühenden Ort, wo die besten Bleichen in Ireland seyn sollen. Er liegt am Flusse Lagen-Water, der sieben Meilen von hier bey Belfast in die See fällt, das ganze Thal zwischen beyden Orten ist voll von Leinwandfabriken, insonderheit trifft man 12 bis 13 große Bleichplätze an. Man rechnet, daß die Grafschaften Down und Antrim jährlich für 800000 Pf. Sterl. Leinwand fabriciren, wovon ohngefähr der vierte Theil in diesem Thale verfertigt wird.

Belfast ist die vornehmste Stadt des nördlichen Irelands, und wird zu den vier größten Städten dieser Insel nach Dublin gerechnet. Die drey andern sind: Cork, Waterford und Limerick. Sie ist stark bewohnt, und durch ihren blühenden Handel reich. Vornehmlich steht sie mit Schottland, und besonders mit Glasgow, in Verbindung. Sie handelt aber auch nach andern Reichen; so geht z. E. viel Butter nach Hamburg und Bremen. Die Stadt ist regelmäßig gebauet, mit breiten und geraden Straßen, und einer Brücke von 21 Bogen über den Fluß Lagen-Water. Sie wird jährlich besser angebauet, und innerer Reichthum und Wohlstand nehmen zu. Die Häuser sind von Ziegeln, weil es an Steinbrüchen in dieser Gegend fehlt. Lord Dungannon hat seinen Sitz zu Bever bey Belfast, wo er schöne Pflanzungen angelegt hat. Ein gewisser Magee hat eine Druckerey, welche Schriften von weit besserm Papier und Druck, als die gewöhnlichen in Ireland, liefert.

Belfast *) führt viel Rum, Branntewein von Korn und Wachholdern (Genever) und Wein ein; Kohlen aus Schottland; Eisen, Holz, Hanf und Asche aus der Ostsee, Barille zum Bleichen aus Spanien; Thee, Zucker, Hopfen und starkes Bier (Porter) sind die vornehmsten Artikel aus Großbritannien; aus Nordamerika: Weizen, Stabholz, Mehl und Leinsaamen. Die Ausfuhr besteht aus Ochsen- und Schweinefleisch und Butter nach Westindien und Frankreich. Leinen nach London und Amerika ist ein wichtiger Artikel. Die Bilanz steht sehr vortheilhaft für Belfast. Die drey vornehmsten Oerter, welche Leinwand ausführen, sind Belfast, Newry und Derry, und davon versendet Belfast zwey Drittel. Hier sind drey Zuckerfabriken.

Belfast

*) Youngs Reisen, B. 1. S. 187.

Belfast hat 50 Schiffe von 20 bis 300 Tonnen. Schiffe von 200 Tonnen können mit halber Ladung bis an den Kay kommen: größere Schiffe liegen 2½ Meilen unterwärts. Man rechnet 12 bis 15000 Einwohner. Die Auswanderung war hier von 1770 bis zu Anfange des Kriegs stark, und jährlich giengen auf 2000 und mehr Menschen nach Amerika: doch waren es meistens schlechte faule Leute. Bey der außerordentlichen Fruchtbarkeit der Ehen können die Menschen nicht alle in Ireland beschäftigt werden, daher ist die Auswanderung hier minder schädlich, als in andern Ländern; jemehr das Land aber empor kommt, und Handlung und Gewerbe blühen, desto mehr Hände können beschäftigt werden, und die Auswanderungsbegierde nimmt natürlicher Weise ab, wenn der Einwohner zu Hause sein Brodt findet. Im Jahre 1775 betrugen die Zölle mit Einschluß der Accise auf Tabak und auswärtige gebrannte Wasser 64800 Pf. Sterl. Im Jahre 1773, welches sich mit den 24 März 1774 endigt *), wurden 147,218 Stück Leinwand ausgeführt, welche 3713822 Yards hielten.

Belfast gehört dem Lord Donnegal, welcher 2000 Pfund Renten davon zieht. Er hat hier eine schöne Kirche, die zu den besten in Ireland gehört, und einen artigen Assembleesaal über der Börse mit Thee- und Spielzimmern aufgeführt. Seine liegenden Gründe erstrecken sich auf 20 Meilen in gerader Linie. Der ganze Lough-Neagh ist sein. Der Aalfang im Flusse Bann ist für 500 Pf. Sterl. verpachtet.

---

*) Man fängt in Ireland in öffentlichen Rechnungen das Jahr mit dem 25 März an, und benennt bis dahin im Schreiben allemal beyde Jahrzahlen, z. E. den 3 März 17$\frac{73}{74}$.

pachtet. Seine Güter sind die größten in Ireland, und ihr Einkommen wird auf 31000 Pf. Sterl. geschätzt. In Antrim hat Lord Antrim die weitläuftigsten Güter, welche aus vier Baronien und 173000 Acker Landes bestehen. Von diesen nimmt er 8000 Pf. Renten von Pachtern ein, welche sie auf ewig gepachtet haben, und von andern 64000 Pf. Grundzins wieder erhalten. Dieß ist wohl, sagt Young mit Recht, das grausamste Beyspiel auf der Welt von Sorglosigkeit für das Wohl der Nachkommenschaft. Der Vater des jetzigen Lords hat diese schädlichen und unbesonnenen Contracte gemacht.

Newtown. Um von hier seitwärts verschiedene merkwürdige Oerter in der Grafschaft Down zu besehen, muß man eine Tour um den See Strangford machen. Zuerst kommt man auf Newtown, wo Hr. Stewart, dem der Ort gehört, ein neues Markthaus mit einem artigen Platze angelegt hat. Man sieht auch neue Pflanzungen und steinerne Hütten für Häusler, die ebenfalls von ihm herrühren. Newtown ist wegen der schönen geblümten Leinwand bekannt. Wenn man aus dem Städtchen kommt, so führt die Straße auf einmal nach dem Ufer des Sees Strangford. Bey niedrigem Wasser fischt man daraus ganze Haufen von Muschelschaalen, die hernach zur Düngung auf die Felder gefahren werden, aber nicht so lange Kräfte geben, als der Kalk. Längst dem Ufer wird allenthalben Meergras gesammlet, um Sörsalz (Kelp) daraus zu brennen. Auf dem ganzen Wege bis Portaferry sind seit 20 Jahren über 30 Kalköfen angelegt, um die Felder zu düngen, ein sicherer Beweis von der Zunahme und Verbesserung des Ackerbaues. Die Steine werden zur See aus Carlingford in der Grafschaft

schaft Lowth geholt, und mit Kohlen und Torf gebrannt. Wenn man von Newtown die Küste des Sees Strangford verfolgt, so bleibt erst links der Burgflecken Bangor an der Carrickfergusbay, wo viel Garn gesponnen wird, und hernach Donaghadee liegen. Zwischen letzterem Orte und Port-Patrik in Schottland ist der Kanal nur 18 englische Meilen breit. Die Packetboote von Schottland kommen hier an, und gehen ab. Der Handel ist ansehnlich, und der Ort wegen der beständig durchpassirenden Reisenden lebhaft.

Donaghades.

Portaferry liegt an der Nordseite des Kanals, durch welchen der See Strangford ins Meer abfließt. Der lange Strich von Newtown herunter, der eine Halbinsel formirt, und die Baronie Ards heißt, hat viel sumpfigen Boden. Längst derselben und auch im See Strangford werden im Sommer viel Heeringe zur inländischen Consumtion gefangen. Man rechnet, daß auf dieser Küste 400 Böte gehalten werden, wovon 110 nach Portaferry gehen. Ein Boot kostet 15 Pf. und die Netze, deren viere zu einem Boote gehören, 10 Pf. Es ladet vier bis fünf Tonnen schwer, und kann in einer Nacht 6 Maze, jede von 500 Stück Heeringen fangen. Die Maze galt im Durchschnitte acht Schill. acht Pfen. Die Fischerey ist aber sehr ungewiß; sie fängt den 12 Jul. an, und endigt sich mit Ende Septembers. Der Gewinn wird insgemein so getheilt, daß das Boot und die Netze die Hälfte, und die vier darinn sitzenden Männer die andere Hälfte bekommen. Im Durchschnitte verdienen sie jeder eine Guinee die Woche. Die Einwohner der Baronie Ards sind insgesammt wechselsweise Fischer, Matrosen und Ackersleute. Portaferry treibt außerdem guten Handel; 12 Schiffe gehen

Portaferry.

gehen jährlich nach dem Lough-Swilly auf den Heeringsfang; außerdem werden noch 15 Schiffe von 30 bis 150 Tonnen, und sechs Mann, jedes zu anderweitigem Handel, als Kohlen von Whitehaven, Holz und Eisen von Norwegen ꝛc. gebraucht. Der Ort nimmt an Wohlstande zu. Die Gegend zwischen hier und Strangford hat einen großen Ueberfluß an Feder- und Schlachtvieh, welches daher sehr wohlfeil ist. Hundert Austern kosten 19 englische Pfennige. Der Kanal, und der See bis Killileagh, haben 30 Fuß Wasser. Ein Schiff von 100 Kanonen kann 15 Ellen vom Ufer vor Anker liegen.

Strangford. Das Städtchen Strangford liegt auf der andern Seite des Kanals, doch mehr gegen die See, und treibt einen guten Getraidehandel. Ueberhaupt haben sich seit 15 Jahren Ausfuhr, Einfuhr, Schiffe und Seeleute dieses Platzes vermehrt. Es liegt in der Baronie Lecale, worinn die Leinwandfabrik so *Down-Patrik.* stark blühet, daß in Down oder Down-Patrik wöchentlich 5000 Stück, das Stück zu 26 Schill. verkauft werden. Down ist die Hauptstadt der Grafschaft dieses Namens, und zugleich der Sitz eines Bißthums. Sie ist sehr alt, und war ehemals wegen der Gebeine des heil. Patriks und der heil. Brigitte in großem Rufe. Von hier gehen wir nun wieder nordwärts über Killileagh, einen kleinen Ort, am See Strangford, welcher wegen des welßen Zwirns und der blühenden Leinwandmanufaktur berühmt ist, nach Belfast zurück, und versparen das Uebrige der Provinz Ulster bis zum folgenden Briefe.

Achtzehnter Brief.

Fortsetzung von der Provinz Ulster. Antrim. Carrickfergus. Randalstown. Der Riesendamm. Coleraine. Begräbniß-Hügel. Limavaddy. Magilligan. Londonderry. Heeringsfischerey. St. Johnstown. Raphoe. Donnegal. Kellybegg. Lachsfang zu Ballyshannon. Grafschaft Fermanagh. Belleek. Castle-Caldwell. See Earne. Innickilen. Castle-Cool. Belleisle. Swanlingbar. Farnham. Cavan. Granard. Longford.

Von Belfast bis Antrim sind 14 Meilen. Es liegt am Lough-Neagh, und ist heutiges Tages ein schlechter Flecken, der aber vermuthlich ehemals wichtiger war, weil die ganze Grafschaft von ihm den Namen bekommen hat. Er schickt zween Deputirte zum Parlament. Von hier nach Sharn-Castle geht die Straße am Ende des Sees weg, und bietet dem Auge die schönsten Aussichten dar. Der See ist hier von solchem Umfange, daß man das jenseitige Ufer nicht erkennt. Er hat vollkommen das Ansehen des Meeres, das Ufer besteht aus Sandbänken, die einer Seeküste so ähnlich sehen, daß man kaum glaubt, daß es frisches Wasser ist. Das Schloß hat eine herrliche Lage: aus den Fenstern desselben hat man einen Prospekt, der um so mehr Eindruck macht, da Waldung und See auf das angenehmste mit einander verbunden sind. Die Pachtungen sind, wie in allen Gegenden der Leinwandsfabrik, klein: fast alle Pachter sind Weber, oder Leute, welche den Webern Arbeit geben. Aber sie haben die Gewohnheit, ihr Pachtgut unter ihre Kinder zu vertheilen, welches nichts als Elend und Unbequemlichkeit nach sich zieht, denn die Theile werden so klein, daß sie nicht davon leben können, und daß der geringste Zufall, z. E. der Tod einer Kuh, sie so herunter bringt, daß sie weder Pacht noch andere Forderungen bezahlen können.

Carrickfergus. Seitwärts von Antrim liegt **Carrickfergus**, ehemals **Knockfergus**. Man kann aber auch von Belfast aus über Carrickfergus reisen. Es ist ein volkreicher wohlhabender Ort an der Bay gleiches Namens, mit einem schönen Hafen, der durch ein Kastell beschützt wird, darinn beständig eine Besatzung liegt. Im Jahre 1760 bemächtigte sich der französische Kapitän und Kaper Thurot desselben, und plünderte ihn aus.

Auf dem Wege von Antrim nach Ballimony trifft man viel schlechtes Kupfergeld oder Geldzeichen, die aus Mangel der Scheidemünze von Privatpersonen ausgegeben werden, im Umlaufe an. Twiß erwähnt dergleichen, worauf stand: Ich verspreche dem Einhaber auf Sicht zwo Pfennige zu bezahlen. Johann Mac Cully 1761: auf der andern Seite war eine Biertonne mit den Worten: Brauer zween Pfennige. Er beruft sich dabey auf eine Stelle aus der Nachricht von irischen Münzen*), darinn es heißt: Der Mangel an Scheidemünze war 1727 so groß, daß verschiedene Personen silberne und kupferne Zeichen ausgeben mußten, die sie Traders (Kaufleute) nannten, und ihren Arbeitern, Kunden und Nachbarn als Handschriften gaben;

---
*) Account of Irish coins. p. 73.

Ulster. 411

gaben; auf denselben steht der Name dessen, der sie ausgegeben, und der Ort seines Aufenthalts. Dergleichen wurden zu Armagh, Belfast, Dromore, Lurgan, und Dublin geschlagen.

Von Antrim kommt man zuerst auf den Flecken Randalstown. In dieser Gegend hat man lange den hohen Berg Slamish, der sich über eine Reihe von Gebirgen erhebt, im Gesichte. Unter demselben ist ein langer Morast; ein andrer bey Rasharkin, und zwischen diesem Orte und Ballymony ein dritter von großem Umfange: sie könnten alle drey mit nicht gar zu großen Unkosten urbar und sehr einträglich gemacht werden. Von hier hat man noch 10 Meilen bis Bushmills, in dessen Nachbarschaft der berühmte Riesendamm befindlich ist.

Randalstown.

Der Riesendamm (Giants Causeway) hat vermuthlich den Namen daher bekommen, weil man geglaubt, diese ungeheure Masse sey ein Werk der Riesen. Er liegt am äußersten nördlichen Ende von Ireland, und besteht, wie Twiß berichtet, aus etwa 30000 meist senkrecht stehenden Pfeilern. Bey niedrigem Wasser ist der Damm auf 600 Fuß lang, und läuft vermuthlich weit in die See. Man weis nicht, ob die Pfeiler unter der Erde, wie ein Steinbruch, fortgehen; sie sind von verschiedener Maße 15 bis 26 Zoll im Durchschnitte, und 15 bis 36 Fuß hoch. Ihre Figur ist vornehmlich fünf- bis sechseckigt. Auch hat man verschiedene siebeneckige, und einige wenige drey-, vier-, und achteckige von irregulärer Größe gefunden. Jeder Pfeiler besteht, so zu sagen, aus Gelenken oder Absätzen, die aber nicht durch platte Oberflächen verbunden sind, denn wenn sie mit Gewalt aus einander gerissen werden, so ist das eine Stück in der Mitte hohl, und das andere rund;

Riesendamm.

rund; viele dieser Gelenke liegen einzeln und lose auf dem Strande. Der Stein ist eine Art von Basalt, fest, und von dunkler Farbe. Er ist sehr schwer, denn jedes Gelenk wiegt auf $1\frac{1}{2}$ Centner. Er klingt wie Eisen, schmelzt im Ofen, ist hart im Bruch, und macht seiner außerordentlichen Härte wegen die Schneide der Werkzeuge stumpf, weswegen er nicht zum Bauen gebraucht werden kann. Die Pfeiler stehen sehr dicht an einander, und ohngeachtet sie nicht gleicheckigt sind, so sind sie doch so sauber zusammengefügt, daß kein leerer Raum dazwischen ist, und jeder Pfeiler behält seine eigne Dicke, Winkel und Seiten von oben bis unten. Diese Säulen gehen ununterbrochen auf zwo Meilen längst dem Ufer fort. Derjenige Theil davon, welcher am meisten zu Gesichte kommt, und dem Damme am nächsten ist, wird von dem Landmanne der Weberbaum oder die Orgel genennt. Dieser Pfeiler sind just 50 an der Zahl; die längsten sind auf 40 Fuß hoch, und haben 44 Glieder, die andern nehmen allmählig an beyden Seiten ab, wie die Orgelpfeifen *).

So weit Twiß. Seitdem man die Insel Staffa bey Schottland näher kennen lernen **), und seitdem man in so vielen andern Gegenden, wo Basalte anzutreffen sind, genauer nachgespürt, ist der

an

---

*) Vivares hat zween schöne Kupferstiche 1744 nach Gemälden von Euf. Drury gestochen, welche den Prospect des Riesendammes vorstellen. Rich. Pocoke und Da Costa Abhandlung davon stehen in Philosoph. Transact. Vol. 45. S. 125. Vol. 48. S. 226. und Vol. 52. P. I. S. 103. Man sehe auch Boate's Nat. history of Ireland, und Bush's Hibernia curiosa.

**) Von den merkwürdigen Basalten derselben s. den 12ten Brief.

an sich höchst merkwürdige Bau des Riesendammes weniger auffallend, als zuvor, und man ist auch im Stande, etwas Bestimmteres über die Natur des Basalts zu sagen. Die Meynungen über die Entstehung dieser Säulen sind getheilt. Wallerius, Guettard u. a. m. glauben, der Basalt sey aus einer flüßigen Materie durch Krystallisation entstanden. Bergmann gedenkt sich die Masse als anfangs breyartig, und vermuthet, sie habe sich beym Trocknen zusammen gezogen, Risse bekommen, und sich zu Pfeilern gebildet, wozu vielleicht die Hitze des unterirdischen Feuers das Ihrige beygetragen haben mag. Allein die meisten großen Mineralogen, z. E. von Born, Ferber, Hamilton, Demarest, u. s. w. sehen heutiges Tages den Basalt mit großer Wahrscheinlichkeit für ein vulkanisches Produkt, für eine Lava an, die sich, als sie erkaltete und verhärtete, krystallisirt, oder nach senkrechten und wasserrechten Richtungen gespalten hat *). Der Basalt findet sich auch hauptsächlich in den Gegenden vulkanischer Produkte; er liegt oft sowohl, als der nahe mit ihm verwandte Schörl, unter Laven; und die Herren Banks und Solander sahen sogar in Island, wie sich eine frisch ausgeflossene Lava zu regelmäßigen basaltartigen Säulen bildete. Diese wichtigen Gründe machen es höchst glaublich, daß die Basalte durch Vulkane entstanden sind. Es ist das Lieblingssystem unsers Zeitalters; man will allenthalben Vulkane finden, und die halbe Welt zu ehemaligen feuerspeyenden Bergen machen. Inzwischen wird am angeführten Orte die gegründete Anmerkung hinzugefügt,

*) Man sehe Hrn. Hebenstreits Anmerkungen zur neuen Ausgabe von des Wallerius Mineralsystem, 1781. S. 306.

gefügt, daß man zweyerley Arten von Basaltpfeilern annehmen müsse, solche, die durchaus aus einem ungetrennten Stücke bestehen und zergliederte. Basaltsäulen von der ersten Art findet man in Sachsen bey Stolpen, im Erzgebirge, in Böhmen, Island ꝛc.*). Die zwote Art von Basaltsäulen sind in ihrer ganzen Höhe in gewissen ziemlich gleichen Entfernungen ihrer ganzen Höhe nach durch Queerspalten in Absätze oder Glieder zertheilt, wovon jede gleichsam eine kleinere vorstellt; von dieser Art sind die Säulen des Riesendamms und auf der Insel Staffa.

Coleraine. Von Bushmill sind noch 10 Meilen nach Coleraine, einem artigen Parlamentsburgflecken, mit einer Brücke über die Bann. Seine Lage an diesem Flusse ist angenehm. Ober- und unterhalb Coleraine ist ein guter Lachsfang. Diese Fischerey ist überhaupt in der Bann, und alle hinein fallende Flüsse die stärkste in Ireland. Der Lachs laichet daselbst zu Anfange Augusts; so bald es geschehen, geht er nach der See zurück. Die von dem Weibchen mit Sand bedeckten Eyer werden bald lebendig, und die Jungen suchen, wenn sie eines Fingers lang sind, die See wieder. Nachdem sie ein Paar Monate dort gewesen, und während dieser kurzen Zeit im Salzwasser die Hälfte ihrer völligen Größe erreicht haben, fangen sie im Januar wieder an, nach den Flüssen und frischem Wasser zurückzukehren, womit sie

---

*) Hin und wieder trifft man in diesen Gegenden Berge an, welche ganz aus übereinander stehenden oder unordentlich durch einander geworfenen Basaltsäulen bestehen. Daß der sächsische Basalt schwerlich ein vulkanisches Produkt sey, bezeugt Hr. Charpentier in der Mineralog. Geographie von Chursachsen, S. 409.

sie dann bis zum August fortfahren. Auf dieser Reise fängt man sie. Von der Mitte des Januars an werden die Netze aufgestellt, aber nach dem 12ten August dürfen weiter keine Netze ausgeworfen werden *). Die sämmtlichen Fischereyen im Bann sind jährlich um 6000 Pf. Sterl. verpachtet. Von der See bis an den Felsen oberhalb Coleraine gehört der Fluß der londoner Gesellschaft, von dem übrigen das meiste dem Lord Donnegal. Der Aalfang ist für 1000 Pf. Sterl. und der Lachsfang zu Coleraine eben so hoch verpachtet. Der Aal thut auch Reisen, wie der Lachs, aber anstatt in frischem Wasser zu laichen, geht er nach der See, und laicht da. Die junge Brut kehrt alsdann nach dem Strome zurük, und damit ihnen dieses desto bequemer wird, hängt man für sie bey dem Falle Strohseile ins Wasser. Sie werden gefangen, wenn sie wieder nach der See zurückkehren. Viele wägen 9 bis 10 Pfund. Der junge Lachs nimmt geschwinder zu, als vielleicht kein anderer Fisch; denn im ersten Jahre werden sie 16 bis 18, gemeiniglich 10 bis 12 Pfund schwer; nach zwey Jahren wägen sie gewöhnlich 20 bis 25 Pfund. Als Young hier war (1776), fiel der Fang gesegneter aus, als jemals: er sahe auf einmal 370 im Netze: und bey dem stärksten Zuge, dergleichen man sich aber auch nicht zu erinnern wuste, wurden 1452 Lachse mit einem Netze herausgezogen. Man fieng in demselben Jahre 400 Tonnen; die Hälfte ward frisch zu 1 bis 1½ Pfennige das Pfund verkauft; die andere Hälfte eingesalzen, und die Tonne zu 18 bis 20 Pfund gerechnet, nach Spanien und Italien versandt. Zur Fischerey werden 80 Personen gebraucht, und die Kosten dem
Pachte

---

*) Mehr vom Lachsfange s. unten bey Ballyshannon.

pachte gleich gerechnet. Zu Coleraine wird viel Leinwand gemacht, und auf Karren 110 Meilen weit nach Berlin geschafft. Die Einwohner treiben auch einen kleinen Handel mit Häuten, Butter und Fisch. Die Grafschaft, worinn Coleraine liegt, heißt entweder nach diesem Orte oder auch nach Londonderry, als dem Hauptorte derselben.

Begräbnißhügel. Bey der Brücke ist ein Carn oder kleiner durch Kunst gemachter Begräbnißhügel, dergleichen man auch in England, zumal auf der Ebne von Salisbury, antrifft, und die dort Barrows heißen *). Sie sind in Ireland häufig, und vom 8ten bis 12ten Jahrhundert durch die Dänen angelegt. Sie haben die Gestalt eines Kegels, und werden von einer großen Basis allmählig kleiner, bis sie sich mit einer platten Oberfläche endigen. Einige sind nicht über 20 Fuß, die höchsten aber über 150 Fuß senkrecht hoch, und von verhältnißmäßigem Umfange. Manche sind von Erde, andere von kleinen Steinen mit Erde bedeckt. In manchen hat man Knochen, Trompeten, Urnen, u. s. w. gefunden; wahrscheinlich waren es also Grabmaale. Außer diesen giebt es noch eine Art alter Werke, die dänische Festungen oder raths genannt werden. Man kann sie von jenen Carns leicht unterscheiden, indem sie mit Gräben und Verschanzungen umgeben, und gemeiniglich natürlich befestigte Hügel sind. Einige sind klein, andere nehmen 15 bis 20 Acker ein. Einige haben nur einen weiten Graben umher, andere zween bis drey, die durch Verschanzungen abgetheilt sind. Einige sind oben ausgehöhlt, auf andern ist ein hoher gethürmter Berg angelegt, der sich in der Mitte weit über die Festung erhebt, und die untern Werke bedecken

---

*) S. Neueste Reisen durch England, B. I. S. 464.

Ulster. 417

bedecken kann. In manchen von den großen sind Höhlen, die in engen, geraden und langen fünf Fuß hohen und breiten Gallerien fortlaufen. Diese kleinen Festungen sind in der Grafschaft Down so zahlreich, daß sie auf viele Meilen weit einander sehen und zurufen können *).

Von Coleraine geht der Weg über Newtown Limavaddy, Limavaddy und Magilligan nach Londonderry, welches 22 Meilen ausmacht. Newtown, welches auch nur kurz Limavaddy heißt, ist ein Burgflecken am Roe-Water nahe beym Lough-Foyle. Magilligan gehört dem Bischof von Londonderry, Magilligan. welcher daselbst ein schönes großes Haus nahe an der Seeküste aufführen lassen. Er hat hier in einem sandigen Ufer am Strande ein ansehnliches Kaninchengehege, welches jährlich über 3000, und oft 50000 Dutzend liefert. Das Dutzend Felle gilt zu Dublin fünf bis sechs Schillinge, und das Paar Kaninchen abgezogen zween Pfennige, welches im Jahre eine Einnahme von 1500 bis 1800 Pf. Sterl. macht.

Derry oder Londonderry **), die Hauptstadt der Grafschaft und der ganzen Provinz Ulster, Londonderry. liegt am Fluß Calmore, der nicht weit davon in den Lough-Foyle fällt, und auch die Foyle heißt.

Die

*) Von diesen Bergen und Festungen sind genaue Beschreibungen mit 20 Kupfern erläutert in der Louthiana anzutreffen.

**) Der letzte Name rührt davon her, weil 1612 unter Jacob I. eine Kolonie von London nach Derry versetzt ward, die unter dem Namen der neuen Kolonie von Ulster gewisse Freyheiten erhielt, um den Anbau und die Civilisirung dieses Landstriches zu befördern.

D d

Die Festungswerke sind zwar nicht besonders, gleichwohl haben sie 1689 eine für die Protestanten in Ireland merkwürdige Belagerung ausgehalten. Dicht vor der Stadt passirt man die Foyle mit einer Fähre. Die Stadt hat einen schönen Markt. Die beyden Hauptstraßen durchkreuzen einander, und im Mittelpunkte steht die Börse, welche den Namen der königl. führt. Man kann sie auf den Wällen umgehen. Im bischöflichen Pallaste ist nichts Merkwürdiges, außer acht große Zeichnungen vom Riesendamme. Die Einwohner sind fast durchgängig Protestanten, eine Seltenheit in Ireland. Sie treiben einen wichtigen Handel nach Westindien und Nordamerika, und haben sowohl dazu, als zu dem beträchtlichen Heeringsfange, eine Menge großer und kleiner Schiffe. Der Hafen ist bequem, und für die größten Schiffe tief genug.

Heeringsfischerey. Nordwärts von Derry liegt die Baronie und Halbinsel Enish-Owen, welche einen Theil der Grafschaft Donnegal oder Tyrconnel ausmacht, und von den beyden Loughs-Foyle und Swilly formirt wird. Weil auf dem Lough-Swilly die vornehmste Heeringsfischerey in Ireland getrieben wird, so wollen wir einige Nachrichten davon aus dem Young ausziehen*). Die Insel Inch ist der Sammelplatz aller Fahrzeuge zum Heeringsfange. Sie gehört, so wie auch die Baronie Enish-Owen, dem Lord Donnegal, und trägt ihm über 6000 Pf. Sterl. ein. Man läßt sich von Fawn dahin übersetzen; und genießt eine herrliche Scene. Das Land ist an allen Seiten hoch und majestätisch. Die Insel ist allenthalben bebauet, man sieht zerstreute Haufen von Hütten und Gruppen von Gehölze. Das Wasser

*) S. Reisen, Th. I. S. 215.

Waſſer iſt tief, und im Hafen liegen alle Schiffe ſicher. Der Fang beginnet in der Mitte des Octobers, und hört um Weihnachten auf. Die Fiſcherey ſtieg von 1770 bis 76 zu der jetzigen Höhe. Im Jahre 1775 gebrauchte man 500 Boote. Die Pachter und Bewohner der Küſte bauen und ſenden ſie aus, und laſſen entweder für ihre Rechnung fiſchen oder vermiethen ſie, welches am gewöhnlichſten iſt. Fünf Männer ſind auf einem Boote. Jeder bekommt einen Theil, jedes Netz einen, und das Boot zween Theile. Jedes Boot koſtet zehn Pf. Sterl. und jedes Netz, deren ſechſe dazu gehören, zwey Pf. Sterl. Während der Jahrszeit fängt ein Boot in einer Nacht bey einem mittelmäßigen Jahre 6000 Heeringe, und das ſechsmal die Woche. Tauſend Stück koſten, ſo wie ſie aus dem Waſſer kommen, im Durchſchnitte vier Schill. zween Pfennige. Die meiſten kommen zur inländiſchen Conſumtion, und den Reſt nehmen die hieher in dieſer Abſicht gekommenen Schiffe, welche von 20 bis 100 Tonnen groß ſind, und für jede Tonne ihrer Größe 20 Schill. Prämie für die Ausfuhre genießen. Die Heeringe werden theils in Tonnen, theils in Haufen im Schiffsraume eingeſalzen. Mit einer Tonne Salz werden 10000 Heeringe eingepökelt. Von den Heeringen des Sees Swilly werden 500, zu Kellybegg aber 800 in eine Tonne gepackt.

Der größe Beförderer dieſer Fiſcherey, Hr. Alexander, hat zu dem Ende 1776 anſehnliche Gebäude auf der Inſel aufgeführt, welche geſehen zu werden verdienen. Sie beſtehen aus großen Salz Niederlagen, einem 80 Fuß langen Gebäude mit Gefäßen zur Zubereitung der Heeringe, wo ſie zehn bis zwölf Tage im Salze liegen, und noch einem von eben der länge, wo die Heeringe gepackt werden: nebſt den nöthigen Wohnhäusern für die Bedienten und Aufseher. Alles ist massiv und mit Schiefer gedeckt. Die Gebäude kosten 500 Pf. Sterl. und sind so eingerichtet, daß während des Fangs täglich 100000 Heerlnge zubereitet werden können. Dazu werden 10 Tonnen Salz, 17 bis 18 Boote, und 90 Mann erfordert; ferner sechs Mann, sie aus den Booten nach dem Hause zu tragen; 40 Knaben, Weiber und Mägdchen, sie auszunehmen; vier Personen, sie von da nach dem Hause zu bringen, wo sie in Salz gelegt werden; zehn Mann, sie in die ersten Gefäße zu salzen; acht Mann, sie von hier nach dem andern Hause zum einpacken zu schaffen; zehn Packer, welche fünf Böttcher in Arbeit erhalten; sechs Mann, die Tonnen in Ordnung zu legen, und den Pökel ablaufen zu lassen; und endlich acht Mann, sie nach den Schiffsbooten zu bringen. Zusammen sind also 187 Personen bey dem ordentlichen Laufe der Geschäffte, wenn täglich 100000 Heerlnge gefangen würden, nöthig. Die Gebäude sind eigentlich der Markt, wo die Boote der Landleute täglich so viel absetzen können, bis die zu verarbeitende Quantität Heerlnge voll ist. Young theilt eine merkwürdige Berechnung mit, und nimmt diese Anzahl von Heeringen auf die bestimmte Fangezeit an. Vermöge derselben belaufen sich die Kosten nebst Fracht von 9874 Tonnen nach Westindien auf 7795 Pf. Sterl. Der Verkauf in Westindien beträgt

die Tonne zu 15 Schill. 9½ Pfenn. 12342

Ist der Nutzen, welches 58 Procent beträgt   • • •   5547 Pf. Sterl.
Dazu kommt noch die Prämie, 2 Schill. auf die Tonne   •   987

        ganzer Profit 6534 Pf. Sterl.

Der

Ulster.

Der Gewinn wäre erstaunlich, wenn die Fischerey nicht so ungewiß wäre, und so viele andere Nebenumstände die Nutzungen verringerten. Er bleibt aber allemal sehr groß, und die Fischerey kann eine der wichtigsten Beschäfftigungen des Reichs bey gehöriger Unterstützung und Einrichtung werden. Sie ernährt eine Menge Menschen, und ist die herrlichste Pflanzschule für die Matrosen.

Einige Meilen höher hinauf als Londonderry, aber an demselben Flusse, kommt man an den elenden Flecken **St. Johns-town**, der Deputirte zum Parlament schickt, und acht Meilen weiter südwärts erreicht man **Raphoe**, einen alten Ort von geringer Bedeutung, dessen Bißthum mit dem von Londonderry vereinigt ist. Von Raphoe geht der Weg über viele Sümpfe und Berge nach Donnegal. Unterwegs kommt man einem kleinen See Derg vorbey, darinn eine in den abergläubischen Zeiten sehr berühmte Insel des heil. **Patriks Fegefeuer** heißt.

Donnegal, ein Flecken, aber der Hauptort der gleichnamigen Grafschaft an der Ost, welche etwas unterhalb in die Donnegalbay fällt. Das alte Schloß ist verfallen. Ueber den Fluß geht eine Brücke von sechs Bogen.

Etwas westwärts liegt der Flecken **Kellybegg**, an der Bay dieses Namens, mit einem guten Hafen. Die Küste ist hier voll von Buchten und Bayen, das Land hoch und offen, besonders um Kellybegg, wo ein ungemein romantischer Prospekt ist. Von Kellybegg, Inverbay und den benachbarten Orten laufen jährlich über 300 Boote zum Heeringsfange aus. Sie gehen insgesammt auf den Winterfang vom October bis anfangs Januars, ausgenommen

nommen die zu Jnverbav, wo ein Sommerfang im August ist. In den Meerbusen auf dieser Küste finden sich im April und März viele Wallfische ein, und vom November bis Februar giebt es viele Cachelotte. Es sind aber bisher wenig Versuche gemacht worden, sie zu fangen *). In dieser ganzen Gegend wird wenig Leinwand mehr fabricirt, sondern nur bloß Garn gesponnen, welches meistens nach Londonderry geht.

Ballyshannon.
Acht Meilen südwärts von Donnegal kommt man nach Ballyshannon, einem Parlamentsburgflecken, der eine anmuthige Lage nicht weit von der Mündung des Flusses hat, durch den der große Lough-Earne abfließt. Der ganze Weg dahin ist reizend; man sieht eine beständige Abwechselung von angebauten Hügeln, denen nichts als Gehölze fehlt. Da, wo man auf der Landstraße einen völligen Prospekt der Bucht von Donnegal bekommt, häufen sich diese lächelnden Aussichten, über welche stolze Berge ihr Haupt erheben, und die Hügel sind beynahe kreisförmig. Ihre Gestalt, das Grüne, und das in die Thäler eindringende Wasser, alles macht sie anmuthig. Ballyshannon liegt zu beyden Seiten des Flusses, und hat eine Brücke von 14 Bogen über denselben. Etwas unterhalb derselben ist einer der schönsten Wasserfälle, den man sich nur gedenken kann, indem der Fluß bey niedrigem Wasser auf 12 Fuß über eine Reihe Felsen hinabstürzt. Der Anblick ist herrlich: an dem Ufer erheben sich senkrechte Felsen, die bis an die Spitzen mit dem schönsten Grün bewachsen sind. Kleine Vorge-

*) Von des Hrn. Nesbit glücklicher Methode, sie mit Harpunen aus Kanonen zu schießen, s. Youngs Reisen, B. 1. S. 299.

Vorgebirge strecken sich an den Seiten hervor, die sich nach der See hin verlängern, und indem sie sich erweitern, einen schönen Seeprospekt darstellen. Bey diesem Wasserfalle ist ein berühmter Lachssprung, von dem wir noch einige Nachrichten um so mehr mittheilen müssen, da der Lachs in allen Seen und Flüssen Irelands in so großer Menge angetroffen wird. In einigen hält er sich das ganze Jahr, in andern nur zu gewissen Jahrszeiten, auf *).

Der Lachs wird gemeiniglich in den Flüssen in einem Wehr (Weir) gefangen. Der Fluß wird nämlich bis auf einen Raum in der Mitte von drey bis vier Fuß abgedämmt. Wenn der Fisch durch denselben gekommen, wird er in einer kleinen von hölzernen Pfählen gemachten Umzäunung gefangen. Der Eingang ist weit, und wird allmählig schmäler, so daß kaum ein Lachs auf einmal hindurch kann. So lange die Fischerey währt, werden sie alle Morgen mit einem Stocke, der am Ende mit starken eisernen Widerhaaken versehen ist, und in den Fisch geworfen wird, gefangen. Zu Ballyshannon aber wird der größte Theil in Netzen unterhalb des Wasserfalls gefischt. Wenn die Zeit der Fischerey vorbey ist, wird die Einzäunung weggenommen, die Netze werden bey Seite gelegt, und den Fischen wird Freyheit zum Laichen gelassen. Vor dem Falle ist in der Mitte des Flusses ein felsichtes Eyland, worauf sich ein Haus zum einsalzen, anstatt des Thurms eines verfallenen Schlosses, dazu es gebaut zu seyn scheint, befindet. Der Fang gehört, so wie die Gegend um Londonderry, den 12 großen Com-

Lachsfang.

------

*) Von seinen Reisen und der Laichzeit ist zuvor schon bey Coleraine geredet. Folgende Beschreibung ist aus Twiß Reisen S. 67. gezogen.

Compagnien von London, welche auch den Pacht von 400 Pf. Sterl. einnehmen. Wie groß die Quantität des gefangnen Lachses seyn muß, kann man daraus abnehmen, daß das Pfund nicht theurer als um einen Pfennig, und der Centner um sechs Schillinge verkauft wird. Der eingesalzene Lachs geht größtentheils nach Amerika.

Wenn der Lachs aus der See kommt, muß er bey Ballyshannon nothwendig den Wasserfall hinan, und wer kein Augenzeuge gewesen, wird es kaum für möglich halten, daß der Fisch sich senkrecht 14 Fuß in die Höhe schwingen kann. Wenn man nun noch die Krümmungen hinzurechnet, so springt er gewiß eine Weite von 20 Fuß. Nicht immer gelingt der Sprung; zuweilen erreichen sie beynahe die Höhe, der Fall des Wassers schlägt sie aber wieder zurück; zuweilen schleßen sie mit dem Kopfe voraus seitwärts auf einen Felsen, bleiben einige Augenblicke betäubt liegen, und arbeiten sich dann wieder ins Wasser. Erreichen sie die Höhe, so schwimmen sie den Augenblick fort. Sie schwingen sich nicht von der Oberfläche des Wassers empor; daher weis man nicht, von welcher Tiefe sie ihren Sprung anfangen. Wahrscheinlich setzen sie mit gebögnem Schwanze an, denn die hauptsächlichste Stärke der meisten Fische ist im Schwanze. Bey hohem Wasser ist der Fall kaum drey Fuß, und diese Höhe schwimmt der Lachs mit leichter Mühe hinan. Es ist ein vortreflicher Anblick, wenn man sich am Rande der Kaskade auf einen Felsen stellt, und 50 bis 60 solcher Sprünge oft in einer Stunde zusieht. Man muß über die erstaunenden Bemühungen dieser schönen Fische erstaunen. Auf dem Grunde des Wasserfalles wälzen sich gemeiniglich Meerschweine und Seekälber, lauren den Lachsen auf,

auf, und führen sie, wenn sie einen erhaschen, unter den Floßfedern davon. Unterwärts des Falles sind die Aale so häufig, daß die Jungen, von der Größe einer Nadel, in Sieben gefangen, zusammengebacken, und auf diese Art gegessen werden.

Von Ballyshannon geht der Weg nunmehr durch die waldigte und sumpfige Grafschaft Fermanagh, darinn der große Lough-Earne anzutreffen ist. Es giebt hier große und wohlbewohnte Inseln, die mit Holz besetzt sind. Die Grafschaft hat einen erstaunlichen Seegen an Fischen, zumal an Forellen, Lachsen und Hechten von solcher Größe, daß die Netze die fast nicht ertragen können *). Der sechste Theil von der Grafschaft ist See, und der dritte Theil Berge und Morast. {Grafschaft Fermanagh.}

Castle Caldwell ist nur acht Meilen. Von Ballyshannon kommt man zuförderst durch das Dorf Belleek, wo man fast in einer Länge von zwo kleinen Meilen eine ganze Reihe kleiner Wasserfälle bemerkt. Unter andern zeichnet sich einer aus. Der Fluß kommt in einem sehr breiten Strome hinter einem Gebüsche hervor, und fällt über ein Felsenbett nicht senkrecht, sondern mit Absätzen in verschiedenen Richtungen herab, und brauset unter den Bögen der Brücke durch. Nachher wird er stiller, und fließt in schöner Krümmung unter einem mit anmuthigem Gebüsche gekrönten Felsen hin. {Belleek.}

Der Anblick, wenn man sich dem Schlosse Caldwell nähert, ist ausnehmend schön. Die {Castle Caldwell.}

Dd 5 Vorge-

*) Der Besitzer des Schlosses Caldwell hat einmal an einem Tage 17 Centner Brassen und Hechte gefangen. Es ist in der ganzen Gegend daher sehr wohlfeil. Hundert Heeringe kosten drey bis neun Pfennige. Hundert Austern 26 Pfennige, u. s. w.

Vorgebirge eines dicken Waldes, welche sich in den See Earne hinein senken, und der Schatten einer großen Reihe von Bergen thun die herrlichste Wirkung, die man sich denken kann. Young beschreibe die reizenden Scenen dieses Sees und die Prospekte, die Caldwell umgeben, sonderlich den von Rossa Goul, wo der Besitzer einen achteckigen Tempel aufführen lassen.

See Earne. Der See wird in den obern und untern getheilt, und auf der Stelle, wo sie zusammenstoßen, liegt die Insel mit der Stadt Inniskillen. Der Obersee ist 20 Meilen lang, und neun Meilen hält die größte Breite. Er ist voller kleinen Eylande, die zum Theil angebauet und bewohnt, zum Theil unbewohnt sind. Im Sommer soll sich die Anzahl gegen 400 erstrecken; weil im Winter das Wasser auf 10 Fuß steigt, und viele überschwemmt: es formirt alsdann aber auch neue, indem Stücken Land mit weggerissen werden. Beym Ablaufen des Wassers im Sommer verbindet sich dieses Treibland mit dem Ufer oder mit andern Eylanden, und so kommen vorher nicht gesehene Eylande zum Vorschein. Die größte Tiefe des Sees ist auf 20 Yards. Er ist zweymal in diesem Jahrhunderte bis auf einen drey Ellen breiten Kanal, wo der Strom am stärksten war, gefroren. In den Wäldern findet man einen Ueberfluß an Wildprett, besonders an Schnepfen. Auf dem See spielen Tausende von Enten und anderm Wassergeflügel, und im Wasser wimmeln Millionen von Fischen, als Barsche, Hechte, Lachse, Forellen, Aale, Aalraupen, Brassen, Roche, Lampreten, Schmerlinge ꝛc. Vornehmlich sind die Barsche häufig. Sie laichen im März, und das Wasser ist nachher so voller Jungen, daß man sie mit Hüten und Eymern herausschöpfen kann. Im May haben

haben sie eine dienliche Größe zum Verspeisen erreicht. Im October gehen sie von den Ufern in die Tiefe, und von der Zeit an bis auf die folgende Jahrszeit kann man keinen, wenn man sich auch noch so viel Mühe giebt, fangen. Die Ufer des Sees werden durch verschiedene Landsitze verschönert, wovon sich Castle Hume am besten ausnimmt. Die Lebensmittel sind in dieser Gegend außerordentlich wohlfeil, so daß ein Mann von Stande hier mit einer Familie für eine geringe Summe auf den besten Fuß leben kann.

Wer eine der angenehmsten Reisen machen und sich an malerischen Aussichten vergnügen will, der muß seinen Wagen zu Lande schicken, und auf dem See von Castle Caldwell nach Inniskillen gehen, welches eine Fahrt von 15 Meilen macht. Die Scenen sind unbeschreiblich schön und abwechselnd; Bäume und Wiesen stellen das schönste Grün dar, wie denn überhaupt vielleicht kein Land ist, wo das Laub und Gras ein so lebhaftes und so lange bey frischer Farbe bleibendes Grün dem Auge darstellt, welches dem gemäßigten, etwas feuchten Himmelsstriche, und der nie brennenden Sonnenhitze zuzuschreiben ist. Zuerst kommt man an Eagle-Eyland, welches einen waldigten Hügel darstellt; nachdem man verschiedene andere vorbey passirt ist, erreicht man das Kaninchen-Eyland, welches 40 Acker Weideland groß ist, und sich majestätisch aus dem Wasser erhebt. Es folgen eine Menge waldichter Inseln, die sich in vollkommnen Hügeln vom Rande des Wassers erheben, so daß die Zweige der Bäume in den See tauchen. Ihrer ist eine solche Anzahl, daß die See davon in krummen Straßen durchschnitten wird. Zunächst folgt Gully-Eyland, welches ganz Wald, und 100 Acker groß ist.

ist. Es gehört dem Lord Ely, der diesen romantischen Fleck bloß als Waldung benutzt. Alsdann passirt man bey den abhängigen Gefilden von Castle Hume vorbey. Einige derselben sind schön mit Holz gekrönt, und die gegenüber liegende Küste des Sees ist Gehölze und Ackerbau. Die Eylande Car und Serny, in Kornfelder durchschnittne Anhöhen, geben eine neue Abwechselung, und die Gehölze von Castle Hume umgeben zur Rechten eine Bucht, an deren Grunde das Schloß in Bäumen halb versteckt liegt. Jedoch entdeckt es sich dem Auge bald hernach, und ist an beyden Seiten mit einem schönen Gehölze umgeben. Nun nimmt der See die Gestalt eines Meerbusens an, zwischen einigen artigen bebaueten Strichen Landes an der einen, und der Insel Devenisch mit ihrem völlig in die Augen fallenden Thurme an der andern Seite *).

Juniskillen. Von dieser Insel sind noch drey Meilen bis Juniskillen oder Eniskilling, dem vornehmsten Flecken der Grafschaft Fermanagh. Sie liegt auf einer Insel im See, und hängt mit dem festen Lande durch zwo Brücken, eine von sechs, und die andere von acht Bogen, zusammen. Der Ort ist

durch

*) Dieß ist der vollkommenste runde Thurm im Königreiche. Er ist ganz circulrund, bis ans kegelförmige Dach 69, und dieses noch 15 Fuß hoch. Im Umkreise hat er 48 Fuß; die Mauern sind drey Fuß fünf Zoll stark, folglich hat er inwendig nur neun Fuß im Durchmesser. Außer der neun Fuß von der Erde hohen Thüre fällt das Licht durch sieben viereckigte Löcher hinein. Der ganze Thurm ist von Steinen, von einem Fuß ins Gevierte, sehr schön, fast ohne Kütt oder Mörtel gebauet, und die innere Seite so glatt, als ein Büchsenlauf.

durch seine Lage fest, und wird noch überdieses durch ein Paar kleine Forts gedeckt. Er konnte daher 1689 eine Belagerung von den Franzosen und Irländern unter dem Könige Jakob II. aushalten.

Nicht weit von Castle-Cool, dem Landsitze des Ritters Corry, ist der sogenannte stumpfe Berg (topped mountain), von dem man eine unermeßliche Aussicht über viele Graffschaften, und über den See von einem Ende bis zum andern hat. Die Bevölkerung nimmt in diesen Gegenden zu, und die Leute sind in bessern Umständen, als vor 20 Jahren.

Auf Belleisle, einer Insel von 200 Ackern, hat der Graf von Roß einen reizenden Landsitz. Sie besteht aus Hügeln mit sanften Abhängen, Thälern, vielen Holzungen, die theils dunkle Schatten, theils heitere offne Haine bilden. Alles ist artig, aber die Lage macht es dreyfach schön. Ein Strich des Sees geht vor dem Hause vorbey, welches nahe am Ufer zwischen Gehölze liegt. Das Wasser, welches hier drey Meilen breit ist, wird von vorne von einem Eylande mit dicken Gebüschen, und von einem majestätischen Hügel begränzt, welcher des Grafen Thiergarten ist, und einen Berg im Rücken hat. Zur Rechten sind vier bis fünf Klumpen von düsterm Gebüsche, auf eben so vielen kühn aus dem See hervorsteigenden Inseln. Das Wasser bricht zwischen ihnen in schmalen Kanälen durch, und bildet eine ausnehmend malerische Scene. Der Graf hat um die Insel Spaziergänge angelegt, die ungemein abwechselnde Prospekte darstellen. Auf einem anmuthigen Hügel ist ein Tempel gebauet, der die Aussicht auf gedachte Eylande hat, aber der angenehmste Prospekt auf dieselben ist aus der Grotte. Auf Lady Roß Eyland sind auch sehr angenehme Spaziergänge angelegt. Es giebt in diesem Theile

Achtzehnter Brief.

des Sees Hechte bis 40 Pfund schwer. Zuweilen erscheinen im Winter starke Züge von Schwänen, welches ein sicheres Zeichen ist, daß er hart seyn wird. Young merkt als etwas Sonderbares an, daß sich damals (1776) vor 17 Jahren der Barsch zu gleicher Zeit in allen Seen Irelands und im Shannon einfand.

Swanlingbar. Von hier sind einige Meilen bis zum Dorfe Swanlingbar, welches eine mineralische Quelle hat, die mit vielen schwefel- und salpeterartigen Theilen geschwängert ist. Man kann es als das nordireländische Spaa betrachten, es ist nur Schade, daß nicht für die Bequemlichkeit der Brunnengäste gesorgt wird, und daß man den Ort in seinem armseligen Zustande läßt.

Farnham. Von hier verfolgen wir die Landstraße über Killishandra nach Farnham. In dieser Gegend trifft man viele Seen an, von denen einige von beträchtlicher Größe sind, und durch einen Fluß zusammenhängen. Hin und wieder ist viel moorigter Boden, der vollkommen urbar gemacht werden könnte. Des Bischofs von Kilmore*) Pallaß liegt auf einem ansehnlichen Hügel mit Gehölze. Von hier fallen die Wälder von Farnham sehr schön in die Augen. Ueberdem ist Farnham der Sitz des Grafens dieses Namens, einer der reizendsten Plätze in Ireland, wo alles Wasser, Wald und Berge im großen Stil ist. Die abwechselnden Prospekte des dazu gehörigen Sees können nicht schöner seyn, zumal auf der rechten Seite. Die Wiesen sind wellenförmig, und zeigen sich in mancherley Gestalten. Sie erheben sich oberhalb des Sees, und stoßen bald an solchen, bald ziehen sie sich davon zurück.

Cavan

---

*) Kilmore selbst ist ein elender Ort.

Cavan ist der Hauptort der Grafschaft dieses Cavan. Namens; er schickt zwar Deputirte zum Parlament, ist aber sonst ein schlechter Flecken. Um von hier nach Elghin in der Provinz Connaught zu kommen, nehmen wir den Weg durch die Grafschaft Longford, welche den nordwestlichen Theil der Provinz Leinster ausmacht. Diese Grafschaft ist zwar nur klein, aber fruchtbar und angenehm.

In dem Flecken Granard, welcher dazu ge- Granard. hört, ist ein umschloßner Ort von 50 Ackern, Granard Kiln, der so ungemein fruchtbar ist, daß 50 Kühe, 100 Schaafe und sechs Pferde darauf ernährt werden, und deswegen für den besten Flecken in der ganzen Grafschaft geachtet wird. Auf einem Hügel (rath), dicht bey der Stadt, sind vier circulförmige, vermuthlich dänische Verschanzungen. Man hat von demselben eine weite Aussicht, welche durch die unzähligen Seen sehr abwechselnd wird.

Longford ist der Hauptort der Grafschaft die- Longford. ses Namens, der aber nicht viel bedeutet. Zwischen diesem Flecken und der Shannon sind große Moräste. Die Leinwandmanufaktur nimmt hier und in der ganzen Grafschaft sehr zu: in allen Hütten wird gesponnen, und es sind drey große Bleichplätze. Vieles hat zur Beförderung dieses Gewerbes dazu beygetragen, daß vor 10 Jahren ein gewisser Herr 500 Pf. Sterl. niedersetzte, wovon armen Webern zur bessern Betreibung ihres Geschäftes fünf Pf. Sterl. unentgeltlich geliehen werden sollten, um solche vierteljährig mit 25 Schill. abzutragen. Die Aufmunterung, welche dadurch veranlaßt ward, war unglaublich.

Neunzehnter Brief.

Die Provinz Connaught. Strokestown. Grafschaft Roscommon. Elphin. Athlone. Fluß Shannon. Grafschaft und Stadt Galway. Tuam. Moniva. Woodlawn. Grafschaft Clare. Drumsland. Brunratty Castle. Natürliche Beschaffenheit der Provinz Munster. Limerick. Adare. Ardfert. Tralee. Castle Island. Killarney. Schöner See, dabey Lough Lane. Mucruß. Herrliches Echo. Insel Innisfallen. Berg Mangerton.

Die Provinz Connaught liegt gegen Westen und Norden an der See, und ist voller Bayen und Buchten, welche die beste Gelegenheit zur Handlung geben, gleichwohl treibt sie von allen Provinzen dieses Reichs den wenigsten Handel. Ihr Boden ist verschieden. In vielen Gegenden ist er voll von Sümpfen, Morästen, Seen und Wäldern, an andern aber fruchtbar, und hier wird eine Menge Vieh und Wildprett angetroffen. Die Bienenzucht ist auch ansehnlich. Wegen der vielen faulen Ausdünstungen der Sümpfe hält man die Luft in Connaught für minder gesund, als in den übrigen Theilen des Reichs. Von der südlichen Spitze bis Donnagallban ist die Provinz 130 Meilen lang, und in der größten Breite hält sie 28 Meilen. Der Fluß Shannon trennt sie gegen Süden und Südost von Munster, und gegen Osten der Länge nach von Leinster.

Strokestown. Auf dem Wege von Longford nach Elphin in Connaught kommt man über Strokestown, dem

Connaught.

dem Sitze des Ritters Mahon, welcher seinen Landsleuten ein nachzuahmendes Beyspiel von Holzpflanzungen gegeben hat. Er hat seit 40 Jahren über 100 Acker Waldung angelegt, die sich in dem vortreflichsten Wuchse zeigen. Sie bestehen aus Ulmen, Buchen, Eichen, Kiefern, Lerchenbäumen, Edeltannen ꝛc. Die Espen sind in 35 Jahren 70 bis 80 Fuß hoch gewachsen. Ehe man dahin kommt, passirt man den Fluß Shannon, welcher die Gränze zwischen den Provinzen Leinster und Connaught macht, und hier schon ein ansehnlicher Fluß ist.

So bald man über den Fluß ist, befindet man sich in der Grafschaft Roscommon, welche, in Vergleichung anderer Gegenden Irelands, nicht stark bewohnt ist. Doch nimmt die Bevölkerung zu, weil das Weben der Leinwand sich immer mehr ausbreitet; bisher war nur vornehmlich das Spinnen im Gange. Flachs erbauen die Einwohner so viel, als sie gebrauchen. Ein großer Theil dieser Grafschaft, besonders von Athlone nach Boyle, welches einen 30 Meilen langen und 10 breiten Strich ausmacht, ist Schaaftrift. Manche Besitzer haben 6 bis 7000 Schaafe, und die Pachtungen sind zum Theil 3000 Acker stark. *Grafschaft Roscommon.*

Von Strokestown geht die Straße auf **Elphin**, ein schlechtes Städtchen, das jedoch einen Bischof hat, und von hier nehmen wir den Weg längst den Seen und der Shannon hinunter nach

Athlone, dem Hauptorte dieser Grafschaft, welcher an gedachtem Flusse und dem See Ree liegt. Es geht eine Brücke über die Shannon, welche durch ein festes Kastell vertheidigt wird. Dieser Hauptfluß von Ireland entspringt in den Gebirgen von Swanlingbar, fällt darauf in den Lough Allen, *Fluß Shannon.*

Ee

Neunzehnter Brief.

der neun Meilen lang ist, hernach läuft er durch gedachten Lough Ree, der 15 Meilen in der Länge hält, und mit seinen 60 Eylanden einen schönen Anblick macht. Kurz darauf fällt er in den Lough Derg, der noch größer, und fast mit eben so vielen Inseln besetzt ist *). Von da fließt die Shannon nach Limerick, und ist von dort bis ins Meer in einer Länge von 63 Meilen schiffbar.

Athlone hat eine angenehme Lage zu beyden Seiten des Flusses. Die Seite nach Leinster heißt die Englische, wo die einzige Kirche ist, und die nach Connaught die Irländische. Der Ort ist nicht lebhaft, treibt aber doch einigen Handel mit Torf, wovon beständig eine Menge in Booten längst den Kayen liegt, und hat eine Hutfabrik. In der Freyschule verfertigen die Mägdchen Spitzen. Das alte Schloß und die Baraken für ein Regiment Dragoner liegen auf der irischen Seite. Im Jahr 1641 ward das Schloß von den katholischen Irländern sechs Monate eingeschlossen, und die Protestanten konnten es nicht entsetzen, bis ihnen vier Regimenter und andere Truppen aus England zu Hülfe kamen, wovon Cromwell eines commandirte. Die Irländer stunden bey dem Paß von Rathconal**), wehrten sich tapfer, wurden aber doch zuletzt gänzlich geschlagen. Eine unglaubliche Menge Volks war zusammengelaufen, um den Ausgang der Schlacht abzu-

---

*) Eine derselben Ilanmore enthält über 100 fruchtbare Aecker Landes, und auf dem heiligen Eylande sieht man die Trümmer von sieben Kirchen und einem hohen runden Thurme.

**) Dieser Paß hat den Namen von dem durch Ossians Gedichte bekannten Conal, der in der irländischen Geschichte den Zunamen Cearnagh führt.

Connaught.

abzuwarten, weil man sich mit einer alten Prophezeyung trug, daß hier ein Treffen zwischen den Engländern und Irren vorfallen, und auf die Zukunft entscheiden würde, welche Nation über die andere die Oberhand behalten sollte.

Von hier gehen wir gegen Westen queer durch die Provinz Connaught, um nach der Stadt Gallway zu kommen. Von der ganzen Grafschaft Gallway besteht der dritte Theil aus Seen, Morästen und unbebauten Gebirgen, doch trägt auf den letztern der Acker einen geringen Pacht; mancher giebt nur drey Pfennige, der beste 12 Schillinge. Der größte und überhaupt unbebaute Strich Gebirge geht durch die Baronien Roß, Ballynahinch und Moycullen in einer Länge von 40, und einer Breite von 15 Meilen. Die Inseln Arran enthalten 7000 Acker, und sind um 2000 Pf. Sterl. jährlich verpachtet. Noch vor 30 Jahren pflegte man in vielen Gegenden dieser Grafschaft, wie Young versichert (B. 1. S. 355.) den Pflug und die Ege den Pferden mit einem Strohseile an den Schwanz zu binden, und auf diese Weise das Feld zu bearbeiten, und das Korn statt des Dreschens auszubrennen. Die Umstände der Einwohner bessern sich aber, es wird viel Land urbar gemacht *), Flachs gebauet,

Grafschaft Gallway.

---

*) Young giebt a. a. Orte einen Beweis an, daß viele Gegenden vormals der Cultur unterworfen gewesen, und sich nur nach und nach durch Vernachläßigung in Morast verwandelt haben. Man fand nämlich bey einem Moraste, welchen eine Dorfschaft abstach, die alten Abzugsgräben und Furchen im Grunde. Die Gräben waren vier Fuß tief. Es giebt dergleichen Spuren der ehemaligen Cultur dieses Landes weit mehrere.

und jährlich mehr Garn und Leinwand fabricirt. Man rechnet, daß die ganze Grafschaft alle Jahr für 40000 Pf. Sterl. von beyden liefert. Aller Flachs, der verarbeitet wird, wächst auch hier. Es sind acht bis neun große Bleichen, sie bleichen aber nur für die Landesconsumtion, denn die meiste Leinwand geht ungebleicht nach Dublin.

Galway. Die Stadt Gallway ist artig, und meist von Steinen gebauet, auf einer Insel nahe bey dem Falle des Sees Corbes oder Lough Corrib. Sie hat einen Bischof und wohlhabende Einwohner. Sie liegt an der Bay gleiches Namens, welche auf 30 Meilen ins Land dringt, und durch ihre vielen Häfen und Rheeden eine der schönsten und sichersten in Europa ist. Die Inseln von Arran schützen die südliche Mündung; zwischen ihnen sind drey Durchfahrten, außer der großen nördlichen Durchfahrt an der Mündung der Bay. Der Hafen Batterbay ist wegen seiner Länge von vier Meilen der schönste; er faßt allein eine große Flotte von Schiffen. Der hiesige Lachsfang ist für 200 Pf. Sterl. verpachtet. In dem Meerbusen ist eine ansehnliche Heeringsfischerey zur gehörigen Jahrszeit. Die Stadt hält auf 250 Boote, wovon 40 bis 50 zum Frühlingsfang von Kabliau, Klippfisch, Makrelen ꝛc. gebraucht werden; sie sind von vier, sechs bis neun Tonnen groß, und erfordern fünf bis sechs Mann; 5000 Stück in einer Nacht ist ein mäßiger Fang. Sie werden sämmtlich im Lande verkauft. Vom 10ten April bis zum 10ten May werden auf der Küste von Canna Murra Hayfische (Engl. Sunfish, Squalus maximus *Lin.*) mit den Heeringsbooten gefangen. Ein Hayfisch wird auf fünf Pf. Sterl. gerechnet, und ein Boot ist glücklich, wenn es in einem Monate drey Stück fängt. Es beschäftigen sich

sich 40 Boote damit. Längst der ganzen Bay wird viel Soer- oder Aschensalz gebrannt, wovon Gallway im Jahre auf 3000 Tonnen, jede zu 40 bis 50 Pfund, ausführt.

Die öffentlichen Gebäude in Gallway sind fast rund wie Thürme gebauet. Die Kaufleute bewohnen zum Theil gute Häuser. Viele sind sehr wohlhabend, und treiben einen Handel mit den vornehmsten Handelsplätzen in Europa. Wie stark die Leinwandmanufaktur zugenommen, davon führt Young ein Beyspiel an. Vor 24 Jahren führte ein Schiff die erste Ladung Leinsaamen ein, konnte aber nur 100 Tonnen von 300 absetzen, jetzt steigt die jährliche Einfuhr von 1500 bis 2300 Tonnen. Damals zählte man nur 20 Weberstühle, jetzt 180.

Nordostwärts von Gallway in eben dieser Grafschaft liegt die vormals berühmte Stadt Tuam, welche dergestalt in Abnahme gerathen ist, daß man sie für ein bloßes Dorf ansieht. Gleichwohl ist hier noch der Sitz eines Erzbischofs. *Tuam.*

Nicht gar zu weit davon ist der Landsitz Monilva oder Holymount deswegen merkwürdig, weil der Eigenthümer, Hr. French, als einer der größten Landverbesserer in Ireland im Rufe steht, und deswegen auch bereits vor 15 Jahren eine goldne Schaumünze zur Belohnung von der dubliner Gesellschaft erhalten hat. Seine größten Verdienste bestehen darinn, daß er über 300 Acker Morast und Moor ausgetrocknet und urbar gemacht *). Ein nachahmungswürdiges Beyspiel, wodurch Ireland, wenn *Monilva.*

---

*) Sein Verfahren beschreibt er selbst in einem Briefe an die dubliner Gesellschaft in Youngs Reisen, B. 1. S. 338.

andere Besitzer ungeheurer Moräste ihm folgten, zu einer gesegneten Kornkammer gemacht; und die Viehzucht noch viel mehr vergrößert werden könnte. Ueberdieses hat Hr. French einen Eichen- und Buchenwald von 111 Aeckern angelegt. Im Jahre 1744 fieng er an, auf die Anlage einer Leinwandsmanufaktur zu denken, und 1776 waren hier bereits 276 Häuser, 96 Weberstühle und 370 Spinnräder.

Woodlawn. Von Moniva kann man den Weg über Woodlawn nehmen, welches der Besitzer, der Ritter French, ganz in englischem Geschmacke angelegt hat. Aus dem Hause übersieht man eine wellenweise gehende Ebene; ein durch dieselbe laufender Bach ist in einen Fluß verwandelt. Er kommt hinter einem Hügel hervor, und fließt in einen großen vor dem Hause liegenden Wald. Die Felder an den Ufern sind theils mit Klumpen, theils mit einzelnen Bäumen besetzt. Das größte Verdienst des Ritters besteht aber in Urbarmachung der Moräste auf die Art, wie zu Moniva *).

Grafschaft Clare. Von Gallway nehmen wir nun den Weg queer durch die Grafschaft Clare oder Thomond **), um nach Limerick, der Hauptstadt von der Provinz Munster, zu kommen. Der Boden dieser Grafschaft ist sehr verschieden. Die östlichen Gebirge, ein Theil der Baronie Burrin, und die große Halbinsel, welche das nördliche Ufer der Shannon ausmacht, haben so schlechten Boden, daß große Grundstücke

---

*) Die Berechnung der Kosten findet man beym Young B. 1. S. 366.

**) Hr. Büsching rechnet diese Grafschaft zu Munster. Smith und andere hingegen nehmen die Shannon zur natürlichen Gränze beyder Provinzen an, und ziehen solche zu Connaught.

stücke umsonst in Pacht gegeben werden. Aber von Paradisehill an längst den Flüssen Fergus und Shannon bis Limerick sind die sogenannten Corcassen oder 20000 Acker, welche zu 20 Schill. verpachtet werden, und einen fetten schwarzen Thon und Kleyboden haben. Das Spinnen ist in dieser Grafschaft weit weniger allgemein, als in den bisher bereiseten nördlichen Strichen. Die hier verfertigte Leinwand ist zum inländischen Gebrauche hinreichend; nur etwas weniges wird ausgeführt. Es wird auch Wolle zur Kleidung des gemeinen Mannes gesponnen, sowohl zu Sargen als zu Garn für die Strumpfstricker. Auch liefert diese Grafschaft viel Fries. Die Viehzucht ist ungemein wichtig. Die besten Pferde im Reiche werden hier gezogen, und jährlich 4000 Ochsen fett gemacht, die zu sechs Pf. Sterl. eingekauft, und zu zehn Pf. Sterl. verkauft werden; wie auch 3000 Kühe, die drey Pf. Sterl. im Einkaufe, und fünfe beym Verkaufe kosten, und 6000 fette Schaafe, das Stück zu 20 Schillinge. Der hiesige Cyder ist berühmt, daher trifft man allenthalben große Obstgärten an. Man rechnet auf einen Acker vier bis zehn, im Durchschnitte sechs Oxhofte Cyder. Merkwürdig ist, daß die Bäume hier fast alle Jahre Früchte tragen, welches in den englischen Grafschaften, die Cyder liefern, etwas seltenes ist.

Wenn man sich auf obgedachtem Wege von Drumland Gallway der Stadt Limerick nähert, so kommt man über Drumoland, den Sitz des Hauses O'Brien, eines der vornehmsten und ältesten Häuser des Reichs, welches von den alten Königen von Connaught abstammt. Der älteste führt den Titel eines Grafen von Clare, und eine Nebenlinie führt von der zu dieser Grafschaft gehörigen Baronie

Ee 4   Inchiquin

Inchiquin ebenfalls den gräfl. Titel. Das Haus von Drumoland steht auf einem Hügel, der sich aus einem großen Landsee erhebt, mitten in einem vortreflichen Walde, drey schöne bepflanzte Hügel steigen über demselben empor, und von diesen hat man eine herrliche Aussicht auf die großen Flüsse Fergus und Shannon, deren jeder bey der Vereinigung eine Seemeile breit ist.

Bunratty Castle.

Von hier kommt man über Clonmelly nach Bunratty Castle, ein Schloß der Obriens, welches am Fuße eines Hügels und am Ufer eines Flusses steht, der nahe dabey in die Shannon fällt. In dieser Gegend ist das beste Land der Grafschaft Clare. Ein Acker wird zu 33 Schill. vermiethet, und mästet im Sommer einen Ochsen, ohne die Winterfütterung. Der Prospekt von dem Hügel ist sehr prächtig; man übersieht die Shannon von Limerick bis Foynes-Eyland auf 30 Meilen mit allen Buchten, Inseln und fruchtbaren Ufern. Zugleich bedauert man, daß auf dem schönen Flusse nicht Kauffartheyflotten, als Merkmale eines ausgebreiteten Handels, anstatt einiger elenden Fischerboote, herum schwimmen.

Provinz Munster.

Sobald man die Shannon passirt ist, befindet man sich in der Grafschaft Limerick, welche einen Theil der Provinz Munster ausmacht. Diese Provinz hatte ehemals ihre eigenen Könige. Gegen Nordost gränzt sie an Leinster, gegen Norden und Nordwest wird sie durch die Shannon von Connaught getrennt, und übrigens vom Meere umflossen. Diese herrliche Lage und die vielen Bayen und Häfen machen sie zur Handlung ungemein geschickt. Man trifft hier daher auch die reichsten Handelsplätze an, die hoffentlich bey der nunmehr erlangten

Handels-

Handelsfreyheit immer in mehrere Aufnahme kommen, und ihr Gewerbe mit andern Weltgegenden vermehren werden. Die Luft ist in dieser Provinz vorzüglich gemäßigt und mild. Sie hat zwar viele Berge, die mit Wald besetzt sind, aber auch ungemein fruchtbare Thäler, und bey der Menge schöner Flüsse, die sie bewässern, herrlichen Wiesenwachs. Munster macht ein längliches Viereck, aus dessen Diagonallinie von der nordwestlichen Spitze von Tipperary bis Baltimore in Cork 120 Meilen beträgt. Vom Hafen Waterford bis zur westlichen Spitze sind ohngefähr 135 Meilen. Die Grafschaft Limerick wird durch den Fluß Mayo von Süden nach Norden fast in zween gleiche Theile getheilt, von denen der westliche bergigt, der östliche aber platt, fruchtbar, und zur Viehzucht ungemein geschickt ist.

Limerick, die Hauptstadt der Provinz, ist nach Cork die dritte Stadt in Ireland. Sie ist ohngefähr halb so groß, als jene, da sie sonst den Rang über jene hatte. Dieß rührt von dem dortigen weit blühendern Handel her, obgleich Limerick übrigens auch eine blühende Stadt ist. Cork hat 5295 Häuser, Limerick 3859, und Waterford 2628. Limerick besteht aus zween Theilen, der obern und untern Stadt, oder aus der irischen und englischen Stadt. letztere steht auf der von der Shannon formirten sogenannten königlichen Insel. Beyde werden durch die alte Baalsbrücke verbunden. Auf der andern Seite hängt die englische Stadt vermittelst einer Brücke von 14 Bogen über den breitern Arm der Shannon mit der Grafschaft Clare zusammen. Der neue Theil der Stadt gehört größtentheils dem Hrn. Pery, Repräsentanten von Limerick, und Sprecher im Parlament; er ist durch eine vor

Limerick.

einigen Jahren auf Hrn. Perys Kosten erbauete schöne Brücke mit dem übrigen Theile der Stadt verbunden. Sie besteht aus drey Bogen, wovon der mittelste so hoch ist, daß ein Boot darunter durchseegeln kann. Die Häuser sind neu, groß, von Ziegeln, und in gerader Linie aufgeführt. Hier sind Docken, Kayen, und ein artiges neues Zollhaus am Flusse: gegen über steht das Werkhaus, ein ansehnliches Viereck. Dieß ist der schönste und lebhafteste Theil von Limerick, wo alles einen blühenden Handel verräth.

Die Stadt war außer der von Natur festen Lage zwischen den Armen der Shannon ehemals befestigt, und daher rühren auch vielleicht die engen Gassen. Im Jahre 1690 ward Wilhelm III. abgeschlagen, und erst im folgenden Jahre capitulirte sie auf eine rühmliche Art. Die Festung ist jetzt geschleift, so daß man von den ehemaligen Wällen und Thoren kaum noch eine Spur sieht. Statt der Basteyen sind geräumige Kayen angelegt, wodurch die Luft viel gesunder *) und frischer geworden: man weis daher jetzt nichts mehr von der Pest, welche diesen Ort sonst so oft heimsuchte. Inzwischen ist noch ein Kastell übrig mit zwey Thoren, zu welchen mit Zugbrücken versehene Brücken führen. Es steht sowohl, als die Kathedralkirche, die einen Bischof hat, in der obern Stadt.

Was die Handlung der Stadt betrifft, so wird sie immer ansehnlicher; sonst mußten sich die hiesigen Kauf-

---

*) Man hält die Gegend von Limerick für die fruchteste in Ireland; inzwischen muß sie doch nicht schädlich seyn, weil hier viel alte Leute leben. Unter dem andern Geschlechte soll es vorzüglich viele schöne Personen geben.

Munſter.

Kaufleute einen ſtarken Schleichhandel mit Frankreich vorwerfen laſſen, indem ſie Wolle hinüber ſchleppten, und dafür wieder Wein und Branntewein zurückbrachten. Young *) widerſpricht dieſem aber. Die Ausfuhre beſteht aus Rind- und Schweinefleiſch, Butter, Häuten und Rübſen; die Einfuhr in Rum, Zucker, Bauholz, Tabak, Wein, Kohlen, Lohe, Salz u. ſ. w. Vom Wachsthume des Handels iſt die Zunahme der Zölle und Acciſe der ſicherſte Beweis. Im Jahre 1751 war die ganze Einnahme 16000 Pf. Sterl. und 1775 ſtieg ſie auf 51000. Im Jahre 1775 wurden 43700 Schweine und 12200 Stück Rindvieh, darunter viele Kühe waren, eingeſalzen. Man rechnet, daß jährlich 13000 Ochſen geſchlachtet werden. Im Jahre 1775 galt der Centner Schweinefleiſch 29 Schill. der vor ſieben Jahren nur 12 gekoſtet hatte. Der Rübſen geht vornehmlich nach Holland. Hundert Tonnen zu 20 Centner Rübſenkuchen giengen nach Norfolk, wo ſie mit 40 Schill. ſtatt ſonſt mit 25 bezahlt, und als Düngung gebraucht werden. Man verläßt ſich um Limerick und an vielen Plätzen längſt der Shannon dermaßen auf die Güte des Bodens, daß viele 1000 Fuder Dünger in den Fluß geworfen werden. Um Limerick wird viel Butter gemacht, aber von Wolle- und Flachsſpinnen weis man wenig oder gar nichts. Die Bevölkerung wird in der Stadt auf 32000 gerechnet; ſie nimmt zu. Zwiſchen 1740 und 50 zählte man nur vier Kutſchen in und um Limerick, 1770 über 70 Kutſchen und Poſtchaiſen. Für ihre Größe iſt die Stadt außerordentlich volkreich. Die Hauptſtraße wimmelt von Men-

*) Die folgenden Handelsnachrichten ſind aus B. 1. S. 379. gezogen.

Menschen. Assembleen werden das ganze Jahr durch in einem neuen dazu erbaueten Hause gehalten. Schauspiele und Concerte sind gewöhnlich. Auf der Shannon sind immer 100 Boote beschäftigt, von der Küste von Kerry und Clare Torf nach Limerick zu bringen und zu fischen, Schiffe von 3 bis 400 Tonnen können bis an die Stadt kommen. Der hiesige Kornmarkt ist wichtig, und wird durch die umliegenden Mühlen vermehrt. Der Cyder von Limerick ist berühmt, die Gegend ist voller Obstgärten, deren Boden aus einer dünnen Dammerde auf Kalkstein besteht.

Adare.

Von Limerick geht der Weg über Adare, einem kleinen Dorfe, in einer angenehmen Lage, welches durch die Ruinen verschiedener Kirchen und Klöster noch verschönert wird, denen der Epheu, indem er sie fast ganz bedeckt, ein malerisches Ansehen giebt. Man reiset von hier gegen die Seeküste nach

Ardfert.

Ardfert, nicht weit von der Ballybeig-Bay. Der Ort ist armselig, und der bischöfliche Sitz mit Limerick vereinigt. Es ist der Mühe werth, von hier einen Weg nach Ballengari, wo sich ein altes Fort befindet, zu machen, um die Mündung der Shannon, welche acht Meilen breit ist, und einen ungemein edlen Prospekt darstellt, zu betrachten. An der Mündung sind zwey hohe Vorgebirge von fürchterlichen Klippen. Ballengari ist ein großer vom Lande, durch einen Riß von gewaltiger Tiefe, durch den die Wellen sich wälzen, getrennter Felsen. In den Klippen sind längst der Küste von den wüthenden atlantischen Wellen Höhlen gebohrt, wodurch auch bey stillem Wetter ein beständiges Brüllen verursachet wird, weil das Meer sich beständig hinanwälzt, und einen entsetzlichen Schaum in die Höhe wirft. Ardfert steht so nahe an der See, daß die Bäume

Bäume oft vom Sturme ausgerissen und fortgeführt werden. Nicht weit von hier liegt Lixnaw, der alte Sitz der Grafen von Kerry, welcher ganz eingeht, den aber Young als ein merkwürdiges Beyspiel von der Verbesserung der Wirthschaft in diesen Gegenden anführt. Der Großvater des jetzigen Grafen wollte das Gut auf immer für 1500 Pf. Sterl. verpachten, der Handel kam aber nicht zu Stande. Jetzt giebt das Gut jährlich 20000 Pf. Sterl. Pacht.

Der Weg von Ardfert nach Tralee geht durch Tralee. ein vortrefliches, aber elend bebauetes Land. Tralee ist der vornehmste Ort der Grafschaft Kerry *), und in gutem Zustande. Er liegt vier Meilen von der See an der Ballyheigh-Bay, in der hier ein sechs Meilen langes Austerbette ist.

Von Tralee bis Castle Jeland ist der Boden durchgehends fetter Kalkstein. Den Boden um Castle Island hält man für den besten in dieser Grafschaft. Sehr viel Land wird zur Viehzucht verwendet; und insonderheit zu Melkereyen verpachtet.

Der Flecken Killarney ist durch den von ihm Killarney. benannten, und wegen seiner romantischen Scenen vorzüglich schönen See berühmt. Dieser Umstand lockt viele Fremden her, und würde noch mehrere herbeyziehen, wenn die Bewirthung in den beyden elenden Wirthshäusern besser wäre. Man würde sich hier auch länger aufhalten, wenn für einigen Zeitvertreib gesorgt würde, welches um so nöthiger wäre, weil der außerordentlich viele Regen, welcher in dieser

---

*) Die ganze Grafschaft ist bergigt, bringt aber doch hinlänglich Korn hervor. Man sehe *Smiths* Natural and Civil history of the Country of Kerry, Dublin 1756. 8.

dieser Gegend beständig fällt, manchen nöthigt, ein Paar Tage auf bequemere Zeit zu warten, oder die Schönheiten nur halb zu sehen, oder gar unverrichteter Sachen fortzureisen. Man bringt zween Tage auf Betrachtung des Sees zu. Man nimmt ein Boot mit etlichen Ruderern, weil wegen der unvermutheten von den Bergen kommenden Windstöße keine Seegel geführt werden können. Ein jeder bekommt täglich 18 Pfennige, und der Steuermann wenigstens fünf Schillinge. Ferner halten sich hier vier Waldhornisten auf, von denen die beyden besten eine Guinee, und die beyden andern eine halbe kosten. Alle diese Leute müssen mit Essen und Trinken unterhalten werden. Ferner muß man etwa 10 Pfund Pulver kaufen, um das berühmte Echo mit einer kleinen Kanone zu versuchen. Alle diese Umstände machen die Lustpartie theuer, wenn einer allein ist, indem sie auf acht Guineen kostet *).

See von Killarney.

Der See von Killarney ist unter diesem Namen bekannter, als unter seinem eigentlichen Lough Lane. Er wird in den Unter- und Obersee abgetheilt. Der Untersee ist sieben Meilen lang und viere breit, und hängt mit dem obern durch einen engen Kanal von drey Meilen zusammen. Ueber eine

---

*) Man hat eine Menge Beschreibungen dieses Sees. Die weitläuftigste ist aus Smiths Geschichte von Kerry in Eneids Beschreibung des brittischen Reichs eingerückt. In Lush Hibernia curiosa, in Derricks Briefen, in Twiß und Youngs Reisen wird umständlich davon gehandelt. Das Merkwürdigste nehmen wir aus diesen zusammen nach Youngs Ordnung. Johann Leslie hat ein schönes Gedicht Killarney geschrieben. Sechs herrliche Prospekte sind 1770 zu London nach Jonathan Fisher gestochen.

eine kurze Strecke muß das Boot von den Ruderknechten gezogen werden, weil das Waſſer zu flach iſt. Die Reiſenden gehen vorher an Land, und ſteigen hernach wieder ein. Das von den Gebirgen kommende Waſſer ſammlet ſich im Oberſee durch den kleinen Fluß Fleſk, und fließt durch den Fluß Lane aus dem Unterſee ins Meer, welches nur 20 Meilen entfernt iſt. Der Oberſee iſt drey Meilen lang, eine breit, und ganz mit hohen Bergen umgeben. Er iſt ſehr fiſchreich, und das umliegende Gehölze voller Wildprett. Hin und wieder liegen etliche 30 Inſeln, die zum Theil mit Wald, zum Theil mit herrlichen Wieſen bedeckt ſind. Drey Meilen von Killarney hat der Ritter Herbert zu Mucruß am Ufer des Sees einen Landſitz, deſſen Lage und die angebrachten Spatziergänge ihn zu einem außerordentlich romantiſchen Aufenthalte machen. Die Kunſt hat hier nur etwas gethan, um die intereſſanten Scenen dem Auge deſto beſſer darzuſtellen.

Die Ausſicht von Orochshill iſt entzückend. Das Mucruß-Haus liegt am Rande einer Ebne neben einem Walde, der die ganze Halbinſel bedeckt, den Abhang beſchattet, und ein ſchönes Ufer des Sees bildet. Tornis und Glena ſind große gebirgige Maſſen von unglaublicher Pracht. Der Turk hat eine erhabne Geſtalt, und Mangertons großer Körper ſteigt über alle empor. Die bebaueten Felder nach Killarney hin ſind ein Contraſt jenes fürchterlichen Anblicks. Die in dem Garten befindlichen Ruinen von Mucruß-Abtey, die unter Heinrich VI. gebauet ward, ſtellen die intereſſanteſte Scene dar. Die Trümmer ſind gerade noch ſo vollſtändig, daß, wenn ſie es mehr wären, zwar das Gebäude vollkommen ſeyn, die Trümmer aber weniger gefallen würden.

Sie

Sie ist im Schatten von Espen versteckt, Ephen giebt ihr ein malerisches Ansehen. Zerbrochene Mauern, verfallene Thüren, zerstreute Haufen von Knochen und Hirnschädeln, Dornen, zwischen lockern Steinen hervorsprossendes Unkraut, alles vereinigt sich, die schwermüthigen Empfindungen zu erregen, die das Verdienst solcher Scenen sind. Die Kreuzgänge bilden einen traurigen Platz, in dessen Mittelpunkte ein großer Eibenbaum wächst, der zween Fuß im Durchschnitte hat. Von der Abtey geht man nach einer von der Natur gebildeten Terrasse, die eine sehr mannichfaltige Scene darbietet, wo das Erhabene mit dem Sanften abwechselt.

Hr. Herbert hat einen vortreflichen Weg voller abwechselnden Prospekte angelegt, der durch die Halbinsel drey Meilen lang nach Dynis-Eyland führt. Man kommt bey einem Marmorbruche vorbey, der verschiedene Arten von rothem, grünem, weißem und braunem mit schönen Adern liefert. Sonst wurden hier auch ergiebige Kupferminen bearbeitet, sie sind aber aus Unwissenheit der Arbeiter liegen geblieben. Eine artige gothische von dem Besitzer erbauete Brücke verbindet die Halbinsel mit dem Eylande Brickeen, unter dem Bogen, der 27 Fuß weit und 17 hoch ist, fließt das Wasser des Norder- und Südersees. Das gedachte Dynis-Eyland hat Hr. Herbert auf die angenehmste Art durch Spatziergänge, die sehr veränderliche Aussichten gewähren, verschönert. Ueberhaupt bestehen diese sämmtlichen Anlagen aus einer Mischung schroffer Felsen, schattigter Thäler und grüner Ebnen, und verbinden wahre Größe mit anmuthigen Scenen auf die edelste Art. Der merkwürdigste Baum, und der den Fremden am meisten auffällt, ist der Erdbeerenbaum (Arbutus unedo), welcher nur den wärmern Gegenden

in

in Spanien und Italien eigen ist, hier aber auf allen Inseln und Ufern wild wächst, zum Beweise, wie wilde das Clima ist. In jenen Gegenden wächst er buschartig, hier 15 Fuß hoch, und treibt Stämme von 18 Zoll im Durchschnitte. Er ist so häufig, daß man ihn ehemals in den Schmelzhütten brauchte. Er wächst auf Felsen, wo man fast keine Erde sieht, giebt dem rauhen Winter das schöne Ansehen des Frühlings; er hat zu gleicher Zeit grüne und reife Früchte von der herrlichsten Scharlachfarbe, welche an Gestalt den größten Erdbeeren gleichen.

Von Mucrus fängt man die Fahrt um den See an, und rudert unter dem Ufer des Vorgebirges Dindog weg. Es ist ein großer Felsenklumpen, dessen Fuß die Wellen weit ausgehöhlt haben, und dessen Spitzen auf eine malerische und zugleich fürchterliche Art über den Fels herüber hängen. Man kommt darauf der mit großen Felsenstücken wild bestreueten Bucht, wo der Marmorbruch ist, vorbey, und passirt die gedachte gothische Brücke, unter welcher das Wasser mit schnellen Strome durchfließt, und erreicht das sogenannte Adlersnest, einen ungeheuren Felsen, dessen Anblick zum bewundern schön ist. *Beschreibung des Sees.*

Der Weg geht zwischen den Bergen, die große Reihe genannt, nach dem obern See. Der Prospekt ist in diesem Kanale in allen seinen Zügen groß und wild. Der enge Paß Colemanns=Auge eröffnet einen verschiedenen Prospekt, wo das Schöne und Große ohne Rauhigkeit ist; die mehresten Inseln sind mit Gehölze bedeckt, insbesondere erhebt sich die Eichen=Insel zum schönsten Gegenstande. Derry Currily ist ein großer Strich des Gebirges zum Theil mit Wald bedeckt; doch ist ein Theil niedergehauen, und wird von Böttchern und Schiffbauern

bauern bewohnt. Der Wasserfall ist sehr schön. Die sieben Eylande formiren einen kleinen Archipelagus. Sie erheben sich aus dem Wasser auf einem felsichten Grunde, und sind mit Gehölze, vornehmlich Erdbeerbäumen, bedeckt. Die Kanäle zwischen ihnen eröffnen neue Aussichten, und das große sie umgebende Amphitheater von Felsen und Bergen vereiniget sich mit ihnen zu einem erhabenen Prospekte. Von hier rudert man bis zum Ende des Sees, wo der Fluß sich in seltsamen Krümmungen nach dem sogenannten Miac Hilly Cubbys Haufen mit ihren zackigen Spitzen windet, und kehrt nach dem Adlerneste zurück.

Echo. Indem man sich diesem nähert, werden einige Kanonen abgefeuert, um sich an dem bewundernswürdigen Echo zu ergötzen. Die Wirkungen sind nach dem Orte, wo es geschieht, verschieden. An einigen Orten besteht der Schall nicht in geraden Zurückprallungen von einem Felsen, an den andern mit einer Pause dazwischen, sondern hat eine genaue Aehnlichkeit mit einem hinter dem Felsen rollenden Donner, als ob er die ganze Gegend durchwanderte, und sich in den unermeßlichen Mac Hilly Cubbys Haufen verlöre. An andern Stellen hört man beynahe eine Minute lang nach dem abfeuern keinen besondern Schall, alsdann erfolgt ein lauter Donnerknall, der verschiedene Sekunden dauert, nach einer kurzen Pause ein zweyter, und so fort mit verschiedenen Wiederholungen, als wenn Salven aus kleinem Gewehre auf den benachbarten Bergen gegeben würden, und endlich hört der Wiederhall mit einem Getöse auf, das dem Geräusche der Meereswellen, die gegen eine hohle Küste schlagen, ähnlich ist. Auf eine ähnliche wiewohl ganz verschiedene Weise hallte der Schall der Waldhörner wieder. Kaum

unter-

Munſter. 451

unterſcheidet man den wahren Schall der Hörner oder das Geheule und Bellen der Hunde, wenn man hier jagt, von dem Wiederhalle.

Wenn man wieder durch die Brücke kommt, Innisfallen. und ſich nach den Wäldern von Glena wendet, erblickt man die bebauete Gegend jenſeits Killarney, und bekommt Innisfallen und Roß-Enland zu Geſichte. Man kann ſich keinen prächtigern Anblick gedenken, als den unermeßlichen Raum des finſtern Waldes von Glena, deſſen Aeſte ſich in den See tauchen. Die Inſel Innisfallen iſt ohnſtreitig eine der ſchönſten in Europa. Sie hält 20 Acker, und iſt das anmuthigſte Gemiſche von Hügel, Thal, Wald und Wieſen. Der Boden iſt ſo nahrhaft, daß das Rindvieh in ganz kurzer Zeit fett wird, und das Fett iſt ſo weich, daß man es nicht zu Lichtern, ſondern bloß zur Seife, gebrauchen kann.

Eine der größten Schönheiten des Sees iſt O'Sullivans Kaſkade, wohin alle Fremde geführt werden. Man entdeckt einen großen Spalt im Walde von Tomys, wo man ausſteigt, um vollends hinzugehen. Der Strom ſtürzt in vielen Abſätzen mit ſchrecklichem Brauſen auf 70 Fuß herunter, und formirt im Fallen große Becken. Er bricht aus dem Schooße eines waldigten Thals hervor, das in einer Einöde von Felſen und Bäumen verſteckt, und an ſich ſchon romantiſch und anmuthig iſt, wenn der maleriſche und betäubende Fall auch nicht da wäre.

Young, der die berühmten Seen in England *) und Schottland insgeſammt beſehen, räumt zwar

Ff 2 ein,

*) Vornehmlich den See Derwentwater bey Keswick in Cumberland. S. Neueſte Reiſen durch England, B. 4. S. 358. daſelbſt iſt Pennants Vergleichung über den See bey Killarney, über den bey Keswick und über Loch Lomond in Schottland, angeführt.

ein, daß die Felsen zu Keswick majestätischer sind, behauptet aber, daß der See zu Killarney wegen des Vorgebirges Mucruß, wegen Innisfallen, wegen des Echo und des Erdbeerenbaums den Vorzug verdiene.

Berg Mangerton. Wer gerne eine außerordentliche, schöne Gegend übersieht, wird sich die Mühe nicht verdrießen lassen, den Berg Mangerton, wenigstens einen Theil davon, zu besteigen. Smith giebt seine senkrechte Höhe über den See nach dem Barometer auf 1020 Yards oder Ellen an, andere räumen aber nur 800 ein. Der Gipfel ist meist ein Sumpf, der aus rothem Moose und Wasser besteht, aber doch ziemlich fest ist. Auf der halben Höhe übersieht man schon den See mit allen seinen Eylanden, die wie auf einer Landcharte da liegen. Von dem obersten Gipfel hat man eine weite Aussicht bis ins Meer und nach den Skelig Inseln. Auf der Westseite des Mangerton ist eine runde Höhle, deren Tiefe man für unergründlich ausgiebt, und des Teufels Puntschbohle heißt. Sie hat eine Viertelmeile im Umfange, und ist beständig so voll Wasser, daß sie überläuft, und einen schönen Wasserfall nach dem See zu formirt. Fische hat man noch nie darinn gefunden. Young vermuthet, es sey ehemals ein Vulkan gewesen.

Zwanzigster Brief.

Fortsetzung von der Provinz Munster. Grafschaft und Stadt Cork. Blarney Castle. Dunkettle. Rostellan. Lota. Kinsale. Cape Clear. Mallow. New Grove. Donneraile. Mitchelstown. Höhle zu Skeheenrinky. Galties Berge. Clonmell. Tipperary. Dundrum. Cashel.

Der Weg von Killarney nach Cork geht meistens durch die Grafschaft Cork. Sie ist die größte aller irländischen Grafschaften, von Osten nach Westen 86 Meilen lang, und von Norden nach Süden 50 breit. Nach Young ist viel ungebauetes Land darinn: nach Entick ist sie hingegen in neuern Zeiten so angebauet, daß sie an Fruchtbarkeit und Reichthum keiner andern etwas nachgiebt. Es werden hier Sarschen, Kamelotte, Ratinen, Friese, Drogette und grobe Tücher zu 10 bis 12 Schillinge die Yard gemacht. Könnten sie zu acht Schill. ausgeführt werden, so ließe sich ein großer Handel damit machen. Es wird viel Wolle aus Roscommon und Gallway hier gekämmt und gesponnen, und alsdann nach Yarmouth geführt. Dreyviertel Wolle wird ausgeführt, und nur ein Viertel verarbeitet. Die Hälfte aller irischen Wolle wird in dieser Grafschaft gekämmt. Wegen des hohen Preises geht keine Wolle mehr durch Schleichhandel außer Landes. Im Ganzen hat die Wollenmanufaktur nach Youngs Meynung seit 20 Jahren nicht zugenommen. Viele Fabriken könnten hier wohlfeiler, als in Frankreich, arbeiten, und die Wollenwaaren verfertigen,

fertigen, darinn die Franzosen den Engländern den Rang abgelaufen haben. Acht bis zehn Meilen um Cork sind Strumpfstrickereyen, womit sich arme Weiber beschäftigen, und wöchentlich 12 bis 18 Pfennige verdienen. Im westlichen Theile der Grafschaft wird schmale Leinwand zur einheimischen Consumtion gemacht. Ueberhaupt haben sich die Umstände der in den Manufakturen arbeitenden Armen seit 20 Jahren gebessert: und dieser innerlichen vermehrten Consumtion ist es zuzuschreiben, daß die Manufakturen nicht abgenommen, ob sich gleich die Ausfuhre verringert hat.

Stadt Cork. Die Stadt Cork hat sich durch ihren Handel dermaßen gehoben, daß sie die zwote Stadt des Reichs geworden ist. Sie wird fast ganz von dem Flusse Lee umgeben, der etwa 15 Meilen von hier in die See fällt, und einen Meerbusen Cove formirt, welcher einen vortreflichen Hafen für Cork abgiebt, wo die ganze englische Flotte vor allen Winden sicher liegen kann. Inzwischen können nur Schiffe von 150 Tonnen an die Stadt kommen. Die schwerern werden fünf Meilen unterhalb der Stadt zu Passage gelöscht, und die Güter auf kleinen Fahrzeugen oder Karren weiter geschafft. Der Boden ist etwas sumpfig, daher halten viele die hiesige Luft für ungesund, zumal da die Gassen mit vielen Kanälen durchschnitten sind. Allein es ist ein großer Unterschied zwischen den hiesigen und den Amsterdammer Kanälen. Letztere stehen stille, und stinken daher im Sommer; jene fließen hingegen ziemlich schnell, und halten die Luft in steter Bewegung. Die Todtenlisten beweisen auch nichts weniger, als daß hier eine größere Mortalität seyn sollte. Die Anzahl der Einwohner wird auf 60000, und nach Twiß gar auf 80000 geschätzt; wovon zween Drittel katholisch sind.

ſind. Im Jahre 1754 zählte man 7445 Häuſer, und 1766 waren ſie bis auf 8113 geſtiegen. An Markttägen ſind alle Gaſſen gedrängt voll, ein Beweis, wie volkreich der Ort iſt.

Ueber die beyden großen Arme der Lee gehen zwo anſehnliche ſteinerne Brücken, die eine nordwärts und die andere ſüdwärts. Außerdem giebt es viel kleinere Brücken, auch etliche Zugbrücken über die verſchiedenen Kanäle. Längſt den Kanälen ſind Kayen, vermittelſt welcher die Schiffe an vielen Orten anlegen können. Die meiſten Gaſſen ſind ſehr enge, und durchſchneiden die Hauptſtraßen. Auf den neuen Kayen ſieht man gute Häuſer, die übrigen ſind meiſtens alt und von ſchlechtem Anſehen. Sie werden ziemlich reinlich gehalten. Nicht ſo iſt es in den Vorſtädten beſchaffen, wo der Anblick der vielen Schlachthäuſer einen unangenehmen Anblick und widrigen Geruch veranlaßt. Das Beſte iſt, daß ſie am Abhange der Hügel ſtehen, und jede Gaſſe einen reichlichen Waſſerabfluß hat, der die Unreinigkeiten beſtändig von der Thür eines jeden Schlachthauſes nach dem Fluſſe wegnimmt. Moriſons Eyland iſt der am beſten gebauete Theil, die Altſtadt hingegen überhaupt enge und kothig.

Wenn die Anzahl der Kirchen ein Beweis der Bevölkerung wäre, ſo müßten zu Eduards IV. Zeiten, als man eilf Kirchen zählte, weit mehr Menſchen in Cork gewohnt haben, als jetzt, da man nur ſieben antrifft. Die Anzahl der Kirchſpiele iſt aber noch dieſelbe, vermuthlich waren die eingegangenen vier Kloſterkirchen oder Kapellen. Die Presbyterianer, Quäker, Wiedertäufer und franzöſiſchen Reformirten haben ihre eigenen Verſammlungshäuſer.

Cork ist ohngefähr drey Meilen lang und zwo breit, hat aber keine ansehnlichen öffentlichen Gebäude. Die Börse ist zu Anfange dieses Jahrhunderts gebauet, und eines von den besten. Sie hat fünf Bogen an der Vorderseite. Das Stadthaus hat nichts besonderes, als eine Statüe von weißem Marmor des bekannten Pitts oder nachmaligen Lords Chatham in Lebensgröße, wofür die Stadt dem Meister Wilton 450 Pf. Sterl. bezahlt hat. Im Hause des Lord Maire steht die von Wilhelm III. aus Gyps. Auf einer Brücke über den Kanal bey der öffentlichen Promenade bemerkt man des vorigen Königs Georgs II. Statüe zu Pferde aus Bronze von einem dubliner Künstler gegossen. Dieß sind die einzigen Statüen in Cork. Gedachter Spatziergang heißt der Mail, und ist nichts anders, als eine schlecht gepflasterte Kay an einem Kanale mit einer Reihe Bäumen auf einer, und Häusern an der andern Seite. Außerdem kann man sich noch einer andern auf der Westseite der Stadt bedienen, die Promenade des rothen Hauses genannt, welche eine Meile lang, und zu beyden Seiten mit Bäumen besetzt ist. Das Komödienhaus, ein artiges Gebäude, hat Barry angegeben. Das Assembleehaus ist für sich, wo man allezeit gute Gesellschaft findet.

Cork ward ursprünglich von den Dänen angelegt, zu einer Zeit, da man noch nichts vom Bestreichen der Kanonen wuste. Das hohe Land zu beyden Seiten des Flusses macht, daß sie keine Belagerung aushalten könnte, wenn gleich die ehemaligen Wälle noch vorhanden wären. Hier ist ein bischöfl. Sitz, die Kathedralkirche verdient aber eben so wenig, als alle übrigen Kirchen, einige Achtung. Die Christkirche hängt stark auf eine Seite,

welches

welches von dem sumpfigen Boden herrührt, der Thurm mußte bereits 1742 abgetragen werden.

Der Handel der Einwohner dieser Stadt ist ungemein wichtig. Young bringt einen Auszug aus den Zollbüchern bey (B. 1. S. 433.), vermöge dessen der Durchschnitt von 19 Jahren, die sich mit 1773 endigen, 1,100,190 Pf. Sterl. betrug*). Im Jahre 1751 brachten die alten Zölle 62000, und 1776 auf 140,000 Pf. Sterl. ein. Die Stadt selbst hatte 70 bis 80 Schiffe im Jahre 1776. Man rechnet 700 Böttcher, welche die große Menge von Tonnen, die zu dem hiesigen Handel erfordert werden, aus Eichen- und Birchenholz verfertigen. Vor dem letzten Kriege kam solches aus Amerika, in den letzten Jahren aus Schweden und Norwegen, von nun an wird sich der Handel vermuthlich wieder nach Amerika ziehen. Aus keinem Hafen in Europa wird so viel Rindfleisch, Butter und Talg ausgeführt. Die nach Westindien seegelnden englischen Kauffahrteyschiffe versorgen sich hier oft mit Pökelfleisch und andern Lebensmitteln. Auch die Franzosen kaufen hier viel Rindfleisch für ihre Kolonien. Man führt für 300000 Pf. Sterl. Garn aus. Die Wolle kommt nach Cork, (Schleichhandel damit nach Frankreich findet fast gar nicht mehr statt), und wird

unter

---

*) Aus einer im Jahre 1782 bekannt gemachten Liste erhellet, daß 1776 und in den 20 vorhergehenden Jahren jährlich 872 Schiffe eingelaufen sind. In den vier verwichenen Jahren belief sich die Anzahl auf 1305. Bis 1776 wurden nie mehr als 240000 Fässer Butter und 120000 Fässer Rindfleisch ausgeführt, aber seit den letzten vier Jahren beläuft sich die Anzahl jährlich auf 370000 Fässer Butter und 200000 Fässer Fleisch.

unter die Kämmer vertheilt, welche sie in Ballen machen, die werden von den französischen Commissionairs gekauft und ausgeführt, das beläuft sich aber auf keine 40000 Pf. Sterl. im Jahre. Das Salz zum Einpökeln des Rindfleisches kommt von Lissabon, St. Ubes 2c. das zu den Fischen aus Rochelle; zur Butter wird englisches und irländisches genommen. Jährlich werden 180,000 Tonnen schottländische Heeringe, zu 18 Schill. die Tonne, eingeführt. Das Parlament gab 1764. 3000 Pf. Sterl. zur Verbesserung des Hafens von Cork her.

Die Gegend um Cork, insonderheit bey der sogenannten großen Insel, der gedachten Passage und dem Flusse Glannure, ist außerordentlich schön. Das Land erhebt sich sanft bergan, und ist mit vielen Landhäusern, Gärten, Pflanzungen und mit Wäldern und Feldern von vielfarbigem Grün geziert. Die dicht an die Stadt stoßenden Hügel sind voller Häuser, die sich allmählig über einander erheben.

Blarney-Castle. Nichts ist merkwürdiger, als Blarney-Castle bey Cork, dessen Besitzer, Hr. Jefferys, aus ein Paar elenden Hütten ein neues Städtchen mit Manufakturen und allerley nützlichen Anstalten geschaffen hat. Im Jahre 1776 standen schon auf 100 Häuser. Erst brachte er die Leinwandmanufaktur in Gang, bauete eine Bleichmühle, Wohnungen für Weber und Fabrikanten aus Cork, die nachher größere Häuser nöthig hatten, alsdann eine große Stampfmühle zu gedruckter Leinwand und Baumwolle, nebst noch zwo Bleichmühlen. Diese verschiedenen Zweige beschäftigen 130 Stühle und 300 Hände. Die Strumpfmanufaktur beschäftigt 20 Rähmen und 30 Hände. Auch hat er eine Fabrike von Wollenwaaren angelegt; eine Mühle, seines Tuch zu walken,

Munster.

fen, zu pressen ꝛc. eine Walkmühle, dem Tuche den
Glanz, die Glätte und den Strich zu geben; eine
Zwirnbandfabrike; eine Preßmühle, worauf jährlich
500 Stück bereitet werden können; eine Mühle,
semisch Leder und andere Häute zu bereiten; eine
Kornmühle, die zu 132 Pf. Sterl. verpachtet, und
mit einer Schleifmühle, allerley Eisengeräthe zu
schleifen, verbunden ist; und endlich eine Papier-
mühle. Weil es nicht am Wasser fehlt, so können
die sämmtlichen Mühlen, 13 an der Zahl, hinlänglich versorgt werden. Ueberhaupt hat die Nachbarschaft von Cork alle diese vortreflichen Anstalten ungemein erleichtert.

Die Stadt ist in einem Viereck erbauet, und
besteht aus einem großen Gasthofe und Häusern für
die Fabrikanten, welche alle von Stein gebaut und
mit Schiefer gedeckt sind, einer Kirche, einem Kauf-
hause, darinn wöchentlich für 100 Pf. Sterl. ge-
strickte Strümpfe verkauft werden, vier Brücken,
u. s. w. In alle diese Anstalten hat Hr. Jefferys
7630 verwendet, und nutzt sein Geld jetzt bereits
zu sieben Procent. Mit der Zeit steigt die Nutzung
viel höher, weil alles wohlfeil an Unternehmer auf
gewisse Jahre ausgegeben ist, um sie herbey zu
locken. Er hat sich sehr gehütet, eine Manufaktur
für eigne Rechnung zu unternehmen, wobey gewiß
Verlust gewesen wäre. Ueber 9000 Pf. Sterl. haben
die sämmtlichen Unternehmer hineingewendet, und
überdieses hat ihm das Parlament 2000 Pf. Sterl.
für verschiedene Prämien bezahlt: also sind beynahe
20000 Pf. Sterl auf öffentliche Werke verwendet,
wovon jetzt die Unternehmer und das Land großen
Nutzen haben. Eine Menge Menschen werden ernährt, und die Produkte sind zum Vortheil der

Lande-

Ländereyen um ein Ansehnliches im Werthe gestiegen *). Außerdem hat Hr. Jefferys auch noch schöne Baumpflanzungen mit Spatziergängen angelegt.

Dunkettle. Dunkettle, des Hrn. Trents Landsitz, ist einer der schönsten Plätze Irelands. Es ist ein Hügel von einigen 100 Ackern, der sich durch sanfte Abhänge in abwechselnde Grundstücke vertheilt. Auf einer Seite ist er von einem Striche des Hafens von Cork, auf der andern von einem Thale, welches die Glannure wässert, umgeben. Dieß Thal stellt die reizendsten Prospekte dar. Ein Spatziergang führt auf die vorzüglichsten Gesichtspunkte. Die Landschaft wird durch die sich stets bewegenden Boote und Schiffe belebt. Das Ganze zusammen genommen ist unbeschreiblich schön, und würde durch die Beschreibung unendlich verlieren. In dem Hause trifft man schöne Gemälde an: darunter sind die vornehmsten ein St. Michael, von Michael Angelo; St. Franciscus auf Holz, von Guido; die heil. Cäcilia, von Romanelli; die Himmelfahrt der Maria, von Ludwig Caracci; eine Quäkerversammlung, von Hemskerk; ein Seeprospekt, von Vernet; eine Geißelung, von Sebast. del Piombo; eine kleine Madonna mit dem Kinde, von Rubens; eine schöne Kopie von Tizians berühmter Danae zu Monte Cavallo bey Neapel, von Cioffi; eine Kopie von Tizians Venus in der Tribune zu Florenz; dergleichen von Tizians Venus, welche Cupido blendet, im borghesischen Pallaste zu Rom;

*) Genauere Umstände kann man beym Young nachlesen, B. 1. S. 405. welcher glaubt, Hr. Jefferys werde sein angewandtes Capital künftig auf 17 Procent nutzen.

Rom; eine Kopie von Raphaels Madonna della Sedia im Pallaste Pitti zu Florenz von einem Deutschen, Stern, der vor einigen Jahren in Rom gewesen *).

Von Rostellan, des lords Jnchiquin Landsitze, hat man ein herrliches Gesicht. Man erblickt die Schiffe zu Cove, das große Eyland und die beyden andern, welche die Einfahrt des Hafens beschützen. Er erscheint hier als ein prächtiges Becken von einigen Meilen, mit Anhöhen umgeben, denen nichts als Gehölze fehlt. Dunkettle gegen über liegt Lota, des Ritters Rogers Sitz, den man von Dunkettle aus in der größten Vollkommenheit übersieht. Die hintern Grundstücke sind unvergleichlich mit Gehölze versehen, und von einer anmuthigen Abwechselung.

So viel von der schönen Gegend um Cork. Zwölf Meilen davon gerade gegen Süden liegt Kinsale, an der Mündung der Banne oder Bannon, welche eine Bay und vortreflichen Hafen für die schwersten Lastschiffe formirt. Es ist sowohl in Betracht der Menge der Einwohner, als des ansehnlichen

*) In der Gegend von Dunkettle liegt Castle Martye, der Sitz des Grafen von Shannon, welcher zu den wichtigsten Landverbesserern Irelands gehört. Young redet umständlich davon B. 1. S. 417. Im Jahre 1769 legte er eine Leinwandmanufaktur zu Cloghnickelty an, eine Bleiche von 17 Ackern mit Mühlen u. s. w. um die in der Nachbarschaft gewebten Stücke zu bleichen. In dem Städtchen sind 94 Stühle im Gange, wozu er für 7000 Pf. Sterl. Garn im Jahre kauft. Hauptsächlich wird grobe Leinwand gemacht. Die Manufakturen in der Gegend sind durch diese Anstalten sehr befördert worden.

lichen Handels, die zwote Stadt in der Grafschaft Cork. Die Kaufleute versenden von hier viele Lebensmittel, insonderheit Pökelfleisch, nach Westindien, Frankreich und Holland. Zur Bequemlichkeit der Schiffahrt wird an der Mündung des Flusses alle Nächte ein Leuchtthurm unterhalten. Die Stadt ist durch alte Mauern für jählinge Ueberfälle gesichert.

Cape Clear. Südwestwärts von Kinsale, an der Spitze Irelands, und ziemlich weit vom Lande, liegt die Insel Cape Clear, welche den von und nach Ireland, und den bristoller Kanal seegelnden Schiffen gar wohl bekannt ist. Wenn sie diese passirt sind, so haben sie im Ausseegeln die hohe See erreicht. Das Kastell ist mit Kanonen besetzt, und dient ihnen in Kriegszeiten zum Schutze.

Mallow. Von Cork wenden wir uns nunmehr nordwärts tiefer ins Land über Mallow nach Donneraile. Mallow ist das Bath der Irelånder, doch darf man hier weder die Schönheit der Gebäude, die vielen Vergnügungen, noch die Reinlichkeit und Bequemlichkeit, als in dem Englischen, suchen. In den Sommermonaten kommen viele Brunnengäste her, um das Wasser zu trinken, welches aus dem Fuße eines großen Kalksteinfelsens am Ende eines graben' mit Pappeln wohl bepflanzten Spaziergangs, und eines Kanals von einer Viertelmeile fließt. Es ist mäßig warm, und man schreibt ihm eben die Eigenschaften, als dem warmen Brunnen zu Bristol, zu. Die Ufer des Flusses Blackwater sind nicht nur in dieser Gegend sehr fruchtbar, sondern auch ungemein angenehm. Würden bessere Wohnungen aufgeführt, für Assembleesäle und andere Bequemlichkeiten gesorgt, so würde Mallow weit mehrere Gäste, nicht bloß zum Trinken des Wassers,

Waſſers, ſondern auch zum Vergnügen, herbey=
locken, als jetzt, da der Aufenthalt ſchlecht, und gleich=
wohl verhältnißmäßig theuer iſt. Zu Mallow ſind
wenig Manufakturen, aber ehe man Mallow erreicht,
paſſirt man

New Grove, des Ritters Gordon Landſitz, wo New Grove.
er vortrefliche Verbeſſerungen angebracht, und etliche
100 Acker Moraſt und ſchlechten Boden in das
fruchtbarſte Land umgeſchaffen hat *). Eben der=
ſelbe hat hier vor 10 Jahren eine Leinwandmanu=
faktur und Bleichmühle, und eine Factorey zu Da=
maſtleinewand angelegt, und dadurch das Flachs=
ſpinnen in Gang gebracht. Das Wolleſpinnen war
ſchon gebräuchlich, denn von hier nordweſtwärts
nach der Baronie Duhallow iſt die große Baum=
wolleſpinnerey.

Die Gegend um den Flecken Donneraile ge= Donneraile.
hört zu den angenehmſten in Irland; ſie iſt ab=
wechſelnd, gut mit Bäumen verſehen, und hat viel
Landbau. Hier hat der Lord gleiches Namens ſei=
nen Sitz. Das Haus liegt auf einer Anhöhe, wel=
che ſich in ein ſchlängelndes Thal hinabſenkt, darinn
ein kleiner Fluß und etwas Gehölze iſt. Neben den=
ſelben liegt ein Staudengarten, durch welchen Gänge
gehen, die nach verſchiedenen Theilen des Guts, in=
ſonderheit nach einer Hütte mit den reizendſten Pro=
ſpekten, und durch neue Pflanzungen, führen.

Das artige Dorf Mitchelstown gehört noch Mitchels=
zu der Grafſchaft Cork, und hat wegen der Galty= town.
Gebirge eine prächtige Lage. Lord Kingsborough
wohnt hier, und ihm gehört die ganze Gegend von
Kildorrery bis Clogheen, jenſeit Balliſporeen,
eine Linie von 16 irländiſchen Meilen, und fünf bis
zehn

---

*) G. Young B. 1. S. 401.

zehn Meilen in der länge. Das land ist vortreflich, und stark mit armen leuten bewohnt. Der lord giebt sich seit einigen Jahren die lobenswürdigste Mühe, sie aus diesem Zustande zu reißen, und vortreliche Verbesserungen anzubringen. Er wird seine Güter, da er noch ein junger Mann ist, und dieser Strich nur 20 Meilen von Cork liegt, gewiß zu den einträglichsten auf der Insel machen. Im Durchschnitte gilt der Acker nur 2½ Schill. Pacht, und er kann es mit leichter Mühe auf eine Guinee bringen, da sich allenthalben die schönsten Kalksteinbrüche finden, und der Torf auch nicht fehlt. Er hat sich selbst ein schönes Wohngebäude auf einem Felsen, am Rande eines Abhanges, und viele andere Gebäude, errichtet: und schafft aus den Einwohnern, die bisher Müßiggänger und Whiteboys waren, arbeitsame und gute leute.

Höhle. Eine natürliche Merkwürdigkeit auf den Gütern des lords ist die Höhle zu Skeheenrinky, an der landstraße, zwischen Cahir und diesem Orte. Der Eingang ist ein sehr enger Riß in einem Hügel von Kalkstein. Man steigt auf einer leiter 20 Stufen hinunter, und befindet sich alsdann in einem 100 Fuß langen und 60 Fuß hohen Gewölbe, und eine krumme Höhle von einer halben Meile geht von hier seitwärts fort. Inwendig hat der Tropfstein allerley phantastische Gestalten gebildet. Hin und wieder schimmert alles wie Diamanten. Mit einem Worte, der Anblick ist in seiner Art schön, und dem von der Höhle auf dem Peak in Derbyshire, wovon die Engländer so viel Wesens machen, weit vorzuziehen.

Galties Berge. Wer ein Vergnügen daran findet, die Natur in ihrer wilden Pracht zu sehen, muß die ungeheure Bergkette der Galties besuchen. Sie nehmen
einen

einen Raum von sechs Meilen lang, und drey bis viere breit, ein. Die höchste Spitze ist die von Galtymore, von der man die Shannon, das Thal von Limerick, gegen Süden das Meer, und überhaupt acht Grafschaften sehen kann. Diese Spitze ist von so regelmäßig konischer Form, daß man den Berg für den Becher eines ausgebrannten Vulkans ansehen möchte. Galtybeg und einige andere lassen wegen ihrer Regelmäßigkeit eben dieses muthmaßen. Bey jedem ist ein See, der vielleicht der ursprüngliche Schlund gewesen. An der Seite nächst dem Gipfel des Gebirges sind senkrechte Felsenwände in regelmäßigen Schichten auf einander gehäuft, wo eine Menge Adler nisten. Der unermeßliche Umriß dieser Gebirgskette ist es nicht allein, worauf man zu achten hat. Jedes Thal hat seine Schönheiten. In jedem ist ein ansehnlicher Berg und Fluß, darunter die Juncheon, der Kalksteinfluß und Haselhühnerfluß (grouse river) die vornehmsten sind. Diese stellen dem Auge in einem Striche von drey Meilen alle Abwechselungen dar, die Felsen, Wasser und Gebirge geben können. Alle fünf Minuten hat man in diesen Thälern einen Wasserfall; zuweilen sieht man viele auf einmal. Die schönste Kaskade ist im westlichen Thale. Es sind zween Fälle mit einem Becken dazwischen, aber aus einigen Gesichtspunkten scheint es nur ein Fall zu seyn. Man kann diese Schönheiten nicht besser betrachten, als wenn man die Straße von Mallow nach Mitchelstown, und von da über Lord Kingsborough neuen Weg nach Skeheenrinky nimmt, dann durch eines der Thäler nach Galtybeg und Galtymore geht, und über den Wolfsteig Templehill und den Wasserfall nach Mitchelstown zurückkehrt. Wer die Corker Straße reiset, kann auch zu Bally-

poteen

porten einkehren, und von dort aus diese Gebirge besehen.

Von Mitchelstown nehmen wir den Weg über Clonmel und Tipperary nach Cashel durch die Grafschaft Tipperary. Diese Grafschaft ist sehr ansehnlich, aber von verschiedener Güte. Ueberhaupt kann man sie fruchtbar nennen, und die herrlichen Weiden liefern das schönste Vieh in Ireland. Insonderheit ist das sogenannte goldne Thal, das sich von dem Flecken Tipperary gegen Limerick erstreckt, wegen seiner Fruchtbarkeit berühmt. Der nördliche Theil ist gebirgigt, aber doch lange nicht so unfruchtbar, als man ihn ausschreyt. Die Unthätigkeit der Landbesitzer ist Schuld, daß sie keine bessere Wirthschaft einführen, wodurch sie ihren Boden vier- und sechsfach so hoch nutzen könnten, als jetzo *). Hin und wieder sind in dieser Grafschaft einige Wollfabriken, z. E. zu Thurles, Tipperary, Clonmel, u. s. w.

Clonmel ist ein kleiner etwas befestigter Ort, der als der Geburtsort des unnachahmlichen und in unsern Tagen so berühmt gewordenen Sterne bekannt ist. Er hat die beste Lage von allen Städten dieser Grafschaft. Im Rücken befindet sich eine Reihe hoher Berge, und auf der Seite sind die schönsten mit Bäumen vermischten Einzäunungen. Auf der vorbeyfließenden Sure können Boote von 10 Tonnen an die Stadt kommen.

Tipperary ist ein kleiner blühender Marktflecken, mit etwas Wollenmanufaktur. Vor 40 Jahren

---

*) Young zeigt dieses sehr gründlich durch das Beyspiel des Hrn. Osborne, drey Meilen von Clonmel, welcher auf 900 Acker auf die schönste Art urbar gemacht hat, B. 1. S. 515.

ten suchte man eine von Leinwand anzulegen, jedoch
wollte es nicht damit fort. Der herrliche Boden
umher giebt Anlaß zu sehr weitläuftigen Pachtungen, deren Stärke vornehmlich auf dem Viehbe-
stande beruht. Die Herren Macarthy und Keating
gehören zu den großen Pachtern in Ireland, und
leben auf einen prächtigen Fuß. Ersterer hat zu
Springthouse bey Tipperary ein Gut, das
10000 Pf. Sterl. Pacht giebt, und 9000 Acker
enthält. Sein Viehbestand ist von 8000 Schna-
fen, 2000 Lämmern, 550 Ochsen, 80 fetten Kühen,
welche 20000 Pf. Sterl. werth sind. Ueberdieses
noch 200 jährige, eben so viel zweyjährige, und eben
so viel dreyjährige, 80 Pflugochsen, 180 Hengste,
Stuten und Fohlen, 150 bis 200 Arbeiter. Des
Hrn. Keatings Gut heißt Garranlend, und besteht aus 13800 Ackern, die auch 10000 Pf. Sterl.
Pacht geben. Er hält 3000 Stück Hornvieh,
16000 Schaafe und 300 Pferde.

Von Tipperary geht der Weg über Dundrum Dundrum
nach Cashel. Dundrum hat Lord Moutalt ganz
im neuen Stil umgeschaffen. Vorher war alles
nach alter Art in steifen Hecken, Parterren ꝛc. angelegt. Jetzt steht das Haus auf einer schönen Ebne
mit zerstreuten Bäumen besetzt, und ein Fluß ist
mit einem schlängelnden Laufe durch seine Grundstücke geleitet. Sogar sein Ackerland wird in
eben der Nettigkeit mit neuen Befriedigungen unterhalten. Auch sein Landwirthschaftssystem ist vortreflich. So wie die Pachtzeit um ist, übernimmt
er ein Gut nach dem andern selbst, verbessert die
ganze Einrichtung, und verpachtet es hernach in guten Stand gesetzt zu einem viel höhern Preise. Auf
diese Weise hat er über 2000 Acker verbessert.

In der kleinen Stadt Cashel hat ein Erzbischof seinen Sitz. Die Kathedralkirche ist die älteste und größte im Reiche, und steht auf einem Felsen, welcher insgemein der Felsen von Cashel heißt, sie liegt aber ganz in Ruinen. Bis vor 30 Jahren ward das Chor noch im baulichen Wesen erhalten, und als Pfarrkirche gebraucht. Jetzt ist in der Stadt nicht einmal eine mit einem Dache versehene Kirche. Man hat zwar eine neue Kirche bis unters Dach gebracht, allein seit 20 Jahren ruht der Bau; der Erzbischof wohnt auf seinen Gütern, und der Gottesdienst wird in einem elenden Saale gehalten, wo sich das Landgericht versammelt. Die Anzahl der zur englischen Kirche gehörigen ist klein, weil die meisten Einwohner der katholischen Religion zugethan sind. Auf dem Felsen von Cashel ist eine herrliche Aussicht; man übersieht den schönsten Theil der Grafschaft Tipperary, daher die alten Könige von Munster hier auch eine geraume Zeit ihre Residenz aufschlugen. Der Ort besteht ohngefähr aus 500 Häusern, war aber ehemals in weit bessern Umständen. König Heinrich II. von England hielt hier eine Synode; daher ihn einige auch für den Erbauer der Kathedralkirche, wiewohl ohne Grund, halten.

Ein und zwanzigster Brief.

Beschluß von den Provinzen Munster und Leinster. Kollinaul. Kilkenny. Höhle zu Dunmore. Knocktopher. Grafschaft Waterford. Carrick. Curraghmore. Stadt Waterford. Duncannon. Hügel Faithleg. Ballicanvan. New Roß. Wexford. Gowry. Arklow. Wicklow. Mount Kennedy. Powerscourt. Schönes Thal Dargle. Castle Dermot. Kildare. Naas.

Von Cashel nehmen wir den Weg ostwärts nach Kollinaul. Kilkenny, in der Grafschaft dieses Namens, und gehen von da wieder südwärts nach Waterford, in der Provinz Munster. Der Weg geht über St. Johnstown und dem Dorfe Killynaul, welches der letzte Ort in der Provinz Munster ist. Das Land gewinnt alsdann ein anderes Ansehen. Bis Killynaul, und noch einige Meilen weiter, ist meistens Schaaftrift, und das Land schlecht angebauet. Wenn man aber in die Provinz Leinster, wozu die Grafschaft Kilkenny gehört, kommt, so wird der Boden zwar ärmer, aber er ist weit besser angebauet. Die Felder sind mit Hecken und Gräben eingeschlossen, und das Land ist mit Häusern und Pflanzungen verschönert, anstatt, daß man in Tipperary nichts von Zäunen und Gräben sahe.

Unter allen im Innern des Landes liegenden Kilkenny. Städten ist Kilkenny die ansehnlichste. Sie liegt sehr angenehm an der Newre oder Nure auf zween

kleinen

kleinen Hügeln. Auf dem einen steht die Domkirche, und auf dem andern das Schloß. Jener Theil der Stadt heißt der Irische, und dieser der Englische. Jeder sendet zween Deputirte zum Parlament. Die irische Stadt bestehet aus schlechten Hütten, die englische ist aber wohl gebauet. Ueberdieses geben drey Thürme verfallener Abteyen der Stadt ein Ansehen von Wichtigkeit. Bey der Domkirche steht einer von den runden Thürmen, deren schon öfter gedacht worden. Die drey Abteyen heißen die Johannis-, Franciscus- und schwarze Abtey. Die Höfe von zwoen sind in Soldatenwohnungen verwandelt worden, einer für die Cavallerie, und der andere für die Infanterie. Die Johannisabtey ist sehr zierlich und helle. Ein Fenster auf der Ostseite hält 16 Fuß in der Breite, und 40 in der Höhe. Von der Franciscusabtey ist außer dem Thurme wenig übrig; aber die schwarze Abtey ist ein ansehnliches Stück der Baukunst. Eine der alten Kirchen hat man in eine Meßkapelle verwandelt, dergleichen es mehrere giebt, weil die meisten Einwohner katholisch sind. Man trifft daher in den beyden englischen Kirchen nicht viel Leute an. Die Domkirche ist ein ehrwürdiges gothisches Gebäude. Von dem bischöflichen Pallaste geht ein langer gedoppelter Säulengang im neuen Stile nach der Kirche. Das Schiff wird von den Nebengängen durch acht dicke Säulen von schwarzem Marmor getrennt, die durch das Uebertünchen ganz verdorben werden. In den Nebengängen sind verschiedene alte Denkmaale von geharnischten Rittern und Bischöffen, theils in aufrechter, theils in betender Stellung. Vornehmlich fällt ein neues Monument von weißem Marmor gut in die Augen. Es stellt die Gottseeligkeit, mit einem Buche in der Hand, vor,

welche

Munster.

welche sich in trauriger Stellung auf eine Urne lehnt, und ist 1745 der Gemahlinn des Bischofs von Ossory errichtet. Der Meister heißt Shcemaker.

Das Schloß ist von den Buttlers, den Vorfahren der Herzoge von Ormond, erbauet. Es hat eine herrliche Lage, ist aber seit dem Fehltritte des letzten Herzogs von Ormond ganz verfallen, doch hat man vor ein Paar Jahren starke Ausbesserungen damit vorgenommen. Es steht auf einer Höhe, die über die tiefe und reißende Nerore hängt; gerade vor sich hat man zwo ansehnliche Brücken, wovon die eine aus blauen Steinen sehr zierlich gebauet ist, und aus drey Bogen besteht. Die Seiten des Flusses sind wohl bepflanzt, und die darunter liegende Stadt sieht aus, als wenn sie gebauet wäre, um gesehen zu werden; denn alles Sehenswürdige fällt vom Schlosse in die Augen. Auf einer Seite wird der Gesichtskreis von Bergen eingeschlossen, und wenn etwas mangelt, den Prospekt bezaubernd zu machen, so ist es dieses, daß dem mittlern Raume ein schöner Landbau und zerstreute Landhäuser fehlen. In Kilkenny werden viele weiße wollene Bettdecken (Blankets) gemacht. Die Einwohner treiben auch sonst allerley Handel.

Im Winter hält sich viel Adel zu Kilkenny auf. Die Lebensart ist hier vorzüglich fein, welches ohne Zweifel daher rührt, daß der letzte Herzog von Ormond hier lebte, und einen weit prächtigern Hof hielt, als irgend einer der neuern Vicekönige. Die verfeinerten Sitten erhielten sich noch, zumal da der Erbe des Schlosses und einiger dazu gehöriger Güter, ein römischkatholischer Herr, seinen Vorfahren nachzuahmen sucht. Die öffentliche Schule wird ein Collegium genannt. Längst dem Flusse ist ein artiger mit Bäumen besetzter Spaziergang eine Meile lang angelegt.

Höhle zu Dunmore. Einige Meilen von Kilkenny ist eine merkwürdige unterirdische Höhle zu Dunmore. Man wird die Oeffnung nicht eher gewahr, als bis man dicht davor ist, der Eingang ist unbequem; wer aber mehr unterirdische Höhlen gesehen hat, wird hier nichts neues finden. Der Park zu Dunmore ist sehr angenehm. Das Merkwürdigste in dieser Gegend sind aber die Steinkohlengruben zu Castle Comber, welche jährlich 10000 Pf. Sterl. einbringen sollen, und dem Lord Wandesford gehören. Wäre der große Kanal in der Barrow zu Stande gekommen, so würden sich die Einkünfte vermuthlich noch weit höher belaufen, weil dadurch eine Gemeinschaft mit Dublin entstünde. Aber es sind Hügel dazwischen, welche durchgegraben werden müssen.

Knoktopher. Von Kilkenny wenden wir uns wieder südwärts, und gehen über Knocktopher, einem schlechten schmutzigen Flecken, nach Waterford.

Grafschaft Waterford. Die Grafschaft Waterford hat die größten Melkereyen in Ireland. Es giebt Pachter, die auf 2000 Kühe haben, die sie zu 20 bis 50 Stück an Milchpachter vermiethen. Die Kühe sind von der gebirgischen Art, unansehnlich, aber desto milchreicher, indem sie auf einmal 2½ bis drey Gallonen Milch geben. Täglich werden 1300 bis 1500 Legel, jedes von acht Gallonen, nach der Stadt Waterford, und eine erstaunliche Menge nach Carrick geschafft. Um Dungarvon werden viele Kartoffeln gebauet, und nebst Birkenbesen nach Dublin gesandt. Aus diesem Theile Irelands gehen die

die Einwohner vornehmlich auf die Fischerey nach Newfoundland. Sie bekommen 18 bis 20 Pf. Sterl. Sold und Unterhalt, und bringen nicht mehr als sieben bis eilf Pf. Sterl. zurück. Es kommen aber auch viele aus Kerry, Cork ꝛc. und jährlich seegeln 70 bis 80 Schiffe mit 3 bis 5000 Menschen dahin, von denen immer einige dort bleiben. Erfahrne Leute können in der Jahrszeit vom März bis November 18 bis 25 Pf. verdienen. Wer noch nie da gewesen, gewinnt fünf bis sieben Pf. und die freye Ueberfahrt. Andere bringen es auf 20 Pf. müssen aber für die Rückfahrt zween Pf. bezahlen, und haben nur die Hinreise frey. Wer recht fleißig ist, kann 12 bis 16 Pf. zurückbringen.

Diese Grafschaft hat gute Wollmanufakturen. Carrick ist eine der vornehmsten Fabrikstädte Irelands, besonders in Rattinen, doch hat man auch angefangen, feines Tuch zu machen, alles zu einheimischem Gebrauche. Zu Carrick und in der Nachbarschaft arbeiten 300 bis 400 Personen darinn. Die Stadt liegt an der Sure. Indem man von hier längst derselben hinab nach Waterford reiset, kommt man über

Carraghmore, einen der schönsten Plätze des Reichs, wo Lord Tyrone seinen Sitz hat. Das ansehnliche Haus liegt auf einem erhabenen Orte, in einem von hohen Hügeln umgebenen Thale. Sie stellen dem Auge viele edle und auffallende Scenen dar. Die Sure durchfließt das schönste Thal einige Meilen lang, und macht zwischen den Einzäunungen prächtige Krümmungen, bis sie sich zwischen den Gebirgen von Waterford verliert. Die Aussicht ist so ausgebreitet, und alle Theile sind so abwechselnd

wechselnd und voll innerlicher Größe, daß wenige
Prospekte schöner seyn können. Man trifft hier nicht
nur alte Waldungen, sondern auch weitläuftige
neue Pflanzungen von Eichen, Lerchen und Fichten
an, die in dem schönsten Wuchse stehen. Durch
alle diese Theile ist ein langer Weg zum Reiten angelegt, der zu den Stellen führet, von welchen man
die interessantesten Aussichten hat. Außerdem geht
ein angenehmer einsamer Fußpfad längst dem Flusse
im Gehölze fort; das Geräusch des Wassers, das
von einem Steine auf den andern fällt, vermehrt
das Melancholische dieser ernsthaften Scene.

Waterford. Verfolgt man von Curraghmore den Lauf der
breiten und reißenden Sure, so kommt man nach
Waterford, eine der besten, und in Ansehung
des Handels, wichtigsten Städte in Irland. Sie
liegt auf der Südseite derselben, noch acht Meilen
von der See, und hat einen vortreflichen Hafen, der
vornehmlich zur Handlung mit Bristol sehr gelegen
ist. Außer dem Dohm, daran ein Bischof steht,
sind noch zwo Kirchen. Die Neuekirche ist groß,
hell und schön. Die Kay hat weder in England
noch Irland ihres Gleichen. Sie ist fast eine
Meile lang, und sehr breit; die größten Kauffartheyschiffe können daran laden und löschen: nur Schade,
daß keine bessern Häuser längst hin stehen. Der
Fluß ist eine Meile breit; was den Prospekt aber am
meisten verherrlichet, wenn man auf der Kay spazieren geht, ist der hohe gegenüber liegende Hügel,
der gerade vom Wasser zu einer Höhe aufsteigt, die
das Ganze prächtig macht. Zwischen durch ist etwas
Wald, sonst wird der Hügel durch Hecken in Weiden von vortreflichem Grün zertheilt. Wenn man
sich übers Wasser setzen läßt, und den Gipfel besteigt,

so

Munster.

so genießt man der schönsten Aussicht. Man übersieht den Fluß, die Stadt in Form eines Dreyecks, die Gebirge Cumeragh, Slin-a-Man ꝛc. Die Kilmacow vereinigt sich mit der Sure, nachdem sie einen weiten Strich wohlbebaueten Landes durchflossen ist. Nicht weit von der Stadt liegt Passage, wo eine Art von Packetboot abgeht, welches zwischen Ireland und Milfordhafen in Pembrokeshire zu bestimmten Zeiten hin und wiederfährt. Es geht aber nicht gar ordentlich, daher Reisende insgemein die gewöhnliche Ueberfahrt mit dem Packetboote von Holyhead nach Dublin wählen.

Die Handlung von Waterford ist sehr beträchtlich, und nimmt täglich zu. Die Ausfuhre von den Produkten der Rindviehzucht hat sich seit 15 Jahren um ein Drittheil vermehrt. Der Stapelhandel ist der nach Newfoundland: er ist hier stärker, als an irgend einem andern Orte der Insel. Die meisten von den obbemeldeten Schiffen, welche Passagiers zur Fischerey nach Newfoundland bringen, laufen hier aus, und kommen auch wieder zurück. Außerdem führen sie eine unglaubliche Menge Schweinefleisch, Ochsenfleisch, Butter und etwas Salz dahin. Das waterforder Schweinefleisch kommt gemeiniglich aus der Baronie Iverk in Kilkenny, wo viele große Schweine von 50 Schill. bis vier Pf. Sterl. gemästet werden. Einige Wochen hindurch werden deren jede Wochen 3 bis 4000 zu Waterford geschlachtet. In der hiesigen Eisengießerey werden Töpfe, Kessel, Gewichte und allerley gemeines Hausgeräthe gegossen. In der Fabrike von Amboßen und Ankern arbeiten 40 Menschen. Es sind zwo Zucker- und etliche Salzsiedereyen vorhanden. Die Küste von Waterford giebt auch

Anlaß

Anlaß zur Fischerey von verschiedener Art. Heeringe sind in Menge vorhanden, doch werden sie nicht in Tonnen gepackt und versendet, sondern im Lande verzehrt. Zu diesem Behufe hat Waterford 50 Boote, und die zum Hafen gehörigen Oerter eben so viel. Jedes führt im Durchschnitte sechs Mann, hält acht bis zwölf Tonnen Fracht, und kostet 40 bis 60 Pf. Sterl. Zu jedem gehören sechs Paar Netze.

Die große Menge Butter, welche von hier ausgeht, wird theils aus der umliegenden Gegend, theils von Carlow, und noch 20 Meilen weiter hergebracht. Im Jahre 1774 wurden 59856 Fässer, jedes im Durchschnitte zu einem Centner, und nach dem Mittelpreise zu 50 Schillingen, ausgeführt. Die Preise der Produkte sind auch sehr gestiegen; vor 20 Jahren galt der Centner Butter 42, jetzt 58 Schillinge. Das Rindfleisch damals 10 bis 18 Schillinge, jetzt 25; das Schweinefleisch damals 16 bis 22 Schill. jetzt 30 Schillinge. Vom Wachsthume der Stadt sind die Einkünfte und Schiffe der sicherste Beweis. Im Jahre 1751 beliefen jene sich auf 17000 Pf. Sterl. jetzt auf 52000. Damals hatte die Stadt kaum 30 Schiffe, jetzt sind über 80 vorhanden *).

Duncannon. Unterhalb Waterford, in der Grafschaft Wexford, liegt das feste Kastell Duncannon, welches den Hafen dergestalt beschützt, daß kein Schiff ohne dessen Erlaubniß weder nach Waterford noch New Roß kommen kann.

Hügel Saithleg. Eine der herrlichsten Aussichten von ganz Ireland gewährt der Hügel Saithleg, welcher nicht weit

---

*) Youngs Reisen, B. 1. S. 527.

weit von Waterford liegt, und zu Ballicanvan, dem Sitze des Ritters Bolton, so wie der ganze Strich zwischen dem Landgute und dem Hügel, gehört. Der Hügel selbst ist der Mittelpunkt eines Kreises von zehn Meilen im Durchmesser, jenseit dessen das Land höher wird, und nach einem großen Umfange im Hintergrunde an allen Seiten merkwürdige Gebirge hat, von denen sich nordwärts der Berg Leinster in verschiedenen Spitzen weit über die Wolken und westwärts der Monovolleagh 2160 Fuß über der Meeres Fläche u. s. w. erhebt. Diese prächtige Aussicht wird durch das Wasser noch unendlich veredelt. Der große Fluß Sure fließt von Waterford in krummem Laufe durch ein reiches Land in zween Armen, die das kleinere Eyland bilden; unter dem Hügel Saithleg, darauf man steht, vereinigen sie sich, darauf fallen die Barrow und Nore hinein, und formiren das große Eyland. Durch diesen Zufluß vergrößert, krümmt die Sure sich um den Hügel fort, und behält eine Breite von einer bis drey Meilen mit steilen Ufern, die einen scharfen Umriß seines Laufs ins Weltmeer machen. Die vielen zu Passage liegenden Seegel beleben diese Scene. Dieß alles giebt eine Schilderung, die wenig ihres Gleichen hat, und darüber man den Mangel an Wald fast vergißt.

Zu Ballicanvan hat Hr. Bolton große Verbesserungen ausgeführt. Viele verwilderte wüste Felder sind urbar gemacht, umzäunt, und 300 Acker in das schönste Land verwandelt. Bäume sind in großer Menge gepflanzt. Die Bevölkerung hat sich dadurch sehr vermehrt. Noch vor wenig Jahren gab man für so viel Gras, als zur Fütterung einer Kuh erfordert wird, 20 Schillinge, jetzt 25 bis 30. Er

Er theilt das Feld an seine Pachter auf die billigsten Bedingungen, ohne Unterschied der Religion, aus. Die Wirkung dieses Verfahrens ist erstaunlich. Die armen Leute verbessern Land, das kaum fünf Schill. der Acker werth war, dergestalt, daß es 25 bis 30 Schillinge werth wird.

New Roß. Wir verlassen nunmehr die Provinz Munster, um die noch übrigen Grafschaften, welche den süd- und östlichen Theil von Leinster ausmachen, zu bereisen, und gehen über New Roß nach Wexford. Die Grafschaft Wexford hat hin und wieder sehr schlechten Boden, doch trägt sie auch an vielen Stellen schönes Getraide und Gras. Die Stadt New Roß liegt an der Barrow, und treibt vermittelst ihres Hafens noch einen guten Handel, ob sie gleich sehr heruntergekommen und in einem verfallenen Zustande ist. Ziemlich große Schiffe können bis an die Kay fahren, und ihre Ladung einnehmen. Es war ehemals eine berühmte Stadt, die aber von ihren alten Vorrechten nichts mehr aufzuweisen hat, als das Recht, zween Deputirte zum Parlament zu schicken.

Wexford. Wexford oder Weisford, die Hauptstadt der Grafschaft, ward vormals für die Hauptstadt von ganz Ireland gehalten, und war die erste Kolonie, welche die Engländer auf dieser Insel anlegten. Es ist noch ein großer wohlgebauter, aber etwas unreinlicher Ort, der vornehmlich aus einer Hauptstraße besteht. Der Hafen an der Mündung des Flusses Urim oder Slaney ist bequem, aber für große Schiffe nicht brauchbar, weil eine Sandbank in der Mündung ihnen das Auslaufen verhindert. Die Stadt hat auf 15 eigene Schiffe von mittler Größe,

und

Leinster.

und treibt einen einträglichen Handel. Werford liegt noch 62 Meilen von Dublin. Wenn man von hier die Reise dahin fortsetzen will, läßt man sich mit einer Fähre über den Fluß setzen, und fährt längst der Küste hinauf nach

Gorey oder Newborough, einem Flecken Gorey, von geringer Bedeutung. Anfangs passirt man über vielen sandigen Boden, der mit Genster- und Farrenkraut bewachsen ist, und großer Verbesserungen fähig wäre. Gegen Wells, und von da nach Gorey, wird das Land viel besser, und zu 20 Schill. und noch höher der Acker verpachtet.

Einige Meilen hinter Gorey kommt man in die Grafschaft Wicklow, welche längst der Küste gegen Dublin hinauf liegt, überhaupt bergigt ist, aber doch in den Niedrungen für fruchtbar gehalten wird. Wegen gewisser Striche verdient sie den Namen des Gartens von Ireland mit Recht; andere machen aber auch einen auffallenden Contrast damit, z. E. der große Strich von acht Meilen ins Gevierte, folglich in allem 64 Meilen, westwärts von der Stadt Wicklow, der aus nichts als Sümpfen und kahlen Bergen besteht, und unbewohnt ist. In der Mitte liegen die Ruinen von sieben Kirchen und ein runder Thurm *). Auf dem Wege nach Arklow und Wicklow passirt man durch Hrn. Rams schönen Park, und über viel ungleiches Land mit gutem Korne. Das flache Land an der Küste wird sehr hoch verpachtet, das Gebirgigte der Acker

*) S. Jac. Newville Survey of the County of Wicklow.

Acker zu sechs bis zehn Schillinge. Arklow ist ein guter Burgflecken, nahe am Meere.

Wicklow. Wicklow ist der vornehmste Ort der Grafschaft, und giebt ihr den Namen. Er hat eine reizende Lage an der See, welche hier die Latrim aufnimmt. Ihre Mündung formirt einen engen Hafen, welcher durch einen mit einer Mauer umgebenen Felsen statt eines Kastells beschützt wird. Die vornehmste Nahrung der Einwohner besteht darinn, daß sie Lebensmittel nach Dublin, welches nur 24 Meilen davon entfernt liegt, schaffen. Das hiesige Bier wird für die beste Ale in ganz Ireland gehalten.

Mount-Kennedy. Wir haben noch ein Paar Landsitze und das Thal Dargle in der Graffschaft Wicklow anzuzeigen, die man auch von Dublin aus besehen kann, wenn man keine weitere Reise durch die Insel machen will. Von Wicklow geht man über die Newry-Brücke nach Mount-Kennedy, ein großes Landgut von mehr als 10000 irelándischen Aeckern, welches dem General Cuningham gehört. Die Grundstücke um das Wohnhaus sind ungemein schön; man sieht keine Gleichheit, sondern jeder Platz zeigt eine Abwechslung von Berg und Thal. In der Mitte der Wildbahn steht unter andern ein wegen seiner Größe merkwürdiger Erdbeerbaum (Arbutus Unedo), der zu den Naturseltenheiten Irelands gehört, und alle die zu Killarney, wo dieser Baum zu Hause ist *), weit übertrifft. Ein weiter gebirgigter waldigter Strich Drum auf diesem Gute verdient gesehen zu werden. Es ist ein felsigtes Thal, das auf der einen Seite kahl

---

*) S. oben den 19ten Brief.

kahle Felsen von unermeßlicher Höhe, und auf der andern Seite einen mit schönem Gehölze besetzten Berg hat. Dieser wilde Paß führt zu einem gebirgigten Amphitheater, welches den edelsten Schauplatz darstellt. Von hier ist ein Weg durch den herabgehenden Wald gehauen, der sich in einen Mittelpunkt endigt, wo der General alles Gestrüppe unter den hohen Bäumen wegnehmen, und eine schöne Wildbahn mit einzeln zerstreuten Eichen und Stechpalmen anlegen lassen. In einer Hütte ist ein ovaler Saal angelegt, aus dessen Fenstern drey sehr verschiedene Aussichten sind: die eine auf reiche nach der See sich erstreckende Ländereyen, die andere auf einen großen Berg, und die dritte auf einen Theil der Wildbahn.

Der Weg von Mount-Kennedy nach Powerscourt, dem Sitze des Lords dieses Namens, ist ein Paß zwischen zwo großen mit Waldung bedeckten Reihen Bergen, die einen erhabenen Prospekt machen. Die Straße geht kaum durch; zur Seite läuft ein kleiner rieselnder Fluß; vor sich sieht man einen unermeßlichen Berg aus dem Thale hervorsteigen. Anderthalbe Meile von Tinnyhinch gelangt man zu einer entzückenden Aussicht, indem man auf der rechten Seite ein schmales nach der See hin sich öffnendes Thal vor sich hat. Von einer Anhöhe fällt Powerscourt in die Augen. Man sieht das Haus gerade vor sich, welches an der Seite eines Berges auf dem halben Wege, zwischen dem kahlen Gipfel desselben, und einem gewässerten Thale am Fuße desselben, die schönste Lage von der Welt zu haben scheint.

Vom Gasthofe zu Tinnyhinch führt man nach Powerscourt, um den Park und den Wasserfall zu zu besehen. Der Park an sich ist vortreflich. Man kommt zwischen zwo ungeheuren Massen von Gebirgen mit Gehölz bedeckt in ein Thal, darinn hin und wieder zerstreut Bäume stehen, und wodurch ein Fluß in einem steinigten unebenen Bette fließt. Man folgt diesem Thale, bis sich die Reihen der Berge schließen, und ein großes waldigtes Amphitheater vorstellen, von dessen Gipfel das Wasser in einer Höhe von einigen 100 Fuß hervorbricht, und längst einem sehr großen Felsen hinabstürzt. Im Grunde ist ein Rasenplatz, daraus sich Klumpen von Rasen erheben, durch deren Zweige und Laub man das fallende Wasser sehr malerisch sieht. Diese wenigen Bäume und die kleine Ebne machen das Gemälde vollkommen. Das Wasser fällt hinter einigen großen Steintrümmern herab, und wendet sich links, wo es unter dem Schatten eines Waldes über einen steinigten Boden wegrauscht.

Thal Dargle. Den Rückweg nach Tinnyhinch muß man über das berühmte Thal Dargle nehmen, welches unaussprechlich schön ist, und den reizendsten Gegenden in Italien mit Recht an die Seite gesetzt werden kann. Young, der die Prospekte so gut schildert, mag uns dieß irelandische Tempe beschreiben *):

„Es ist ein enges von zween gegen einander über liegenden Bergen gebildetes Thal, alles dick mit Eichen besetzt. Im Grunde, (und die Tiefe ist entsetzlich), engert es sich so, daß das Bette des Flusses die ganze Breite ausmacht, und dieser wälzt sich von einem Felsen über den andern. Der Umfang

*) S. dessen Reisen, B. 1. S. 196.

fang des Waldes ist sehr groß, die Tiefe des Abgrundes unermeßlich; nimmt man das Rauschen des Wassers dazu, so ist die Scene wirklich einnehmend. In einer Viertelmeile führt die durch den Wald gehende Straße zu einem andern Gesichtspunkte rechter Hand. Dieß ist die Krone eines weit vorragenden Felsen, von dem man einige 100 Fuß senkrecht in den Abgrund auf den Strom sieht, der über Felsentrümmer fortrauscht. Auf beyden Seiten sind erstaunliche Wälder, und jenseits des Waldes zur Rechten einige eingezäunte Felder an der Seite eines Hügels. Das Ganze macht einen bezaubernden Eindruck. Das Feyerliche eines Waldes, der durch keine dazwischen kommende Gegenstände unterbrochen wird, und ganz über Abschüsse hinhängt, ist allein schon groß; aber nun noch das beständige Geräusch eines Wasserfalles, der entweder ganz verborgen, oder so weit hinunter ist, daß man ihn nur dunkel sehen kann, das macht den Eindruck noch stärker. Fallendes oder fließendes Wasser ist ein lebhafter Gegenstand, aber da dieses im Dunkeln sich zeigt, so thut das Geräusch eine ganz verschiedene Wirkung. „

„Verfolgt man die Straße ein wenig weiter, so zeigt sich ein neues hervorragendes Felsenstück, von dem man ebenfalls eine doppelte Aussicht rechts und links hat. Vor sich sieht man einen so unermeßlichen Umfang eines herabhängenden Waldes, daß sich kaum eine prächtigere Scene erdenken läßt. Den Fluß hat man, wie vorhin, im Grunde des Abhangs, dessen Höhe und Tiefe so groß ist, daß man mit Schaudern hinab sieht. Dieser abscheuliche Abgrund, die spitzigen nackten Felsen, und das Geräusch des Wassers, alles vereinbart sich, eine

einzige

einzige große Regung des Erhabnen hervorzubringen. Kaum kommt man 20 Schritte weiter, so öffnet sich zur Linken ein prächtiger Schauplatz, eine entfernte Landschaft mit Einzäumungen, mit einem zwischen den Bergen nach der See sich krümmenden Flusse. Geht man zur Rechten, so zeigen sich neue Scenen des Waldes; auf dem halben Wege nach dem Grunde hinunter entdeckt sich eine von der vorigen ganz verschiedene Aussicht. Man ist ganz von Gehölze eingeschlossen, und sieht zur Rechten durch einige niedrige Eichen auf den jenseitigen Wald, und eine Reihe von Bäumen, durch welche man den Himmel erblicken kann; dieß giebt dem Umrisse des Hügels eine ungemeine Eleganz, und thut eine sehr angenehme Wirkung. Nun geht der Weg schlangenweise hinunter zu einer Rasenbank an einer Felsenspitze, von dannen man eine außerordentliche Aussicht hat. Unmittelbar darunter ist ein großer Riß im Felsen, und er scheint gespalten zu seyn, um den Strom durchzulassen, der über ein Felsenbette in einen im Walde sich verbergenden Kanal hinabstürzt. Oberhalb ist ein dunkler schwarzer Wald, der sich ungemein hoch erhebt, und alle andere Gegenstände ausschließt. Zur Linken rollt das Wasser über gebrochene Felsenstücke hin; eine wahrhaft romantische Scene."

"Verfolgt man den Pfad, so leitet er einen an den Rand des Wassers im Grunde des Thals, wo sich ein neuer Schauplatz eröffnet, darinn kein einziger Umstand dem Hauptcharakter Abbruch thut. In einer von Felsen und Wald gebildeten Oeffnung, wo man außer diesen Gegenständen nichts als Wasser sieht, kommt der Fluß aus Trümmern von Felsen hervor, und wälzt sich durch den Riß; Klippen schweben

schweben über ihm, als ob sie sich in den Kanal
stürzen, und das ungestüme Wasser aufhalten wollten. Das Laub ist so dick, daß man den Himmel
nicht sehen kann; alles ist einsam und traurig; ein
düstrer Schrecken verbreitet sich über das Ganze.
Es ist ein Platz, wo man sich ganz den Eindrücken
der Schwermuth überlassen kann.„

Von hier wenden wir uns landwärts, um über Castle Der-
Kildare nach Dublin zu kommen. Castle Der- mot.
mot ist ein schlechter Burgflecken, der von dem
Schlosse, welches ihm den Namen gegeben, keinen
Stein mehr aufzuweisen hat. Aus den vielen Ruinen von Klöstern erhellet, daß es ehemals ein wichtiger Ort gewesen. Im Jahre 1377 ward hier
ein Parlament gehalten. Man trifft hier einen von
den bereits oft erwähnten runden Thürmen, und ein
großes Kreuz aus einem Stück Steine mit Basreliefs an. Der Weg von hier nach Kildare ist
angenehm, und an einigen Orten mit Pflanzungen geziert.

Eben ein solcher Thurm ist auch zu Kildare Kildare.
auf dem Kirchhofe, der eine Höhe von 107 Fuß
hat. Er besteht 12 Fuß aus der Erde von weißem
Granit, und der Rest von gemeinen blauen Steinen. Kildare ist nur eine arme Stadt, die aus
einigen zerstreuten Häusern besteht, hat aber doch
einen sehr guten Gasthof, und ist der Sitz eines
Bischofs. In dieser Gegend ist der Curragh von
Kildare, wo das große Wettrennen gehalten wird.
Es ist das Newmarket von England, und dient
sonst zu einem geräumigen Spazierwege und einer
Schaafweide. Die Regierung setzt jährlich zween
Preise, jeden von 100 Pf. Sterl. um welche das
Wettrennen gehalten wird. Wilhelm Temple ver-
anlaßte

anlaßte diese Anstalt, um die Pferdezucht dadurch zu verbessern. Der Curragh enthält 4000 Acker zur Trift. Man kann keine schönere grüne Ebne sehen. Der Rasen ist außerordentlich weich, und von einem bezaubernden Grün, und nimmt sich durch seine unmerkliche ungleiche Oberfläche sehr gut aus.

Neas.   Naas ist nur noch 14 Meilen von Dublin, hat aber für ein Städtchen, das einen Repräsentanten zum Parlament sendet, ein höchst armseliges Ansehen. Aber umher liegen etliche angenehme Landhäuser, und der Boden hat hier und da schwache Erhöhungen, welche diesem übrigens reichen Kornlande eine angenehme Veränderung geben.

www.ingramcontent.com/pod-product-compliance
Lightning Source LLC
Chambersburg PA
CBHW021421300426
44114CB00010B/590